U1005120

老子帛書校注

［增訂本］

徐志鈞 撰

鳳凰出版社

圖書在版編目（CIP）數據

老子帛書校注 / 徐志鈞撰. -- 增訂本. -- 南京 : 鳳凰出版社, 2016.6 （2018.12重印 ）
ISBN 978-7-5506-2380-4

Ⅰ. ①老… Ⅱ. ①徐… Ⅲ. ①道家②《道德經》—注釋 Ⅳ. ①B223.12

中國版本圖書館CIP數據核字(2016)第103273號

書　　名	老子帛書校注
撰　　者	徐志鈞
裝幀設計	姜　嵩
責任編輯	王　劍
出版發行	鳳凰出版社(原江蘇古籍出版社) 發行部電話025-83223462
出版社地址	南京市中央路165號,郵編:210009
出版社網址	http://www.fhcbs.com
照　　排	南京凱建圖文製作有限公司
印　　刷	蘇州市越洋印刷有限公司 蘇州市吴中區南官渡路20號,郵編:215104
開　　本	890×1240毫米　1/32
印　　張	19.125
字　　數	383千字
版　　次	2016年6月第1版　2018年12月第3次印刷
標準書號	ISBN 978-7-5506-2380-4
定　　價	88.00圓

(本書凡印裝錯誤可向承印廠調换,電話:0512-68180638)

每當我害怕，生命也許等不及
　　我的筆蒐集完我蓬勃的思潮，
等不及高高一堆書，在文字裏，
　　像豐富的穀倉，把熟穀子收好；
每當我在繁星的夜幕上看見
　　傳奇故事的巨大的雲霧徵象，
而且想，我或許活不到那一天，
　　以偶然底神筆描出它的幻相；
每當我感覺，呵，瞬息的美人。
　　我也許永遠不會再看到你，
不會再陶醉於無憂的愛情
　　和它的魅力。——於是，在這廣大的
世界的岸沿，我獨自站定，沉思，
直到愛情、聲名，都没入虛無裏。

［英］濟慈《十四行詩》1818 年 1 月

老子帛書校注

錢鍾書

孝鈞先生好著席：又奉惠書并先君遺文，感甚。無以酬報德。勉強為大著題署呈教，以答雅意。無錫草編已收到，謝謝，即頌新禧。

鍾書上 一月十四日

老子像

目録

序

《老子帛書校注》爲徐志鈞先生的精心力作。在我的研究室裏，很早以來就購買並收藏了此書。偶然的機會，和徐先生熟悉的學生吕咏鴻在大阪府立大學聽我的課，由此我十分榮幸地得以爲再版的該書作序。

一九七三年，西漢文帝時期的墓葬馬王堆三號坑出土了《老子》，有甲、乙兩個本子。此前，河上公注本和三國魏王弼注本是較爲有名的。

馬王堆出土本《老子》和通行本《老子》的顯著不同，在於它是從“德經”開始的。以前，都認爲“道經”是上卷，“德經”是下卷。“道經”始於“道可道非常道”；而“德經”始於“上德不德”。“道”和“德”合稱“道德”，所以，《老子》被稱作《道德經》。然而如果認爲始於“德經”的話，稱爲“道德”這種説法本身就成爲研究對象了。

《老子帛書校注》有馬王堆出土本《老子》的詳細校勘和注釋，這是該書的校注部分；還有闡述每篇大意的部分，被稱爲義述。在校注中，作爲《老子》始於“德經”的佐證，舉出了法家的《韓非子·解老》和《老子指歸》的例子。《解老》是最早解釋《老子》的，而正是從“德經”開始的。也就是説，韓非子時代的《老子》一書和馬王堆的《老子》在德前道後上是很明白地相同了。《韓非子》有與黄老思想相結合而接近道家的東西。但法家和道家的差異，致使《解老》和《喻老》解釋的參考價值幾近於無了。《老子指歸》是漢代嚴遵所作，其書保存在正統道藏和津逮秘書等叢書中。可是《四庫全書總目》懷疑其是僞作，不予重視。而這個《老子指歸》也和馬王堆出土本《老子》一樣，是從“德經”開始的。

由於徐先生的校注，首次覺得注意到這點的學者還是很多的。《韓非子》自古以來就是很有名的書籍。《老子指歸》也爲衆多學者所矚目。學者獨具慧眼的話，不必等到馬王堆《老子》的出土，也應該能够指出漢代的《老子》是始於“德經”的。可是，如此簡單的問題誰都没有注意到。根據出土資料，可意識到的東西很多。而實際上，以現有資料而言，能够推測的地方還是很多的。

“不能自己讀不懂古書，就説是古人錯了。”(《老子·二十六》義述)這一點是閲讀古典經籍的重要思想準備。以《老子·三十一》的“信言不美，美言不信”爲例，徐先生的校注是：

> “信言不美，美言不信。知者不博，博者不知。善者不多，多者不善。”王弼本、河上本作：“信言不美，美言不信。善者不辯，辯者不善。知者不博，博者不知。”俞樾平議認爲：“此當作‘信者不美，美者不信’，與下文‘善者不辯，辯者不善。知者不博，博者不知’文法一律。河上公

> 於'信者不美'注云,'信者如其實,不美者樸且質也',是可證古本正作'信者不美',無'言'字也。"蔣錫昌云:"俞據誤本,謂河無'言'字,非是。"河上本老子文作"信言",注文作"信言者,如其實也"。注文之"言"字衆本皆有,個别漏刻。今老子帛書乙本作"信言",洵古本如此,不當疑者。俞説甚誤。(《老子·三十一》校注)

平議是清代大學者俞樾的《老子平議》。俞樾因書寫寒山寺張繼《楓橋夜泊》詩句的石碑而爲日本人所知。俞樾的推論頗有意思。可是蔣錫昌的《老子校詁》寫了否定俞樾之説的解釋。徐先生以馬王堆出土本《老子》乙本爲依據,證明了俞樾之説有誤而加以坐實。事實勝於雄辯。

我曾經在拙論《〈老子〉中"精"與"房中術"——關於廣成子·大成·容成》[1]中,將馬王堆的房中術書《十問》中的"君必察天地之請"的"請"解釋爲"精"。因爲是房中術的書籍,解釋成"精"更容易明白。它的根據在《老子·六十五》乙本"其中有請呵,其請甚真",也就是通行本《老子》二十一章的"其中有精,其精甚真",確認了"請"就是"精"這一點。然而,老子研究者高明在《帛書老子校注》[2]中,説河上公注本和王弼注本的《老子》第二十一章"其中有精,其精

---

[1] 《〈老子〉中"精"與"房中術"——關於廣成子·大成·容成》(《國際道德經論壇文集　和諧世界　以道相通》,宗教文化出版社,2007,932—936頁)

[2] 中華書局,1996,330頁。

甚真”的“精”本身有誤，本來應該是“情”。據此將帛書的“請”解釋成“情”。

徐先生的解釋與我相同，將其解釋成“精”。

> 請，朱駿聲通訓：“精，又爲請。”王弼本作“精”。請、精通假。《字彙》：“凡物之純，至者皆曰精。”高延第《老子證義》云：“至道之狀，恍然精微，非耳目可接，而確有執守，爲古今所同歸，不可離也。”《莊子·在宥》：“至道之精，窈窈冥冥。至道至極，昏昏默默，抱神以静，形將自正。必静必清，無勞女形，無摇女精，乃可以長生。”這一段話與本篇之意十分相近。謂至道精微，執簡御煩，以静制動，正是本體的作用。《吕氏春秋·大樂》：“道也者，精也。不可爲形，不可爲名，强爲之名，謂之太一。”其中有精，其精甚真，與上文“道之物”相呼應。（《老子·六十五》校注）

河上公注本和王弼注本都作“精”，如果實事求是地解釋《老子》全體的話，也應該是“精”。徐先生的解釋是有可靠精確的根據的，對於我來説成了非常寶貴的東西。

義述部分，可以説是從穩健詳贍的校注，一變而展開爲自由的議論。不僅縱横地引用中國古典經籍，而且還引用了摩爾根《古代社會》和弗雷澤《金枝》等多部歐美著作，嘗試着在世界史中解釋《老子》。研究者爲了研究而讀書，而一般讀者爲了興趣和消遣，或者爲了從中獲得教益而讀書。《老子》本身幾乎没有具體事物的描述，當時人們所解釋的宇宙原理，和營造社會生活的人們的種種思考，都由徐先生説明和論述了。由於一些深奥難懂的表述，解釋頗費篇幅。義述舉了各種例子，爲幫助讀者理解頗費苦心。

欣聞再版中校注和義述將更加充實。定將比舊版更加爲讀者閲讀提供更多的便利，帶來更大的驚喜。我强力推薦此書。

日本大阪府立大學人間社會學部教授
大形　徹
二〇〇九年八月十九日於七八齋
（吕咏鴻譯）

引言

一九七三年出土的長沙馬王堆漢墓帛書本《老子》，爲現代的老子研究提供了最古文本。從衆多的《老子》校注本看，文本始終是校勘質量高下的關鍵[1]。《老子帛書》的出土，提供了一種可能，即在時間上縮短了與古人的距離，可以直接閲讀秦漢時期的《老子》文本。這個讀與古人之讀，判然有别，因爲是以現代認識和學識去讀，帶來的理解是完全不同的。它又與讀傳世的《老子》文本完全不同，一下子越過兩千多年的信息堆積，各種有意和無意的錯誤都被摒除。直面秦漢《老子》文本而得到的優勢是明顯的，從這一點講，在學術上起手即已超邁前人。《老子帛書校注》就是對《老子》秦漢文本的閲讀成果。

出土的《老子帛書》有兩種，用篆書鈔寫的一種年代較早，“邦”字不諱，爲秦代鈔本，被稱爲甲本。用隸書鈔寫的一種諱“邦”不諱“恒”，爲漢初鈔本，被稱爲乙本。由於絹

[1] 參見錢鍾書《管錐編》401 頁至 403 頁。

帛埋在地下已有兩千餘年,甲本是卷在木棍上的,破損的程度較乙本更甚。乙本是摺疊埋葬的,邊緣有腐壞。這兩本都有文字缺失。兩本所缺失的文字不盡相同,保存下來的文字可以互補。甲本和乙本是古代兩個不同的傳本,也是距老子時代相當近的文本,所保留的信息是最爲近古的。現在以《老子》乙本作爲本書的校注底本。由於絹帛腐壞,已無法精確統計乙本字數,估計約有 649 字失去,其中可用甲本補上的約 384 字,其餘闕文則參酌傅奕本、王弼本補上。校注時,對尚保存的,佔《老子》全書 95%以上的帛書文字,不作任何改動。帛書文本本身就解决了校勘中的許多問題,越古老的文本,學術價值就越高,《老子帛書》正是這樣。

黑格爾説:“哲學的任務在於理解存在的東西,因爲存在的東西就是理性。就個人來説,每個人都是他那時代的産兒。哲學也是這樣,它是被把握在思想中的它的時代。”[1]從後人來看,“它的時代”是什麽呢?那就是歷史。凡人文科學,諸如哲學、文學、藝術等等的研究都離不開史學的幫助。正如法國奥古斯特·孔德所説:“任何思想離開它的歷史是不可能理解的。”[2]所以對《老子》的釋讀必須從先秦史的研究出發,也包括原始社會史的研究成果,讓《老子》回到當時的語境。語言本身屬於歷史範疇,這是理解《老子》最重要的途徑。先秦文獻訓詁所

[1] 《法哲學原理》12 頁。

[2] 《實證哲學》。

取得的成果，是理解《老子》文句的保證。只有通過訓詁，纔會避免用今義解釋古語的弊病。錢大昕云："有文字而後有訓詁，有訓詁而後有義理。訓詁者，義理之所由出，非别有義理出乎訓詁之外。"[1]本書探究的正是《老子》文句固有的含義和内在邏輯。這樣纔有可能把語詞的解釋落到實處，在哲學的層面上進行解讀，以期達到準確的理解。

解讀老子的思想，了解老子的生平是必要的。《史記·老子韓非列傳》："老子者，楚苦縣厲鄉曲仁里人也，姓李氏，名耳，字聃，周守藏室之史也。"老子之"老"，不同於先秦諸子。諸子稱某子，即以爲某姓，不復有他姓。而老子不同，既稱老子，又名李耳。《通鑒外紀》云："姓者統其祖考之所自出，氏者别其子孫之所自分。"上古之姓爲族號，氏爲姓的分支，後世之姓即起源於氏。稱老子者，以族號冠之，猶言老族之智者，足見其古老。老子的出生地，《史記》裴駰集解稱："《地理志》曰苦縣屬陳。"老子出生時陳國尚在，後陳滅於楚，成楚地。《史記》張守節正義云："至天漢修史之時，楚節王純都彭城，相近。疑苦此時屬楚國，故太史公書之。《括地志》云：苦縣在亳州谷陽縣界。有老子宅及廟，廟中有九井尚存，在今亳州真源縣也。厲音賴。晉太康地記云：苦

[1]《經籍籑詁·序》。

縣城東有瀨鄉祠,老子所生地也。"谷陽、真源都是唐代地名,指苦縣[1]。《後漢書·志》八:"延熹八年初,使中常侍之陳國苦縣祠老子。"苦縣即今河南鹿邑,在縣城東五公里處,即是老子故里。那裏有始建於東漢延熹年間的太清宫,現存建築爲清代所建。唐代所立的道德經碑,高大雄偉,保存完整,立於殿前。另外,縣城東北還有老君臺,圓形,磚砌,高十三米,上建正殿三間,壁間石刻爲"猶龍遺迹"、"道德真源"。另有配殿各一,掩映於十餘棵古柏之中。臺下湖水瀠瀠,翠柏簇擁,不遠處有山門。這就是今天在老子故里所能見到的古迹。

老子曾任周王室的守藏室史,是專門管理周王室檔册書籍的史官。老子不但閱讀了後世人無法讀到的豐富典籍,也熟記周王室的歷史文獻。作爲史官,他精通周王室的各種典禮[2]。他的思想與這些密切相關。

孔子曾到洛邑師事老子,在那裏觀看了周室典藏的文書檔案,當面向老子請教了禮制方面的問題。老子也多次爲他講解古禮。孔子在洛邑的那段時間裏,還與老子一起

---

[1] 《元和郡縣圖志·河南道三》:"真源縣,本楚之苦縣,春秋時屬陳,後爲楚所併。漢屬淮陽國。後漢苦縣屬陳國,晋屬梁郡,成帝更名谷陽。高齊省入武平縣。隋開皇六年,復置谷陽縣,理苦城,屬亳州。乾封元年,高宗幸涑,以玄元皇帝(即老子)生於此縣,遂改爲真源縣。"皇甫謐《高士傳》:"老子,陳人。"

[2] 李玄伯《中國古代社會新研》62頁:"閔二年,衛史華龍滑與禮孔説:'我太史也,實掌其祭。'尤足證史的最古職務。《史記》謂老子爲周柱下史。柱即主,主下史乃在火旁掌紀録的太史。"

幫人辦過喪事。這些活動不但使孔子受到極大的教益,還深刻地影響了他的思想。《禮記・曾子問》詳細記録了孔子問禮的内容,保留下來的有四次孔子對當時學禮的回憶。然而老子對孔子在政教禮樂上的態度並不贊成。對古禮的堅持並不等於奔走呼號,干君遊説。在社會大變動的時候,受到衝擊的不僅是某些禮制,整個社會的變化並不因死守某一信念而能挽狂瀾於既倒。相反,作爲思想者,必須保持内心的寧静,只有通過艱苦的思考,纔能洞見真相,纔能懂得過去和未來。他對年輕孔子的熱情潑了一盆冷水:"子所言者,其人與骨皆已朽矣,獨其言在耳。且君子得其時則駕,不得其時,則蓬累而行。吾聞之,良賈深藏若虚,君子盛德,容貌若愚。去子之驕氣與多欲,態色與淫志,是皆無益於子之身。吾所以告子,若是而已。"[1]作爲一位智者,注重的是内心,從這幾句話可以充分看出來。當孔子向老子告别時,老子又對他説:"吾聞富貴者送人以財,仁人者送人以言。吾不能富貴,竊仁人之號,送子以言,曰:聰明深察而近於死者,好議人者也。博辨廣大危其身者,發人之惡者也。爲人子者毋以有己,爲人臣者毋以有己。"[2]從老子的話中可看到,他官位不高,財産不多,但由於他的智慧,已被社會認可爲"仁人"。從這裏可以看到"仁"早已是品德的概念了。孔子對"仁"的闡揚鼓吹,與老子的影響不無關係。老子對古禮的豐富學識和深愛執着,在形式上表現爲對今

[1] 《史記・老子韓非列傳》。

[2] 《史記・孔子世家》。

禮的否定。老子之對禮的言論應作如是觀。朱熹云:“他(老子)曉得禮之曲折,只是他説這箇無緊要底物事,不將爲事。他曾爲柱下史,故禮自是理會得,所以與孔子説得如此好。只是他又説這箇物事不用得亦可,一似聖人用禮時反若多事,所以如此説。”[1]老子的雙脚是邁向原野的。孔子却總是面對着朝廷。《莊子·天運》:“孔子謂老聃曰:丘治詩、書、禮、樂、易、春秋六經,自以爲久矣,孰知其故矣。以奸者七十二君,論先王之道而明周召之迹,一君無所鉤用。甚矣夫,人之難説也,道之難明邪。老子曰:幸矣,子之不遇治世之君也。夫六經,先王之陳迹也,豈其所以迹哉?今子之所言,猶迹也。夫迹,履之所出,而迹豈履哉?”[2]哲學必然超越時空之中的經驗。這令人想起海涅所轉述萊辛的話:“路德,你!——偉大的被人誤解的人。没有人比那些頑固派對你誤解得更甚了。這些人手裏拿了你的拖鞋,一面叫嚷着你所開拓的道路,一面却漫不經心地在那裏躑躅不前——你曾把我們從傳統的重軛下解放出來,還有誰會把我們從聖經語句不堪容忍的重軛下解救出來呢?還有誰會終於給我們帶來一個像你現在要宣講的,像基督本身要宣講的基督教呢?”[3]孔子所遇到的困惑,是與之相同的。“誦先王之書,不若聞其言。聞其言,不若得其所以言。得

[1] 朱熹《朱子語類》卷一百二十五。

[2] 馬宗霍《中國經學史》1頁:“六經先王之陳迹,此爲莊生所述老子之言。陳迹者,史實也。後儒六經皆史之説,蓋從是出。”

[3] 《論德國宗教和哲學的歷史》95頁。

其所以言者,言不能言也。”[1]徐靈府注:“執言爲道,即言而非道也。”老子要告訴孔子的,真正的道不但超越語言,而且超越時空。

從五千言看,老子把握的是禮制所藴含的古老思想,他把它融溶在對“道德”的闡發之中,“形而上學語言叙述的往往是博大深邃的現實關懷”[2]。老子“深疾末世用禮之失”[3]。從這點正好可以理解“夫禮者,忠信之泊也,而𠁊之首也”[4]。這句話背後所包含的是對禮的深愛執着。這一切,受教的孔子是深深懂得的。孔子眼中的老子是這樣的:“鳥吾知其能飛,魚吾知其能游,獸吾知其能走;走者可以爲罔,游者可以爲綸,飛者可以爲矰。至於龍,吾不能知,其乘風雲而上天。吾今日見老子,其猶龍邪。”[5]這就是老子被稱爲猶龍的由來。《莊子・天運》:“孔子見老聃歸,三日不談。弟子問曰:夫子見老聃,亦將何規哉?孔子曰:吾乃今於是乎見龍。龍合而成體,散而成章,乘乎雲氣而養乎陰陽。予口張而不能嗋,予又何規老聃哉?”而老子則稱孔子爲鳳。《藝文類聚》卷九十引《莊子》佚文:“老子見孔子從弟子五人,問曰:前爲誰?對曰:子路,勇且力。其次子貢爲智,曾子爲孝,顔回爲仁,子張爲武。老子嘆曰:吾聞南方有

[1] 《文子・道原》。

[2] 張汝倫《現代西方哲學十五講》95 頁。

[3] 魏源《老子本義・論老子》。

[4] 見《老子・一》,本書所用《老子》引文皆來自老子帛書乙本。老子帛書文字引時都加引號。下同。

[5] 《史記・老子韓非列傳》。

鳥,其名爲鳳。……鳳皇之文,戴聖嬰仁,右智左賢。”孔子被稱爲鳳在當時是一種通識,這與老子被稱爲龍是一樣的。《論語·微子》:“楚狂接輿歌而過孔子曰:鳳兮鳳兮,何德之衰? 往者不可諫,來者猶可追。已而已而,今之從政者殆而。”邢昺疏:“知孔子有聖德,故比孔子於鳳。”老子爲龍,孔子爲鳳。龍鳳向爲中華民族文化的象徵,而在中國文化的思想源頭,正好是一龍一鳳爲喻的老子、孔子兩位先哲。這是具有非凡意義的[1]。

老子長期生活在周王室的統治中心,看到周王室一天天地衰落,於是西行,過函谷關,遇關尹喜。據説就是在那裏,老子寫下了五千餘言的《道德經》。這是他一生的思想結晶,也是中國最古老的私家著作。老子最西到達秦境,死在扶風,葬於“槐里”。《水經注》卷十九:渭水“出南山就谷,北徑大陵西,世謂之老子陵”。陝西盩厔縣(今周至縣)城東南二十五公里的終南山麓,有樓觀臺,那裏有老子墓,至今保存完好,這就是老子的最後歸宿。

老子的思想保存在《老子》一書中,這書也被稱爲《道德經》。這書分爲以道、德領題的兩部分,在對道、德闡述的過程中使用了許多原始社會纔有的原始觀念。這些原始觀念,在商周以來的社會思想中已經走向邊緣化,從這裏也就可以明白老子思想古老的程度。魯迅云:“吾中國愛智之士,獨不與西方同,心神所注,遼遠在於唐虞,或徑入古初,

[1] 參見聞一多《龍鳳》。

遊於人獸雜居之世，謂其時萬禍不作，人安其天，不如斯世之惡俗阽危，無以生活。”[1]在老子時代，中原大地邦國林立，同時還存在不少處於原始社會階段的方國部落、戎狄蠻夷。這些社會存在是老子思想形成的背景。《老子》書中的原始觀念在時間上可看作去古未遠；在地緣上，則可看作原始部落的影響。吕思勉指出《老子》的内容："蓋女系時代之傳，而老子著之竹帛者。”[2]晚清時魏源指出：

> 老子道，太古道；書，太古書也。曷徵乎？徵諸柱下史也。國史掌三皇五帝之書，故左史在楚，能讀《墳》、《索》；尼山適周，亦問老聃。今考《老子》書谷神不死章，《列子》引爲黄帝書，而或以五千言皆容成氏書。至經中稱古之所謂，稱建言有之，稱聖人云，稱用兵有言，故班固謂道家出古史官，莊周亦謂古人道術有在於是者。關尹、老聃聞其風而悦之，斯述而不作之明徵哉。孔子觀周廟而嘉金人之銘，其言如出老氏之口。考皇覽金匱，則金人三緘銘，即漢志黄帝六銘之一，爲黄老源流所自。藏室柱史，多識擇取，學焉而得其性之所近。故其書如喪禮處戰勝之義，皆深知禮意。而又有失道德而後仁義而後禮之言，則知吏隱静觀，深疾末世用禮之失，疾之甚則思古益

---

[1] 《魯迅全集·墳·摩羅詩力説》67頁。

[2] 吕思勉《先秦史》13頁："道家之書，最古者爲《老子》。此書上下篇之義，女權皆優於男權。蓋女系時代之傳，而老子著之竹帛者。在各種古書中，時代可謂最早者矣。”

> 篤,思之篤則求之益深。懷德抱道,白首而後著書,其意不返斯世於太古淳樸不止也。氣化遞嬗,如寒暑然。太古之不能不唐虞三代,唐虞三代之不能不後世。一家高曾祖父子姓有不能同,故忠質文皆遞以救弊,而弊極則將復返其初。孔子寧儉毋奢爲禮之本,欲以忠質救文勝。是老子淳樸忠信之教,不可謂非其時,而啓西漢先機也。然删書斷自唐虞,而老子專述皇墳以上。夫相去太遠者,則勢常若相反,故論常過高,乃其學固然,非故激而出於此也[1]。

魏源之論,實乃理解老子思想中原始觀念的要領。《老子》書中的原始觀念,它證明了:

> 原始的思想胚胎對人類的心靈和人類的命運産生過最有力的影響,這些思想胚胎中,有的關係到政治,有的關係到家族,有的關係到語言,有的關係到宗教,有的關係到財産。它們在遥遠的蒙昧階段都曾有一個明確的起點,它們都有合乎邏輯的發展,但是它們不可能有最後的終結,因爲它們仍然在向前發展,並且必須永遠不斷地向前發展[2]。

《老子》正是離那個"明確的起點"最近的思想記録。老子不

---

[1] 魏源《老子本義·論老子》。
[2] 摩爾根《古代社會》59 頁。

自覺地,真切地,熱情地寫下了遥遠歷史的回響。每個民族都曾有過自己的原始形態,所以最早的哲學家常常充滿了原始時期的回憶。同時,作爲一種憧憬,會滿懷熱情地把這些寫在自己的著作中。在還没有文字記載的時代,這些社會的記憶就是珍貴的歷史,不但被看作真理而且還具有神聖的意義。不但如此,“近代的種種制度實生根於野蠻階段,而推廣其萌芽之始,則又在更早的蒙昧階段。它們一脉相承,貫通各代,既有其邏輯上的前因後果,亦有其血統上的來龍去脉”[1]。思想是制度的産物,制度又取决於物質生産的方式。所以原始時期人們的生存方式,不但决定了人類認識的萌芽,也决定了這個民族未來的社會道路。這中間,早期哲人的思想會永遠跳動在這個民族的思想脉搏裹,正如老子思想在中華民族思想中的那樣。所以他由此而建立的哲學思想,也成爲人類文明社會早期的曙光之一。有關原始社會的研究成果,對讀懂《老子》是十分有用的。把《老子》置於歷史環境中去考察,用文化人類學的研究成果來解讀,《老子》書中古今注家無法通解的那部分就可能有更合理的解釋。本書在這方面作了一些探索,得到一些成績。

《老子》書中的原始觀念主要表現在:一、原始社會平均分配産品的思想;二、“無爲”,這是原始社會没有法律,没有國家,以血緣爲紐帶的氏族社會形態的概括和綜合,也

[1] 摩爾根《古代社會》4 頁。

是自然崇拜的核心;三、對女性崇拜的思想;四、原始數的觀念;五、萬物有靈和原始禁忌。這五個方面在注釋和義述中都有詳盡的説解,這裏不再重複。除了説明《老子》的原始觀念外,本書更注重抉發《老子》作爲先秦思想家著作的哲學内涵,它是本書義述部分闡述的重點。

對《老子》的原始觀念的研究成果,在某種意義上支持了史學界所存在的一種觀點,即中國没有經過奴隸社會。它是從原始社會逐步演進爲封建社會的,雖然這個過程是極其漫長的。陳獨秀云:

> 按臣、民、氓、宰,初義爲俘奴;奴、婢、隸、僕、童、妾,初義亦爲俘奴;後犯罪者之家屬從坐没之,所執者率爲糞除、舂橐、侍食、及《周禮》所云牛助牽謗、養鳥、搏盜、守宫,《士喪禮》所云涅厠諸賤役。與古希臘、羅馬以全部生産事業異趣。謂古之中國氏族社會後繼之以奴隸社會若古希臘、羅馬然者,則大誤矣。希臘、羅馬由奴隸制而入封建制;中國、印度、日本,則皆由亞細亞生産制而入封建制者也[1]。

老子思想正是原始社會向封建社會演變的思想記録。當時原始風俗和禁忌的消褪,古老儀規的逐漸喪失,都忠實地記録在老子的著作中。從而老子思想醇化爲中華民族思維方式的原點,他所達到的人類智慧的偉大高度是其另一方面。

---

[1] 《實庵字説》。

就整體而言,老子是春秋時代的思想家,他的思想屬於他的那個時代。老子擁有深厚的周人思想。這與老子長期生活在周的統治中心密切相關。孔子云:"吾聞老聃博古而達今,通禮樂之源,明道德之歸,即吾之師也,今將往矣。"(《後漢書》卷七十孔融傳注)老子的睿智體現了他的時代和環境,且根植於本民族的歷史中。老子是那個時代思想樹林中的最高枝條。老子融合原始觀念於周人的禮制思想中,高度的智慧涉及超驗思維的方方面面。

《老子》書中的本體論以"道、德"的思維模式出現,它既是商周的傳統思想,又是後來中國思想的集中代表。老子熟知周王室的古史檔案及禮制,懂得其中所包含的深刻意蘊。他的智慧與這些學識是分不開的。老子對當時社會批評的依據是包括原始風俗的古禮。禮制是與當時社會的政治制度、統治模式、社會習俗、倫理觀念、價值判斷、道德準繩、學術傳承等等緊密結合在一起的。禮制的批評,成爲一切社會問題批評的契機。這一點,孔子是深受老子影響的。在《老子》書中,通過文獻訓詁,我們所能看到的是一個精通古禮和固守周人精神家園的老子形象。老子思想作爲一種時代意識的存在,本書在注釋中充分引用先秦文獻,對其加以比較,讓老子的文句回到先秦的語境,以期求得較爲合理的解釋。這是本書不同於前人之處。

老子書中最重要的概念是道和德。老子哲學的內涵即從道、德進行展開。在金文中,"道"的寫法,如《貉子卣》作,《曾伯匿》作,《散氏盤》作,《𩰫鼎》作。"散盤諸道字多從止，然有作者，知爲止之訛變。”[1]止即趾，代表脚。容庚《金文編》卷二：“道，從首從行。”道又寫作衜，從行，從首。行作，爲大道。衜即爲站在大道中張目觀望。道字在郭店楚墓竹簡中爲“𧗿”，其義相同。“德”，在甲骨文中作（粹八六四），作（甲二三〇四），金文《辛鼎》作，《弔德簋》作，《師望鼎》作，《秦公鼎》作。從字形看，德也具有在路中張望之義。德字在西周以來的金文中增加了“心”，這與西周以來把德作爲一個重要的政治理念有關，它已與心靈直接産生了聯繫，很自然地轉化爲品德的含義。德的這一含義一直延續到今天。在最早的時候，道、德兩字是近義字，而且它們的原始義都與路有關。道、德兩字在路的含義上引伸，即成爲原則、規範。老子的取義即與此有關。歐洲的黑格爾、海德格爾、伽達默爾對老子的“道”都着重於從“途徑”的含義去闡發其哲學意義根据，認爲因此就有理性、本體、原理的意思[2]，是十分有見地的。

老子書中的“道”已作爲世界自然出發點的哲學本體論原則來叙述。“德”則被賦予了人類本身行爲規範的含義。既然“道”是自然本體論的一個名稱，“德”指心靈支配下的行爲準則，這兩個字合起來，即具有了哲學規範的含義。在先秦至兩漢的古書中，所用“道德”二字的取義常常等同於老子哲學，就是這個原因。而“道德經”三字，就好像是説哲

[1] 陳初生《金文常用字典》189 頁。

[2] 參閲黑格爾《哲學史講演録》126 頁。

學全書了。這裏要説明的是,老子哲學中包含了人們所看重的禮制的内容。禮制作爲那時的社會規範,它具有制度、法律、宗教、宗法、價值觀等功能,而這種種功能同時也是自然原則的體現。正是這個原點,形成了國人的"傳統思想"。它是如此强固,以致無論是儒術還是佛教,都必須吸取了這些思想後,纔會獲得生存發展的機會。在這裏老子的元祖的地位,不容忽視。本書正是在這一點上抉發了被掩蓋的深刻意蕴,證明了老子思想與古禮的一致性,是執着而不是反對。

老子哲學作爲超驗的思考,是遠遠超越常識的。深刻的意蕴隱藏在語言中,簡潔的語言在社會情狀的水面上滑行,後人看到的只是少量的浪花。因爲老子哲學不從邏輯的角度去討論、界定、辨析,其所要表達的内容采用了隱喻和暗示的方式。這種方式與隨用隨棄的否定語言的傾向密切相關。這種思維方式使學術判斷和價值判斷糾纏不清。然而暗示性的語言從社會的語境得到補充,不必擔心原意的偏離。語言的模糊只會給權力者帶來方便。中世紀以來的中國哲學完全承襲了這份遺産,它的社會影響就是更重視權力而輕視法律,因爲法律不過是語言,至少表面如此。

本書的解讀,運用西洋哲學加以觀照,證明了老子哲學涵蓋了古典哲學的許多命題。全面構建了中國哲學的基本内容。在人類哲學的初始階段,它的許多命題都可以與古希臘哲學相對應。然而《老子》僅五千言,即如此全面豐富,作爲中國哲學的開端,對後世的影響是巨大的。正是這點,《老子》就是中國哲學的初始原典。《文心雕龍・諸子》:"伯陽識禮，而仲尼訪問，爰序道德，以冠百氏。”老子的思想不斷地在先秦著作中得到復述和發展，是一個普遍現象。郭沫若《先秦天道觀之進展》一文稱“老聃是百家的元祖”。錢基博説：“獨老子冠時獨出，爲諸子之祖。”[1]吕思勉説得更透徹：“職是故，道家之學，實爲諸家之綱領。諸家皆專明一節之用，道家則總攬其全。諸家皆其用，而道家則其體。”[2]這裏説的“道家”其實就是《老子》一書。

孔子多次師從老子學習周禮，從現有的孔子思想材料看，老子思想在孔子的言論中有着廣泛的存在。孔子説：“志於道，據於德，依於仁，遊於藝。”[3]又説：“道者，所以明德也，德者，所以尊道也。是故非德不尊，非道不明。”[4]這明顯是遵循了老子關於道、德的思維模式。在這裏孔子表述的是老子的思想。即此一例，足概其餘。葛洪云：“道者，儒之本也；儒者，道之末也。”[5]章太炎在《諸子學略説》中指出：“孔學本出於老。”這是確然無疑的。

老子對戰國秦漢的思想有直接的影響，進而影響了兩千多年來的中國歷代思想。清人稱《老子》爲“言兵者師之”[6]。章太炎説：“老聃爲柱下史，多識故事，約《金版》、

---

[1] 錢基博《中國文學史・上古文學・諸子》。

[2] 吕思勉《先秦學術概論》27 頁。

[3] 《論語・述而》。

[4] 《大戴禮記・主言》。

[5] 《抱朴子・明本》。

[6] 王夫之《宋論》。

《六弢》之旨，箸五千言。”[1]從現存的《孫子》看，孫子書有老子思想的影響。老子思想到了戰國時期，已隨文化的普及和文獻載體的日益進步而傳播於整個社會。老子的影響籠罩了整個思想界。當時出現了寓真於誕，寓實於玄，“獨與天地精神往來，而不敖倪於萬物，不譴是非以與世俗處”[2]，“其學無所不闚，然其要本歸於老子之言”[3]的《莊子》；“喜刑名法術之學，而其歸本於黄老”[4]的《韓非子》；“《易大傳》的太極，當是受老子影響而略變其説”[5]的《易傳》；“解説老子之言，闡發老子思想，繼承和發展了道家的‘道’的學説”[6]，“壹祖老聃之言，大概《道德經》之義疏”[7]的《文子》；“其學本於黄帝老子，號曰道家”[8]的《列子》；“以道德爲標的，以無爲爲綱紀”[9]的《吕氏春秋》。在《戰國策·齊》四中顔斶云：

故曰：矜功不立，虚願不至；此皆幸樂其名華而無其

---

［1］《訄書·儒道》。

［2］錢基博《中國文學史·上古文學·諸子》。

［3］《史記·老子韓非列傳》。

［4］《史記·老子韓非列傳》。

［5］張岱年《論易大傳的著作年代與哲學思想》，見《周易研究論文集》(一)416 頁。

［6］李定生、徐慧君《文子要詮·論文子》13 頁。

［7］黄震《黄氏日鈔·讀文子》。

［8］劉向《列子新書目録》。

［9］《吕氏春秋·高誘序》。

實德者也。是以堯有九佐,舜有七友,禹有五丞,湯有三輔。自古及今而能虛成名於天下者無有。是以君王無羞亟問,不媿下學。是故成其道德而揚功名於後世者,堯舜禹湯周文王是也。故曰無形者形之君也,無端者事之本也。夫上見其原,下通其流,至聖明學,何不吉之有哉?老子曰:雖貴必以賤爲本,雖高必以下爲基。是以侯王稱孤寡不穀,是其賤之本與,非(也)[1]……斶願得歸,晚食以當肉,安步以當車,無罪以當貴,清静貞正以自虞。制言者王也,盡忠直言者斶也;言要道已備矣,願得賜歸,安行而反臣之邑屋,則再拜而辭去也。斶知足矣,歸返樸則終身不辱也。

《魏》一:

故老子曰:聖人無積,盡以爲人己愈有,既以與人己愈多。公叔當之矣。

這兩條材料直接引録老子語,可以使人看到戰國時期《老子》一書在全社會廣泛傳播的事實[2]。西漢之時,老子思

---

[1] "也"字據《老子》帛書乙本補。

[2] 《戰國策》所引之老子語出於《老子·二》、《老子·三十一》。前一條引述於孟嘗君時,後一條引述於商鞅之時,皆在戰國中期,但早於《郭店楚墓竹簡·老子》,且爲竹簡本所未載。這證明了今天所見《老子》一書遠在春秋之末即已存在,而竹簡本《老子》僅是一個節鈔本。

想更爲風行。出現了“其旨近《老子》,淡泊無爲,蹈虚守静,出入經道”[1]的《淮南子》。儒家的書雖多,却是無法與這些系統發揮老子思想的專著相比肩的。

“作始也簡,收畢也巨,此學問所以當謹末流之失也。”[2]老子爲諸子之源,孔子是老子思想的傳承者。至戰國時各家從之而流變爲百家之説。由此觀之,戰國百家之争鳴,定於强秦之法家,又降爲漢初重黄老,實質上僅是回溯其源而已。至漢武帝獨尊儒術,董仲舒之所言,雖自稱重儒,所述仍雜出老子之言[3]。連司馬遷的《史記》也是“論大道,則先黄老而後六經”[4]。崇儒而時稱老子,不但是思想上的一脉相承,而且内在邏輯也並無本質的對立,只不過是統治者對思想外衣的選擇。後世之稱儒、道、墨、法之諸家,在思想上無論有多大分歧,但只要探究他們的思想源頭,就可以發現他們都受到老子的深刻影響[5]。自西漢以來的歷朝統治者,他們所確定的官方思想,僅是在儒家旗幟之下吸取了老子核心思想的孔子思想,其以道爲原點的專制統治思想,正是老子思想的邏輯延伸。這正是中國傳統

[1] 高誘《淮南子·叙目》。

[2] 吕思勉《先秦學術概論》43頁。

[3] 董仲舒《春秋繁露·離合根》:“故爲人主者,以無爲爲道,以不私爲寶。”

[4] 班固《漢書·司馬遷傳》。

[5] 童魁《老子微自序》:“老子可以包諸子。諸子不能包老子也。蓋老子多就形而上言,諸子多就形而下言。其異在量,非在質也。”

思想的核心部分。陳鼓應説：

> 中國哲學史實際是一系列以道家思想爲主幹，道、儒、墨、法諸家互補發展的歷史，而决不是像一些學者所描述的主要是一部儒家思想發展的歷史[1]。

鄭湧説：

> 在中國傳統文化的範圍内，老莊所建立的東西比孔子的不僅遠合乎西方關於哲學的規範，受到了西方哲學大師高得多的評價。而且，更重要的是，老莊哲學反過來又重大地影響了西方某些大的哲學學派的建立，這也是孔子思想所望塵莫及的。這些，是我從黑格爾、海德格爾書中和直接從伽達默爾等人那裏得到的啓示[2]。

從以上兩段引文中，可以看到從西方哲學研究的角度來審視老子，從而得出的更合乎實際的結論。

《老子帛書》具有無可比擬的善本價值。到目前爲止所出土的各種老子文本中，《老子帛書》的虚詞保存得最完整，可見《老子帛書》與原始文本最爲接近。它比國家標準《中國古籍善本書目》所規定的善本年限還要早一千五百多年。

---

[1] 《老莊新論》320 頁。

[2] 《以海德格爾爲參照點看老莊》，見《道家文化研究》第二輯 165 頁。

可以説它是善本中之善本，是最古又最好的版本。但帛書本出土以後，即遭到不負責任的責難。有人説帛書本《老子》“使用假借字也極不慎重”[1]。事實並非如此。經過訓詁校勘，《老子帛書》用字相當正確，絶不是不學之人想象的那樣。長沙王王府的殉葬愛物也决不會是“一般的學習讀本”[2]。隨便給出土古書加上一個惡謚，不是嚴謹的學風。秦末漢初是帛書的鈔寫年代，這時的文字尚承戰國文字的餘緒，仍處於十分古老的階段。那時漢字未經語言文字學的規範，何來“假借字”一説？“假借字”是一個文字訓詁概念，帛書鈔寫年代還没有。到東漢許慎《説文解字》提出六書之説，那已是三百年之後的事了。帛書文本所書都是當時通行的寫法，本書校注都已給予了必要的説明。唐張守節在《史記正義·論字例》中談到秦漢文字的通假：“史漢文字相承已久，若悦字作説，閑字作閒，汝字作女，早字作蚤，後字作后，既字作漑，勑字作飭，制字作剬，此之般流，緣古少字通共用之。史漢本有此古字者，乃爲好本。”讀了這段文字，再看《老子帛書》的文字，當能發會心之微笑。張守節所舉古字，在《老子帛書》中也在在皆有，證明了《老子帛書》之“乃爲好本”也。隨意指責，無助於對古文的通讀。帛書文本是難得的古文字材料，倒是爲今天的工具書提供了文字通假的寶貴書證，而不是什麽“極不慎重”。關鍵在於釋讀，即讀懂了没有。坊間今人校釋校注之本，以廣列俗本異

[1] 高明《帛書老子校注》序5頁。

[2] 高明《帛書老子校注》序5頁。

文爲能事,以艱深掩淺陋,廢話連篇,“往往全章僅註異文,了無詮説”[1]。還有人認爲“如果從其内容上加以探究,帛書《老子》却具備了訛字、脱文、衍誤、錯簡之諸種缺點,明白地説:是一種從來最古的本子,却不是最好的版子”[2]。這種説法對古文獻而言是不公平、不負責、不嚴謹的。這裹“内容”一詞用詞不當。從“内容”上探究“訛字、脱文、衍誤、錯簡之諸種缺點”是不可能的,因爲不合邏輯。内容不等於文本。《老子帛書》的内容是哲學,難道哲學會有“訛字、脱文、衍誤、錯簡”之類的毛病嗎?内容與“版子”是兩個概念。再説所舉四端中並不完全符合《老子帛書》版本的實際,也没那麽嚴重。現以保留文字較多的乙本爲例,細加考察而分辨之。什麽叫訛字?訛字就是錯字。確定錯字一定要有依據,不能把與今本文字不同的字動輒稱爲“訛字”。現在已能證明的一個錯字是《四十四》篇“左芥”之“左”,應爲“右”。而在所有傳世本中都是“左契”,也没有一本是對的。這個字因老子帛書甲本保留了“右介”之“右”這個書證,纔有了校正的依據,還是顯示了帛書本之優。至於“脱文”,《老子帛書》是手鈔本,漏抄誤抄均屬正常範圍。在現存的文字中,乙本共漏抄二十一字,都是漏抄一二字的筆誤。這些字大部分可以在甲本得到對照補入,不會造成學術上的誤解和争論。説到“衍誤”,也就是衍文和誤抄,在《五十四》篇中,“愛民栝國,能毋以知乎”與“明白四達,能毋以知乎”

[1] 錢鍾書《容安館札記》第755則。
[2] 嚴靈峰語。見陳鼓應《老子注譯及評介》序2頁。

發生重複。“明白”句後半應作“能无爲乎”，經過校勘，這也不是什麼嚴重的問題。《五十一》篇的“外亓身而身先”是衍文。《六十三》篇中“絶仁棄義而民復孝兹”有誤。可據《郭店楚墓竹簡·老子》校正爲“絶僞棄慮民復季子”。《八十一》篇首句“道恒无名”與前重複不妥。據《郭店楚墓竹簡·老子》作“道恒无爲也”。這些都已寫入校記。至於錯簡則根本没有，持此説者也無從證明。所以會侈言錯簡，是讀不懂古書而另尋出路罷了。《老子帛書》版本的缺點與其學術價值相比簡直是微不足道的，一眚不掩大德，小疵大醇，人所共見。

本書在校注中，直面不作任何更動的《老子帛書》原文，仔細注釋。從古老的文獻出發，無條件地接受這些來自遠古的文字和信息而决不用疑古邪説。近世以來，常有以糟蹋古書顯示所謂“學術”的。朱一新云：“今人動以此律彼，專輒改訂，使古書皆失真面目，此甚陋習，不可從。凡本義可通者，即有他書顯證，亦不得輕改。古書詞義簡奥，又不當以今人文法求之。”[1]正可作羅列衆本，隨心取捨者戒。本書之校，以老子帛書乙本爲底本，一般用老子帛書甲本，以及郭店楚簡本、王弼本、傅奕本、河上本五書與之比勘，着重揭示老子帛書文本之優。决不是把《老子帛書》與俗本等量齊觀而把它降爲普通本子的一種。《老子帛書》的善本價值，作爲楷模，它的存在本身就是對今本譌誤的否定。據

[1] 《無邪堂答問》卷三。

此,校勘時即不舉或少舉異文。面對帛書文字,即是善本在眼前,復何所求?本書於《老子帛書》的古文字悉心加以訓詁,老子勝義往往由此而見。校勘中面對文字有異,核心問題還是釋讀,而不是羅列别的異文。

此次再版,於義述部分修改甚多。所有解讀,表達了詮釋老子的現代努力。爲符合古籍研究的規範,用繁體字出版。

特别要説明的是錢鍾書先生在一九九三年爲本書題署了書名。在先生去世後四年本書纔得以出版,已不及呈覽,但在先生生前曾寄上一小部分稿子呈閱。唯有努力學習,並借此書作爲對先生的無盡懷念。

辭曰:

秦漢古本,重現人間,老子校注,一以爲準。
善本在前,珍若璆琳,注釋解詁,與古作新。
既造今注,不忘舊訓,抉發勝義,貴愜當心。
人類之學,道德之契,印證古禮,新説是稱。
義述之作,提綱挈領,邏輯推闡,哲理攸明。
西之衡東,高屋建瓴,曲説崩潰,晦暝朗澄。
總此數者,校注以成,野芹之獻,敝帚之珍。
爰得一枝,棲遲學林,大雅君子,來教不吝。

徐志鈞

二〇一〇年十二月於無錫一枝書屋

上　篇

一[1]

上德不德，是以有德[2]。下德不失德，是以无[3]德。上德[4]无爲[5]而无以爲[6]也[7]。上仁[8]爲之[9]而无以爲也。上義[10]爲之而有以爲[11]也。上禮[12]爲之而莫之[13]應[14]也，則攘臂[15]而乃[16]之。故失道[17]而后[18]德[19]，失德而句[20]仁，失仁而句義，失義而句禮。[21]夫禮者，忠信之泊[22]也，而亂[23]之首也。前識[24]者，道之華[25]也，而愚[26]之首也。是以大丈夫[27]居[亓[28]厚[29]而不[30]]居亓泊。居亓實[31]而不居亓華。故去罷[32]而取此。

[校注]

[1] 本篇在傳世本中位於第三十八章。老子帛書甲本與乙本篇序完全相同。乙本在《德》、《道》二部分的第一句上方有黑色方塊記號。《德》在前，《道》在後。這個次序與《韓非子·解老》、嚴遵《老子指歸》相同。老子帛書所呈現的是古代《老子》文本的面貌。自東漢以來的版本都已改爲《道》在前，《德》在後。古人思維常把重要的放在後面。帛書本正是反映了“道大於德，明德易而知道難”（徐梵澄《老子臆解》30 頁）的思想。在稱呼上仍以道爲首言。所以《莊子》、

《韓非子》、《禮記》、《史記》等書皆言道德。

老子帛書原文形式上不分篇，直行連寫，其實在内容上是分的。今參照王弼本分篇，但順序則遵依帛書，所以這裏的序號爲一。既已校注帛書，自應以帛書爲準，故不取俗本三十八之序號，因用在此不倫不類也。

［2］吕，即以。漢代隸書皆如此寫。漢《曹全碑》："是吕鄉人爲之諺曰。"漢《張遷碑》："有張仲吕孝友爲行。"漢《孔羡碑》："廣爲屋宇，吕居學者。"老子帛書甲本亦作"吕"。

德，《老子》書的基本觀念。它形成并發展於西周，至春秋時仍爲重要的政治觀念。德既是正心立身的修養，又是治國從政的資格。它還既是當時貴族家世地位的確認，也是社會禮制規範的通識。禮制的内容也就是品德的内容。德還有另一義，屬於道本體的範疇。

［3］无，即無，後世繁體之"無"，甲骨文中作，在卜辭中"無"是舞的本字，不作有無之"無"用，"無"作爲有無之無雖爲後起之義，然而在老子帛書文本中已出現了幾個"無"字，帛書中"无"佔着主要的位子。《郭店楚墓竹簡・老子》"無"多用"亡"字表達有無之無義。《漢書》中尚保有此種用法。甲骨文中表示"没有"即用"亡"字。《説文》："無，亡也。""无"作爲"没有"，在先秦和漢初時是流行的寫法。《説文》："无，奇字無也。"説明東漢許慎編《説文》時，"无"在社會的普遍使用中已邊緣化了。段玉裁注："今六經惟《易》用无字。"陸德明《經典釋文》卷二："《周易音義》：无音無，《易》内皆作此字。"除《易》之外，《莊子》之《齊物論》、《徐无鬼》等許多篇中，宋本《老子道德經古本集註》，《文子》，唐代老子碑刻及敦煌鈔本皆使用"无"字。老子帛書甲、乙本是所見使用"无"字的最早文本。相當多的道家書中廣泛使用"无"字。以致無字已確立其通行地位時，道士們還使用"无"字。但從帛書的"无"字可見其悠久的傳承。啓功云："像《易

經》裹的‘无’字,即是‘無’字。如引《易經》把‘无咎’寫成‘無咎’當然算不準確,但一般使用這二字,並没有什麽區别。”(《啓功叢稿·論文卷》258 頁)《老子》在古代從未以官方經典的地位而刻成石經頒行天下,所以今天能見到的老子文本,无、無之使用都有。從古本帛書本的角度看,應以用“无”字爲好。本書在引用帛書原文時,用帛書原字,加引號。其他論述部分使用通行的繁體。

[4] 此處“上德”與首句意爲上等之德的“上德”含義不同。上,崇尚。上德,崇尚德。以下“上仁”,“上義”,“上禮”用法與此同。

[5] 无爲,順應自然,不加施爲。“无爲”不在經驗範疇中。如果從經驗的範疇中去理解,那就是什麽都不做,這樣毫無意義。在整個老子書中,“无爲”是超驗的概念。德屬於道的範疇。所以它的“无爲”也不在人的經驗範疇之内,是自然而然,所以下文云“无叺爲”。

[6] 无叺爲,叺即以,以猶所,即無所作爲,由於德的“无爲”,它不可能在經驗的範圍裹有所作爲,當然是“无叺爲”的。

[7] 王弼本,河上本此句下有“下德爲之而有以爲”一句,傅奕本亦有作“下德爲之而無以爲。”“下德”此句,《韓非子》引文没有,帛書甲、乙本皆無。從帛書原文看:“无爲而无叺爲”,“爲之而无叺爲”,“爲之而有叺爲”,“爲之而莫之應”,句意遞降,層層下移,邏輯嚴整,如插入“下德”一句,就不通了。

[8] 仁,指人與人之間的關係,其主要含義爲慈愛、親愛。有殘暴纔會有仁愛,否則兩者皆無。《韓非子·解老》:“仁者,謂中心欣然愛人也,其喜人之有福,而惡人之有禍也。生心之所不能已也,非求其報也。故曰,上仁爲之而無以爲也。”這裹從“上仁”開始,即是進入人的範疇。人的範疇即是經驗的範疇。本篇的道、德、仁、義、禮可以明確分爲兩個部分,道、德是本體論範疇,仁、義、禮是人作爲的範疇。老子明確“无爲”屬於本體論的道德。而“上仁”、“上義”、

"上禮"存在於人的經驗範疇中,也就不可能"无爲"了。相反是人的有所作爲的"爲之"了。而且層層遞降,直至强制性的規定的"禮"的出現。

［9］爲之,作爲,需要。有了仁愛之心,形必役於心而有所爲。上仁爲之,仁即有爲,遠離了"无爲"的境界,上仁之有爲,乃發自内心的自然行爲,所以仁心廣被,從表面的"无以爲"而實質上有爲而廣大普賜。

［10］帛書乙本"義"字原作德,德字係誤書,當時抄寫者用硃砂塗後改寫别的字,然而帛書出土時硃砂已脱落無存,甲本作"義",即據改。《淮南子·齊俗訓》:"義者,所以合君臣,父子,兄弟,夫妻,朋友之際也。"《韓非子·解老》:"義者,君臣上下之事,父子貴賤之差也,知交朋友之接也,親疏内外之分也。臣事君,宜;下懷上,宜;子事父,宜;賤敬貴,宜;知交朋友之相助也,宜;親者内而疏者外,宜。義者,謂其宜也。"到義的出現,它已成爲維護等級的手段。義已成爲等級規定的責任。高貴者行仁而低賤者爲義,愛於下而敬於上,正是仁義的全部含義,從社會的等級名分出發規定了不同的情感。

［11］有以爲,有所爲。《韓非子·解老》陳奇猷集釋云:"蓋謂適其宜而爲之,是爲上義;故上義之爲,乃因其宜而爲,故有爲而爲也。"上義不但"有爲",而且是爲了有爲而爲,人的行爲是爲了"義"去作爲,功利色彩很重,遠不及"上仁"之化被萬方,仁心曠達。

［12］禮,用以確定人與人關係的社會準則、規範和儀式。《左傳·隱》十一年:"禮,經國家,定社稷,序民人,利後嗣者也。"《荀子·富國》:"禮者,貴賤有等,長幼有差,貧富輕重皆有稱者也。"《管子·心術》:"登降揖讓,貴賤有等,親疏之體,謂之禮。"《國語·晋語》四:"夫禮,國之紀也。"李學勤云:"古代所謂禮,不僅是社會生活中的規定和儀式,還包括國家政治上的制度在内。從種種史實考察,在當時禮和法律、官制之間並没有明確的界限,許多政治、法律

方面的規定都見於禮的内容。"(《失落的文明》123 頁)《荀子·禮論》:"人生而有欲,欲而不得,則不能無求,求而無度量分界,則不能不争。争則亂,亂則窮。先王惡其亂也,故制禮以分之,以養人之欲,給人之求。使欲必不窮乎物,物必不屈於欲,兩者相持而長,是禮之所起也。"從這點説,道德被賦予了自然而然的色彩;仁義是内心自覺的行爲,有情感意志的作用。而禮則是外部的約束。失道,失德,失仁,失義,最後求助於禮。禮乃道德之影子及模仿,是文明社會之産物。所以,"爲禮者雕琢人性,矯拂其情"(《文子·上禮》)。

[13] 莫之,無人。

[14] 應,乃"應"之本字。章太炎《自述學述次第》:"少甚異族,未嘗應舉。"

[15] 攘臂,捋衣出臂,有强制的意思。

[16] 乃,王弼本作"扔"。《説文》:"乃,曳詞之難也。"段注:"曳有矯拂之意。曳其言而轉之,若而、若乃,皆是也。乃則其曳之難者也。"乃有曳義,猶言以手牽引之。《説文》:"扔,捆也。"朱駿聲通訓:"扔,以手攖之也。"扔之攖義,由乃之曳義而來。崇尚禮,爲之而無人響應,故捋衣奮臂以手拽人强使就範。

[17] 道,萬物的本體。在老子哲學中,道等同於無所不能的自然,也代表符合原始理想社會的最高境界。道同時是老子哲學的最高範疇。張岱年《論老子在哲學史上的地位》云:"從戰國前期直至清代,道都是中國哲學的最高範疇。而道這個最高範疇是老子所提出的。應該肯定,老聃在中國哲學史上具有崇高的地位。"(《道家文化研究》第一輯,1992 年,82 頁)關於道的説明見本書《四十五》。

[18] 后,帛書原文如此。"后"字出現甚早,本義爲君王。《説文》:"后,繼體君也。"段注:"后之言後也,開刱之君在先,繼體之君在後也。析言之如是,渾言之則不别矣。"用這種解釋來形容道、德的前後關係,十分貼切。原始理想社會的最高境界失去時,繼承替

代它的是德。“后”字先秦古籍中多有使用,《吕氏春秋·先己》:“五帝先道而后德。”《禮記·大學》:“知止而后有定。”《禮儀·聘禮》:“君還而后退。”《墨子·尚賢》上:“然后國之善射御之士,將可得而衆也。”後世文字中后、後之義漸各有别,“后”則專用於古神祇或后妃之義矣。在今之簡化字中,“后”又重新獲得了後義。

[19] 故失道而后德,甲本作“故失道,失道矣而后德”。《大戴禮記·主言》:“道者所以明德也,德者所以尊道也,是故非德不尊,非道不明。”

[20] 句,通后。甲本作“后”,文句爲“失德而后仁,失仁而后義”。王弼本作“後”。“句”之作“后”,古文字中多有。《郭店楚墓竹簡·語叢》一:“又(有)生又(有)智(知),而句(后)好亞(惡)生。”“善里而句(后)樂生。”老子言既失道,尚承之以德。失德之後,仁、義、禮以次相更迭,每下愈況。

本篇的“上德无爲而无以爲也”到“故失道而后德……失義而句禮”,老子從“无爲”開始確立“道德”的思維模式的同時,指出社會發展運動却是從“无爲”向“有以爲”,從道德向禮運動的。老子要求人們在意識上的追求應該與經驗的實際相反,把回歸“无爲”與“自然”確立爲精神境界的最高點。這樣,作爲古代中國哲學思想組成部分的美學,也體現了老子的這一思想。中國繪畫、園林等作品的藝術水平愈臻上乘,就愈是老子無爲思想的體現。徐緝熙《〈道德經〉的美學意義》一文中説:“老子崇尚自然,主張順應自然,回歸自然,郭象、向秀在《莊子注》中曾解釋自然道:‘天地以萬物爲體,而萬物必以自然爲正。自然者,不爲而自然也。’‘不爲’即老子所説的‘無爲’。藝術當然不可能真的無爲,否則藝術就不存在了。但真正的藝術,上乘的藝術,又確乎要達到雖則‘有爲’,卻看似‘無爲’而‘無不爲’的境界,所以張彦遠在《歷代名畫記》中説:‘夫失於自然而後神,失於神而後妙,失於妙而後精,精之爲病也而成謹細。’這句話的表述方式同老子所説的'故失道而後德,失德而後仁,失仁而後義,失義而後禮'如出一轍。足見張氏受老子影響之深。張又説:'自然者,爲上品之上;神者,爲上品之中;妙者,爲上品之下……''自然'超乎'神妙'而被尊爲藝術的最高境界。也許在張彦遠看來,'神妙'還多多少少有人爲的痕迹,而'自然'則天然化成,一切都似乎是造化神工,自然而然。總之,我國古代藝術家所追求的藝術境界,多半與《道德經》有關。"(《文匯讀書週報》2001年2月3日第九版)虞世南云:"字雖有質,迹本無爲。禀陰陽而動静,體萬物以成形,達性通變,其常不主。故知書道玄妙,必資神遇,不可以力求也。機巧必須心悟,不可以目取也。"(《筆髓論》)惲南田云:"隨筆點拂,潦草成圖,真到古人不用心處矣,具眼者賞之。"(《畫題》)又方以智云:"其無爲者在有爲中,所以無爲者,爲即無爲,猶心忘手,手忘筆之行押書也。世既不知真無爲之所爲,於是遂尊僞無爲者。"(《東西均・神迹》)老子哲學實乃中國古典美學的基石和靈魂。

[21]《文子・精誠》:"是故道散而爲德,德溢而爲仁義,仁義立而道德遷矣。"

[22] 泊,通薄。《説文》:"洦,淺水也。"段注:"説文作洦,隸作泊,亦古今字也。淺水易停,故泊又爲停泊,淺作薄。故泊亦爲厚薄字。"《論衡・率性》:"非厚與泊殊其釀也,麴糵多少使之然也。"厚、泊對舉,故泊有薄義。忠信之泊,禮乃忠信缺失的産物,故曰泊。

[23] 爪,從爪,亂之省寫。亂對社會而言,不僅是動蕩不安,傳統的等級秩序、權力機制、財産分配、尊卑觀念等等都被顛覆,因而陷於混亂狀態,正好與治相反。禮的本質就是不平等,是維護等級秩序的。禮制的出現,使得原始社會人與人淳樸平等的關係歸於消失。《淮南子・氾論訓》:"故禮者,實之華而僞之文也,方於卒迫窮遽之中也,則無所用矣。"《韓非子・解老》:"由是觀之,禮繁者實心衰也。"紛争是與禮制與生俱來的。禮制是一種規定,而一切規定都

是否定。從這一點看,禮正是對人與人之間淳樸關係的否定,也是對野蠻習俗的否定,終於成爲文明社會亂的前提。“夫禮者,忠信之泊也,而爪之首也”這一句,歷來不少注家,據此確定老子反對禮制,其實這是皮相的看法。孟子曰:“非禮之禮,非義之義,大人弗爲。”(《孟子·離婁》上)古人云:“善爲詩者不説,善爲易者不占,善爲禮者不相,其心同也。”(《荀子·大略》)只有對古禮充滿執着感情的老子纔會説出這樣深刻的話來。今禮,作爲道失之後的代謝產物,作爲不斷補救社會缺陷的產物,老子是不願看到的。他心目中的禮,應是等同於自然的原始古禮。《淮南子·齊俗訓》:“所謂禮義者,五帝三王之法籍風俗,一世之迹也。”魯迅云:“例如嵇阮的罪名,一向説他們毁壞禮教。但據我個人的意見,這判斷是錯的。魏晋時代,崇奉禮教的看來似乎很不錯,而實在是毁壞禮教,不信禮教的。表面上毁壞禮教者,實則倒是承認禮教,太相信禮教。”(《魯迅全集·而已集·魏晋風度及文章與藥及酒之關係》513 頁)老子所論禮的説法,正與之有相通之處。

[24] 前識,智巧的見解。指製禮之人,自以爲有高見,其實恰恰相反。高延第《老子證義》:“前識,先知,謂智也。治天下者,專任智數,不惟不智,適成其愚而已。”

[25] 華,與實相對,猶浮華虚飾。《國語·晋語》四:“華而不實,耻也。”韋昭注:“情貌相違,有華色而無實事。”

[26] 愚之首,蠢笨的起始。

[27] 大丈夫,能持道守德有獨立見解,不囿於外物環境之影響,行事獨特之人。老子云:“君子得其時則駕,不得其時則蓬累而行。吾聞之,良賈深藏若虚,君子盛德,容貌若愚。”(《史記·老子韓非列傳》)《孟子·滕文公》下:“以順爲正者,妾婦之道也。居天下之廣居,立天下之正位,行天下之大道。得志,與民由之;不得志,獨行其道。富貴不能淫,貧賤不能移,威武不能屈,此之謂大丈夫。”從老子

本篇語境觀之,特立獨行,素志不懈,雖有盛德而容貌若不足也。老子所云"被褐而褱玉"亦即大丈夫行徑,故云"去罷而取此"。

[28] 亓,甲本同,王弼本作"其"。亓即其。《集韻》:"其,古作亓。"漢《泰山都尉孔君碑》:"於亓時雍,撫兹岱方。"帛書甲、乙本爲秦及漢初抄本,古寫猶存。

[29] 厚,質樸誠實。居厚指持守於德,不居薄指遠離浮華虛文。

[30] "亓厚而不"四字據甲本補。

[31] 實,淳樸質直,與華之虛浮巧詐相對立。《淮南子・泰族訓》:"故民知書而德衰,知數而厚衰,知券契而信衰,知機械而實衰也。"《淮南子・齊俗訓》:"禮者,實之文也。"文即華,猶禮即道之虛華,回應上文之"夫禮者,忠信之泊也,而亂之首也"。

[32] 罷,與"彼"音近通假。在《史記》、《漢書》中"罷"皆作"彼"、"疲"之用。去,丟棄。本書《老子・五十六》:"故去彼而取此。"

[義述]

開宗明義,老子對德這個觀念進行了演繹。德本來是西周統治者所倡導的治國方略,在春秋時期,它仍然是貴族們的行爲準則和精神家園。老子認爲德來自道,是道的遞降。"道者,德之本也。"他從哲學角度剖析了德在文明社會的異化。"上德不德,是以有德。下德不失德,是以无德。"《韓非子・解老》:"盛德之謂上德。"至高至上之德,必須是人人所具備,方能稱得"上"。人人有德,等於無德,不德。猶人人皆優秀即無優秀,人人富裕即無富裕。在原始社會,人人都生活在同一規範的道德意識之下,這個人人具備的道德即是上德。正是這個"上德"體現了原始氏族社會既不缺乏道德,同時又没有自覺的道德觀念的情況。《莊子・胠篋》:"攘棄仁義,而天下之德始玄同矣。”正是此意。因爲既然無所謂道德，也就無所謂不道德，上德即不德。斯賓塞云：“除非所有的人都有道德，否則没有一個人能被稱爲完全有道德的。”正好可以幫助對老子這句話的理解。道德在不同社會是不同的，因爲自從進入文明社會後所出現的道德，在它的背後無不有着利益訴求的動因。道德是利益訴求的產物。儘管文明社會進步到今天，道德行爲中深層次的利益訴求越來越面向人類的根本利益，然而至少到目前爲止，道德所蘊含的利益訴求也常在不同的人或國家之間發生衝突。正因爲如此，在利益訴求無法平衡的前提下，也就不可能出現道德觀念的一致，也就不可能出現被所有的人認同的“完全有道德”的人。人類在解決自身問題時不可能完全依賴所謂的“道德”，而必須借助於法律的約束。

老子的説法反映了原始社會的情形。到了文明社會，德的含義的社會意義越提高，越抽象，與具體的社會實際就相離越遠。反映在具體行爲上的德就越下降，乃至墮落。這是因爲文明社會的德是爲權力者所駕馭，德已成爲權力的異化。正如意大利馬基雅維利在《君主論》中所歸納出的一個臭名昭著的事實：“導致光榮顯赫的欺騙和罪惡。”美國托克維爾《論美國的民主》：“值得害怕倒不是大人物的缺德，而是缺德使人成了大人物。”中國古諺：“若要官，殺人放火受招安。”還有普列漢諾夫説：“否認意志自由的人，往往比自己的所有同時代人都有更堅强的意志，并且對於自己意志的要求也最大。這樣的例子不勝枚舉。”（《論個人在歷史上的作用問題》5 頁）如此等等，都可以看作文明社會對老子“上德不德”的另一絶妙註釋。

原始社會末期，氏族酋長逐漸轉變爲社會首領。他們的地位開始崛起，自以爲自有其德，然而由於利益訴求的不同，與氏族成員的德的距離越來越遠。"下德不失德，是以無德"正是反映了文明社會降臨之際社會道德的分裂和對立。元代耶律楚材《題萬壽碑陰》:"上德無可德，下德方紀銘。端然居上德，非碑道亦行。"它指出了"上德"與"下德"的區别。總之，"上德"屬於無爲而治然而是野蠻社會；"下德"屬於等級壓迫然而是文明社會。

老子所提出的"无爲"這一觀念，除了哲學上的超驗意義外，它的來源與諸夏各國曾有過的原始社會階段有關，也與當時中原地區還存在的原始形態的氏族社會有關。如夷、狄、戎、蠻等族即保持着原始的氏族形態。文明社會早期的思想家注意到離他不遠的這個社會所表現出的純樸，覺得它美好，那是很自然的。《史記·秦本紀》:

> 戎王使由余於秦。由余，其先晋人也，亡入戎，能晋言。聞繆公賢，故使由余觀秦。秦繆公示以宫室、積聚。由余曰:"使鬼爲之，則勞神矣。使人爲之，亦苦民矣。"繆公怪之，問曰:"中國以詩書禮樂法度爲政，然尚時亂，今戎夷無此，何以爲治，不亦難乎?"由余笑曰:"此乃中國所以亂也。夫自上聖黄帝作爲禮樂法度，身以先之，僅以小治。及其後世，日以驕淫。阻法度之威，以責督於下，下罷極則以仁義怨望於上，上下交争怨而相篡弑，至於滅宗，皆以此類也。夫戎夷不然。上含淳德以遇其下，下懷忠信以事其上，一國之政猶一身之治，不知所以治，此真聖人之治也。"

用這段史實印證本篇,由余所言"不知所以治"即是原始氏族社會的無爲而治。《荀子·强國》:"觀其朝廷,其朝閒,聽決百事不留,恬然如無治者,古之朝也。"南北朝時,鮮卑族尚有這個社會階段的紀錄。《魏書·釋老志》:"魏先建國於玄朔,風俗淳一,無爲以自守,與西域殊絶,莫能往來。"

《論語·衛靈公》:"無爲而治者,其舜也與。夫何爲哉,恭己正南面而已矣。"春秋之世,去古之未遠,堯舜無爲之説,正是表明了無爲是原始社會的特點。老子從當時的社會存在中,抽繹出了無爲的觀念。文明社會早期的哲學思考中已包含了後世思想的萌芽,也包含有對原始社會的回憶。"塔西佗以及後來四世紀末馬賽的主教撒爾文都曾向文明的羅馬人舉出他們的鄰居半開化人來作榜樣"(拉法格《財産及其起源》48頁)。古希臘的柏拉圖和中國的老子也是如此。

《史記·老子韓非列傳》:"老子修道德,其以自隱無名爲務。居周久之,見周之衰,迺遂去。至關,關令尹喜曰:'子將隱矣,彊爲我著書。'於是老子迺著書上下篇,言道德之意五千餘言而去。""道德"二字在老子書中及後來的相當長的時間内的含義就是形而上學。《老子》帛書從第一篇開始即提出了"道德"的思維模式。這是老子的本體論。道生德畜,道是世界的本體,也是德的本體。道不在時空中,然而産生了世界的一切。在老子書中,道作爲本體而存在,只有從這一點出發,老子書纔容易理解。

《管子·心術》:"虚無無形謂之道,化育萬物謂之德,君臣父子人間之事謂之義,登降揖讓貴賤有等親疏之體謂之禮。"從道到禮,即是老子對原始社會從無爲發展到仁義爲本、禮樂爲常的文明社會的各個階段的描述。禮是社會進步的産物。

然而社會的每一個進步,相對也是退步。正如愛默生所說:“社會的道德乃聖者之惡。”相對的退步成爲社會進步所必須付出的代價。如果不是囿於仁義的字面意義的話,老子所看到的,正是社會進步相伴而來的那種相對的退步。

二

昔[1]得一[2]者。天得一以清[3]，地[4]得一以寧[5]，神[6]得一以霝[7]，浴[8]得一（以[9]）盈[10]，侯王[11]得一以爲天下[12]正[13]。亓至也[14]，胃[15]天毋已[16]清將恐蓮[17]，地毋已寧將恐發[18]，神毋[已霝將[19]]恐歇[20]，谷毋已[盈[21]]將（恐[22]）渴[23]，侯王毋已貴以高[24]將恐欮[25]。故必貴以賤爲本，必高矣而以下爲圻[26]。夫是以侯王自胃[27]孤、寡[28]、不橐[29]，此亓賤之本與[30]？非也[31]。故至數輿无輿[32]。是故不欲禄禄[33]若玉[34]，硌硌若石[35]。

[校注]

[1] 昔，從前，開天辟地遠古之時。

[2] 一，道的體現。王弼注："一，數之始而物之極也。"一在這裏是一個特殊的概念，它有完整、純粹、全部、根本、始基等含義。一乃萬物之根本原因和構成，即莊子所謂"行於萬物者道也"之"道"。《莊子·天地》："泰初有无，无有无名。一之所起，有一而未形。"有一而未形即是本體。本體不在知識經驗範圍之内，由它産生萬物，運化萬物，即名爲一，一就是道，也就是自然。所以《莊子·至樂》

云:"天无爲以之清,地无爲以之寧,故兩无爲相合,萬物皆化。"《淮南子·詮言訓》:"夫無爲,則得於一也。"《文子·道德》:"一也者,无適之道也,萬物之本也。"

[3] 清,温和净明,沖虚空靈,諧儷協調。

[4] 地,《國語·越語》下:"唯地能包萬物以一,其事不失。生萬物,容畜禽獸,然後受其名而兼其利。"

[5] 寧,安定,平穩。

[6] 神,神靈。徐灝《説文解字注箋》:"夫神,萬靈之總稱。"

[7] 霝,即靈,應驗,靈驗。朱駿聲《説文通訓定聲》:"霝,叚借爲靈。"金文《墻盤》:"才(在)敚(微)霝處。"《石鼓文》:"霝雨。"

[8] 浴,谷本字,音谷,指山谷。朱駿聲通訓:"浴,叚借爲谷。"見本書《五十》注。本篇後有"谷毋已盈將恐渴"句,證明此處之浴即是谷。谷如能得一,將盈而不竭。谷之得一猶符合谷之生存整體皆備而不缺。

[9]"以"字漏抄,本篇此句前後數句中皆有"以"字,例而據補。

[10] 王弼本此句下有"萬物得一以生"一句,甲、乙本皆無,《老子指歸》亦無。宋刻河上本注文"謂下五事也"。所指五事即天、地、神、浴、侯王,證明河上公作注之時尚未攙入"萬物"句。得一以達佳境者天、地、神、浴、侯王。"萬物"層次不高,無法與天、地等五事比肩並列,攙入"萬物"句,則不倫不類。此足見帛書文本之優。

[11] 侯王,侯,諸侯,國君。王,春秋時周天子稱王。侯王在這裏指整個天下和地域的最高統治者。

[12] 天下,春秋時家、國、邦、天下是不同的概念。家是指士、大夫的家族及田宅;衆多的士、大夫的家族組成國、邦。國、邦指分封的大小不一的諸侯;所有的諸侯合在一起組成天下,亦即是"溥天之下"。那時中國指中原地區,天下爲當時人們所認爲的想象中的整個世界,實際範圍相當於全中國。

［13］正，統治者，楷模。王念孫《讀書雜志》："《爾雅》曰：'正，長也。'《廣雅》：'正，君也。'《吕氏春秋·君守》篇，'可以爲天下正。'高注曰，'正，主也。'爲天下正，猶《洪範》言爲天下主耳。"《淮南子·齊俗訓》："故聖王執一而勿失，萬物之情既矣，四夷九州服矣。夫一者至貴，無適於天下。聖人託於無適，故民命繫矣。"

［14］"亓至也"，甲本作"亓致之也"。《玉篇》："至，極也。"

［15］胃，謂之初文。甲骨文多有此類例子。如且即祖，帚即婦。金文中已有"胃"字。《金文編》卷三："胃不从言。"又卷四："胃，孳乳爲謂。"金文《吉日壬午劍》銘文即有稱謂意義上的"胃"。"謂"表明指稱會意的言旁爲後來所加。銀雀山漢墓竹簡《孫臏兵法》中"謂"亦作"胃"。帛書古寫猶存。

［16］毋已，無休止。王弼本作"無以"。在古書中，"已"與"以"是可以通假的。《莊子·庚桑楚》："自古堯舜以然。"王先謙集解："以，已同。"但高明説："帛書各句'毋已'，今本皆作'無以'。乃將'已'字寫爲'以'，因一字之差，則經義全非。"其實並未"全非"，讀不懂纔會如此理解。因爲"毋已"與"無以"是通假的。帛書所用之"毋已"是更古老的寫法而已。"已"、"以"在古文中，通假之例甚多。舉河上本爲例，老子文作"無以"，而注文作"無已"，説明注者完全明白以、已通假，懂得老子文義。傳世本注文中的歧義，皆因不知已、以二字可以通假之故，以致使人亦踵其謬。張舜徽云："'無'與'毋'，'以'與'已'，古多通用。各本作'無以'，帛書甲、乙本作'毋已'，其義同也。"(《周秦道論發微》107頁)

［17］"蓮"，王弼本、傅奕本、河上本作"裂"。蓮、裂一聲之轉，故假蓮爲裂。裂，引伸爲崩圮。河上公注："言天當有陰陽弛張，晝夜更用，不可但欲清明無已時，將恐分裂不爲天。"

［18］發，即廢。蔣錫昌《老子校詁》："《莊子·列御寇》：'先生既來，曾不發藥乎。'《釋文》：'發，司馬本作廢。'《列子·黄帝篇》引作

廢。又《繕性》:‘非藏其智而不發也。’《御覽・逸民部》引作廢。《左傳・哀》十一年疏引《竹書紀年》云:‘梁惠王廢逢忌之藪以賜民。’《漢書・地理志》引作發,均其證也。發、廢雙聲,故可通用。”劉師培《老子斠補》:“發讀爲廢。《説文》:‘廢,屋頓也。’《淮南子・覽冥訓》:‘四極廢。’高注:廢,頓也。《左傳・定》三年:‘廢於爐炭。’杜注:廢,墮也。頓墜之義,與傾圮同。恐發者,猶言將崩圮也,即地傾之義。發爲廢字之省形。”猶言地如無休止的安静將有崩圮而不能爲地。

［19］“已霝將”三字,據甲本參照傅奕本補。

［20］歇,《説文》:“歇,息也。”段注:“息之義引伸爲休息,故歇之義引伸爲止歇。”神無休止地發揮靈驗,這樣終將會失靈。

［21］“盈”字據甲本補。

［22］甲本及傳世本“將”字下有“恐”字,乙本漏抄,據甲本補。

［23］渴,水乾涸。《説文》:“渴,盡也。”段注:“渴、竭古今字,古水竭字多用渴。”河上公注:“言谷當有盈縮虚實,不可但欲盈滿無已時,將恐枯竭不爲谷。”王弼本下有“萬物無以生將恐滅”一句,帛書甲、乙本皆無。此乃承上“萬物”句而來者,屬衍文。

［24］“貴以高”,王弼本作“貴高”。以有而義,帛書本義勝。

［25］欮,屰,甲骨文作人倒立狀,猶言人之跌倒。後來欮、蹶有顛覆義都是從這裏來的。言人君如若無休止地增加自己的高貴,到頭來恐怕要從高位上傾跌下來,盡喪其貴。

［26］坖,“亓”之異構,即“基”。《集韻》:“基,古作亓。”王弼本作“基”。《淮南子・原道訓》:“是故貴者必以賤爲號,而高者必以下爲基。”高誘注:“貴者謂公王侯伯稱孤、寡、不穀,故曰以賤爲號。基,始也。夫築京臺先從下起也。”

［27］自胃,即自謂,自稱。

［28］孤、寡,諸侯自稱之謙詞,意爲少德之人。《吕氏春秋・君

守》:“君民寡孤,而不可障壅。”高誘注:“孤、寡,人君之謙稱也。”在臣民前的自稱。《禮記・曲禮》下:“庶方小侯,入天子之國曰某人,於外曰子,自稱曰孤。”孔穎達疏:“若與其臣民言則曰孤。孤者,特立無德能也。”寡與孤義同。

[29] 不槖即不善,爲周天子自謙之稱。槖,穀之省寫。穀有善義,春秋前此稱向爲周天子所專有。春秋以下,禮崩樂壞,少數諸侯如楚君、齊桓公僭越而自稱不穀。《國語・晋語》四韋昭注:“曲禮云,四夷之大國,於境内自稱不穀。”章太炎《新方言》云:“不穀即‘僕’之合音,僕即臣僕之謂,乃賤稱也。”稱雖下,然高於民衆,猶今之“公僕”,略有髣髴焉。

[30] “此亓賤之本與? 非也。”王弼本作“此非以賤爲本邪? 非乎”,河上本作“此非以賤爲本耶? 非乎”,皆與老子帛書文句意近。老子明確指出,所謂“孤、寡、不槖”不是低下的社會基礎。所以不是“以爲天下正”的必然因素。

[31] 非也。意爲:不是這樣的。

[32] “故至數輿无輿”,王弼本作“其致數輿無輿”,河上本作“故致數車無車”。輿即車,以車爲訓,同於帛書本。蘇轍《老子解》:“輪、輻、蓋、軫、衡、軛、轂、轊,會而爲車,物物可數,而車不可數。”嚴復《老子道德經評點》:“數輿者,一之反對。”老子之論所説是一與多在同一事物本身的存在。《莊子・則陽》:“指馬之百體而不得馬。”老子所説是整體與部分之間的辯證思維,也是“得一”與整個世界的關係。

柏拉圖云:“可是如果有人指出,那是一個的本身是多數的,多數的又是一個,我就覺得很奇怪了。其他的情況也是這樣。如果有人指出,那些‘種’或‘型’本身在自己裏面容納着這些相反的性質,那就要令人喫驚了。可是如果向我指出我既是一個又是許多個,那有什麼奇怪呢? 如果他願意説我是許多個,就只消説,一個是我的右側，另一個是我的左側，一個是前身，另一個是後身，以及上身、下身等等，這樣我就分沾着‘多’了。如果他願意説我是一個，就可以説，我是這裏七個人中的一個，因爲我分沾着‘一’。他指出這兩方面是非常正確的。如果有人從事證明，同一件東西如石頭、木頭之類既是一個又是許多個，我們願意説，他只是向我們表明了既是許多個又是一個，没有説許多個就是一個、一個就是許多個，因此並没有説出什麽奇怪的話，而是我們大家都樂意承認的。”（《柏拉圖對話集・巴門尼德篇》493—494 頁）從柏拉圖的論述，可以看到古代辯證思維的深刻之處。如奏樂，着眼於音符，就聽不到樂曲；相反，着眼於樂曲，也就聽不到音符。綜觀全篇，數輿之説，正是爲了説明“得一”之道。“得一”意味着完整，總體把握，這種把握不在經驗的範圍中，而是觀念，如天之得一，地之得一，其實是人的觀念對自然狀態超越的結果。把瑣碎的萬物用觀念加以綜合，這時所看到的只能是“得一”。神的得一與侯王的得一實際上是同一個版本。浴的得一亦含此意。這三者關乎“人”自身，所以這裏的得一亦是非經驗的總體把握，而且順應自然。老子本書所説的爲“人”之道，無不與達到全體綜合的認同——“得一”有關。老子所强調的“數輿无輿”，其實與“得一”密切相關。老子這裏除了敘述方式與西方有差異外，在對“一”與“多”這個命題的辯證思維上，本質是一致的。

張舜徽《老子疏證》云：“輿乃車之通名。《考工記》云：‘一器而工聚焉者，車爲多。’《淮南子・主術》篇云：‘古之爲車也，漆者不畫，鑿者不斲，工無二伎，士不兼官。各守其職，不得相奸，人得其宜，物得其安。是以器械不苦，而職事不嫚。’蓋車之爲物，由輪、輻、蓋、軫、衡、軛、轂、轊之屬相和而成。但若舉車輿大名，何足以見其全體之用？故曰數輿無輿。古人常取此以喻治道，明一國之治，亦由衆智群力所集，而非人主一人所能爲。《吕覽・君守》篇所云：‘大聖無事，而千官盡能。’《淮南子・主術》篇所云：‘衆智之所爲，則無不成也’，皆即此意。”“故至數輿无輿”緊接上文“侯王自胃孤、寡、不橐”，因近取喻，以言君道。

［33］禄禄，平庸，失去天然之形貌。《莊子·漁父》：“故聖人法天貴真，不拘於俗。愚者反此，不能法天而恤於人，不知貴真，禄禄而受變於俗，故不足。”

［34］玉，經過加工的玉石製品。玉含有豐富的人文因素，自古以來，即是權力、身份、地位、財富的象徵。《荀子·法行》：“夫玉者，君子比德焉。温潤而澤，仁也。栗而理，知也。堅剛而不屈，義也。廉而不劌，行也。折而不撓，勇也。瑕適並見，情也。扣之，其聲清揚而遠聞，其止輟然，辭也。”這些品質與自然之石已相去甚遠。《戰國策·齊》四：“夫玉生於山，制則破焉。非弗寶貴矣，然夫璞不完。士生乎鄙野，推選則禄焉。非不得尊遂也，然而形神不全。”

［35］硌硌，硌，似玉之石，即人工所加工之石。無論玉或石，皆爲人類最早加工之自然物。一經加工，即離樸成器，喪失本真；喪失本真，即是喪失自我。正如老子本篇所説：“夫是以侯王自胃孤、寡、不橐，此其賤之本與？非也。”回答是否定的。《戰國策·齊》四：“夫孤、寡者人之困賤下位也。而侯王自謂，豈非下人而尊貴士與？”與玉一樣，人之尊貴，無論稱呼什麽，哪怕下位之稱，即已非自然之人。老子這裏所説是從哲學的高度：既不要像加工過的玉，也不要像加工過的石，保持自己的自然品質最爲緊要。

［義述］

氏族社會成員只有氏族觀念，没有個人觀念，所以充滿了友愛精神。孤、寡是氏族特别加以温恤的人們。這種風俗到了文明社會，還曲折地反映在由氏族首領演變而來的統治者身上。首領因個人地位的上陞而與整個氏族對立。在社會分化的初期，統治者借助孤、寡、不穀這些稱呼來獲取被統治者的好感，同時借此從群體中分離出來，顯示自己與群體的不同。隨着歲月的流逝，這些名詞已完全失去了最初的意義而成爲一種特殊的謙稱。老子對這些稱呼從哲學高度來認識，即個人與社會，部分與整體的關係。老子的貴以賤爲本，高以下爲基，説明概念所代表的事物是由它本身的自我否定所導致的對立。

另外，《淮南子·覽冥訓》："往古之時，四極廢，九州裂，天不兼覆，地不周載，火爁炎而不滅，水浩洋而不息；猛獸食顓民，鷙鳥攫老弱。於是女媧煉五色石以補蒼天，斷鰲足以立四極，殺黑龍以濟冀州，積蘆灰以止淫水。蒼天補，四極正，淫水涸，冀州平，狡蟲死，顓民生。"古代神話所説的女媧補天故事，説明在古人思想中天開裂、地傾圮是曾經有過的。古人至少用這種想象中的事實來描述自然現象。老子講到這些，作爲一種思想，已超越了神話，也超越了自然變化和人的貴賤。它超越經驗，是面對世界的普遍性原理。老子在本篇中述説的就是這樣一種哲理。

"昔得一者"代表了老子思想中更古老的部分。它可以追溯到中國原始民族對數的最初認識階段。"Omnibus ex nihilo ducendis sufficit unum."（只要有一，就能從中引出一切。）然而不擁有抽象概念的原邏輯思維卻不是這樣行事。"原邏輯思維不能清楚地把數與所數的物區別開來。這種思維由語言表現出的那個東西不是真正的數，而是'數——總和'，它没有從這些總和中預先分出單獨的一。要使這種思維能夠想象從一開始的、按正確序列排列的整數的算術序列，必須使它把數從其所表示的那些東西中分離出來，而這恰恰是它所辦不到的。相反的，它想象的是實體或客體的總和，這些總和是它按其性質及其數而得知的,數則是被感覺到感知到的,而不是被抽象地想象的。”(列維・布留爾《原始思維》87頁)《荀子・堯問》:“堯問於舜曰:我欲致天下,爲之奈何? 對曰:執一無失,行微無怠,忠信無勸,而天下自來。執一如天地,行微如日月,忠誠盛於内,賁於外,形於四海,天下其在一隅邪。夫有何足致也。”在這裏“一”與“世界”是一致的,等同的。最初的哲學思想正是從這裏發展出了一與多、人與自然的認識。而且老子認爲天、地、神、浴、侯王能存在的依據,也正是那渾然沌然的“一”。古希臘畢達哥拉斯學派認爲:

> 數目的無限系列,亦即事物的無限系列,皆從一中發出。數目是事物的要素,一又是數目的要素。畢達哥拉斯區分一爲二種,其一,爲一切數目(實體)所從出的一,它包括一切,籠罩一切,綜括一切;它是絶對的和無與相反的一,是單子中的單子,神中的神。其二,爲單數,是一切數目中的頭一個數目,和二、三及一切多數相反對,因而亦受二、三及其他多數的限制;它是相對的一,是被創造的單子。一和多的相反,是一切其餘的相反的母親。自然界一切的相反,例如燥和濕,寒和暑,明和暗,牝和牡,善和惡,有限和無限,均只是一和多的變化,或説是奇和偶的變化。如此的多,不是顛撲不破的,它可分析成爲諸多的一;偶數可歸結而爲奇數的一。絶對的一,不是奇數,也不是偶數,或説得更確切些,也是奇數,也是偶數,也是少數,也是多數,也是神,也是世界。(艾爾佛雷德・韋伯《西洋哲學史》27頁)

在東西方哲學的初始階段，出現了關於“一”的論述。這種相似是有深意的，也是值得關注的。“一”本身所具有的兩種相反的內容，“一”既代表了整體，同時作爲對整體的否定，它又代表了部分。這是對世界萬物深刻的表述，也是對世界萬物的超越。

對於一與多這個命題，正如康德所説：在理性中，本身包含兩種傾向，一種是趨於熱鬧而繁多；一種趨於收斂而單一。世上的存在物和人無不具有一與多的雙重性。在本篇中，老子在敘述了“一”的概念後，又提出“數輿无輿”與“得一”相呼應。指出“得一”的反面是“數輿”，整體與部分既有同一性，又相互否定。“一”作爲對世界的超驗思維，它同時貫穿於天地之間，神與萬物，也貫穿於人類社會，還貫穿於人工與天然，更貫穿在它自己的自我否定。正是這種自我否定，體現了世界本身的辯證。古代與之相似的説法有《五燈會元》卷十五雲門文偃禪師所言：“終日説事，未嘗掛着唇齒，未嘗道着一字。終日穿衣喫飯，未嘗觸着一粒米，挂着一縷絲。”此乃“數輿无輿”之論也。古代樸素辯證思維是以形式邏輯的形態存在的，老子在這裏也是如此。古希臘赫拉克利特説：“結合物既是整個的，又不是整個的；既是協調的，又不是協調的；既是和諧的，又不是和諧的；從一切産生一，從一産生一切。”(《古希臘羅馬哲學》19 頁)這些與東方思想的鼻祖老子所説甚是相似。這些有助於我們對老子的理解。總之，“一”就是自然最合理的狀態，而人的社會的平穩也必須符合自然的這種模式。

三[1]

上[士[2]聞[3]]道[4]，堇[5]能行之；中士[6]聞道，若存若亡；下士[7]聞道，大笑之，弗笑[不足[8]]以爲道。是以建言[9]有之曰：明道如費[10]，進道如退，夷[11]道如類[12]。上德如浴[13]，大白[14]如辱[15]，廣德如不足[16]，建德[17]如[偷[18]]，質[真如渝[19]]，大方[20]无禺[21]，大器免成[22]，大音[23]希聲[24]，天象[25]无刑[26]，道褒[27]无名[28]，夫唯道，善始且善成[29]。

[校注]

[1] 本篇篇序同於甲本，不同於傳世本。帛書本篇在“反也者，道之動也”篇之前，傳世本正好相反。老子帛書的篇序是合理的，《老子·四》、《老子·五》，在思維順序上有聯繫，見《老子·五》義述。

[2] 上士，《禮記·王制》：“諸侯之上大夫卿、下大夫、上士、中士、下士凡五等。”老子在這裏借用當時社會之等級，作爲對道之理解程度不同的比喻。

[3] “士聞”二字據王弼本補。

［4］道，關於“道”的要言妙義。

［5］堇，《集韻》：“僅，亦省作堇。”《漢書・地理志》下：“然堇堇物之所有。”顔師古注：“堇，讀曰僅。”

［6］中士，一般之士。牟融《理惑論》：“誦詩書，修禮節，崇仁義，鄉人傳業，名譽洋溢，此中士所施行，恬澹者所不恤。”

［7］下士，才德皆差之士。《顔氏家訓・名實》：“上士忘名，中士立名，下士竊名。”

［8］“不足”二字據王弼本補。言道不爲下士理解，故彼輕視而譏笑之。如果爲下士所接受理解，就説不上是要言妙義了。《商君書・更法》：“吾聞窮巷多怪，曲學多辨。愚者之笑，智者哀焉。狂夫之樂，賢者喪焉。”《淮南子・原道訓》：“曲士不可與語至道，拘於俗，束於教也。”蔣錫昌云：“‘不笑不足以爲道’，言道乃微妙玄通，深不可識，故苟不爲下等之君所笑，則不足以爲道也。”

［9］建言，古語或古諺。

［10］費，王弼本、河上本、傅奕本作“昧”，昧義昏暗，不明顯。馬王堆漢墓帛書整理者注：“《説文》：‘費，目不明也，從目，弗聲。’費疑作費。費與昧義近。”整理者之言甚是。猶言明顯之道有如暗昧不清。

［11］夷，平坦。

［12］類，通“戾”，不平。《左傳・昭》十六年：“子産怒曰，發命之不衷，出令之不信，刑之頗類……僑之恥也。”孔穎達疏：“服虔讀類爲纇。解云：頗，偏也。纇，不平也。”《左傳・哀》十一年：“必遺類焉。”楊伯峻注：“類同纇，戾也。”類、纇古字通。

［13］上德如浴，浴即山谷。山谷空曠虚牝，即爲“无”義。“上德如无”亦即“上德不德”。

［14］大白，本指古代行軍用的白色旗幟。《禮記・明堂會》：“殷之大白，周之大赤。”此處借爲明顯的白色之意。

［15］辱,《儀禮・士昏禮》:“今吾子辱。”鄭玄注:“以白造緇曰辱。”《素問》:“黑氣乃辱。”辱有黑義,與白對立,故曰:“大白如辱。”

［16］廣德如不足,廣德,猶言盛德。《國語・晋語》八:“夫德廣遠而有時節,是以遠服而邇不遷。”《汲冢周書・太子晋解》:“(師曠)又稱曰:‘古之君子,其行可則,由舜以下,其孰有廣德?’王子應之曰:‘如舜者天。舜居其所,以利天下,奉翼遠人,皆得己仁,此之謂天。如禹者聖。勞而不居,以利天下,好與不好取,必度其正,是之謂聖。如文王者,其大道仁,其小道惠。三分天下而有其二,敬人無方,服事於商。既有其衆而反失其身,此之謂仁。如武王者義。殺一人而以利天下,異姓同姓,各得其所,是之謂義。’”陳注:“勞而不居,不矜不伐也。敬人無方,因人之材德而生敬,不以常格拘用賢之典,猶成湯立賢無方之意。”廣德是德的極高境界,以上所舉天、聖、仁、義都屬於“廣德”,廣德者,既不是一般的人,又不是一般的事。《莊子・寓言》:“老子曰,而睢睢盱盱,而誰與居? 大白若辱,盛德若不足。”蔣錫昌云:“廣德之一,謙下卑弱,若不足也。”《史記・老子韓非列傳》:老子語“良賈深藏若虛,君子盛德,容貌若愚”。亦近此義。

［17］建德,《廣韻》:“建,樹也。”《詩・魯頌・閟宫》:“建爾元子,俾侯于魯。”在西周及春秋時期,天子對宗族和有功之臣封邦建國,分立諸侯,叫建德。《左傳・隱》八年:“天子建德,因生以賜姓,胙之土而命之氏。”杜預注:“立有德以爲諸侯。”《史記・平準書》:“朕聞五帝之教不相復而治,禹湯之法不同道而王,所由殊路,而建德一也。”同樣,諸侯、臣子爲天子建功立業也叫建德。俞樾《老子平議》:“建當讀爲健。《釋名・釋言語》曰:‘健,建也。能有所建爲也。’是建、健音同而義亦得通。‘健德若偷’,言剛健之德、反若偷惰也。”俞説不確。健有建義,並非剛健之義,因建無健義也。本篇之明、費;進、退;白、辱等語成對出現,語義相反。而剛健與偷惰並無相反之義。故增字作解之俞説雖流行而並未確解。

［18］“偷”，甲、乙兩本此字均已殘佚，據王弼本補。傅奕本作“媮”。朱駿聲通訓：“媮字亦作偷。”蔣錫昌《老子校詁》云：“偷爲愉之假。《禮記·坊記》注：‘言不愉於死亡。’釋文：愉本作偷。公羊桓七年傳注：‘則民不愉。’釋文：愉本作偷。是爲愉、偷二字古時通假之證。”《説文》：“愉，薄也。”段注：“《周禮》以俗教安，則民不愉。鄭注：愉爲朝不謀夕。此引申之義也。淺人分别之，别製偷字，從人，訓爲偷薄，訓爲苟且，訓爲偷盗，絶非古字，許書所無。然自《山有樞》鄭箋云：愉讀曰偷，偷，取也。則不可謂其字不古矣。”據此，愉、偷通假，偷字亦甚古，應是故書。《漢書·元帝紀》：“媮合苟從，未肯極言，朕甚閔焉。”顔師古注：“媮，與偷同。”皆爲安樂、苟且、諂媚之義。《楚辭·離騷》：“唯夫黨人之偷樂兮，路幽昧以險隘。”《汲冢周書·芮良夫》：“爾執政小子，不圖大囏，偷生苟安，爵以賄成。”《晏子春秋·雜上》十二：“聖賢之君，皆有益友，無偷樂之臣，景公弗能及，故兩用之，僅得不亡。”偷義又爲諂諛、奉迎。賈誼《惜誓》：“或偷合而苟進兮”，又如《後漢書·袁紹傳》：“若使苟欲滑泥揚波，偷榮求利。則進可以享竊禄位，退無門户之患。”《韓非子·難二》：“夫賞無功，則民偷幸而望於上。”《荀子·臣道》：“不卹君之榮辱，不卹國之臧否，偷合苟容，以持禄養交而已耳，謂之國賊。”偷之取義在於諂媚倖進，正是姦滑小人之所爲，與建功立業絶然相反。《史記·白起王翦列傳論》：“當是時，翦爲宿將，始皇師之，然不能輔秦建德，固其根本，偷合苟容，以致㱝身。”在這裏“建德”和“偷”作爲相互對立的含義出現在同一句中，與“建德如偷”的用法正相一致。猶言建功立業之人却如諂媚倖進之徒。

［19］“真如渝”三字據王弼本“真若渝”補。帛書乙本本篇上下文皆作“如”，據改。《説文》：“渝，變汙也。”“質真如渝”，猶言本體精淳之人，却看起來如卑鄙污穢之徒。

［20］大方，大地。《管子·内業》：“人能正静……乃能戴大圜而

履大方。”

［21］禺，隅之省寫。王弼本作“大方無隅”。隅，方角。大地無窮廣袤，以至無隅。

［22］大器免成，王弼本作“大器晚成”。春秋時期，作爲禮器的青銅器和玉器代表了貴族的名位和爵禄。《左傳·成》二年：“唯器與名，不可以假人。”名位的頂點就是人君。故“大器”可看作人君的地位，亦即是“神器”。樓宇烈云：“本章言‘大方無隅’，‘大音希聲’，‘大象無形’，二十八章言‘大制無割’等。一加‘大’字則其義相反，‘方’爲有隅，‘大方’則‘無隅’；‘音’爲有聲，‘大音’則‘希聲’；‘象’爲有形，‘大象’則‘無形’；‘制’爲有割，‘大制’則‘無割’。唯此‘大器’則言‘晚成’，非‘器’之反義。長沙馬王堆三號漢墓出土帛書《老子》經文，此句甲本殘缺，乙本作‘大器免成’。”(《王弼集校釋》115頁)《郭店楚墓竹簡·老子》乙作：“大器曼成”。曼，即無。《廣雅·釋言》：“曼，無也。”王念孫疏證：“《小爾雅》：‘曼，無也。’《法言·寡見》篇云：‘曼是爲也。’《五百》篇云：‘行有之也，病曼之也。’皆謂無爲曼。……曼、莫、無，一聲之轉。”由是觀之，竹簡本云“大器曼成”，即“大器無成”，正與帛書乙本“大器免成”同誼。陳柱《老子韓氏説》：“‘晚’猶‘免’，免成猶無成也。”《老子·七十三》：“將欲取天下而爲之，吾見亓弗得已夫。天下，神器也，非可爲者也。爲之者敗之，執之者失之。”此即老子“大器免成”之本義。《莊子·田子方》：“夫子不言而信，不比而周，无器而民滔乎前，而不知所以然而已矣。”即是師“大器免成”之意。

［23］音，《禮記·樂記》：“凡音者，生於人心者也。情動於中，故形於聲，聲成文，謂之音。”

［24］希，寂静無聲。《老子·五十八》：“聽之而弗聞，命之曰希。”河上公注：“無聲曰希。”大音至極之心音，至極而無聲，不得而聞。《國語·周語》上：“厲王虐，國人謗王。召公告曰：‘民不堪命

矣。’王怒,得衛巫,使監謗者,以告,則殺之。國人莫敢言,道路以目。王喜。告召公曰:‘吾能弭謗矣,乃不敢言。’召公曰:‘是障之也。防民之口,甚于防川。川壅而潰,傷人必多。民亦如之。是故爲川者決之使導,爲民者宣之使言。……夫民慮之於心而宣之於口,成而行之,胡可壅也?若壅其口,其與能幾何。’王不聽。於是國人莫敢出言。三年,乃流王於彘。”錢鍾書云:“寂之於音,或爲先聲,或爲遺響,當聲之無,有聲之用。是以有絶響或闃響之静,亦有蘊響或醞響之静。静故曰‘希聲’,雖‘希聲’而蘊響醞響,是謂‘大音’。”(《管錐編》449 頁)

[25]“天象”,《郭店楚墓竹簡・老子》乙及北京大學藏西漢竹簡本《老子》亦作“天象”。長沙出土戰國帛書有“恪敬惟永,天象是則”等語(《考古》1972 年第 3 期 8 頁)。王弼本作“大象”,帛書乙本《老子・七十九》有“執大象”句,天象與大象從含義上講,兩者是有區别的。《易・繫辭》上:“天垂象,見吉凶,聖人象之。”《書・胤征》:“昏迷于天象,以干先王之誅。”天象爲古人由觀察而意想中天的各種表徵的形象。《易・繫辭》上:“在天成象,在地成形,變化見矣。”李學勤云:“所謂‘在天成象’係指天象。”(《周易溯源》223 頁)《國語・周語》上:“夫天事恒象。”韋昭注:“恒,常也。事善象吉,事惡象凶也。”

[26]荆,《集韻》:“荆,通作刑。”刑通形。“天象”之所以無形,因其巨大無比,變幻莫測,無具體固定形象。唐太宗云:“然而天地苞乎陰陽而易識者,以其有象也;陰陽處乎天地而難窮者,以其無形也。故知象顯可徵,雖愚不惑;形潛莫覩,在智猶迷。”(《聖教序》)實秉老氏之遺教而重之以陰陽。

[27]褒,邵瑛《群經正字》:“褒,正字當作褎,今作褒,隸之省變。《玉篇》《廣韻》《五經文字》并作褒。”褒字乃後出之俗字。經典古籍所見:《詩》《史記》《國語》《禮記》《楚辭補註》等等皆用褒字,褒字也習見於明清古籍。褒義爲大爲盛。在古代通行褒字,現代通行褒

字。《淮南子·主術訓》:"是故得道者不爲醜飾,不爲僞善,一人被之而不褒,萬人蒙之而不褊。"高誘注:"褒,大也;褊,小也。"

[28] 无名,没有名稱。道之爲盛,爲大,包舉宇内而無所指稱,是"道褒无名"的本義。

[29] 成,終了。只有道,纔能具有完美的過程。于省吾《雙劍誃老子新證》:"《周語》'故高明令終',注:終,成也。又'純明則終',注:終,成也。《書·臯陶謨》:'簫韶九成',鄭注:成,猶終也。是成、終互訓義同。然則善始且成,即善始且終。"猶老子下言"慎冬若始"。

[義述]

本篇從一開始即提出上士、中士、下士在聞道上的差異。道是老子哲學的世界本體,這個本體即同於自然。在自然面前的人,不管上、中、下,都是等而下之。上士僅僅能順從於道,聽命於自然,没有自己的自由意志,當然是不足道的。中士懵然無知,一點感覺也没有。至於下士,表面是聞道而譏笑之,其實他更不知自己爲何物。

本篇在"建言有之曰"下面,是對道德的三個論段。

一、明道如費,進道如退,夷道如類。

二、上德如浴,大白如辱,廣德如不足,建德如偷,質真如渝。

三、大方无禺,大器免成,大音希聲,天象无荆,道褒无名。第一論段説明聞道是不可能的。第二論段論德的外表都不怎麼樣,這裏老子的隱喻即是德作爲道的載體也是不可認識的。由於道、德的不可知,所以在本質上是至高的。人是微不足道的。第三論段前面四句,表明"大"既是對所大之物本身的否定,然而又不是否定。這四句爲“道褒无名”作鋪墊。無論大地(大方)、君權(大器)、禮制(大音)、上天(天象),這些都已至大無外,然而隱隱然仍在自然之中,亦即是道的範疇之中。道褒者,囊括以上所有一切。无名,更是説明道的廣大萬能(見本書《老子·四十五》義述)。這些説完了,由“夫唯道,善始且善成”加以小結。這樣,道所居的本體的地位無可動摇。

值得討論一下的是下士,他們對道的態度雖不足道,但這種人自我感覺良好。他們是什麽樣的人呢?魏源云:“下士知彰而不知微,止乎形内,故聞道大笑。笑之則非之矣。”(《老子本義》)所謂“大音不入俚耳”。這種人毫無遠見,鼠目寸光,以無知爲滿足。他們的可悲在於一種愚昧的自信,滿腦子迂腐的成見。他們的思維方式是有問題的。英國羅素説:“事實上,哲学的價值大部分須在它的極其不確定性之中去追求。没有哲學色彩的人一生總免不了受束縛於種種偏見,由常識、由他那個時代或民族的習見、由未經深思熟慮而滋長的自信等等所形成的偏見。對於這樣的人,世界是固定的、有窮的、一目了然的;普通的客體引不起他的疑問,可能發生的未知事物他會傲慢地否定。”(《哲學問題》131 頁)

下士聞道而大笑之,正是缺乏哲學素養的表現。《孟子·盡心》上:“孟子曰:行之而不著焉,習矣而不察焉,終身由之而不知其道者,衆也。”道之深奥難見,不可以智索,不可以形求,不爲流俗所識,無論上士、中士、下士,皆是如此。

建言所説,從“明道如費”至“天象无荆”共十二句,在不确定中充满了辯證。它提供了一種新的思維方式。這些格言式的話,是有悠久傳統的。在老子時代的古書中,這些思想是常見的。《書·吕刑》“維齊非齊”,即不齊纔能齊之意,謂有等差始可以爲治。作爲一種哲學思想,經老子闡發,更是流行於世。《易·繫辭》下:"子曰:危者安其位者也。亡者保其存者也。亂者有其治者也。"《荀子·天論》:"故大巧在所不爲,大智在所不慮。"《孫子·勢篇》:"亂生於治,怯生於勇,弱生於彊。"《淮南子·説林訓》:"大匠不斲,大豆不具,大勇不鬬。"《越絶書·計倪篇》:"進有退之義,存有亡之幾,得有喪之理。"《荀子·榮辱》:"斬而齊,枉而順,不同而一。"《禮記·學記》:"君子曰:大德不官,大道不器,大信不約,大時不齊。"孫希旦集解:"不官爲諸官之本,不器爲諸器之本,不約爲諸約之本,不齊爲諸齊之本。"陳澔集説:"大時,天時也。不官,不拘一職之任也。不器,無施而不可也。不約,不在期約之末也。元化周流,一氣屈伸,不可截然分限求之,故方榮之時而有枯者焉,寂之時而有萼者焉。惟其不齊,是以不可窮。凡此四者,皆以本原盛大而體無不具。故變通不拘而用無不周也。"這些説法是老子思想的延續。先秦以還,這種思想貫穿於兩千多年的中國思想歷程中。應該看到老子思想在這個思想發展過程中的作用。它的社會意義,從歷代治國及用兵者之樂道中可以看到。

四

反[1]也者，道之動[2]也。［弱也[3]］者，道之用[4]也。天下之物[5]生於有[6]，有［生[7]］於无[8]。

［校注］

［1］反，朱駿聲通訓："反，叚借爲返。"《易·泰》："九三，无平不陂，无往不復，艱貞无咎。"《象》曰："无往不復，天地際也。"錢鍾書云："'反者道之動'之'反'字兼'反'與'返'亦即反之反意，一語中包賅反正之動爲反與夫反反之動而合於正爲返。竊謂吾國古籍中《老子》此五言約辯證之理。"（《管錐編》446 頁）

［2］動，《爾雅·釋詁》下："動，作也。"《老子·六十九》："吾未知其名也，字之曰道。吾强爲之名曰大。大曰筮，筮曰遠，遠曰反。"反即返，歸也。返者，"天物云云"各歸其根也。老子認爲動即周流不息，然而僅是循環。動即萬物之生，究其根源，皆出乎道。故云："反也者，道之動也。"

方以智云："伏羲方圓，文王貞悔，孔子雜卦，無非錯綜，無非反對，往來交易，消息在此。老子曰：反者道之動。非止訓復也。陰陽五行，翻忽顛倒。小即大，彼即此，中即昃，生即不生，有即無有。開眼者，夜半正明，天曉不露，當下知反因即正因矣。"（《東西均·反因》)這一段的解釋是透徹的。

[3]“弱也”二字據甲本補。弱，幼嫩，弱小。《吕氏春秋·辯士》:“苗其弱也欲孤。”高誘注:“弱，小也。苗始生小時欲得其孤特，疏數適中則茂好也。”

[4]用，事物本質的外部表徵。道作爲本體是無往而不在的，然而它的强大涵泳在外表柔弱的事物中。

“弱也者，道之用也。”王弼注:“柔弱同通，不可窮極。”弱在這裏體現的是理性，故王弼如是説。《書·無逸》:“周公曰，嗚呼，厥亦惟我周太王、王季，克自抑畏，文王卑服，即康功田功。徽柔懿恭，懷保小民，惠鮮鰥寡。自朝至于日中昃，不遑暇食，用咸和萬民。文王不敢盤于遊田，以庶邦惟正之供。文王受命惟中身，厥享國五十年。”孔傳:“太王，周公曾祖。王季即祖。言皆能以義自抑，長敬天命。文王節儉，卑其衣服，以就其安人之功。以就田功，以知稼穡之艱難，以美道和民，故民懷之;以美政恭民，故民安之。又加惠鮮乏鰥寡之人。從朝至日昧不暇食，思慮政事，皆用和萬民。文王不敢樂於遊逸田獵，以衆國所取法，則當以正道供待之。”西周之初，以柔弱自居，實際在治國的作爲中體現了向上的理性，也就體現了道之用。

[5]物，《説文》:“物，萬物也。”《列子·黄帝》:“凡有貌象聲色者，皆物也。”

[6]有，與無相對。指可感覺的實物，最普遍的存在。《晋書·裴秀傳》:“理之所體，所謂有也。有之所須，所謂資也。”《淮南子·俶真訓》:“物莫不生於有也。”

[7]“生”字據甲本補。

[8]无，即無。《世説新語·文學》:“王輔嗣弱冠詣裴徽，徽問曰:夫無者誠萬物之所資，聖人莫肯致言;而老子申之無已，何邪?弼曰:聖人體無，無又不可以訓，故言必及有。老莊未免於有，恒訓其所不足。”王弼注:“天下之動，皆以有爲生，有之所生，以無爲本。”

本篇開首所説的反，即是返，亦即回復到“无”。王弼云：“復者，反本之謂也。天地以本爲心者也。凡動息則静，静非對動者也；語息則默，默非對語者也。然則天地雖大，富有萬物，雷動風行，運化萬變，寂然至无，是其本矣。”（樓宇烈《王弼集校釋・周易注》）“无”作爲哲學概念，不是空無所有，而是指事物的根本，即是以“无”爲出發的本體論。《易・繫辭》上：“易，无思也，无爲也，寂然不動，感而遂通天下之故。非天下之至神，其孰能與於此。夫易，聖人之所以極深而研幾也。唯深也，故能通天下之志；唯幾也，故能成天下之務。唯神也，故不疾而速，不行而至。”易即是道，道即是無，在中國古代哲學的最高層面上，它們是同一的。王衍認爲：“天地萬物皆以無爲爲本。無也者，開物成務，無往而不存者也。陰陽持以化生，萬物恃以成形，賢者恃以成德，不肖恃以免身。故無爲之用，無爵而貴矣。”（《晋書・王衍傳》）方以智云：“混沌生於有，開闢生於無。混沌非終無，開闢非始有。有無不可分。而强分之曰：未生以前，有在無中；既分之後，無在有中。”（《東西均・三徵》）《列子・天瑞篇》張湛注引何晏道論曰：“有之爲有，恃無以生；事而爲事，由無以成。夫道之而無語，名之而無名，視之而無形，聽之而無聲，則道之全焉。故能昭音響而出氣物，包形神而章光影。玄以之黑，素以之白，矩以之方，規以之員。員方得形，而此無形，白黑得名，而此無名也。”道之無，因其不在時空中，故視之不見，聽之不聞。道之運化，從無生有。

［義述］

錢鍾書云：“黑格爾曰矛盾乃一切事物之究竟動力與生機，曰辨證法可象以圓形，端末銜接，其往亦即其還，曰道真見諸反覆而返複。曰思惟運行如圓之旅，數十百言均《老子》一句之衍義，亦如但丁詩所謂‘轉濁成靈，自身回旋’。”（《管錐編》446 頁）“反也者，道之動也。”辯證運動從來不是單向運動，而是雙向運動,既分裂又組合,既死亡又誕生,既創造又毁滅,既是來又是往,既對立又同一等等。雙向運動是在同一物中,同一物中的變化的結果,正是促使其相反結果到來的原因。不是一物之外另有一個與之對立。例如生死,在同一生物體中生的方向和結果正是死亡。"動"即是黑格爾所指出的"變"。"人們認識到:有與無都只是没有真理的抽象物,第一個真理只是變——這是人們在認識方面所得到的一個偉大的洞見。理智把二者孤立起來,認爲單是一方即是真的和有效準的;與此相反,理性在他物中認識到此物,認識到在此物中包含着此物的對方——所以全、絶對應規定爲變。"(黑格爾《哲學史講演録》卷一 300 頁)"對立物存在於同一東西中。"(同上)只講分裂,鬬争、吞併等事物外部變化的單向描述,決不是辯證思維。這種東西其實是害人的教條,整人的工具,是冠以辯證法之名的假貨。老子思想與之毫無共通之處。老子以發展的眼光看待幼小稚嫩的事物,認爲其充滿生命力,"弱也者,道之用也",也是辯證思維的一個方面。

《老子》本篇字數雖少,却集中了古代辯證思維的要義。它指出了世界的本體是從無開始的,從無到有,再從有産生整個世界。這一點,反映了樸素辯證思維的缺陷,遠不如黑格爾"有一個無"所指出的能動而徹底。不徹底的樸素辯證思維很容易地會爲害人的教條開啓大門。黑格爾的辯證法是從有開始的,與老子的從無開始不同,老子的無是如此空泛和突兀。而黑格爾的"有一個無"從一開始即充滿了辯證。古代辯證思維明顯不如現代辯證法。再説"反也者,道之動也"。反返周流不息的循環,正是黑格爾所認爲的一種壞的循環。這裏没有講到否定之否定,所以極易陷入僵死呆板,一成不變。近代打着辯證法旗號的機械唯物論就是如此。古代樸素的辯證思維,它是建立在形式邏輯基礎上的,是遠遠不够的。黑格爾的辯證法超越了形式邏輯,成就了現代辯證法。從現代辯證法的高度來理解古代的辯證思維,正如在高等數學的角度來理解初等數學中的自然數,那感覺與理解是不同的。

五

道生一[1]，一生二，二生三[2]，三生[萬物。萬物負陰[3]而抱陽[4]，沖氣[5]]以爲和[6]。人之所亞[7]，唯孤、寡、不豪，而王公以自[名也[8]。物或益之而[9]]云[10]，云之而益。[人之所教亦議而教人[11]。彊梁[12]者不得亓死[13]]。吾將以[爲學[14]]父。

[校注]

[1] 一，宇宙萬物的原始狀態。《説文》："一，惟初太始，道立於一，造分天地，化成萬物。"《列子・天瑞》："一者，形變之始也。"《淮南子・原道訓》："道者，一立而萬物生矣，是故一之理，施四海；一之解，際天地。"從最原始的角度看，一雖是記數符號，當原始人的智力還未達到能把抽象的"一"從一群事或物中分離出來的時候，"一"也就是整個世界，一個總和。

[2] 三，《史記・律書》："數始於一，終於十，成於三。"王筠《説文釋例》："然則凡數多者，皆可約略而計以三也。故知三也者，無盡之詞也。"《説苑・辯物》："是故發於一，成於二，備於三。"巴西的蒙昧部落，"他們一般用手指關節計算，所以只能計算到三，更大的數字他們就用'很多'來表達"（斯皮克斯和馬蒂厄斯《巴西之旅》387 頁）。

“三”在遠古時曾被看作能數的最後一個數。

［3］負陰,以背載物叫負,亦作背。背即北,北爲陰。從哲學角度講,它是事物的一個方面。

［4］抱陽,古人認爲萬物以背爲陰,以腹爲陽。從哲學角度講,也是事物的一個方面。

［5］“萬物萬物負陰而抱陽沖氣”十一字據王弼本補。“沖氣”甲本作“中氣”。沖,通盅。《玉篇》:“沖,沖虛。”《説文》段注:“沖,凡用沖虛字者,皆盅之假借。《老子》道盅而用之,今本作沖是也。《尚書》沖人,亦空虛無所知之意。”陰陽相交於虛空而和也。《淮南子·本經訓》:“陰陽者,承天地之和,形萬殊之體,含氣化物,以成埒類。贏縮卷舒,淪於不測;終始虛滿,轉於無原。”高誘注:“埒,形也。轉化歸於無窮之原本也。”

［6］和,對立因素作用下實現的和諧。從商周乃至春秋,和是一個具有特定含義並帶有政事色彩的主流觀念。《左傳·昭》二十年:“晏子對曰:‘據亦同也,焉得爲和?’公曰:‘和與同異乎?’對曰:‘異。和如羹焉,水火醯醢鹽梅以烹魚肉,燀之以薪,宰夫和之,齊之以味,濟其不及,以洩其過……君臣亦然。君所謂可而有否焉,臣獻其否以成其可;君所謂否而有可焉,臣獻其可以去其否。’”和,乃是建立在相互揚棄基礎上的一致性。《國語·鄭語》:“夫和實生物,同則不繼。以他平他謂之和,故能豐長而物歸之;若以同裨同,盡乃棄矣。……聲一無聽,物一無文,味一無果,物一不講。”韋昭注:“和,謂可否相濟。陰陽和而萬物生。陰陽相生,異味相和。五聲雜,然後可聽。五色雜,然後成文。五味合,然後可食。講,論校也。”正如古希臘赫拉克利特所説:“自然也追求對立的東西,它是從對立的東西産生和諧,而不是從相同的東西産生和諧。”(《古希臘羅馬哲學》19 頁)老子之“和”是一個樸素辯證法的觀念。

［7］亞,通惡。甲本作“惡”。陸德明釋文:亞通惡。惡乃好之

對,猶厭憎。

［8］“名也”二字據甲本補。河上公注:“孤寡不穀者,不祥之名,而王公以爲稱者,處謙卑,法空虛和柔。”

［9］“物或益之而”五字,據《文子·符言》補。《文子》:“故物或益之而損,損之而益。”乙本未毀部分有“云(損)云(損)之而益”,由此推斷乙本文句同於《文子》,故從之。“物或益之……”,甲本作“勿或敗之……”,勿即物,敗即損。語序相反。甲本之語序同於傳世本,爲“故物或損之而益,或益之而損”。

［10］云,損。甲本作敗。章太炎《春秋左傳讀》:“損從員聲,故假借爲員。”《書·泰誓》:“日月逾邁,若弗云來。”孔穎達疏:“員即云也。”《詩·出其東門》:“縞衣綦巾,聊樂我員。”陸德明釋文:“員音云,本亦作云。”《説文》:“損,減也。從手,員聲。”損、敗之員即其聲符,員聲,故云、敗、損、員通假。云即損,爲古音古義的寫法。“云之而益”句,猶《易·序卦》:“損而不已必益。”《説苑·敬慎》:“孔子曰:高而能下,滿而能虛,富而能儉,貴而能卑,智而能愚,勇而能怯,辯而能訥,博而能淺,明而能闇,是謂損而不極。能行此道,唯至德者及之。《易》:不損而益之,故損;自損而終,故益。”王公而以孤、寡、不穀自名,高而能下,貴而能卑之謂。故云:“物或益之而云,云之而益。”損益之變,猶貴賤之易位也。

［11］議而教人,《吕氏春秋·用衆》:“故學士曰:‘辯議不可,不爲。’辯議而苟可爲,是教也。教,大議也。”陳奇猷校釋:“爲學者不可辯,不可立議。若謂辯議而可爲,則施教者可以爲之。蓋施教是大議,施教者必須辯争以行其議。”《吕氏春秋·尊師》:“不苟辨。”教,《國語·晋語》四:“夫教者,因體能質而利之者也。”

［12］彊梁,甲本作“强良”,王弼本作“强梁”。强梁者乃主觀能動而自主有爲之人。

［13］“人之所教亦議而教人彊梁者不得亓死”十六字據傅奕本

補。《左傳・襄》二十九年:“子其不得死乎。”杜預注:“不得以壽終。”

［14］“爲學”二字,據甲本補。范應元《老子道德經古本集註》云:“人之所行,可以教我;我之所行,亦可以教人。是何故邪?人之强梁者不得其死,是所以教我不可以强梁也,則吾將以爲斆之始也。而我之柔弱者,常全乎生,是亦所以教人可以柔弱也,人亦可以此爲斆之始也。”馬其昶《老子故》卷二:“周廟金人銘云:‘强梁者不得其死。’此古人所以教人者,吾亦教之。故舉其語而贊之曰:吾將以爲教父。言當奉此銘若師保也。”帛書乙本爲“學父”,父,通甫,開始。猶言學習的初階。

[義述]

H. J. S 史密斯説:“[算術]是人類知識最古老的,也許是最古老的一個分支;然而它的一些最深奥的秘密與最平凡的真理是密切相連的。”(《Man of Mathematics》P. 3)從對原始民族的思維的研究中可以知道,“道生一,一生二,二生三,三生萬物”的觀念,也來源於一種很原始的數學認識。“在非常多的原始民族中間(例如在澳大利亞、南美等地),用於數的單獨的名稱只有一和二,間或也有三。超過這幾個數時土人們就説:‘許多,很多,大多。’”(列維・布留爾《原始思維》175 頁)“在布里人的詞彙中,數字是這樣的:1 omi;2 curiri;3 prica;‘很多’。”(泰勒《原始文化》247 頁)“民族學資料表明,很多原始部落計數時只能數到三爲止,‘三’以上的數就要用‘多’來表示。”(程德祺《人類社會宗教與科學的起源》248 頁)烏節尼爾的《論三》(Dreiheit)“詳盡無遺地列舉了能證明三這個數的神秘性質,特别它自古以來所具有的神秘的意義和力量的證據以後，他和笛爾斯一樣，得出結論説，這個數的神秘性質起源於人類社會在計數中不超過三的那個時代。那時，三必定表示一個最後的數，一個絶對的總數，因而它在一個極長的時期中必定佔有較發達社會中的‘無限大’所佔有的那種地位。”(列維·布留爾《原始思維》202 頁)在中國遠古時期情況是相同的。“從半坡抽象魚紋表示數量的方法上，可以追溯出半坡人最原始的數的抽象概念爲一、二、三。”(趙國華《生殖崇拜文化論》101 頁)“據張秉權先生研究，晚商已産生了以三的數目代表全體和整體的觀念。三卜制也具備這層意義。《國語·周語》上云：‘人三爲衆。’三卜制通過以元卜、右卜、左卜三者爲主的占卜，寓意於取得人神間的全面溝通交流。《公羊傳·僖公》三十一年：‘三卜，禮也。’”(宋鎮豪《夏商社會生活史》527 頁)王筠《説文釋例》：“然則凡數多者，皆可約略而計以三也。故知三也者，無盡之詞也。”“從描述性的詞語中逐漸産生數詞，這種遺迹印歐語系諸語言中，在希伯來語、阿拉伯語，甚至漢語中都可能存在。”(泰勒《原始文化》261 頁)“道生一，一生二，二生三，三生萬物”，正是在描寫世界的本源時使用了數詞，這裏遺留有遠古使用數詞時的原始狀態。數詞是實物的抽象，但在蒙昧時代，抽象的數詞還不可能與實物徹底分離，而是顯得含混不清。“三生萬物”就是這樣。在這裏，“萬物”就是“多”或“無限大”的另一種説法。在遠古時代，中國先民也確實有過只會使用一、二、三這三個數的階段。在“三”之後，只能用“萬物”來形容了。“萬物”作爲既是數的概念，又是模糊的臨界表示物。這是原始數的觀念在老子書中的曲折反映。老子所述正是遠古思維的原始記録。

中國古代哲學與古希臘哲學有相似之處，從開始就注意到了萬物的生滅變化以及無定形這樣一種運動方式。老子所論,歸結爲萬物在生成過程中的形態是氣,這是哲學層面上的概念,與空氣不是一回事。大自然由“氣”構成,所有的生生不息,由“氣”融貫,通天下一“氣”耳。它也意味着道不可違背,也違背不了。“氣”成爲中國哲學最根本的隱喻。它不如古希臘以“火”所作的隱喻。“氣”缺乏自主衝動。老子的“道生一,一生二,二生三,三生萬物。萬物負陰而抱陽,沖氣以爲和”,就是宇宙萬物的生長模式。從道到萬物的和諧,由陰陽相參而成。“氣”的本質特點其實就是無定形。這個無定形是無又是有,無中之有,其中有象。“氣”體現道的運作,從“氣”的無定形中産生有定形的萬物。老子所講的“氣”具有道的特徵,無知、無欲、無爲。然而它没有自己的内心自主衝動,順其自然。一切都在無爲之中,自然而然而無不爲,但這不是人的自由意志下的作爲。一切都是不經人支配的自然。老子哲學認爲作爲人的最大聰明就是不要違背它。道根本上就是自然,放棄個人的追求和自主有爲,順其自然,就合乎天道了。在老子的範疇裏,個人生命的自由意志衝動是被認爲不自然的,只有對這種生命衝動無所意識,纔是自然的。在這裏,道的物質化代表王權君臨大地的時候,從老子哲學隱喻的邏輯導嚮,必然指嚮韓非的君主專制理論。哲學的規定,成爲一切政治規定的起點。

老子所説“彊梁者不得亓死”正是從否定自由意志的語境出發的。春秋時,諸侯、卿、大夫等貴族把死後葬入宗族墓地看得非常重要。這樣在死後的另一個世界裏就能享受到子孫的祭祀。正如《老子・十七》:“子孫以祭祀不絶。”如果是非正常死亡,或被暴力推翻,或生前被廢黜,死後也就没有資格葬入宗族墓地。不但自己失去了死後享受祭祀的資格，連子孫也失去了貴族身份。《周禮·春官·冢人》："凡死於兵者，不入兆域。"魯襄公二十九年齊莊公被弑，《左傳》記載："齊人葬莊公於北郭。"北郭不是兆域。《左傳·哀》三年：戚之戰，趙鞅誓於師曰："若其有罪，絞縊以戮，桐棺三寸，不辟屬辟，素車樸馬，無入於兆。"把死後不入兆域作爲最嚴厲的懲罰。《左傳·僖》十九年："得死爲幸。"楊伯峻注："得死猶言善終。若不得善終，則曰不得其死。"又《襄》二十三年："不得其死。"楊伯峻注："謂不得善終。"而且"彊梁者不得亓死"是一句古代成語，也見於《説苑·敬慎》。

傳世本的四十章即是帛書本的《四》，傳世本的四十一章則爲帛書本的《三》，傳世本的篇序是錯誤的。這從《莊子·齊物論》和王弼注可得到證明。因爲《老子·四》和《老子·五》兩篇的思想之間是有聯繫的。從"有生於无"到"三生萬物"，體現了一種思想的連貫。如果中間有了另外篇章的間隔，這種連貫就會失去。《莊子·齊物論》："天地與我並生，而萬物與我爲一。既已爲一矣，且得有言乎？既已謂之一矣，且得无言乎？一與言爲二，二與一爲三。自此以往，巧曆不能得，而況其凡乎？故自无適有，以至於三，而況自有適有乎。无適焉，因是已。"這正好與《老子·四》及《老子·五》兩篇内容對應。再看王弼注："萬物萬形，其歸一也。何由致一，由於無也。由無乃一，一可謂無？已謂之一，豈得無言乎。有言有一，非二如何？有一有二，遂生乎三。從無之有，數盡乎斯，過此以往，非道之流。故萬物之生，吾知其主，雖有萬形，沖氣一焉。百姓有心，異國殊風。而得一者，王侯主焉。以一爲主，一何可舍？愈多愈遠，損則近之。損之至盡，乃得其極。既謂之一，猶乃至三。況本不一，而道可近乎？損之而益，豈虚言也？”王弼注也從《老子·四》的萬物生於有，有生於無，再講到由一而三，萬形一氣。在“道生一”之前只能是“有生於无”。萬物既生，而萬物本身陰陽合一，沖氣爲和。道處於萬物的頂峰，然而它不在時空之中。“現象界的東西都可有其對象，都是可以對象化的，而本體不可對象化，不能進入時空，是純概念。”（葉秀山《哲學要義》155頁）從這點看萬物的存在只是現象的對象。道是屬於本體範疇的，不能對象化。不能進入時空的道等同於“无”，所以“自无適有，以至於三”，正是相當於“道生一”至“三生萬物”。“天地與我並生，萬物與我同一”，“我”介於等同於道的天地和萬物之間，所謂“並生”、“同一”，表明“我”即有思想的人的地位，既確定道的本體範疇，又感知萬物的現象。世上萬物是存在者，無不在人的語言中表現爲存在。而這個“存在”恰恰是非存在。然而正是這個非存在，決定了存在的真正意義。在這一點上，萬物一齊。所以老子的“道生一，一生二，二生三，三生萬物”，除了包含的原始觀念外，已從語言推進到哲學的層面。道即本體，亦即非存在。非存在決定存在，所以“自无適有，以至於三，而況自有適有乎？无適焉，因是已”。它已經超越了萬物的具體，正是這樣的超越，纔能成爲哲學。只是在中國思想史上，後來並未得到進一步的發展。

作爲人類社會的峰頂人物是人君，他必須以“孤、寡、不穀”自名。老子特别指出，損和益從不絶對，而是不斷地用自我否定的方式向相反面轉化，所以正是孤寡成就了高貴。從這個邏輯出發，當學生的不可辯議，而施教之人爲了完成教的目的，必須以辯争以達成教的大議。在教的過程中，貫穿的也是陰陽的辯證過程。而彊梁之人其實是有個人自由意志的人,有着内心的自由的衝動。有了這個衝動是違背道的自然的。老子在這裏所給予的否定是嚴厲的。他稱這樣的人將會“不得其死”。《後漢書·蘇竟傳》直白地説“彊梁不能與天争”,清楚地説明彊梁之人所違背的是“天”,亦即是道。通篇而言,老子對辯證思想的表述,上篇的“反也者,道之動也”,和本篇的萬物負陰抱陽的原則無所不在。它就是相反相成,乃樸素辯證思想的表現。本篇的最後一句,“我將以爲學習的開始”,這個開始是包括從“道生一”在内的全篇,而不僅僅是“彊梁”云云一句。

六

天下之至［柔[1]］，馳騁[2]乎[3]天下［之致堅[4]。无有入於[5]］无間[6]。吾是以［知无爲之有益[7]］也。不［言之教[8]，无爲之益，天下希能及之[9]］矣。

［校注］

［1］“柔”字據甲本補。

［2］馳騁，疾行飛奔，往來倏忽。

［3］乎，楊樹達《詞詮》卷三：“乎，與於同。”“馳騁乎天下之致堅”，猶“馳騁於天下之致堅”。

［4］致，與“至”通，極也。“天下之至柔，馳騁乎天下之致堅”，至柔是時間的感覺，致堅是萬物在空間中的外部表象，萬物存在於時間中，也變化在時間中。萬物所處的時間與空間具有同一性。

［5］“之致堅无有入於”七字據甲本補。“无有入於无間”，乙本殘存“无間”二字。傅奕本作“出於無有，入於無間”。“无有入於无間”，正是“天下之至柔，馳騁乎天下之致堅”的説明。如果加上“出於”二字，則造成邏輯混亂。甲本文句遠勝傅奕本。

［6］无有，即空間；无間，即時間。間，空隙。《莊子·逍遥遊》：“若夫乘天地之正，而御六氣之辯，以遊無窮者，彼且惡乎待哉？”這

段話的意思是：順着天地自然的本性，借助於六氣的變化，不受時間空間之限，還要等待什麽呢？“无有入於无間”與“以遊無窮者”表達了相似的哲學思考。

［7］“知无爲之有益”六字，甲本爲“知无爲□□益”，傅奕本作“知無爲之有益”。以甲本爲依據，參酌傅奕本而補之。

［8］不言，不言之教，以往的注本大都釋爲不用聲教法令。這種僅停留在經驗層面上的解釋無法觸及哲學意蘊。“不言”的含義其實是不以語言爲重，對語言采取得意忘言的拋棄態度，在非語言的語境中達到無爲。這纔是“不言之教”的真諦。教，教化。

［9］“言之教无爲之益天下希能及之”十三字，甲本爲“□□教无爲之益□下希能及之”，傅奕本爲“言之教無爲之益天下希能及之”，以甲本爲依據，參酌傅奕本而補之。

［義述］

《莊子·知北遊》：“道不可見。”“汝唯莫必，无逃乎物。至道若是，大言亦然。”“物物者與物無際，而物有際者，所謂物際者也，不際之際，際之不際者也。”這是莊子對道的理解。懂得了莊子的話，再來看“无有入於无間”就容易了。道不在時空中，不能對象化，所以它的行事方式即是“无爲”。後半篇“不言之教，无爲之益，天下希能及之矣”。作爲超驗的思想，天下之人無法通過經驗的方式去理解。

時間和空間並不單獨存在。時間和空間作爲純形式，它本身不具備内容。無論是時間的進程還是空間的佔有，它都必須從物質形式的變動開始。時間、空間、運動是物質存在的形式。物質始終不斷地變化着，而這個變化正是物質在時空中運動的必然。就人的認識而言，在他所能感知的範圍内，有生命的物質形式在這一點上表現得最爲明顯。例如：一條小狗出生了，那麼它的時間、空間、運動也就開始了。直至其死亡，腐爛分解，轉變爲别的物質形式而看不到。當然，並不是不存在。這些蜕解的物質形式同樣有着時間、空間、運動。其他非生命的物質形式也是這樣，只不過極其漫長，人的生命歷程不足以涵蓋其全過程。但通過哲學的思考，仍能明白這些。無有即是空間，無間就是時間。"无有入於无間"表達了老子對空間與時間的認識。時間連續而没有任何間隙。而空間，人們可以看到分割的，或者説以物質形態爲表象的不同部分，但空間具有唯一性。"无有入於无間"也表達了老子對空間和時間的主觀感覺。空間是在人的意識之外，時間則存在於人的意識之内。空間和時間無可回避地成爲認識任何物體現象的必要途徑。無有乃空間的直觀外部形態，正是空間的直觀，纔使得物體現象的感知有所可能。"无有入於无間"，任何物質的運動、變化都只能在時間中發現它們如何在同一對象中聯結。所以，老子這句話含有對於空間和時間的思維中的辯證内容。這句話也反映了老子認識到空間與時間具有同一性。爲柏格森《時間和自由意志》翻譯的樸格生，在他寫的英譯者序中談到柏格森的論述：

　　他發現衆多體可分爲兩種。一種是數量性的，或無連續性的，它意味着人們對於空間有了直覺；一種是意識所構成的，而它完全是質量性的。這個在開展着的衆多體就是綿延；綿延是先後無别的陸續出現，是一堆因素的互相滲透，而這些因素是那樣地各式各樣，以致過去的狀態無法重新出現。他指出純一性的，可被測量的時間是

> 人爲的一個概念,這概念的構成乃是由於空間這個觀念侵犯到純綿延的領域裏。(《時間和自由意志・英譯者序言》2 頁)

老子對時空的思考表明,道既超然於時空,但又因萬物在時空中的繁衍而確立了道的本體。引伸到社會之中,也應該是這樣,這就是"无爲"。"无爲"不等於"不作爲",它是一種狀態;正如空間不等於空無所有一樣。原始社會是蒙昧社會,那時的人們缺乏自主意識,處於自然狀態。讓文明社會的早期哲人感到陶醉的正是原始氏族社會所具有的那種蒙昧的天真。老子把這種缺乏自主意識的自然狀態亦稱爲"无爲"。本篇"不言之教,无爲之益,天下希能及之矣",並不限於對以往社會的贊賞,更不是希望去仿效。老子通過"无爲"提出了一種理念。"无爲"是在哲學層面上的,是超越經驗的,而且不在時空之中。所以它也完全超越了氏族社會的具體經驗。春秋時代的文明社會,"无爲"的哲學規定與社會現實所發生的衝突,成爲批評當時社會弊病的思想武器。只有在統治者和被統治者之間産生社會平衡時,統治者纔能得到"无爲"的社會效果,史書上就會出現"至治"之類的贊詞。老子的哲學論述成爲可比的社會標準的依據。

從漢代開始,老子思想受到歷代統治者的重視。"道家者流,蓋出於史官。歷記成敗存亡禍福古今之道,然後知秉要執本,清虚以自守,卑弱以自持,此君人南面之術也。"(《漢書・藝文志》)後人常常錯誤地理解這話。其實它只不過是要求人君謹慎統治,善待百姓,坐穩王位而已。並没有什麼見不得人的東西在裏面。它的核心就是"无爲"。漢初陸賈《新書・無爲》:“夫道莫大於無爲,行莫大於謹敬,何以言之?昔虞舜治天下也,彈五弦之琴,歌南風之詩,寂若無治國之意,漠若無憂民之心,然天下治。”這是治國者的共識。西漢初年“蕭曹爲相,填以無爲,從民之欲,而不擾亂,是以衣食滋殖,刑罰用稀”(《漢書·刑法志》)。顏師古注:“言以無爲之法填安百姓也。填音竹刃反。”填即鎮。《史記·曹相國世家》:“孝惠帝元年,除諸侯相國法,更以參爲齊丞相。參之相齊,齊七十城。天下初定,悼惠王富於春秋,參盡召長老諸生,問所以安集百姓,如齊故諸儒以百數,言人人殊,參未知所定。聞膠西有蓋公,善治黄老言,使人厚幣請之。既見蓋公,蓋公爲言治道貴清静而民自定,推此類具言之。參於是避正堂,舍蓋公焉。其治要用黄老術,故相齊九年,齊國安集,大稱賢相。”裴駰集解:“老子曰:我無爲而民自化,我好静而民自正。參欲以道化其本,不欲擾其末。”後來曹參當上了漢廷的丞相,更是把無爲的統治理念推向全國。司馬遷云:“參爲漢相國,清静極言合道。然百姓離秦之酷後,參與休息無爲,故天下俱稱其美矣。”整個西漢王朝,黄老思想的信奉,始終是上層統治者的主流思想。景帝的母親“竇太后好黄帝老子言,景帝及諸竇不得不讀老子,尊其術”(《漢書·外戚傳》)。馬司遷的思想,也是“論大道則先黄老而後六經”(《漢書·司馬遷傳》)。主張獨尊儒術的董仲舒,他的《春秋繁露·離合根》説:“故爲人主者,以無爲爲道,以不私爲寶。”在東漢時期老子思想也十分流行。王充《論衡·自然》云:“賢之純者,黄老是也。黄者,黄帝也;老者,老子也。黄老之操,身中恬澹,其治無爲,正身共乙,而陰陽自和,無心於爲而物自化,無意於生而物自成。”自漢以下,魏晋六朝,談老説莊之風盛極一時。《老子》王弼注,《莊子》郭象注,這兩部價值很高的注本就產生在這個時期。唐朝皇帝甚至把老子奉爲先祖,當時的老子廟遍及全國各地。唐朝以來,皇帝及大臣競相註釋《老子》,充分説明了他們對老子思想的熱情。流傳至今的御注《老子》後來幾乎每個朝代都有,這是别的古書,哪怕儒家經典所没有的。唐玄宗有《御注道德真經》和《御注道德真經疏》;宋徽宗《御製道德真經》;明太祖《御註道德真經》;清世祖《御注道德經》。北京故宫交泰殿寶座上方懸掛着康熙皇帝題寫的匾額:無爲。寶座後屏風上是乾隆皇帝寫的《交泰殿銘》,其中有"無爲以治"、"持盈保泰"等語。而交泰殿是專門存放象徵政權的傳國玉璽的場所。無爲二字寫在這裏是大有深意的。可見,統治者也追求無爲的統治效果。這些都是古代統治者崇信老子無爲思想的明證。由此也可看到老子哲學語境規定下的社會經驗性的統治行爲,包含着老子思想的重要部分。"無爲"高懸於王權的中心殿堂,形象地説明了在儒家被尊爲至高的時代,老子思想仍有着不可動摇的主導地位。清代統治者實行的是儒家有爲進取的一整套統治術,這個雜糅着王霸之道的治國駕馭之術,牢牢地確立了上下一體的專制統治,一個運轉正常的天朝上國。這樣纔有可能談論和高唱無爲的理想。清朝皇帝深深懂得,只有有了"有爲",纔能高唱"无爲"。從今天看來,它的奥秘就在於老子思想本來就是孔子思想的源頭。而無爲必然使君主處於至高無上的地位,因爲自然是無爲的,是受到絶對崇仰的。無爲必然導致無不爲,它的邏輯指向正是專制。

七

名[1]與[身[2]孰親？身與貨[3]孰多[4]？得與亡[5]孰病[6]？甚愛[7]必大費[8]，多藏必厚亡[9]。故知足[10]不辱，知止不殆[11]，可以長久[12]。][13]

[校注]

[1] 名，爵號，聲望，姓氏。《左傳・成二年》：孔子曰："唯器與名，不可以假人，君之所司也。"《禮記・中庸》："必得其名。"鄭玄注："名，令聞也。"春秋時，姓氏等於爵位，有爵位就有聲望，這些代表了貴族的權利。《韓詩外傳》卷一："傳曰：喜名者必多怨，好與者必多辱。唯滅迹於人，能隨天地自然，爲能勝理而無愛名。名興則道不用，道行則人無位矣。夫利爲害本，而福爲禍先。唯不求利者爲無害，不求福者爲無禍。"滅迹於人即是對名的拋棄，因爲名只有在人群中纔會有價值和帶來利益。所謂名，就是他人對自己的認可。名的確立其實是名的載體——自己肉體的投入，亦即是生命的投入。《管子・宙合》："夫名實之相怨久矣，是故絶而無交。惠者知其不可兩守，乃取一焉。"惠，慧也。

[2] 身，生命。

[3] 貨，《漢書・食貨志》下："凡貨，金錢布帛之用。"布帛可衣；

金刀龜貝,所以分財布利通有無者也。

[4] 多,看重。《漢書·黥布傳》:“又多其財。”顔師古注:“多,猶重也。”薛蕙《老子集解》:“多猶重也。世之人不知貴己賤物之道,而危身棄生以殉物。老子閔而教之也。”

[5] 亡,失去。

[6] 病,擔憂。《論語·衛靈公》:“君子病無能焉,不病人之不己知也。”邢昺疏:“病,猶患也。”

[7] 愛,《字彙》:“愛,吝也。”《國語·魯語》下:“有貨以衛身也,出貨而可以免,子何愛焉?”甚愛,過度吝嗇。錢大昕云:“嗇於人并嗇於己,謂之愛。儉者,君子之德也。愛與吝,小人之事也。”(《十駕齋養新録》卷十八)

[8] 大費,《説文》:“費,散財用也。”大費,破費特甚。

[9] 多藏必厚亡,《儀禮·聘禮》:“多貨則傷於德。”《易·繫辭》上“慢藏誨盗”,猶“多藏必厚亡”。河上公注:“生多藏於府庫,死多藏於丘墓。生有攻劫之憂,死有掘冢探柩之患。”

[10] 知足,自知滿足,即持盈保泰之意。《老子·九》:“禍莫大於不知足,咎莫憯於欲得。故知足之足,恒足矣。”

[11] 知止,不過分。不殆,無危險。薛蕙云:“知足者,樂今有之已多,無求者也,無求奚辱?知止者,懼後益之有損,知幾奚殆?”正如朱柏廬《治家格言》:“得意不宜再往。”

[12] 長久,長期保持權力和爵位。《老子·二十二》:“有國之母,可以長久,是胃深根固氐,長生久視之道也。”《史記·范雎蔡澤列傳》:“吾聞欲而不知止,失其所以欲;有而不知足,失其所以有。”深得老子之意。

[13] 本篇乙本僅殘存篇首“名與”二字。甲本大部分保存,僅失“愛必大費多藏必厚”八字。據甲本並參照傅奕本補成全文。

[義述]

本篇述説了人與世界的已然對立。人不但是血肉之軀，更是思想者，思想和精神的載體。這樣人纔不再屬於動物界。老子在本篇中所提出的是：人的欲望使人重返動物層面時，人們應該如何回應欲望對思想的挑戰？名啊，利啊，不是人的生存之必需，充其量只能是奢侈品。人的思想對欲望和誘惑是有着自己的價值判斷的。《韓非子·六反》："夫以殆辱之故而求於足之外者，老聃也。"張爾岐云："貪夫徇財，烈士徇名，知有名利，不知有身。抑思身與名貨孰親，孰多乎？以彼易此，孰得孰失，必有能辨之者。故甚愛啓争，多藏誨盜。至是而始悟名之爲身累也，貨之爲身賤也，得之不償所亡也，亦已晚矣。唯君子能早知之，易止易足，斯不殆而可長久耳。"（《老子説略》）如果放棄了思維的獨立和思想的超然，那麼這個血肉之軀還不如畜牲。老子提出"知足不辱，知止不殆"是他的"揗而盈之，不若亓已"及"保此道者不欲盈"的同義重複。生命只是一個過程，與之相連的名、貨、得、藏也只是生命過程的內容之一。人的得到和佔有永遠是暫時的。離開過程而言，無任何意義。馬其昶云："《大學》云：'知止而后有定。'定，故不殆也。"人思想的存在，即是生命的存在，是生命過程中唯一能作爲存在的存在。屆時肉體雖已灰飛煙滅，然而此"人"依然存在。不重視自己思想存在的人，他的生命是本末倒置的。帕斯卡爾説："思想形成人的偉大。人只不過是一根葦草，是自然界最脆弱的東西，但他是一根能思想的葦草。"（《思想録》第六編）他還説古希臘的斯多噶派哲學家强調人的意志對外界的獨立性。他們駕馭自己的感情，没有哪種物能做到這一點。

真正有思想的人决不會讓内心的欲望左右自己的抉擇。老子正是用高遠的目光看待思想與物之間的關係,而不是鼠目寸光的拜物者。

清初王夫之的《老子衍》解讀本篇時説:"所謂至人者,豈果其距物以孤處哉?"他把"至人"與"物"截然地對立起來。"至人"也是人,吃飯穿衣,立身行事,皆所不免,但並不妨碍其成爲"至人"。難道這些都是要責備的嗎?老子説的是必須正確對待名、貨、得、藏。説的是吝嗇和破費,收藏和散失的辯證思考。王夫之這種不可理喻的責難,絶不是什麽"唯物"宏論,而是一種陋見。"清代以來,治子部者,優於通訓解詁,顧以爲義理思辨之學得用文字之學盡了之,又視玄言無異乎直説,蔽於所見,往往而有。"(錢鍾書《管錐編》404 頁)又"蓋學究執分寸而忽億度,處把握而卻寥廓,恢張懷抱,亦僅足以容學究"(同上 406 頁)。王夫之所説正是十足的學究之論。而王夫之所説的"以身捷得其眚而受其名,則不如無居之爲愈也"。這已流入誣蔑一路了。他把堅持正義的人們説成是甘受禍害而去獲取名聲。這種看法實在是太次了。聯繫晚明史事,"數十年來,勇者燔妻子,弱者埋土室,忠義之盛,度越前代,猶是東林之流風餘韻也。一堂師友,吟風熱血,洗滌乾坤。無智之徒,竊竊然從而議之,可悲也夫"(黄宗羲《明儒學案》卷五十八)。王夫之在思想的淵源上來自朱熹理學,而朱氏理學的一個顯著特點就是只注重日常事物的"理",不重視概念思辨和邏輯推闡。用朱氏學生陳淳的話來説就是:"大概須是日用人事上説,方見得人所通行底意親切。"(《北溪字義》卷下)又"道非是外事物有箇空虛底,其實道不離乎物,若離物則無所謂道"(同上)。王夫之也認爲"天下惟器而已矣。道者器之道。

器者,不可謂之道之器。……故無其器則無其道,誠然之言也,而人特未之察耳”(《周易外傳》卷五)。由於理學的這一根本性缺陷,理學之人一旦遇到哲學超越經驗的論述,不但無法理解,還會傲慢地否定。朱熹否定老子的道,佛家的空,都是因爲對這些超時空的哲學概念不理解,並非是因爲理論上的進步。王夫之深研理學真傳,衍説老子時,格物所得的大量經驗常識,被用來否定老子哲學超驗的論述。王氏即使能自圓其説,有巧言的痛快,也無濟於事。須知,經驗是無窮無盡的,幾句從經驗而來的巧説,並不是哲學。同時,此等高論的話語的結束,即等於格物之理的終了,不再前進一步。讀《老子衍》所以不能給人以哲學意藴上的深邃和啓發,其原因蓋出於此。何況王夫之“素惡東林復社馳騖聲氣標榜之習,與中原人士,江介遺老,不相往來”(歐陽兆熊《水窗春囈》卷上)。他夾雜着個人的情緒,所解老子非誣即罔,實爲郢書燕説之談。

本篇的核心即是有思想的人,應該怎樣處置好人與物的關係。有思想的人自有其高遠的使命。同時,生命的存在是一切名貨的基礎。但人而没有思想,名位與財貨只是生命的空殼。《韓詩外傳》卷一:“傳曰:安命養性者不待積委而富;名號傳乎世者不待勢位而顯;德義暢乎中而無外求也。信哉,賢者之不以天下爲名利者也。”人類與自然的關係只是個人與名貨關係的放大。世界上没有無害的利益好處,無論利與害,得與失,生與死,合與分,都是同氣連枝,無間相連。無論人在應對社會,或應對自然,“在一種意義上,而且在一種重要的意義上,人的天性和非人的天性是從來没有被征服過的。自然規律從來没有爲了人的利益,順從人的意志而失效或暫停;我們所做的只是安排一個局面,讓某些自然規律對另一些自然規律起抵制作用,俾使人的願望有時得以實現。如果我們想用堵塞的辦法來征服自然,自然就會重重報復我們;我們不久就會在這裏或那裏出現裂縫,然後洪水滔天,天崩地裂。人的本性也是一樣”(金岳霖《道,自然與人》56 頁)。老子在本篇中還告訴人們,死以生爲前提,失以得爲前提,分離以結合爲前提,厚亡以多藏爲前提,悲劇以喜劇爲前提。勞倫斯云:

> 愛是世人的幸福。但幸福不是圓滿的現實。愛是聚。但是,無散,就無所謂聚。在愛之中,一切融爲歡樂與贊美的一。没有先前的分離,便没有如今的聚首。萬物一旦融爲完美的一體,在愛之中就不再發展了。愛的運動,正如海潮,在此刻達到了高潮,還必須有退潮。
>
> 所以聚依附於散,縮依附於張,漲潮依附於落潮。這些永遠不能成爲宇宙的愛,永恒的愛。地球上,一切大海永遠不會同時漲到高潮。無可争辯的愛的王國,永遠不會有。(《性欲與可愛》,見《沙漏》288 頁)

無物常住,一切皆流。生命是動態的,過程化的。“日中則移,月滿則虧”,這是無可抗拒的。在本篇還應認識到:

> 哲學或宗教給人一種内在的約束,法律給人一種外在的約束。這類約束是任何社會都需要的,也都爲中國哲學所承認,但是這並非鼓吹取消各種原始本能的作用。(金岳霖《道,自然與人》56 頁)

司馬遷亦有相近的説法:“夫禮禁未然之前,法施已然之後;法之所爲用者易見,而禮之所爲禁者難知。”(《史記・太史公自序》)人類不可能把地球上的一切都變成財富,人們在收獲財富的同時也在制造垃圾。只有視自然爲財富時,纔能最小限度的産生垃圾。自然纔是人的生存之本。老子正是這樣,在他的哲學中試圖提出一種思想,即社會的每個人都不能無限制地展拓自己的欲望。每個人都必須找到與自己地位相應的生活,使之合法而安逸。要做到這一點,就必須“知足”、“知止”。只有這樣纔會“不辱”、“不殆”、“可以長久”。這個長久非唯對個人,同時也是對整個社會而言的。

八

［大成[1]若缺，亓用不幣[2]。大[3]］盈若沖[4]，亓［用不窜[5]。大直如詘[6]，大[7]］巧如拙，［大赢[8]如］絀[9]。趮[10]朕[11]寒，［靚朕炅[12]，請靚[13]可以爲天下正[14]］。

［校注］

［1］大成，古樂一變爲一成，九變而樂終。九成完畢，謂之大成。《書・益稷》："簫韶九成。"猶言十分整齊完備。

［2］幣，通敝，窮盡。《管子・輕重》乙："器以時靡敝。"銀雀山漢墓竹簡《孫臏兵法・奇正》："形勝之變，與天地相敝而不窮。"

［3］"大成若缺亓用不幣大"九字據甲本補。

［4］"沖"，甲本作"浊"，沖、浊、盅通，義爲虛空。

［5］窜，徐梵澄云："甲本作窜，即今窘字。"（《老子臆解》66 頁）《莊子・列禦寇》："困窘織屨。"《晋書・謝安傳》："元帝始鎮建業，公私窘罄。"《後漢書・西羌傳》："以事詰林，林辭窘。"李賢注："窘，窮也。"窘有困頓義，引伸爲窮盡，窜義並同。

［6］詘，《説文》："詘，詰，詰屈也。"詘即是彎曲。甲本之"大成"、"大盈"二句用"若"，後有"亓用……"二句。"大直"、"大巧"、"大赢"三句用"如"，後無"亓用……"句，可見前二句爲一式，後三句爲另一

式。有人認爲在"大直如詘"後須有"其用不屈"一句,"大直"已是"不屈",無煩重複。徐梵澄云:"光,直也,而亦屈,'大直如屈'也。"(《老子臆解》67 頁)

［7］"用不窮大直如詘大"八字據甲本補。

［8］羸,長,引伸爲盈餘。《淮南子·本經訓》:"羸縮卷舒,淪於不測;終始虛滿,轉於無原。"高誘注:"羸,長。縮,短。"

［9］絀,短缺,不足。《正字通》:"絀,音屈,羸絀,猶盈歉也。"《荀子·非相》:"緩急羸絀。""絀",甲本作"炳"。炳有熱義,與羸不成對應。甲本之"大羸如炳"應作"大羸如絀"。易順鼎《讀老札記》:"'大巧若拙'下又云'是以羸而若詘',疑所據本有'大羸如絀'一句,無'大辯若訥'一句。"所論極是。《馬王堆漢墓帛書·十大經·觀》:"其時羸而事絀。"

［10］趮,《説文》:"趮,疾也。"段注:"趮,今字作躁。"《管子·心術》上:"搖者不定,趮者不静。"趮猶躁,躁動不定,人動而禦寒。

［11］朕,即勝,甲本作勝。

［12］靚,《增韻》:"靚,又與静同。"《漢書·楊雄傳》上:"稍暗暗而靚深。"顔師古注:"靚,即静字耳。"徐紹楨《道德經述義》:"此静字當作清冷也。"炅,《素問·舉痛論》:"卒然而痛,得炅則痛立止。"王冰注:"炅,熱也。"

［13］請靚,朱駿聲通訓:"請,叚借爲清。"《漢書·賈誼傳》:"造請室而請辠耳。"請靚即清静。清静猶順應自然,不作施爲。清静而無爲自化,猶静而勝熱。《史記·老子韓非列傳》:"李耳無爲自化,清静自正。"

［14］"靚朕炅請靚可以爲天下正"十一字據甲本補。此篇乙本殘損特甚,甲本保存完好。甲本全文如下:"大成若缺,亓用不幣。大盈若盅,亓用不窘。大直如詘,大巧如拙,大羸如炳。趮勝寒,靚勝炅,請靚可以爲天下正。"所補文字皆照乙本文例,如勝作朕等。

[義述]

本篇所講内容與《老子・三》有相通的地方。它同樣有對辯證思維的論述,同時又與天下的社會内容相聯繫。而這一點是《老子・三》所没有説到的。范應元《老子道德經古本集註》:“夫道,在坑滿坑,在谷滿谷,大滿者無所不滿而不見其迹,故若虛也,其用是以不盡。”嚴復《老子道德經評點》:“既缺矣,既沖矣,吾曷由識其大成大盈哉?曰:自不弊不窮驗之。”老子所説符合他所提出的“反者道之動”。猶趮可以勝寒,静可以勝熱。這個比喻引出了下文:“請靚可以爲天下正。”魏源《老子本義》:“正,猶正長之正。猶言爲天下之君也。夫爲天下之君者亦多事矣,然弊弊然有爲者,反不若清静者之無爲而無不爲,故能爲天下正。反者道之動如此,人之徇有而忘本者可以悟矣。”

老子本篇提出的相反而相成,是樸素的辯證思維,在認識上給人帶來新的視角。在人的認識論中,人們的經驗始終只能感知時空中的萬物。人的感覺器官通過時空的直觀,所能得到的永遠只能是經驗世界的現象,而現象並不能等同於物的本真。所以在哲學而言,超越經驗的追索,探求世界的最本質的構成,這時的認知必然會脱離現象。所以哲人所看到的,是大成若缺,大盈若沖,大巧如拙,大贏如絀。它是超驗思考的必然。《淮南子・道應訓》:

> 秦穆公謂伯樂曰:“子之年長矣。子姓有可使求馬者乎?”對曰:“……臣有所與供儋纆采薪者九方堙,此其於馬,非臣之下也。請見之。”穆公見之,使之求馬。三月而

> 反報曰："已得馬矣。在於沙丘。"穆公曰："何馬也?"對曰："牡而黄。"使人往取之,牝而驪。穆公不説,召伯樂而問之曰："敗矣。子之所使求者,毛物牝牡弗能知,又何馬之能知?"伯樂喟然太息曰："一至此乎。是乃其所以千萬臣而無數者也。若堙之所觀者,天機也。得其精而忘其粗,在其内而忘其外,見其所見而不見其所不見,視其所視而遺其所不視。若彼之所相者,乃有貴乎馬者。"馬至,而果千里馬。故老子曰："大直若屈,大巧若拙。"

這正是超越常識經驗的一個寓言故事。

人類一旦思維,就必然運用語言,而語言必然遵循邏輯。語言本身只能是已經抽象的概念。這已經完全不同於人的感覺。而感覺只有成爲概念後,纔能進入思考程序。這樣,人的認識從來就是從先驗邏輯開始,從非感覺的抽象開始。這就是人的思維。人有了語言,也就有了邏輯,而邏輯就會走向哲學。只有這樣,人纔能深刻地理解世界。從這一角度來看老子的本篇,就不會浮光掠影式地理解了。

九

［天下有[1]］道[2]，却走馬[3]［以[4]］糞[5]。无道[6]戎馬[7]生於郊[8]。罪莫大(於)[9]可欲[10]，禍［莫大於不知足，咎[11]莫憯[12]於欲得[13]。故知足之足，恒[14]］足矣。[15]

［校注］

［1］"天下有"三字據甲本補。

［2］有道，政治清明，社會和諧，經濟繁榮。

［3］却，陸德明釋文："却，除也。"走，《釋名》："徐行曰步，疾行曰趨，疾趨乃走。"走乃飛奔之謂。走馬，馳騁疆場的戰馬。却走馬，拒絕使用戰馬。

［4］"以"字據甲本補。以即以，猶而。

［5］糞，施肥。《廣雅・釋詁》四："糞，饒也。"王念孫疏證："糞之言肥饒也。"《淮南子・覽冥訓》："故却走馬以糞，而車軌不接於遠方之外。"高誘注："國君無道，則戎馬生於郊；無事，止走馬以糞田也，故兵車之軌不接於遠方之外。"王弼注："天下有道，知足知止，無求於外，各修其内而已，故却走馬以治田糞也。"

［6］无道，政以賄成，驕奢淫逸，民衆被戕害，還缺吃少穿。

［7］戎馬，武裝之戰馬。

［8］郊,《説文》:“郊,距國百里爲郊。”春秋時代,都城稱國。郊屬於都城之近地,兩國相争,兵戎先見於郊。《鹽鐵論·未通》:“聞往者未伐胡越之時,繇賦省而民富足;温衣飽食,藏新食陳;布帛充用,牛馬成群;農夫以馬耕載,而民莫不騎乘。當此之時,却走馬以糞。其後師旅數發,戎馬不足,牸牝入陣,故駒犢生於戰地,六畜不畜於家,五穀不殖於野,民不足於糟糠。”這就是“戎馬生於郊”的悲慘景象。

［9］“於”字乙本漏抄,據甲本補。

［10］“罪莫大於可欲”句,王弼本失載。《郭店楚墓竹簡·老子》甲:“辠(罪)莫厚虖(乎)甚欲,咎莫僉(憯)虖(乎)谷(欲)得,化(禍)莫大虖(乎)不智(知)足。智(知)足之爲足,此亙(恒)足矣。”足見較早的文本中此句存在。可欲,可,肯定,贊許。《禮記·曲禮》上:“敖不可長,欲不可縱,志不可滿,樂不可極。”孔穎達疏:“心所貪愛爲欲,則飲食男女人之大欲存焉,是也。人皆有欲,但不得從之也。”可欲,放縱貪欲。猶下文之“不知足”。《孟子·盡心》下:“孟子曰:養心莫善於寡欲。其爲人也寡欲,雖有不存焉者,寡矣。其爲人也多欲,雖有存焉者,寡矣。”欲望不能放縱,必須受到理性的制約。

［11］咎,嚴重的過失。

［12］憯,《説文》:“憯,痛也。”《韓非子·解老》:“苦痛雜於腸胃之間,則傷人也憯。”猶言慘痛之極。

［13］欲得,得,滿足。老子認爲貪欲滿足之時,即是爲禍之始,所以人之過失莫慘痛於此。《左傳·襄》二十九年:“足欲,亡無日矣。”“莫大於不知足咎莫憯於欲得”十二字據甲本補。“憯”字王弼本作“大”。劉師培《老子斠補》:“今本作大,蓋後人以上語大字律之耳。”范應元宋本作“憯”。《韓非子·喻老》:“虞君欲屈産之乘與垂棘之璧,不聽宫之奇,故邦亡身死。故曰:咎莫憯於欲得。”

［14］“故知足之足恒”六字據傅奕本參照甲本補之。《老子》乙

本爲漢初抄本,避劉邦諱而不避漢文帝劉恒諱。傳世本並“恒”字亦諱,改作“常”字。顏之推《顏氏家訓・風操》:“凡避諱者,皆須得其同訓以代换之。”清盧文弨云:“如漢人以國代邦,以滿代盈,以常代恒,以開代啓之類也。近世以聲相近之字代之。”乙本顯示了漢初古本的面貌。《玉篇》:“恒,常也,久也。”

[15] 知足,《韓詩外傳》卷五:“知足,然後富從之。”《孔叢子・居衛》:“夫錦繢紛華,所服不過温體;三牲大牢,所食不過充腹。知以身取節者,則知足矣。苟知足則不累其志矣。”《佛遺教經》:“行少欲者,心則坦然,無所憂爲,觸事有餘,常無不足。”

[義述]

本篇内容有三個層面,步步推進。先是指出發動戰爭乃無道者之所爲,其次分析其原因,最後得出“知足”纔能“足”的論斷。從而推論戰爭爲人類最大貪欲的表現,這個結論是部分合乎歷史事實的。李嘉謨《道德真經義解》云:“有道則能使兵爲民,無道則能使民爲兵。可欲者,愛也。不知足者,取也。欲得者,有也。由愛生取,由取生有,遂爲無窮之咎,觀不知足雖足而不足,則知足之足常足也,可知矣。”老子這裏的“知足”是有前提條件的論述。這個前提是針對當時春秋列國紛爭而言的。在以農業爲主要産業的社會裏,所能積累的財富是有限的,根本經不起戰爭的消耗。連綿的戰爭足以摧毁一個强盛的國家,且不在於它是否是一個勝利者。在人類活動中,戰爭是耗費財富的最極端的方式。在短時間内,它可以把多年的積累消耗殆盡。當戰爭的進程到達減少一綫的勞動力時,社會就會陷入嚴重的危機狀態。《銀雀山漢墓竹簡・田法》:“什八人作者王,什七人作者霸,什五人作者存,什四人作者亡。"老子本篇認爲太平盛世是天下有道,戰亂頻仍是天下無道。他把戰爭歸咎於貪欲。其實事情並非如此簡單。戰爭始終伴隨人類的歷史。對因貪欲發動的戰爭,仍然需用戰爭的手段去加以制止。從這個意義上,戰爭是推動人類進步的必須。所以籠統地譴責戰爭是不智的,而戰爭是雙刃的。人類社會的發展永遠受到戰爭賜予的雙重禮物,毀滅和創造。老子在這裏只説了戰爭的負面,目的是要托出他的主張。"故知足之足,恒足矣。"他從哲學的角度,説明貪欲的罪惡,贊頌知足。然而無論貪婪還是知足,都與人心有關,所體現的是物我之間的關係。人類面對自身之外的世界時,是用自己的感覺、思維,也就是以精神去面對,亦即是物我之間的互動。人與動物的不同之處,就是能超量地儲存自己的生命需要,也就是通常所説的財富。人類的生産能力超過人均消費的必要水平時,就會出現財富的積累。人均數越高,某個個人所能掌握的財富就越驚人。一個人無論他能佔有多少財富,能直接享用的部分是極其有限的。他可以無限地把財富隸於自己的名下,但永遠只能享用其中極小的部分。《莊子・逍遥遊》:"鷦鷯巢於深林,不過一枝;偃鼠飲河,不過滿腹。"郭象《莊子・大宗師》注:"人生而静,天之性也;感物而動,性之欲也。物之感人无窮,人之逐欲無節,則天理滅矣。"所以財富超過了一定數量,它對所有權擁有者而言,就會在享用層面上失去實際意義。即使再多,也只能成爲遺産。從這一點看,貪婪並無任何積極意義。這正是老子所要重點譴責的。貪婪必定喪失自我。老子認爲追求貪婪的滿足是罪惡的根源。罪惡中最深重的是對權力的貪婪。法國摩萊里在《自然法典》中指出,"我在世界上認識的唯一的罪過是貪婪;其他的一切罪過,不管叫什麼名字，都無非是這種罪過的不同方式，不同程度的表現”。這段話可以看作對老子“罪莫大於可欲，禍莫大於不知足，咎莫憯於欲得”三句話的總結。老子倡導用“知足”來解决人們心靈的危機，提出“故知足之足，恒足矣”。杜廣庭《道德真經廣聖義》：“物足者非足之足，心足者乃知足。知足者，謂足在於心，不在於物。循涯守分，雖少而多；有欲無猒，雖多亦少矣。”又云：“貪之與足，皆出於心，心足則常有餘，心貪則物常不足。貪者，雖四海萬乘之廣，尚欲旁求。足者雖一簞環堵之資，不忘其樂。適分知足，惟在於心，所宜勗也。”當然，“知足之足”還是要有起碼的物質基礎的，哪怕很少一點，没有就“足”不起來。正如有人説的：不做金錢的奴隸，須擁有一定數量的金錢纔行；不爲名利支配，也得有若干小名小利纔能説這樣的話。“知足”永遠是相對的，否則很難産生幸福感。

本篇所述，在經驗的層面上理解，有其充分的積極意義。然而從哲學的角度而言，還應該從超驗的層面加以進一步剖析。真正的哲學家在否定欲望的同時，都會探究到理性的動力這一點。“我們應該脱離開感覺經驗、欲望欲求去理解這種自由。”（葉秀山《哲學要義》9 頁）人的欲望所産生的行動的意志是不自由的，因爲它受制於經驗。“哲學不僅給你理論的自由，而且給你道德的自由，實踐的自由。這些自由全是理性意義上的，不夾雜任何感覺材料，不是爲吃爲喝，爲冷爲暖。”（同上）對人本身欲望的否定，它包含着哲學的自由權利這一根本原則。所以老子所否定的人的貪欲，可理解爲滿足哲學權利的追求，使人真正獲得理性和自由。

十

不出於户[1]，以知天下[2]。不規[3]於[牖[4]，以[5]]知天道[6]。亓出籋[7]遠者，亓知籋[尟[8]]。是以耶人[9]，不行而知，不見[10]]而名[11]，弗爲而成[12]。

[校注]

[1] 户，門。古時房屋結構爲前堂後室，户爲内室的出入口。《玉篇》："門，人所出入也，在堂房曰户。"老子所言不出於户，表達了獨處内室，隔絕外界之意。

[2] 知天下，徐渭《坐卧房記》："一室之中可以照天下，觀萬有，通晝夜，一夢覺而無不知。"《易·節》："象曰，不出户庭，知通塞也。"

[3] 規，即窺。《説文》："窺，小視也。""不規於牖"，猶言不向窗外張望。

[4] 牖，木窗。《説文》："牖，穿壁以木爲交窗也。"段注："交窗者，以木横直爲之，即今之窗也。"

[5] "牖以"二字據甲本補。劉師培云："案《韓非·喻老篇》引作'不出於户，可以知天下。不闚於牖，可以知天道'。當爲老子古本，今本經後人删改。"今見帛書文句近之。

[6] 天道，自然的意志，在古人的觀念中是支配人類命運的決定

力量。《書·湯誥》:"天道福善禍淫,降災於夏。"古代專司音樂和記事的瞽史擔負着溝通上天與君主的職責。《國語·周語》下:"吾非瞽史,焉知天道?"韋昭注:"瞽,樂太師,掌知音樂風氣,執同律以聽軍聲,而詔吉凶。史,太師,掌抱天時,與太師同車,皆知天道者。"瞽史爲盲人,尚且能掌天道,故"不覞於牖",至多與盲人一樣,能知天道那是可以理解的。從這裏可知天道不在時空中。老子這裏所述,否定感官對認識世界本源的作用。正如古希臘蘇格拉底所認爲努斯是理性,而理性的靈魂就是超越甚至拒斥感性的能力。蘇格拉底説:"我害怕我如果以眼睛看事物或試想靠感官的幫助來瞭解它們,我的靈魂就會完全變瞎了。"他認爲感性的對象遮蔽自己的靈魂。他説:"我想我還是求援於心靈的世界,並在那裏尋求存在的真理。"後來柏拉圖認爲抽掉人的所有的感性東西後,理念就完全達到了一個真正的哲學上的自由。"因爲由此理性就擺脱了所有的感性的内容。而以一種純粹理性的形式得到純粹的考察。理性只有當它擺脱了任何感性的内容,清除了一些感性的渣滓,纔能得到一種本身純粹的考察。只有把純粹理性抽出來考察,纔能發現其中本質性的規律。"(鄧曉芒《古希臘羅馬哲學講演録》106 頁)這是與老子所説的不窺於牖,以知天道具有相同的看法。從這一點出發,對《老子》所提到的"絶學無憂","絶耶棄知"也就容易理解了。

[7] 籋,即彌,更,愈。表示程度加强。

[8] 尟,《説文》:"尟,是少也。"錢鍾書云:"'其出彌遠,其知彌少'。按四八章所謂'爲道日損'也。'知',知道也,即上句之'見天道',非指知識;若夫知識,則'其出愈遠',固當如四八章所謂'爲學日益'耳。"(《管錐編》450 頁)老子所言乃求道在邇之論。

[9] 耶人,聖人。老子帛書乙本"聖"字皆書作"耶",此處係據以補出之字,故從之。甲本德經作"聖",道經則凡"聖人"皆書作"聲人"。"耶"字之注,見本書《老子·十二》。老子所説聖人,皆爲最高

統治者之代稱。本篇“是以聖人,不行而知,不見而名,弗爲而成”,儼然如自然之君臨,爲最高主宰。聖人而有自然之地位,即是最高統治者。《大戴禮記・哀公問五義》:“所謂聖人者,知通乎大道,應變而不窮,能測萬物之情性者也。大道者,所以變化而凝成萬物者也。情性也者,所以理然不然取舍者也。故其事大,配乎天地,參乎日月,雜於雲蜺,總要萬物,穆穆純純,其莫之能循,若天之司,莫之能職,百姓淡然不知其善。若此,則可謂聖人矣。”

[10]“恖是以聖人不行而知不見”十一字據傅奕本補。“聖”字從帛書。

[11]名,通明,猶言明白。朱駿聲通訓:“名,叚借爲明。”

[12]弗爲而成,言聖人遵循自然,無爲而無不爲。《荀子・天論》:“不爲而成,不求而得,夫是之謂天職。”天職,自然的功能。

《吕氏春秋・任數》:“何以知其聾,以其耳之聰也。何以知其盲?以其目之明也。何以知其狂?以其言之常也。故曰去聽無以聞則聰,去視無以見則明,去智無以知則公。去三者不任則治,三者任則亂。以此言耳目心智之不足恃也。”老子的“不行而知,不見而名,弗爲而成”與吕氏的去聽而聰,去視而明,去智而公等都不是從經驗常識的角度而言的。這裏講的是否定感覺而來的先驗認知,感官提供的知識是不足恃的,因爲哲學是從超越經驗的層面上研究人與世界的關係的。

[義述]

從孔子的“所謂不出於環堵之室而知天下者,知反之己者也”(《説苑・政理》),到孟子的“萬物皆備於我”及“人之所不學而能者,其良能也;所不慮而知者,其良知也”的思想,都與老子的“无爲”有着淵源關係。“无爲”是哲學概念,不是普通人理解的什麽都不幹,更不是“不妄爲”。從“无爲”來觀察認識過程,即被認爲能做到不出户,知天下;不窺牖,知天道。其出彌遠,其知彌少;不行而知,不爲而成。這些“无爲”體現了哲學對經驗常識的超越。

> 人之智性,本至靈至明,不囿於耳目之知者也。精神不淫於外,返觀内省,一歸於恬愉虛静,久乃發其本有之靈明,則可以知者大。識之知淺,智之知深,明則靈且大矣。識之知,見聞之類也;智之知,思慮之謂也。明則超乎見聞、思慮。見聞不可憑,然不可廢也,依乎智;思慮不可憑,亦不可廢也,終依乎明。識與智,猶外也;靈明,内也。(徐梵澄《老子臆解》68、69頁)

“是以耶人,不行而知,不見而名,不爲而成。”王夫之看不懂老子的這幾句話。他在《老子衍》中説:“物授我知而我不勤,乃知昔之逐亡子而追奔馬者,勞而愚矣。非然,則天下豈有不行而知,不見而名,不爲而成者哉?”這段不知哲學超驗爲何物的話,曾被捧爲“唯物”。這是宋代理學盛行以來的通病。王夫之不懂老子作爲真正的哲學的論述。

> 哲學的“超驗”的特性,更爲深刻地表現在哲學的基本問題是“思維和存在的關係問題”。在常識思維中,“思維”作爲經驗内容,“存在”作爲經驗的對象,二者的關係是確定的,對應的,是没有“問題”的。而在哲學思維中,却不僅是把“思維和存在的關係”當作“問題”來研究。而且是作爲自己的“重大的基本的”問題來研究。這樣,作爲經驗内容的“思維”和作爲經驗對象的“存在”,它們之

間在常識中的確定的關係就成了“問題”。這個“問題”的實質,是哲學對經驗常識的“超越”。

如果把哲學視爲常識的“延伸”和“變形”,把哲學變成冠以某些哲學名詞的常識,那麼作爲哲學基本問題的“思維和存在的關係問題”就失去它的哲學内涵,也就是把超驗的哲學變成了經驗的常識。(孫正聿《哲學通論》74 頁)

“不出於户,以知天下。不規於牖,以知天道。亓出籗遠者,亓知籗尟。是以耶人,不行而知,不見而名,弗爲而成。”從哲學超驗的角度來看這些話就完全能理解了。“哲學考慮的是超出通常經驗之上的,哲學的思想是不受經驗限制的,哲學考慮的是自由。”(葉秀山《哲學要義》16 頁)這裏面有一個人腦中是否有與生俱來的“東西”的問題。據“唯物論的反映論”人腦應該是一張白紙。如果這個説法能夠成立,就産生了第二個問題。那就是爲什麽人能“反映”,而其他高等動物如猩猩之類則不能?現代科學已經能很好地回答這個問題。人腦本身不但是物質,而且這個物質的腦子裏確實有着與生俱來的東西,這就是語言功能。這是别的動物所不具備的。有語言就有先驗邏輯,在先驗邏輯規定下的語言就能成爲思考的工具,因爲任何思考必須在語言中進行。思考就能穿透感覺器官所産生的經驗而想象出世界上原來所没有的東西。否則我們就不可能有蒸汽機,電動機,飛機,計算機……一句話,人類的所有製造物,因爲它們必須首先“想到”,然後纔能做到,這就是人的理性。思考一方面改變了整個物質的自然界;另一方面,思考産生了精神世界。通過思考,人對宇宙,對自己有了認識。人創造了神的彼岸世界。人把心中的道德嚮往,那些真、善、美的訴求都賦予了彼岸世界,以此昭示人類自身的行爲。人類的夢想,這是人之外的宇宙所從來没有過的。這與人的與生俱來的語言功能有着密切的關係。用電腦來作比喻,如果電腦裹未放置某個軟件,那就不會有某種功能。用電腦的術語來説,有了軟件還必須進行“安裝”。經過“安裝”,這個軟件纔能發揮作用。人腦也是這樣,與生俱來的語言“軟件”是已經在腦子裹了,但也需要加以“安裝”,否則就不會説話和識字。人腦的“安裝”就是社會生活和教育。如果只生活在社會環境中而不上學,這個人會説話,但却是一個文盲。如果成爲狼孩,就會因社會環境的失去而喪失語言與思考的能力,因爲未經“安裝”而無法呈現這個功能。人的智力程度與語言能力密切相關。“是以耶人,不行而知,不見而名,弗爲而成”,在古人的哲學認識中是完全現實的。不能把哲學的超驗與低端的具體事物混爲一談。人的先驗功能之有,與其他動物的没有一樣真實。無論怎樣高等的動物,由於不具備語言功能,永遠不可能有人類那樣的思考能力。當然作爲一種對老子哲理的理解,並不等於説老子已懂得了先驗邏輯。

> 我們並不需要意識到生物學纔具有生物性,意識到物理學纔具物理性。中國哲學家没有發達的邏輯意識,也能輕易自如地安排得合乎邏輯。他們的哲學雖然缺少發達的邏輯意識,也能建立在已往取得的認識上。(金岳霖《道,自然與人》52 頁)

從先驗邏輯的角度去看待老子,就可以充分理解他的話。語言功能所同時存在的邏輯,正是人類思想的物質基礎,也因之有了理解世界的能力。人類也因之有了理性而不再受獸性的支配,纔能使人之所以爲人。人的行爲從來就是在意識的支配下産生的,它的孰先孰後是不言而喻的,這就是人類思維創造性的本質屬性。以此,對本篇也就不難理解了。

十一

爲學[1]者日益,聞道者日云[2]。云之有[3]云,以至於无[爲,无爲而无不爲。將欲[4]]取天下[5]恒无事[6],及亓有事也,[又不[7]]足以取天[下矣[8]]。[9]

[校注]

[1] 爲學,學習,獲取知識,提高技能,演習禮儀,嫻熟法令。

[2] 云,即損,見《老子·五》注。河上公注:"學謂政教禮樂之學也。日益者,情欲文飾,日以益多。道謂自然之道也。日損者,情欲文飾,日以消損。"河上公之注乃皮相之論。爲學,屬於知識經驗層面,隨着學習的進行,知識經驗可以大量積累,然而知識經驗不可能窮盡。爲學的日益,知識經驗再多,也不可能超越經驗層面。聞道,道在時空之外,遠離任何具體的知識經驗,這就是日損的含義。正是這個日損,它可以真正研究世界的本源。聞道是形而上,故下文必然要説到以至於無爲。無爲正是道的作用,它是不能用任何知識經驗來比附的。

[3] 有,即又。朱駿聲通訓:"有,叚借爲又。"云之有云,即損之又損,排除所有經驗的,即達到哲學的超驗。《史通·叙事》:"能損之又損,而玄之又玄,輪扁所不能語斤,伊摯所不能語鼎也。"排除了

經驗世界後所得到的，正是根本性的邏輯把握，即進入下文所言"無爲而無不爲。"

［4］"爲无爲而无不爲將欲"九字據《郭店楚墓竹簡·老子》乙，參照帛書乙本原存文字及傅奕本補。高明《帛書老子校注》序云："今本'無爲而無不爲'句，世傳本中出現次數不同而皆有之，已成老子中之名言，但在帛書老子甲、乙本中，均無此痕迹。帛書老子只有'無爲而無以爲'，而無'無爲而無不爲'。"此論爲劉殿爵所否定。"无爲而无不爲"此六字乃老子極重要的哲學思想，自老子書誕生之日起，歷古相傳各文本皆作"无爲而无不爲"。即有個别異文，亦爲識者所棄。古書旁證，亦多作"无爲而无不爲"。《莊子·知北遊》引老子文："故曰：爲道者日損，損之又損之，以至於无爲，无爲而无不爲也。"

由於帛書埋在墓中因腐壞而失去了一些文字，不幸在"无爲而无不爲"文句部分因腐壞而看不到，而且甲、乙二本皆是如此。即使這樣，也不等於"无爲而无不爲"文句的不存在。傳世本《老子》幾乎每本都有，不能視而不見。漢代嚴遵《老子指歸》中的這一句是"無爲而無以爲"。這是傳世本中的孤例。錯舛的原因今天已無從知道。《老子指歸》現存最古的版本僅在明代，可信度與帛書本、竹簡本而言已不可同日而語。更重要的是"無爲而無以爲"不具備老子本體論的特徵。如果説這一句是從"上德無爲而無以爲"而來。那麼"上德無爲而無以爲"是不能隨便删去"上德"二字的。因爲在這句中它是主語，没有了這個主語，"無爲而無以爲"就形同廢話。所以《老子指歸》所載之句是一個錯誤。當然結論不能建立在錯誤的基礎上。

一九九八年出版的《郭店楚墓竹簡》一書所載出土老子竹簡，比帛書還要早一百餘年，是正宗的戰國傳本。其中老子竹簡之乙本，載有本篇的前半部分。文曰："學者日益，爲道者日員（損）。員（損）

之或員(損),以至亡(無)爲也,亡(無)爲而亡(無)不爲。”最後一句正是“无爲而无不爲”,有了這個證據,老子帛書即可據以補上。更重要的是證明了傳世本這一句是可靠的。“吾聞之韓非子曰:‘無参驗而必之者,愚也;弗能必而據之者,誣也。’”(容庚《金文編·序》)《禮記·中庸》:“不見而章,不動而變,無爲而成。”孔穎達疏:“無所施爲而道德成就。”吕思勉云:“然則無爲者,正所以無不爲也。”(《吕思勉讀書札記》451頁)“无爲而无不爲”是老子本體論的經典論述。不在時空中的道,當然是“无爲”的。然而道作爲本體又是“无不爲”的。《莊子·至樂》:“萬物職職,皆從无爲殖。故曰天地无爲也而无不爲也。”天地,即自然,亦即道的代稱。“无爲”必然“无不爲”,反之亦然。這又是老子辯證思想的論述,否則就不是真的讀懂了老子。

“云之有云,以至於无爲,无爲而无不爲。”《易·序卦傳》:“損而不已必益。”云之有云,也就是損之又損,到其極致,即是無爲。而無爲就必然是無不爲。這是自然的法則。下文“取天下”也須順應自然法則纔能實現。

[5] 取,河上公注:“取,治也。”《荀子·君道》:“取天下者,非負其土地而從之之謂也,道足以壹人而已矣。彼其人苟壹,則其土地且奚去我而適他?”

[6] 事,王國維云:“史爲掌書之官,自古爲要職。殷商以前,其官之尊卑雖不可知,然大小官名及職事之名,多由史出。則史之位尊地要可知矣。《説文解字》:事,職也。從史㞢省聲。又,吏,治人者也,从一从史,史亦聲。然殷人卜辭皆以史爲事,是尚无事字。周初之器,如毛公鼎、番生敦二器,卿事作事,大史作史,始別爲二字。”(《觀堂集林·釋史》)事從史來,史乃政事職事。金文《國差𦉜》:“立事。”《書·酒誥》:“有正有事。”正(政)與事並舉,事乃政事,有特定含義。陳漢平云:“册命金文於賜物之後,王命多言‘用事’之類語言。如:毛公鼎:‘錫汝兹关(朕),用歲用政。’𧻚侯白晨鼎:‘用夙夜

事，勿廢朕命。'曶壺：'用事。'師虎段：'用事。'……《説文》：'事，職也。'所謂'用事'，即要求受命者用上述之册命賜服，以執行所命之職事，或用以繼承受命者祖先之職事。"（《西周册命制度研究》279頁）"用事"乃極古之語彙，與參政任職密切相關，老子所言"有事"、"无事"正是使用有關治國莅政之古語。《論語·季氏》："季氏將有事於顓臾。""有事"即指季氏將要發動對顓臾的戰争。《韓非子·喻老》："事者，爲也。"有事者，有爲而擾攘社會，民困國疲，不可治矣。無事者，無爲清静，與民休息，年穀屢登。"有事"必然急徵繁斂，貧困天下，故"又不足以取天下矣"。《荀子·富國》："利而不利也，愛而不用者也，取天下者也。"讓民衆得到利益而不從中分享，統治者雖然垂涎於這個好處，然而能克制而不染指。這就是取天下應該采取的態度。

［7］"又不"二字據傅奕本補。

［8］"下矣"二字據傅奕本補。

［9］《文子·自然》："古之善爲君者法江海，江海无爲以成其大，窊下以成其廣，故能長久。爲天下谿谷，其德乃足。无爲，故能取百川。不求故能得，不行故能至，是以取天下而无事。"

［義述］

"爲學者日益，聞道者日云（損）。"王弼本、河上本、傅奕本皆作"爲學日益，爲道日損"。《郭店楚墓竹簡·老子》乙作"學者日益，爲道者日員（損）"。所不同的是"聞道"與"爲道"，但差别不是很大。爲，就是學習。《論語·陽貨》："女爲周南召南矣乎。"邢昺疏："爲，猶學也。""爲學"是知識經驗的增加。"聞道"，道是世界的本體。《老子·十四》："道生之，德畜之，物荆之，而器成之。是以萬物尊道而貴德。道之尊也，德之貴也，夫莫之爵也，而恒自然也。道生之、畜之、長之、遂之、亭之、毒之、養之、復之。生而弗有，爲而弗寺，長而弗宰，是胃玄德。”道是運化世界和萬物的本源，不是一個可以掌控的工具。“爲道”的含義亦只能是“聞道”。人的作爲就道而言，只有符合不符合，没有掌握不掌握之説。道爲人的意志所掌控，這是不可能的。“爲學”與“聞道”是對應的邏輯關係。老子所説，學習是具體知識的增加，聞道是具體知識的超越。道是本體，爲學的積累永遠達不到聞道的抽象和超越。兩者完全是不同的。對道的理解越深刻，在理性上離知識經驗的具體就越遠。這正是“日云(損)”的所在。“云(損)之有(又)云(損)，以至於无爲。”無爲乃道的境界，抽象的原理決定具體的實在。爲學日益，爲道日損，包含着從語言角度而言的損益。人類學習離不開語言這個載體，學得越多，語言的積累也越多。而道是不可言，無可言，不需要語言的。所以學習的推進，語言的堆積，恰恰是與道的距離的加大。千言萬語不如默而不言，言則非道也。道的體悟並不在言説，體悟的抽象不是任何一個具體的個别，但却能代表和體現任何一個具體的個别。本篇老子的治國論中，所講“有事”、“无事”也貫穿着損益之論，注文已有詳解，這裏不再重複。

馬其昶《老子故》云：“老子之學，本末兼該，損益互用。孔子博學於文，約之以禮。老子之博學雖同，而約之則以道也。以上言無爲之道，可以取天下。蓋德盛而人自歸之，天自與之。所守者約，而所施者博也。”舊時的注家，不能理解老子對禮的執着和深深眷戀。又誤解了老子痛恨違反禮制的人時説的憤激的話。馬其昶囿於舊説，並不懂得老子對禮的執着，所以他認爲老子“約之則以道”，其實道也決定着禮。老子思想是覆蓋孔子思想的,老子是孔子的哲學出發點。漢代即有人用老子的話來説明孔子的話並作結論。東漢范升以精通老子名揚史傳。《後漢書·范升傳》:范升上奏曰:"孔子曰:'博學約之,弗叛矣夫。'夫學而不約,必叛道也。顏淵曰:'博我以文,約我以禮。'孔子可謂知教,顏淵可謂善學矣。老子曰:'學道日損。'損猶約也。"從這裏可以看到東漢時以老子思想權衡孔子思想的事實。南宋彭耜《道德真經集註》卷十二:"爲學者,窮理也。爲道者,盡性也。性在物謂之理,則天下之理無不得,故曰'日益'。天下之理,宜存之於無,故曰'日損'。窮理盡性必至於復命,故'損之又損之,以至於無爲'者,復命也。然命不亟復也,必至於消之復之,然後至於命,故曰'損之又損之以至於無爲'。"彭耜注老子是宋理宗紹定二年(1229),這時已盛行程朱理學。彭耜用理學來解釋老子,"理"、"性"、"命"、"復命"、"窮理盡性"等語皆是理學用語。早在韓非解讀老子時就使用了"理"的概念。《韓非子·解老》:"道者,萬物之所然也,萬理之所稽也。理者,成物之文也。道者,萬物之所以成也。故曰:道,理之者也。物有理不可以相薄,物有理不可以相薄故理之爲物之制。萬物各異理,萬物各異理而道盡稽萬物之理。""凡理者,方圓、短長、麤靡、堅脆之分也。故理定而後可得道也。"韓非對老子的解讀已開啓後世理學"理一分殊"的起始。在這裏可看到由老子而韓非,而彭耜的思想綫索。理學之人表面上總要撇清與老子的關係,其實暗中竊取老子的並不少。然而理學最大的毛病總是只在經驗的範疇裏兜圈,永遠也無法理解超驗的道。朱熹《中庸》注云:"道者,日用事物當行之理。皆性之德而具於心。無物不有,無時不然,所以不可須臾離也。若其可離,則爲外物而非道矣。"這段話明確了朱熹心目中的“道”不是超驗的本體。“道”即是理。這個理來源於時空中的日常事物,换句話説亦即是人在時空中所能感知到的。它體現爲“性”的功能而存在於心中,其實不過是人在時空中的經驗而已。“若其可離,則爲外物而非道矣。”外物,就是外於物,脱離於物,當然就不是朱熹的“道”。這個“道”,就是理,也就是經驗。因爲離開了時空中的物就失去了經驗的來源。然而哲學的超驗,超越的正是經驗。對於只重經驗否認超驗的理學來説,由於這個缺陷,使理學能否在哲學的土地上生存也成了問題。理學的没落是必然的,雖然在國人對西洋哲學知道的人不多時還能混些時日。

“无爲而无不爲”與後半篇是有密切聯繫的。“无事”就是“无爲”,“无爲”就是順應自然,服從自然。老子在這裏否定了人的自由意志。在弋獲大寶這個具體問題上,老子認爲只能聽命於自然的運化。讓必然性決定偶然性。取天下僅是一個極端的例子而已。老子最終説的是一個普遍的價值觀,即人應該服從自然。本篇的邏輯是取天下者須無心無爲,而無心無爲之人却必然抛鄙了天下。《文子·守真》:“故能有天下者,必无以天下爲也。”有心有爲而以天下爲鵠的者,却又不可能得到天下。核心仍是自然,否定人的自由意志。“无爲而无不爲”是超越經驗的,它不應該也不可能與社會行爲去一一對應。而且“无爲”就是“无不爲”,而“无不爲”也就是“无爲”。所以“恒无事”即等同於“无爲”,亦即是順應自然。這裏不存在諧不諧的問題。只有懂得超驗,纔能讀懂老子,因爲它是哲學。

十二

［耶[1]］人恒无心[2]，以百省之心爲心[3]。善［者善之[4]，不善者亦善之，德[5]］善也。信者[6]信之[7]，不信者亦信之，德信[8]也。耶人[9]之在天下也，欲欲[10]焉，［爲天下渾心[11]。百[12]］生[13]皆注[14]亓［耳目焉。耶人皆咳[15]之[16]。］

［校注］

［1］“耶”字據傅奕本補。傅奕本原作“聖”，此從帛書乙本字體。

［2］心，古代以心爲思維器官。從而又引伸爲人的精神意志。《荀子·解蔽》：“心者，形之君也，而神明之主也。”本篇所言之心，除思想之外，它還包括情感、要求、欲望、愛憎等方面的内容。老子本篇所提到的“百省之心”、“善者”、“信者”、“天下渾心”等都不是思維功能所能概括的。它含有情感意志等方面的内容。聖人在原始社會是氏族首領的代稱，進入文明社會後即是最高統治者的代稱。“耶人”作爲氏族首領就是氏族意志的體現。進入文明社會後，“耶人”作爲人君，就是國家意志的體現。它代表了整個古代專制權力運轉的模式。

［3］百省，省即金文之眚，從目從生，省聲。古有“眚”無“省”。

後“眚”寫作省。金文中眚即生,故省通生。金文《曶鼎》:“隹(唯)王四月既眚(生)霸。”金文《楊𣪘》:“隹(唯)王九月既眚(生)霸。”他銘多作“既生霸”。百省即是百生,也就是百姓。這裏的“百姓”二字與後來的含義是不同的。《書·堯典》:“平章百姓,百姓昭明。”鄭玄注:“百姓,群臣父子兄弟。”《禮記·郊特牲》:“大廟之門,戒百姓也。”陳澔集説:“戒其族姓之臣也。”鄭玄注:“百姓,王之親也。”孔穎達正義:“王親謂之百姓者。皇氏云:姓者,生也,並是王之先祖所生。”郭沫若云:“百姓在古金文中均作‘百生’,即同族之義。”(《郭沫若全集·歷史編1·中國古代社會研究》120頁)裘錫圭云:“鄭玄和郭沫若的説法最接近實際。‘百姓’在西周、春秋金文裏都作‘百生’,本是對族人的一種稱呼,跟姓氏並無關係。在宗法制度下,整個統治階級基本上就由大小統治者們的宗族構成,所以‘百姓’同時又成爲統治階級的通稱。”(《古代文史研究新探》312頁)“周代的宗法制度,實質上就是以父家長大家族爲基礎的晚期父系氏制度保留在古代社會貴族統治階級内部經過改造的形態。”(同上301頁)李玄伯云:“百姓者,按照族姓之分類組織。”(《中國古代社會新研》265頁)綜上所述,百省,即百生,亦稱百姓,是同族之社會組織,亦爲統治者的宗族。正因爲如此,老子所説“以百省之心爲心”,在一定程度上反映了部落議事集會時的遺風,含有無爲而治的意思。

[4] 善者,《國語·晋語》四:“善,德之建也。”韋昭注:“建,立也。言能善善,所以立德。”善之,善作動詞,猶親近,愛慕。

[5]“者善之不善者亦善之德”十字據甲本並參照傅奕本補。“德”傅奕本作“得”,本篇未毁部分有“德信也”,即據以改“得”爲“德”。《廣雅》:“德,得也。”《墨子·節用》上:“民德不勞。”孫詒讓閒詁:“德與得通。”《玉篇》:“德,獲也。”言無論善與不善,皆以善視之,會得到善。

[6] 信者,誠實的人。

［7］信之，信作動詞，信任。

［8］德信，言無論信與不信，皆以信視之。《荀子・非十二子》："信信，信也。疑疑，信也。"王先謙集解："信可信者，疑可疑者，意雖不同，皆歸於信也。"羅素云："道家的始祖老子説：對善，我報以善；對不善，我亦報以善，使之棄惡從善。對忠誠，我報以忠誠；對不忠誠，我亦報以忠誠，使之歸於忠誠。即使是惡人，拋棄他，又怎能爲善呢？以仁慈回報傷害吧。"(《東西方幸福觀》，見《沙漏》270 頁)

［9］耶人，前文中"耶"字因毁壞而未見，故老子帛書乙本"耶"字首次出現於此。耶即聖之本字。耶，亦見於甲骨文，釋爲從口有所言，從耳有所聞，表聽聞之義。郭沫若《卜辭通纂考釋・畋遊》："耶，魏石經《尚書》古文以爲聽字。案古聽、聲、聖乃一字，其字即作耶。从口耳會意，言口有所言，耳得之而爲聲。其得聲之動作則爲聽。聖、聲、聽均後起之字也。聖從耶壬聲，僅於耶之初文附以聲符而已。《左傳》聖姜，《公》、《穀》作聲姜，知聲聖爲古今字，後乃引伸爲聖賢字，三字遂分化矣。"甲本《老子》道經部分"耶"皆寫作"聲"。《風俗通義》："聖者，聲也。言聞聲知情，故曰聖。"往古之時，聖之含義僅爲聰明能幹而已。老子時起，聖人已有了新的含義。《莊子・天運》："聖也者，達於情而遂於命也。"成玄英注："通有物之情，順自然之命，故謂之聖。"錢鍾書云："在天地爲自然，在人爲極不自然；在嬰兒不學而能，在成人勉學而難能。老子所謂'聖'者，盡人之能事以效天地之行所無事耳。"(《管錐編》421 頁)有資格能效天地之行無事者，即是人君。整個《老子》書所述聖人皆是人君之代稱。孔融云："萬乘至重，天王至尊，身爲聖躬，國爲神器，陛級縣遠，禄位限絶，猶天之不可階，日月之不可逾也。"(《後漢書》卷七十)《尚書大傳》："聖人者，民之父母也。母能生之，能食之；父能教之，能誨之。聖王曲備之者，能生之，能食之，能教之，能誨之也。故《書》曰：'作民父母，以爲天下王。'此之謂也。"

[10] 欿欿,《正字通》:"欿,歛也。"欿、歛皆有合義,欿欿焉,猶言收斂,韜晦。言聖人在天下自然而不張揚,行事低調而樸實。

[11] 渾心,言爲天下混沌之心,無知無欲。欿欿焉而渾心,體現聖人托體自然淳樸自在的意境。《文選・孫綽〈遊天台山賦〉》:"渾萬象以冥觀,兀同體於自然。"李善注:"妙悟玄宗,則蕩然都遣,不知己之是己,不見物之爲物,故渾齊萬象以冥觀,兀然同體於自然。"

[12] "爲天下渾心百"六字,據甲本補。

[13] 百生,百姓。帛書爲古老寫法。朱駿聲通訓:"生,叚借爲姓。"金文《兮甲盤》:"諸侯百生。"金文《齊侯鎛》:"保盧百生。"見本篇注[3]。

[14] 注,矚望,注目。《管子・君臣》下:"君人者上注,臣人者下注。上注者,紀天時,務民力;下注者,發地利,足財用也。"尹知章注:"上注,謂注意於上天;下注,謂注意於下地。"

[15] 咳,同孩。《字彙補》:"咳與孩同,小兒也。"咳之,作孩子般看待。蔣錫昌云:"言聖人皆以小兒待之,不分其善不善,信不信也。"聖人既以"百生"之心爲心,爲天下渾心。治理天下要借助於純粹天然尊長的氏族制度,體現無爲之治的境界。"百生"傾注耳目,心仰於聖人。聖人則視"百生"如孩子。上下諧和,此乃不治之治也。

[16] "耳目焉耶人皆咳之"八字據甲本補。甲本德經部分"耶"皆作"聖",乙本道經、德經則皆作"耶"。故從乙本之例。

[義述]

歷代多數注本不能正確解釋"百姓"二字在歷史語境中的含義。近代注本則常把"百姓"等同於現代的民衆。在老子時代,"百姓"就是由宗族傳承而來的統治者。名稱仍然帶有原始時代的遺意,即部落首領。從這點出發,本篇所述含有文明社會“君臣”關係的雛形。“耶人恒無心，以百省之心爲心。”它是原始時代無爲而治的一種形式。彭耜云：“聖人無心，故無思無爲。雖然，無思也，未嘗不思；無爲也，未嘗不爲。”(《道德真經集註》)在那個時代，部落首領没有個人意志。因爲當時社會的生産力水平和人的思維水平，還做不到有個人意志。社會盛行的風俗確定了全體社會成員的行爲方式。吕惠卿云：“聖人先得我心之盡者也，故無常心，而以百姓心爲心。猶之鑑也無常形，以所應之形爲形而已。聖人之視己心也如此，則其視百姓心亦若是而已。則善不善、信不信，亦何常有之哉？”(《道德真經傳》)在當時社會中人與人的純樸關係既普通又普遍。上下之間不存在善不善，信不信的問題。所以老子説：“善者善之，不善者亦善之，德善也；信者信之，不信者亦信之，德信也。”部落首領的責職完全不同於後世的帝王。他不但肩負着整個部落興旺的責任，同時還必須遵循原始野蠻風俗所決定的各種規則。所以他必須是“欲欲焉，爲天下渾心”。本篇的最後二句“百生皆注亓耳目焉，耶人皆咳之”更是反映了部落首領與成員上下之間的關係是淳樸的自然的。恩格斯在談到易洛魁氏族中“酋長在氏族内部的權力，是父親般的，純粹道德性質的，他手裏没有强制的手段”(《家庭、私有制和國家的起源》83 頁)。這與“耶人皆咳之”是一樣的。王弼注本篇時使用了《易・繫辭》下裏面的話：“天地設位，聖人成能；人謀鬼謀，百姓與能。”王弼在這裏使用的“百姓”二字與老子本篇之用在含義上是一致的。韓康伯在注《易・繫辭》這四句時是這樣説的：“聖人乘天地之正，萬物各成其能。”“人謀，況議於衆以定失得也。鬼謀，況寄卜筮以考吉凶也。不役思慮，而失得自明；不勞探討，而吉凶自著。類萬物之情，通幽深之故，故百姓與能,樂推而不厭。"這裏韓康伯用了《老子·二十九》中的話:"故居上而民弗重也,居前而民弗害,天下皆樂誰(推)而弗猒也。"這是深切的契悟,不同的篇章取得了在理解上的融和一致。以老解老,更爲貼切。用氏族社會的情形來觀照本篇,可以看到本篇文字是那麼明朗而合理。

但是,對本篇的理解不應該只停留在以往社會的層面上。文明社會的産生,往往帶着原始時代的胎記,這樣老子在講述他的時代時,既有傳承而來的影響,又是現實的真實。在整個春秋時代,所有的君主,都是氏族貴族的後裔。所以,聖人與天下的關係,不但就是當時的君臣關係;同時,也籠罩在氏族貴族與氏族的關係的濃厚氣氛中,籠罩在氏族風俗的價值觀中。這種情況,直到秦始皇滅六國才有改變。秦滅六國,是對氏族遺蜕的一次徹底掃蕩。不久,秦朝被推翻,連最後一個有着上古氏族貴族背景的王朝也覆滅了。由劉邦建立的漢朝,開創了没有貴族背景的布衣將相之局,爲後來的各個朝代樹立了榜樣。然而傳統已成爲强大的存在而存在。再回過來看老子本篇,在注文中已指出聖人是君上的代稱,然而聖人也有着氏族首領的影子,所以聖人其實有着雙重的含義。通過與原始部落議事方式的觀照,把"善者善之,不善者亦善之,德善也;信者信之,不信者亦信之,德信也"作爲協調文明社會的論述,在統治者和被統治者之間必須找到共同認可的意識形態杠杆。正如亞里士多德所説:"善曾經很正當地被宣稱爲一切事物的目的。"(《古希臘羅馬哲學》316 頁)培根也説:

愛人的習慣我們叫做善,其天然的傾向則叫做性善。這在一切德性及精神的品格中是最偉大的,因爲它是上帝的特性。並且如没有這種德性,人就成爲一種忙碌的,有害的,卑賤不堪的東西,比一種蟲豸好不了許多。善與神學中的德性仁愛相符合,並且不會過度,只能有錯誤。過度的求權力的欲望使天神墮落,過度的求知識的欲望使人類墮落。但是在仁愛之中却是没有過度的情形的,無論是神或人,也都不會因它而受危險的。(《培根論説文集》43 頁)

後來,老子本篇的思想衍化爲禮制的内容。《禮記・緇衣》:"子曰:民以君爲心,君以民爲體。心莊則體舒,心肅則容敬。心好之,身必安之。君好之,民必欲之。心以體全,亦以體傷。君以民存,亦以民亡。"《緇衣》的文字也在郭店楚墓中與《老子》一起出土。《禮記・緇衣》中的民,已不再具有氏族成員的含義,純粹是廣大的被統治者。"耶人"所體現的是天道。它借"百省"之心,通過權力者的欲望,無論善或不善,信或不信,最終成爲實現歷史理性目標的工具,從而"德善"和"德信"。所以"耶人"不必"有心",他是"恒无心"的。他的情感意志通過"百省"的"心"體現出來。老子的"德善"、"德信"、"爲天下渾心",其實只是"无爲"的表現。它並没有停留在常識的層面上,而是超越的。當這個"无爲"被認同的時候,聖人的至高無上的統治者的地位就確立了。這樣就爲鼓吹專制的法家理論放下了一塊重要的基石。這正是"皆原於道德之意"的韓非了。俞樾云:"所謂聖人,正以名號推尊之,非以德言,亦猶古以君子爲在位者之通稱也。《禮記・鄉飲酒禮》注曰:'君子,謂卿大夫士也。'卿大夫士謂之君子,則諸侯王謂之聖人,亦其所矣。"(《春在堂隨筆》卷二)

在唐代後期,藩鎮割據成爲中央朝廷揮之不去的噩夢,最後延伸成爲五代十國。這種情況與戰國末期相似,那時韓非確立了中央集權的理論,秦始皇成爲其執行者。而唐末五代十國的局面,宋太祖在奪取政權後,立即成爲中央集權的重建者,他要使割據成爲不可能。北宋的理學正是在這個背景下興起。理學的開創者鼓吹的不是自由,而是讓專制的理論在學術化的基礎上世俗化。他們也像韓非一樣,從老子那裏獲取靈感。周敦頤云:"天以陽生萬物,以陰成萬物。生,仁也;成,義也。故聖人在上,以仁育萬物,以義正萬民。天道行而萬物順,聖德修而萬民化。大順大化,不見其迹,莫知其然之謂神。故天下之衆,本在一人。道豈遠乎哉,術豈多乎哉?"(《通書·順化》)這樣,老子的聖人,到理學家那裏已成爲專制皇權理論的偶像。理學盛行以後,元明清三代再也沒有出現列國紛爭的局面。從而爲中國作爲現代國家的形成奠定了基礎。明清兩代專制統治達到頂峰,皇帝成爲當然的聖人。這一切皆源於老子道德之意的,同時也是它的負面影響。然而歷史上作爲民族國家的確立,這恰恰是它積極的一面。哲學的規定,是一切規定的規定。

十三

［出[1]］生入死[2]。生之［徒[3]十有三[4]，死[5]］之徒十又三，而民生生[6]，僮[7]皆之死地[8]之十有三。［夫[9]］何故也？以亓生生。蓋聞善執生[10]者，陵行[11]不辟[12]睘[13]虎，入軍[14]不被[15]兵革[16]。睘无［所椯[17]亓角，虎无所昔[18]］亓蚤[19]，兵［无所容[20]亓刃[21]，夫何故[22]］也？以亓无［死地焉[23]］。

［校注］

［1］"出"字據傅奕本補。

［2］出生入死，《韓非子·解老》："人始於生而卒於死，始謂之出，卒謂之入，故曰出生入死。"《莊子·田子方》："日出東方而入於西極，萬物莫不比方。有目有趾者，待是而後成功，是出則存，是入則亡。萬物亦然，有待也而死，有待也而生。"王先謙集解："待造化之往來爲生死，如依日之出入爲存亡。"

［3］徒，通涂，即途。朱駿聲通訓："徒，叚借爲涂。"徒，即途徑。

［4］十有三，十分之三，即三分之一的約數。蘇轍云："夫十之三猶三之一耳，必欲拘於算數求之，彌多困躓矣。"

［5］“徒十有三死”五字據傅奕本補。

［6］民，衆人。生生，《莊子·大宗師》：“殺生者不死，生生者不生。”郭象注：“常營其生爲生生。”生生，奉養過厚也。

［7］僮，甲本作“動”。重與童篆書寫法相同，動即動。僮、動、動通。

［8］之死地，《玉篇》：“之，至也。”高延第《老子證義》：“生生之厚，謂富貴之人厚自奉養，服食藥餌以長生，適自蹈於死地，此即動而之死者之端。”此解切實，足令觀者知警。

［9］“夫”字據甲本補。

［10］執生，把握生命。生命乃體質之作用，體質乃生命之載體。執生，猶言把握生命之歷程。善執生，擅長於愛護生命。

［11］陵行，長途跋涉，徒步而行。

［12］辟，朱駿聲通訓：“辟，叚借爲避。”《集韻》：“避，回也。或作辟。”

［13］衆，犀牛。殷周時代黄河流域及以南地區尚有犀牛生存。《詩》、《左傳》、《周禮》等書屢有提及。

［14］入軍，兩軍相鬭，入於敵陣。

［15］不被，《廣雅》：“被，加也。”不被，受不到兵器傷害。

［16］兵革，《荀子·議兵》：“古之兵，戈、矛、弓、矢而已矣。”革，指以皮革所制之甲、冑、盾之屬。此處雖言兵革，僅屬義於兵。故下文云：“兵無所容亓刃。”

［17］椯，《説文》：“椯，剟也。”剟，即是刺。

［18］“所椯亓角虎无所昔”八字據甲本補。昔，朱駿聲通訓：“昔，叚借爲錯。”昔乃錯、措、醋之聲符，古文字中，以聲通假，此字即如此。《説文》：“措，置也。从手，昔聲。”段注：“立之爲置，捨之亦爲置，措之義亦如是。經傳多假錯爲之。”昔即措。昔，猶言虎無處用其爪。

［19］蚤，朱駿聲通訓："蚤，叚借爲爪。"

［20］容，含容。《説文》："容，盛也。"徐鍇繫傳："此但爲容受字"。

［21］刃，刀劍的鋒利部分。容刃，刀砍入肉，則血肉含容其鋒刃。"无所容亓刃"，猶言鋒锐無所着落。

［22］"无所容亓刃夫何故"八字據甲本並參酌傅奕本補。

［23］"死地焉"三字據甲本補。

［義述］

偉大的智者老子指出，"出生入死"，生命的歷程即是走向死亡的歷程。他似乎參透了這個生命的奥秘。接着，老子批評了春秋時代人們追求豐厚奉養的不良風氣。然而本篇的重點在於對生死的見解。

在本篇的後半部分，有着更多的原始文化的内涵。從"蓋聞善執生者"一句始，老子以原始時代有關巫術與靈魂的材料對生死問題進行解釋。在原始時代，生死問題常縈繞在原始人的心頭。"也許正是當古人看見死人時纔初次意識到超自然的存在，開始渴望超越他所看到的東西。對於人類而言，死亡是第一秘密，由此而産生其他種種奥秘。它將人類的思想從可見之物提升至不可見的事物，從瞬時提升爲永恒，從人提升爲神。"（菲斯泰爾・德・古朗士《古代城市——希臘羅馬宗教法律及制度研究》49 頁）思考死亡即是安頓生命。他們或者用巫術來保護生者，或者以靈魂的觀念來對待死者。巫術，即是依靠想象中的超自然的力量，企圖用一整套神秘活動來影響和控制事物，或者環境，以實現某種願望。"蓋聞善執生者，陵行不辟兕虎，入軍不被兵革。兕无所椯其角，虎无所昔亓蚤,兵无所容亓刃,夫何故也? 叺亓无死地焉。”細細考察這段文字,我們可以看到,它所表現的是在現實的人身上不可能實現的東西,而恰恰是在巫術作用下能夠“做”到的。老子這段話可理解爲巫術作用下所能達到的理想境界。馬林諾夫斯基説:“人類不能不在死的陰影下去生活,凡與生活很親而且享受圓滿生活的人,更不能不怕生活的盡頭。於是同死打了照面的人,乃設法尋求生命的期許,死與永生,那就是不死的欲求。像現在一樣,永遠都是人類預言的最動聽聞的題目。”(《巫術科學宗教與神話》41 頁)他又説:“蠻野人極怕死亡,這大概是因爲人與動物都有根深蒂固的本能的緣故。蠻野人不願承認死是生命的盡頭,不敢相信死是完全消滅。這樣,正好采取靈的觀念,采取靈存在的觀念。至於這種觀念是因甚麼樣的經驗而來,泰勒已經發現到而且敘述過了。人類捉到了靈的觀念,乃得慰安的信仰,相信靈的一貫繼續,相信死後的生命。”(同上 46 頁)想象中的巫術效果,只有想象中的靈魂纔能做到。所以老子這段話開啓了靈魂在超時空的思維,後世的鬼和仙即是這個的産物。在靈魂而言,無論是猛獸還是兵刃,都已無所施其技。肉體雖然死亡,而離開肉體的靈魂反而因這個“死所”的失去而獲得了自由,因爲靈魂是不存在死亡的。這樣就完成了對生命的超越。老子所述的“眔无所椯亓角,虎无所昔亓蚤,兵无所容亓刃”,正是超越生命的靈魂所具有的行爲方式。只有從這兩個角度纔能得到符合邏輯的理解。老子在他的書中所寫的這些内容反映了人類初始階段的原始思想,它所包含的人的特殊存在方式,意圖用“幻化”的方式把握人的生命。老子在本篇中“也許最重要的是表現了人對生命意義的尋求。人無法忍受自己只是浩渺宇宙中的匆匆過客式的存在,更無法忍受自己只能是無聲無息、一了百了地死去。生命的無所皈依的毀滅,是無法接受的,也是無法忍受的。於是,在神話的意義世界中,生命活動具有了宇宙事件的意義,生命的消逝具有了靈魂轉移的再生的意義”(孫正聿《哲學通論》54 頁)。關於靈魂的思想,是意圖改變人的生命的單程存在方式。

《列子・黄帝》:“其國無帥長,自然而已。其民無嗜欲,自然而已。不知樂生,不知惡死,故無夭殤。不知親己,不知疎物,故無愛憎。不知背逆,不知向順,故無利害。都無所愛惜,都無所畏忌,入水不溺,入火不熱。所撻無傷痛,指擿無痟癢。乘空如履實,美惡不滑其心,山谷不躓其步,神行而已。”這段引文的前半部分爲原始先民社會的描寫。後半部分與老子本篇有共通之處。反映了巫術盛行的先民時代,有着這樣一種思想的存在。這個存在作爲巫術的規定它確實是存在的。《列子》用字很古,多有合於出土竹簡的古寫。在內容上,也有黄帝時代的社會情狀,這是没有經歷過那個社會的人所無法擬想的。這裏正是黄老的接合點。《抱朴子・登涉》記載,用老君秘符入山,可“辟山川百鬼萬精虎狼蟲毒”。老子所述是巫術效果和靈魂的表現。然而《抱朴子》却把老子談到的原始觀念,看成了秘符本身。這是一種因果倒置的認識。正是這種錯誤地利用老子“爲歷代神仙方術之士提供了造神的原料”(《中國文化研究集刊》第四輯 82 頁)。事實上,這倒是原始思維蜕變爲宗教初期萌芽的例證。哲學總要談到生死問題,老子在本篇中即如此。他的“以亓无死地焉”表達了對死的超越。老子的超越是建立在巫術觀念上的,但仍然是哲學的思考。而對死亡的沉思會引導人們去尋求自己存在的意義。

十四

道生之，德[1]畜[2]之，物荆之[3]，而器成之[4]。是以萬物[5]尊[6]道而貴德，道之尊也，德之貴也，夫莫之爵[7]也，而恒自然也。道生之、畜[之、長之、遂[8]] 之、亭[9]之、毒[10]之、養[11]之、復[12][之。生而弗有，爲而弗寺[13]，長而[14]]弗宰[15]，是胃玄德[16]。

[校注]

[1] 德，就自然萬物而言，德在此處所指爲自然無爲之作用。錢鍾書云："性者，自然而非自由，行素而非專己。《老子》第五一章：'道生之，德畜之。……夫莫之命而長自然'，王弼注：'道者，物之所由。德者，物之所得也。'《莊子・庚桑楚》：'性之動，謂之爲，動以不得已之謂德。'"(《管錐編》932 頁)

[2] 畜，蓄息。道作爲産生萬物的本體，它已由"道生之"一句説明了。德作爲道的延伸部分，它是無爲的。"德畜之"表達了萬物的生長及運動乃是自然而然。故下文云："是以萬物尊道而貴德。"

[3] 荆，即刑，與形通。物荆之，猶物形之，萬物莫不具天賦之形。

[4] 器，時空中之器物，與不在時空中的道相對。《易・繫辭》

上："形而上者謂之道，形而下者謂之器。"《老子·七十二》："樸散則成器。"器乃人工所爲，已脱離自然範疇。失自然之態愈甚，離道也愈遠。道生，德畜，物形，器成，遞降而下。成，造就。

［5］萬物，指自然界的一切，但不包含人工所創造的一切。

［6］尊，即遵，遵循。下文之貴亦有同義。《正字通》："貴，尚也。"

［7］爵，《廣韻》："爵，封也。"《禮記·中庸》："序爵，所以辨貴賤也。"《韓非子·五蠹》："以其有功也，爵之。"封爵必須叙功，功有大小，故爵有上下。爵之，猶言埒等，序次。莫之爵，即道、德並不以人爲的爵禄地位來衡量萬物。在道、德面前，衆萬一齊，並無差别。

［8］"之長之遂"四字據甲本補。遂，育養。《國語·齊語》："犧牲不略，則牛羊遂。"韋昭注："遂，長也。"《漢書·禮樂志》："青陽開動，根荄以遂。"顔師古注："遂者，言皆生出也。"

［9］亭，均停，調和。

［10］毒，《説文》："毒，厚也。"段注："毒，兼善惡之辭，猶祥兼吉凶，臭兼香臭也。易曰：聖人以此毒天下，而民從之。列子：亭之毒之。皆謂厚民也。"王引之《經義述聞》："《廣雅》：'毒，安也。'毒天下者，安天下也。"

［11］養，《説文》："養，供養也。"《玉篇》："養，畜也。"言道無爲而無不爲也。

［12］復，西漢竹簡本同。《爾雅·釋言》："復，返也。"《説文》："復，往來也。"段注："《辵部》曰：返，還也。還，復也。皆訓往而仍來。"《易·泰》："无往不復。"《老子·四》："反也者，道之動也。"本篇所言"道生之、畜之、長之、遂之、亭之、毒之、養之、復之"，正是體現了道之動。"復之"是整句總結性的話，經過了生、畜、長、遂、亭、毒、養之後，即行回歸。《易·復》王弼注："復者，反本之謂也。"在古代的哲學中，道之運動是循環往復以至無窮的。

［13］寺，通持，掌管，持之初文。《石鼓文・車工》："弓兹以寺。"郭沫若注："寺，讀爲持。"林義光《文源》認爲金文寺字："从又，从之。本義爲持。又像手形，手之所之爲持也。之，亦聲。《邾公牼鐘》'分器是持'，《石鼓》'秀弓持射'，持皆作寺。"《馬王堆漢墓帛書・十大經・成法》："除民之所害，而寺（持）民之所宜。"《説文》："持，握也。"王弼本寺作恃。恃義依賴。綜觀"生而弗有，爲而弗寺，長而弗宰"，有與宰皆有專斷支配之義。而寺若以恃之依賴爲義，則語義不甚連貫，互相抵牾。今釋寺爲持，則有、寺、宰三字義近，前後貫通，所論就一致了。

［14］"之生而弗有爲而弗寺長而"十一字，據傅奕本參照甲本補。"弗"，傅奕本作"不"。帛書乙本未毁部分有"弗宰"，甲本亦作"弗"，據以改"不"爲"弗"。"寺"，傅奕本作"恃"，甲本作"寺"，從甲本。

［15］宰，主宰。《正字通》："凡爲事物之主者亦曰宰。"《玉篇》："宰，治也，制也。"

［16］玄德，最早見於《書・舜典》："玄德升聞，乃命以位。"孔傳："玄謂幽潛，潛行道德。升聞天朝，遂見徵用。"從這個出處來看，"玄德"是隱秘的德行，然而又受到上天的關注。所以，玄德符合道。玄德所指爲道所含藴的自然無爲的素質。孫正聿云：

> 亞里士多德提出，哲学的探索始於對大自然的驚異。人類思維面對千差萬别，千變萬化的世界，試圖尋求一種"萬物都由它構成，最初從它産生，消滅後又復歸於它"的存在物，把它作爲"實是之所以爲實是"的最終原因，這就是哲學思維在其童年時代所指向的"終極存在"。
>
> 這種哲學思路就是探尋對象世界的現象與本質的邏輯關係，把"本體"或"終極存在"視爲超越經驗而爲思維所把握的理

性存在物,即共相的存在。(《哲學通論》225 頁)

老子的道正是這種"共相"的存在物。老子的道企圖從與生俱來的對宇宙確定性的最高把握出發,從而給萬物一個根源性的解答。本篇所述的核心即在於此。

[義述]

本篇帛書本與王弼本有兩個字歧義很大。一個是帛書本的"器"與王弼本的"勢"。帛書本"物荆之,而器成之",王弼本作"物形之,勢成之"。道生,德畜,物形,器成。所講四點:世界本源,萬物蕃育,自然之物,人工之器。層層遞降,語意井然。而"勢成之"的勢,就很難説通。道生德畜自有其崇高地位,物形器成説明萬物與人工的發展演變。這裏面包含了老子的哲學觀,有很强的邏輯性。王弼本以勢代器,攪亂了原有的思維邏輯。勢既不是老子的哲學概念,按其字義也講不通。勢這個字,明擺着是一個錯字,根本不存在有人所謂的本字借字之説。徐梵澄云:"'器',通行本作'勢',作'器'者是。甲、乙兩本同。全書中無言'勢'者。此帛書勝處。"(《老子臆解》73 頁)另外,帛書本"復之",王弼本作"覆之"。復與覆在字義上是不同的。"復之"在"道生之、畜之、長之、遂之、亭之、毒之、養之、復之"這句話的最後,有總結之意,體現了道的循環往復。復是古代哲學家的重要命題。王弼本的"覆之",僅表現爲與上述平列詞語所示作用之一,多此二字不爲加,少此二字不爲減,語意平庸,可有可無。以此二字作結,句子有不夠完整的感覺,談不上對道的深化表述。僅從這個復字,帛書本的學術價值就充分體現出來了。然而坊間有的校注本,因不能深味老子奥義，徑以俗本之“覆”一代了之，如此識見，帛書之優，不復可睹。

本篇是老子從哲學層面上對世界萬物的起源及其發展的解釋。哲學必須對世界萬物作出合乎邏輯的説明，老子正是這樣。老子認爲世界的一切，包括人在内，都是由世界的本源——道産生的。道生德畜。道是本體，德乃道的邏輯延伸，代表了萬物産生後自然天賦，自然而然。“道以無爲之爲品於萬方而無首，德以無設之設遂萬物之形而無事。”（嚴遵《老子指歸》）“《管子·心術》上：‘無爲之謂道，舍之之謂德，故道之與德無間，故言之者不别也。’此言道生德畜，但謂萬物皆生畜於道德而已。”（奚侗《老子集解》）“物刑之，而器成之。”從自然之物到人工之器，完全是老子“樸散則爲器”的另一種説法。人工之物的産生是毁壞自然的結果。所以道、德有着先天的崇高地位，是不能用人類社會的等級來比附的。所以老子説：“道之尊也，德之貴也，夫莫之爵也，而恒自然也。”正如孟子所説：“莫之爲而爲者天也。”老子把道與萬物的關係概括爲兩組詞句：一組是萬物的誕生與發展：“道生之、畜之、長之、遂之、亭之、毒之、養之、復之。”另一組表明道不佔有主宰萬物：“生而弗有，爲而弗寺，長而弗宰。”這就從本體論的層面上敘述了老子的“无爲而无不爲”。把這兩方面的含義合在一起，就是“玄德”。王弼注：“凡言玄德，皆有德而不知其主，出乎幽冥。”李嘉謨云：“道雖尊，德雖貴，不自尊其尊，不自貴其貴。其施於物，非有心以命於物也。莫之使令而自然生，自然畜。凡所以長施不求報，是謂玄德。”（《道德真經義解》）這些都很透徹地描繪了道在整個世界的作用和地位。道是至高的世界本體。它就是自然，正如古羅馬普羅太納斯的格言：“如果有人問大自然，問它爲什麽要進行創造性的活動，又如果它願意聽並願意回答的話，則它一定會説：不要問我，静觀萬象，體會一切，正如我現在不願開口並一向不慣於開口一樣。”（柏格森《時間和自由意志》英譯本題辭）這與老子所述的無爲之事，不言之教是相同的。也與本篇“生而弗有，爲而弗寺，長而弗宰”的説法是相一致的。老子又認爲萬物的運作是不停地循環的。所以他用“復之”作停頓式的小結。

王夫之在《老子衍》中衍説本篇時問：“道既已生矣，而我何生？道既已畜，且覆之矣，而我何爲？鄰之人炊其囷粟以自飽，施施然曰我食之，夫誰信哉？乃彼未嘗食於我，而未嘗不食於此也。”王夫之認爲“道生之”無法體現到“我”的身上，是不足信的。就像鄰人吃了飯，别人不一定相信，因爲别人没有吃到。王夫之明顯地不懂得道的本體地位，因爲“道生之”是哲學的邏輯把握。對於在經驗中討生活的他而言，根本無法理解。道不是具體的物，而王夫之恰恰只懂得經驗世界的器物。這樣他的批評就顯得十分愚昧。他説：“天下惟器而已矣。道者器之道，不可謂之道之器也。”（《周易外傳》）“言無我者，亦於我而言無我耳。如非有我，更孰從而無我乎。於我而言無我，其爲淫遁之辭可知。”（《思問録内篇》）“道者，物由所衆著而共由者也。”（《周易外傳》）“予今所涉者，物而已矣，則何得不以物爲師耶？”（《莊子通・人間世》）上述所論，他是以經驗世界的感覺作爲認知的出發點的。這樣導致他在政治上的思想核心是“天下之大防二：華夏夷狄也；君子小人也”（《讀通鑒論》）。這是極普通的朝廷觀念，官方思想而已。從這種思想出發，處處講實效，物物尚眼見。王夫之不懂哲學的超驗，否定思想領域中超驗的抽象。他只熱衷於比附低層次的

“物”，以世俗的教條爲誡律。這樣他的思想只能停留在常識的、經驗性、表象性和有限性的層面上，根本未有哲學的反思和超越。“依附於經驗的常識，它是經驗事實的描述，而不是對經驗事實的反省。它只是運用概念去描述經驗事實，而不去反省描述經驗事實的概念。它總是零散地、外在地、含混地表述‘共同經驗’……”（孫正聿《哲學通論》81 頁）整個《老子衍》一書就是站在經驗常識的層面上對老子哲學的誤解。嚴格地説，王氏之書夠不上哲學的層次。概念的思維方式“就是由對認識對象的經驗式的直觀把握，進展到對認識對象的超驗的邏輯把握”（孫正聿《哲學通論》90 頁）。王夫之的論述是把邏輯把握退回到直觀把握。他只是以許多個别的、零碎的、孤立的經驗例子，去對老子的邏輯思維而來的哲學論述進行責難。而哲學論述是不能用常識經驗去分析的。

王夫之在寫《老子衍》時，明代滅亡，清王朝佔領北京剛到第三個年頭。整個中國正烽火連綿，哀鴻遍野，民不聊生。避入深山老林的王夫之，除了幾卷經書，一腔悲憤之外，已與世隔絶。多年的生活經驗，官場閲歷，世變之亟的教訓，除此之外，就只有一些從理學而來的思想。他對歷史現象的感慨，並不是哲學層面上的反思。他不但是大明王朝的遺民、孤臣孽子，同時在傳統儒家思想、孔孟宗傳、科舉八股等方面都是恪守成法，極端痛恨異端。在思維方式、語言文風方面，他也以正統自居。他的治學方式及經史研究，與明末思想的自由，文風的活潑，内容的新穎都相去甚遠。他是傳統官方學術的忠實捍衛者。“清初王夫之曾任南明桂王政權的行人司行人，參與外交事務。然而由他撰記的《永曆實録》，對於這個小王朝上自太后，下至大臣多半皈依天主教，控制朝政的太后甚至請求羅馬教廷組織新十字軍支持南明抗清。如此重大的歷史事件,却不見踪影。”(朱維錚《重讀近代史》90、91 頁)不見踪影是因爲作者王夫之拒絶記載天主教這一異端。從這一史實足以看到王夫之極其保守的立場。這種立場與他的學術價值觀是息息相關的。從而使他無法從哲學的角度去反思亡國所蘊含的歷史理性,看不到老子思想中發人深省的東西。相反把家國之痛發泄到兩千年前的老子頭上。他把老子對當時社會的批評説成是“激俗而故反之則不公”;他所無法理解的奥義説成是“偶見而樂持之則不經”;把辯證的智慧説成是“鑿慧而數揚之則不祥”;“三者之失,老子兼之矣”。其實這不是老子之失,而是王氏之失。王氏在《老子衍》序言最後點出了自己的核心思想:“故於聖道所謂文之以禮樂以建中和之極者,未足以與其深也。”凡庸的封建政治教條成爲王夫之理解老子思想的根本障碍,因爲不相容於他的常識經驗的非哲學思想,所以王夫之是無法懂老子的。至於用“唯物”的桂冠去裝點《老子衍》,其實也是同樣的不通。

哲學首先是要擺脱實際的、實用的關係。哲學裏的知識論從古希臘開始建構的就是擺脱了實際生活需要的一種知識體系。只有這樣的一種體系纔能把諸存在物當成對象來研究,掌握它本身的規律,而不僅僅是掌握它和我們之間實際的關係。不局限於實用、功利的知識,而是把存在物當成獨立的對象來研究,這個變化是古希臘人爲人類做出的巨大貢獻。這樣的一種知識擺脱了需要,不受需要控制,而是以事物自身爲對象。這樣的一種知識是自由的知識,我們哲學要考慮的就是這種自由的知

識，而不是在實際需要控制之下，受各種權力支配的知識。（葉秀山《哲學要義》100頁）

此外，“歷代反對道教的學者，對作爲思想家的老莊和作爲宗教組織的道教不甚區别”（任繼愈《道家與道教》）。從朱熹到王夫之都是這樣，王夫之從理學出發反對道教，“重點没有放在道教上，而是指向老莊哲學”（同上）。王夫之《老子衍》的偏頗正是在這一點上。以上所引這些話，包括有關哲學超驗的論述，不僅可以明白王氏《老子衍》的錯誤所在，同時對理解老子哲學也是不可少的。

十五

天下有始[1]，以爲天下母。既得亓母，以知亓子[2]。既得知亓子[3]，復守亓母，没身[4]不佁[5]。塞亓垙[6]，閉亓門，冬[7]身不堇[8]；啓[9]亓垙，齊亓[事[10]，冬身[11]]不棘[12]。見[13]小曰明，守[柔曰[14]]强，用[15][亓光[16]，復歸[17]亓明，毋[18]]遺身央[19]，是胃[襲]常[20]。

[校注]

[1] 始，《説文》："始，女之初也。"見本書《老子·四十五》注。老子認爲天下的開初是屬於女性的。始與母，正是老子女性崇拜的體現。老子也用這個來表示從無到有。《老子·四十五》："无，名天地之始；有，名萬物之母。"天地萬物生於有，有生於無。始先於母，母生於始。母即是有，是本源。母在甲骨文中像女子乳子之形，表示已生育之婦女。

[2] 子，指由天下之始、天下之母産生而來的萬物。《史記·律書》："子者，滋也；滋者，言萬物滋於下也。"

[3] 此句老子帛書乙本爲"既得知亓子"，馬王堆漢墓帛書整理者所訂釋文爲"既○知亓子"，○爲"得"字，帛書上寫得很清楚。甲本此句漏抄。整理者之删去"得"字，乃囿於俗本作"既知其子"。得

知,猶知,即可知。“得知”爲知,在今之吴地方言中仍存在。言既可知其子,則能復守其母也。“得”不能删。

[4] 没身,終生。

[5] 佁,通殆,危險。“没身不佁”,甲本作“没身不殆”。

[6] 垸,通兑。垸,從土,兑聲。兑通閲、穴。段注:“古叚閲爲穴。詩‘蜉蝣堀閲’。傳曰,堀閲,容閲也。閲即穴。宋玉賦‘空穴來風’。莊子作‘空閲來風’。司馬彪云,門户孔穴,風善從之。道德經‘塞其兑,閉其門’。兑即閲之省。”王弼注:“兑,事欲之所由生。”

[7] 冬,終之初文。郭沫若《金文叢考》云:金文中“冬字多見,但均用爲終”。金文《井人鐘》:“永冬于吉。”《釋名・釋天》:“冬,終也。”冬身,終身。

[8] 堇,通勤。金文《㝬鐘》:“王肈遹省文武堇疆土。”《集韻》:“勤,憂也。”不堇,無憂慮之事。冬、堇二字帛書古寫猶存。

[9] 啓,楊樹達《積微居小學述林》:“愚謂當解爲從口,戶聲。蓋教者必以言,故字從口。教者發人之蒙,開人之智,與啓户事相類,故字從戶聲,兼受戶字義也。”《説文》:“启,教也。”徐鍇繫傳:“启發教導之也。”启亓垸,啓發人之耳目,是增其聞見,長其心智,適與老旨相反,故老子曰:“冬身不棘。”

[10] 齊亓事,盡心擔任職事,是有所爲,與“閉亓門”相反。齊,盡心盡力。事,官職。《説文》:“事,職也。”《國語・魯語》上:“卿大夫佐之,受事焉。”韋昭注:“事,職事也。”

[11] “事冬身”三字據甲本補。“冬”甲本作“終”,乙本未損毁部分有“冬身”二字,據改。

[12] 棘,《詩・小雅・大東》:“有捄棘匕。”馬瑞辰《毛詩傳箋通釋》:“古者喪用桑匕,吉用棘匕,皆取聲近爲義。桑言喪,則棘爲吉,非必如傳以棘之赤心爲喻也。”聲近義同,故棘之爲吉。不棘,猶不吉,招災受禍之謂。“冬身不棘”,終生不離險地。

［13］見，通現。明，强盛。《左傳·哀》十六年："與不仁人争明，無不勝。"楊伯峻注："争明，争强也。"王引之《經義述聞》："明，猶彊也。"顯現己之弱小，並非弱小，而是昭示着强大。"小"充滿生命力，所以如此説。"見小曰明"與"守柔曰强"同義。

［14］"柔曰"二字據甲本補。《説苑·敬慎》："常摐有疾，老子往問焉，曰：'先生疾甚矣，無遺教可以語諸弟子者乎？'常摐曰：'子雖不問，吾將語子。'……張其口而示老子曰：'吾舌存乎？'老子曰：'然。''吾齒存乎？'老子曰：'亡。'常摐曰：'子知之乎？'老子曰：'夫舌之存也，豈非以其柔耶？齒之亡也，豈非以其剛耶？'常摐曰：'嘻，是已。天下之事已盡矣，何以復語子哉。'"此即"守柔曰强"之謂。

［15］用，以。楊樹達《詞詮》卷九："以、用一聲之轉，故義同。"金文《虢季子白盤》："王賜乘馬，是用左王。""用"作"以"。"用亓光"猶"以亓光"。

［16］光，《左傳·莊》二十二年："光，遠而自他有耀者也。"《國語·晋語》三："光，明之曜也。"引伸爲外在之美質。

［17］復歸，重返。

［18］"亓光復歸亓明毋"七字據甲本補。

［19］央，通殃，禍患。《素問》："筋脉沮弛，精神乃央。"注："央作殃。"《隸辨》二引《無極山碑》："來福除央。"

［20］"襲"字據甲本補。河上本、王弼本作"習"。襲常，襲通習，相因。《書·大禹謨》："龜筮協從，卜不習吉。"孔傳："習，因也。"孔穎達疏："《表記》云：'卜筮 不相襲。'鄭云：'襲，因也。'然則習與襲同。"常，《易·繫辭》下："既有典常。"《國語·越語》下："無忘國常。"韋昭注："常，舊法。"襲常，即是習常，乃古人習語。《左傳·昭》十六年："將因是以習，習實爲常。"梁履繩《左傳補釋》引《尚静齋經説》云："《周書·常訓解》曰：'好惡生變，變習生常。'又

曰：'民生而有習有常，以習爲常。'序曰：'積習生常。'傳義本此。"《大戴禮記·保傅》："孔子曰：'少成若天性，習貫之爲常。'"襲常在全篇中帶有總結性。從認識世界之開端、本源及萬物之產生及蓄育，始終保持對自然的師從。一句話，襲常就是長久的累積而形成的可貴傳承。

《老子》帛書古文，恒、常二字殊用，含義有別。漢避文帝劉恒諱。凡用恒字處，皆改作常。常字本爲《老子》書中使用次數很少之字。帛書文本的出現，揭示了湮没於避諱中常與恒之區别。本書分别注釋，以正文義。

［義述］

《老子·十四》所講，乃道與萬物的關係。與它銜接的是《老子·十五》，講道與人的關係。或者説，在道的運作下，人應該怎樣做纔符合道所期許的品質。古代注本的釋讀對理解全篇是有幫助的，引述數條如下。范應元云："道本无始，此言有始者，謂萬物由是始也。"(《老子道德經古本集註》)嚴遵云："夫道之爲物，無形無狀，無心無意，不忘不念。無知無識，無首無向，無爲無事，虚無澹泊，恍惚清静。其爲化也，變於不變，動於不動，反以生復，復以生反，有以生無，無以生有，反復相困，自然是守。無爲爲之，萬物興矣。無事事之，萬物遂矣。是故，無爲者，道之身體而天地之始也。"(《老子指歸》)這些正確地解釋了作爲世界本源的道同時是無爲的。道就是自然。作爲道，就是天下之始，天下之母。知道了母，也就能理解作爲其子的萬物和人。上一篇所講的道生德畜，是關於萬物的。本篇講的得母知子，是關於人的。萬物與道的關係，萬物源自道，既自由自在，又自則自律，遵循的是自然法則。本篇講人與道的關係時,也講了人必須遵從自然法則。然而現代哲學的認識中,人不同於萬物,除了自然法則之外,還要遵循自己的道德形而上學。人有自己的意志,但必須理性地左右自己的欲望,這樣纔會獲得正確的人生定位。李霖云:"没者,存之對;終者,始之對。以事對門者,閉其門,則事之不入可知矣;濟其事,則門之不閉可知矣。"(《道德真經取善集》)這裏老子指出了人必須駕馭欲望的衝動,關閉容易受到誘惑的途徑,要求建立起人的道德底綫。這樣就可與萬物沐浴在自然法則的同時,人還沐浴在自身的道德形而上學之中。除此而外,老子提出"見小曰明,守柔曰强"。徐梵澄云:"'守柔'者,老氏之至教。發奮圖强也易,明道而守柔也難。能守柔始可曰强。"(《老子臆解》76 頁)勝利者對民衆的强勢凌暴,其實只是色厲内荏的另一種表現。對人而言,强健的體魄,豐厚的遺産,優越的資源,衆多的人口,廣袤的土地,這些並不是必然强大的可靠依據。真正强大的所在,是歷史理性的必然。這個歷史理性不是仁義禮樂,不是服從於某種觀念的爲"好"之心。它是先驗而同時符合自然法則而存在的。這裏老子稱之謂"柔","柔"是包含在整個人類道德素質之内的。"守柔"即是對於人與人,人與物關係把握的思想水平。人的道德構建達到自然規範和"純粹實踐理性可能綜合應用爲前提"(康德《道德形而上學原理》67 頁)。並經過批判的運用時,他纔稱得上是强者。彭耜云:"用光復歸其明者,蓋光者明之用,明者光之體。言强則知柔之爲體,言明則知光之爲用。惟其能用其光,復歸其根,則終身不至於有咎,而能密合長久之道。"(《道德真經集註》)老子以體用之論强調了人是有思想及理性的動物,它不同於萬物只服從於自然法則,而人是有自己的道德形而上學的。“故人能入道,道亦入人。我道相入,淪而爲一。守静至虚,我爲道室。與物俱然,渾沌周密。反初歸始,道爲我襲。”(嚴遵《老子指歸》)老子使用“襲常”二字,要人們把這些從傳承中得來的哲學領悟,使之成爲自己可寶貴的品德。

十六

使[1]我介[2]有知，行於大道[3]，唯他[4]是畏。大道甚夷，民甚好僻[5]。朝[6]甚除[7]，田甚芜[8]，倉甚虚。服文采[9]，帶利劍[10]，猒[11]食而齎財[12][有餘，是胃盜[13]]杅[14]。[盜杅[15]]，非[道也[16]]。

[校注]

[1] 使，假如。《詞詮》卷五："使，設也，若也。"

[2] 介，《廣雅》："介，獨也。"《方言》卷六："介，特也，獸無偶曰介。"《左傳・昭》十四年："養老疾，收介特。"孔穎達疏："介亦特之義也。介特謂單身特立無兄弟妻子者。"嵇康《與山巨源絶交書》："得并介之人。"李善注："介，謂自得無悶也。"介，猶言孤獨自在的樣子。介有知，孤獨的思想者。又《荀子・脩身》："善在身，介然必以自好也。"介然，心意專一而無騖之貌。

[3] 大道，寬闊的主幹道。周道如矢，其平如under，履之而安。然而幹道之旁多小路，"介有知"的人，雖行於大道，然而見到小路旁出，則惕然而懼。《列子・説符》："大道以多歧亡羊。"老子以大道小路爲喻，貫通全篇，顯現兩種境地。

[4] 他，施之省寫。《淮南子・要略》："接徑直施。"高誘注："施，

衺也。”王念孫《讀書雜志》:“施讀爲迆。迆,邪也。言行於大道之中,唯懼其入於邪道也。”他之所指即大道之外的小道,歧路。

[5]“懈”,甲本作“解”。解、懈通。王弼本作徑。解、懈、徑古音對轉,音義皆同於邪。《廣雅》:“徑,衺也。”河上公注:“徑,邪不正也。”統指斜行小路。《禮記·祭義》:“壹舉足而不敢忘父母,是故道而不徑。”鄭玄注:“徑,步邪趨疾也。”徑字含有斜行取捷之意。焦竑《焦氏筆乘續集》卷三“行不由徑”條:“古井田之制,道路在溝洫之上,方直如棋枰,行必遵之,毋得斜冒取疾。野廬氏禁野之横行徑踰者,脩閭氏禁徑踰者,皆其證也。晚周此禁雖存,人往往棄蔑不守。”《論語·雍也》:“行不由徑。”劉寶楠正義:“春秋禁書雖存,而官失其職,道禁之不行久矣,子羽獨奉而行之,以爲先王之道存焉。”老子所言之大道與懈,正是代表了當時禮制毁壞的現實。老子對此痛心,作爲論據而提出批評。在現代仍然把行爲不端稱爲走邪路,從語源上講是很古老的。王弼注:“言大道蕩然正平,而民猶尚舍之而不由,好從邪徑。”老子感到整個社會歪風盛行,都喜歡抄捷徑,走邪路。“民甚好懈”,即是指下文所言“盗杅”之基礎。由此也可以看到老子對社會批評的出發點,正是他始終關注着的禮制。

[6]朝,《廣韻》:“朝廷也。”古時以臣見君爲朝,引伸爲君臣謀議政事之處。《左傳·桓》十七年:“以授百官於朝。”朝乃宫殿之所在,正常的朝廷,百官進出如儀,莊嚴肅穆。

[7]除,清除,免除。《國語·魯語》下:“天下及諸侯合民事於外朝,合神事於内朝。”韋昭注:“言與百官考合民事於外朝也。神事,祭祀也。内朝在路門内。”朝甚除,除,朝事皆免,猶言朝政不舉而廢弛,無人理會。

[8]芜,甲本同,帛書原字如此。《正字通》:“芜,同蕪,俗省。”《説文》:“蕪,穢也。”《離騷》王逸注:“不治曰蕪,多草曰穢。”朝政廢弛,田地荒蕪,倉廪必然虚空。三者所言皆下乘。

［9］服，穿戴。文采，文，花紋；采，彩色。《漢書·食貨志》上："衣必文采，食必粱肉。"文采指色彩華麗的衣服，亦可看作諸侯貴族所追求的享樂生活。《國語·魯語》下："夫服，心之文也。如龜焉，灼其中，必文於外。"穿戴反映心態，間接反映了朝政。

［10］劍，春秋中葉後出現的新式武器，製作日益精美。佩劍成爲諸侯的時髦。此種新潮老子甚不以爲然。

［11］猒，金文《毛公鼎》有"猒"字。容庚云："厭，不從厂。"《說文》："猒，飽也。"韋昭注："猒，足也，飽足則人意倦矣。"

［12］齎財，郝懿行《爾雅義疏》："資者，齎之假音也。"資與齎通。齎財即資財，指錢穀布帛等物。《孟子·滕文公》下："庖有肥肉，廄有肥馬，民有飢色，野有餓莩，此率獸而食人也。"

［13］"有餘是胃盜"五字參酌傅奕本補。

［14］杅，馬王堆漢墓帛書整理者未釋此字，僅以□代之並注云："通行本作'盜夸'。《韓非子·解老》作'盜竽'。此本盜下僅存右旁，或是从木，于聲之字。"細觀帛書照片，木旁在左。今據以上說明釋此字爲"杅"。杅乃盛湯之器皿。《儀禮·既夕禮》："用器弓矢耒耜兩敦兩杅槃匜……"鄭玄注："此皆常用之器也。杅盛湯漿，槃匜盥器也。……今文杅爲桙。"胡培翬正義："皆生時常用之器也。杅盛湯漿者，《公羊·宣》十二年傳：'古者杅不穿。'何注：杅，飲水器，與鄭此注合。"杅爲飲水器且爲生前所常用。有如《論語·雍也》："一簞食，一瓢飲。"正義又云："牟與于通，後加木旁作桙。鄭以杅爲正字故，從古文不從今文也。"邵瑛《說文群經正字》卷九：亏，"今隸變作于，經典與於通，而《周易》、《毛詩》多作于，至偏旁則有或从于，或从亏者，各從其便，原無關義諦。然字書往往有分別作二字者。如杅則音于，《儀禮·既夕》'兩杅'……"亏、于古爲一字之不同寫法。故夸、夺亦一字之變。范應元本"夸"作"牵"，正與"桙"相通。金文《白夸父盨》夸寫作夺，老子帛書乙本前二夸字亦作夺。由此而

言，杅乃葫蘆之制品如前所云“一瓢飲”之謂。《韓非子·解老》陳奇猷集釋：“夸，即匏之省文，《爾雅·釋樂》疏云：‘瓠、匏也，以匏爲底，故八音謂笙爲匏。’則笙亦得稱匏。《釋名·釋樂器》：‘竹之貫匏，以瓠爲之，故曰匏也，竽亦是也，其中汙空以受簧也。’《吕氏春秋·仲夏紀》高注：‘竽，笙之大者。’據此，則匏、竽實爲一物，但大小之分耳。故韓子作竽，老子作夸，取義正同。”無論杅、桙、夲、夸、匏、瓠、竽，用各有異，但皆同出葫蘆一物，皆葫蘆之製品。從河姆渡考古所知，我國葫蘆之栽種已有七千年歷史，與古人生活息息相關。飲食、行旅、渡河、戰争、儲物、食用、天文、奏樂、宴飲、祭祀無不有葫蘆之用。故盜杅猶盜竽，無論杅與竽，王弼注：“凡物不以其道得之則皆邪也，邪則盜也。”盜杅，不當之祭器；盜竽，不和諧之樂音，或充數之濫竽。所指皆爲對現存秩序之顛覆，即“非道也”。老子譴責毁壞禮制之人，十分痛切。

[15] “盜杅”二字參酌傅奕本及本篇前文補。

[16] “道也”二字據傅奕本補。非道，不合乎道。

[義述]

孤獨的思想者在大路上散步，心中懷着深深的憂慮。老氏所慨嘆的，是社會發展所引起的變化。西周末年王室的衰微是生產力發展的結果。無論居室、衣服、飲食、交通、藝術、耕作、武器、文化傳播、生活方式等等都有了極大的進步。周王室本來總是社會生產成果的第一享受者。但在春秋時代已不再是這樣，社會新潮的代表人物已由諸侯大國的國君取代了周天子。連那些小國之君也熱衷於追求所能達到的新式享受。這一切，不可避免地引起禮制的毁壞和思想觀念的變化。在春秋時期墓葬的考古中，這時期的葬俗既反映了社會的巨大進步，又反映了禮制是如何地被不斷逾越而破壞，凝固的宗法社會走向分崩離析，給社會帶來前所未有的活力，不少人獲得了與自己身份不相稱的權力和財富。這就是禮制毀壞的後果。而新的榮華富貴觀念已完全顛覆了禮制對人的身份架構。以往貴族是天潢貴胄，禮制是其榮華富貴的保證。所以歷來的書詩總是諄諄教導貴族們要維護禮制的神聖、完整、不可改變。以守禮爲榮華之所在，有禮即有富貴。於庶民而言，他們要得到榮華富貴就必然逾越禮制對他們的束縛。而這時的諸侯貴族，他們要滿足政治上的野心，提高富貴的等級，也必然是違背了古老的禮制纔能得到。即使是最高統治者，他如果要提高享樂的程度，擴大享樂的範圍，也只能通過逾越禮制來實現。這樣就使禮崩樂壞成爲全社會的行爲而相沿成風，引起老子的慨嘆。這時對禮制的逾越，已遍及各個方面，無論貴族還是庶民都是這樣。《禮記·坊記》："子言之，君子之道，辟則坊與。坊民之所不足者也。民猶逾之，故君子禮以坊德，刑以坊淫，命以坊欲。"坊，陳澔集説："辟讀爲譬，坊與防同。言君子以道防民之失，猶以隄防遏水之流也。"孫希旦集解："君子之道，所以坊民之失，譬如水之有坊，所以止水之放泆也。民之所不足者，德也。民不足於德，則入於邪辟，故先王設爲制度以坊之。大爲之坊，民猶踰之，所以深明坊之不可廢也。禮以教之於未然，故曰'坊德'，坊其悖於德也。刑以治之於已犯，故曰'坊淫'，坊其入於淫也。命，謂政令。命以禁之將發，故曰'坊欲'，坊其動於欲也。君子之坊民，以禮爲本，刑與政輔之。篇中所言，皆以禮坊民之事也。"《坊記》之文皆爲防止踰越禮制之言，多有可説明"大道甚夷，民甚好解"之事例，如：

> 子云：觴酒豆肉，讓而受惡，民猶犯齒；衽席之上，讓而坐下，民猶犯貴；朝廷之位，讓而就賤，民猶犯君。詩云：民之無良，相怨一方，受爵不讓，至于已斯亡。

老子所憂慮的是：一方面爲禮制的毁壞，另一面是"服文采，帶利劍，猒食而齎財有餘"。這些人對殘酷的現實不管不顧。所以老子罵他們是"盜杅"，是顛覆現存秩序的遊戲規則之人，十分痛切。

現代有的注家，脱離社會歷史文化諸背景，侈言反對剝削及一概否定統治者，即認爲解釋了老子。其實社會矛盾並非如此簡單划一，老子哲學也並非如此低能和無聊。這種解説缺乏對歷史的正確把握，不懂得社會組織在國家發展中的作用。這種解説只用一種廉價僵化的公式到處硬套。它把社會分爲掌權者和非掌權者，把所有的罪惡歸之於前者，而把所有的美德歸之於後者。把社會的陰暗部分歸於非體力勞動者，而把社會的光明部分歸於體力勞動者。這種非此即彼的思維方式本身就是對老子哲學的顛覆，因而是歪曲思想真相的。歷史不是那麽簡單的。老子在這裏痛惜的是禮制毁壞。生産力的發展是造成禮制毁壞的根本原因。而禮制的毁壞又是腐敗的必然條件。在歷史的任何一個轉型時期，只要制度的更新趕不上社會進步的變化，就會成爲滋生腐敗的温牀。思想的痛苦所在，正是這些最具資格而且最應該保持禮制的一貫性的人，恰恰拋棄了它。老子當然要説他們是不稱其位的人了。以道爲原點的禮制，它是國家的即時模式，所有人利益的共同體。它是生産力制約下社會財富分配的依據。不管它的分配有多少差距和不均，它都是與當時生産力相適應的，是社會包容能力允許的極限方案。所以作爲禮制核心的道,作爲形而上的意識,在本質上與榮華富貴的追求是無關的。然而實際上憑借禮制帶來的權力,掌權之人確會享受到制度爲他帶來的相應而有限的富裕和受尊重的生活。一些社會精英常常在這個問題上發生困惑,混淆了母體與衍生物之間的區别。從道的道德形而上學層面説,它要求遵守先驗必然的道德規則。它不可能對世俗榮華富貴的主觀欲求提供任何幫助。如果憑借着手中的權力或非法途徑去謀求,那必然是對現存秩序的破壞。老子本篇要説的中心思想就是這些。

十七

善建[1]者[不拔,善抱者不脱[2]],子孫以祭祀[3]不絕[4]。脩[5]之身,亓德乃真[6];脩之家,亓德有餘[7];脩之鄉,亓德乃長[8];脩之國,亓德乃夆[9];脩之天下,亓德乃慱[10]。以身觀[11]身,以家觀[家,以鄉觀鄉,以國觀[12]]國,以天下觀天下。吾何[以[13]]知天下之然兹[14],以[此[15]]。

[校注]

[1] 建,徐灝《説文解字注箋》:"凡言建者皆朝廷之事。"與《老子·三》:"建德如偷"之"建德"義同。《國語·魯語》上:"夫位,政之建也。"

[2] 首二句,王弼本、河上本作"善建者不拔,善抱者不脱"。"不拔善抱者不脱"七字據王弼本補。《説文》:"拔,擢也。"《小爾雅》:"拔根曰擢。"《漢書》顔師古注:"拔者,破城邑而取之,言若拔樹木並得其本也。""不拔"猶言所立之功業不毁。"春秋之中,弒君三十六,亡國五十二,諸侯奔走不得保其社稷者不可勝數。察其所以,皆失其本已。"(《史記·太史公自序》)老子當有感於當時之社會現實。甲本"拔"作"撥"。《詩·大雅·蕩》:"枝葉未有害,本實先撥。"鄭玄

注:“言大木揭然將蹶,枝葉未有折傷,其根本實先絶,仍相隨俱顛拔。”拔猶撥。

［3］祭祀,《禮記・祭統》:“祭者,所以追養繼孝也。”《荀子・禮論》:“祭者,志意思慕之情也。”《國語・周語》上:“夫祀,國之大節也。”《左傳・成》十三年:“國之大事,在祀與戎。”祭祀是對先祖和神祇致敬的大禮。

［4］絶,中斷。《後漢書・馬援傳》:“名滅爵絶,國土不傳。”

［5］脩,《字彙補》:“脩,與修通。”修即是修德。季師政《空有》三:“德不自備,勤修乃饒。”

［6］真,質樸之内在涵養。《莊子・漁父》:“真者,精誠之至也……真在内者,神動於外,是所以貴真也。”《淮南子・道應訓》:“楚莊王問詹何曰,治國柰何?對曰:何明於治身,而不明於治國。楚王曰:寡人得立宗廟社稷,願學所以守之。詹何對曰:臣未嘗聞身治而國亂者也,未嘗聞身亂而國治者也。故本任於身,不敢對以末。楚王曰:善。故老子曰:脩之身,其德乃真也。”

［7］家,春秋之時,家乃卿大夫之家族或封地。《字彙》:“家,大夫之邑曰家。”《孔子家語・相魯》:“家不藏甲。”王肅注:“卿大夫稱家。”《廣雅・釋詁》三:“餘,久也。”王念孫疏證:“長、餘皆久也。”德修之於家,祈願家世傳承能久也。

［8］脩之鄉,亓德乃長。長,《漢書》顔師古注:“長,謂崇貴之也。”言尊重年劭德高者。修德於鄉,德的形式即是鄉飲酒禮。在這個鄉人以時會聚飲酒之禮上,君子尊讓而不争。它是在鄉的範圍裏凝聚一鄉之人的禮節性聚會。這正是遠古氏族遺風的表現。鄉飲酒禮使古代的社會安定,族人敦睦,可以消彌禍亂。這對社會下層尤其重要。鄉飲酒禮的内容之一,即是敬重尊長和年高者。所以《禮記・鄉飲酒禮》云:“孔子曰,吾觀於鄉而知王道之易易也。”孫希旦集解:“易易,謂教化之本,尊賢尚齒而已。”《禮記・祭統》:“凡治

人之道，莫急於禮。禮有五經，莫重於祭。……祭者，所以追養繼孝也。”從本篇開始即提出“子孫以祭祀不絕”，所言即是以作爲禮制核心內容的祭祀這個形式，達到貴族們以修身爲根本，立德爲核心的家國天下觀。

[9] 夆，音義從豐，深厚。王弼本、河上本、傅奕本作“豐”。

[10] 愽，《正字通》：“愽，俗博字。”博猶廣大而普遍之至，猶“溥天之下”之溥。

[11] 觀，《説文》：“觀，諦視也。”引伸爲衡量。

[12] “家以鄉觀鄉以國觀國”九字據甲本補。“國”，甲本作“邦”。劉師培云：“國當作邦，蓋漢初重老子，因避高祖諱，故邦字咸改爲國也。”老子帛書甲本證明了這一點。

[13]“以”字參酌傅奕本補。

[14] 然，《玉篇》：“然，如是也。”茲，語氣詞。《詞詮》卷六：“茲，語末助詞，與哉同。”《書·立政》：“嗚呼，休茲。”“吾何以知天下之然茲”即是“吾何以知天下之如此哉”。

[15] “此”字據傅奕本補。“此”，指上句“以身觀身，以家觀家，以鄉觀鄉，以國觀國，以天下觀天下”。明太祖云：“堯舜聖人，處無爲之世，尚猶慮之。矧德非唐虞，治非雍熙，天下之民方脱於創殘，其得無憂乎？夫處天下者，當以天下爲憂；處一國者，當以一國爲憂；處一家者，當以一家爲憂。且以一身與天下國家言之，一身小也，所行不謹，或致顛蹶，所養不謹，或致疢疾；况國家之重，豈可頃刻而忘警畏耶。”（余繼登《典故紀聞》卷一）老子所言之內聖外王思維模式，已成爲中國古代政治的通識。

[義述]

本篇開頭的話，“善建者不拔，善抱者不脱，子孫以祭祀不絕”是這一篇的主題，後面接着所説就是怎樣纔能做到保住家世利益。這關係到整個族姓的命運。儘管古希臘羅馬與古代中國情況有所差别,但在從氏族而來的注重祭祀先祖這一點上,則是相同的。他們的記載可以幫助對本篇的理解:"若一個家庭滅絶了,祭祀也就斷了。想想這些古代信仰尚未改變前的家庭,每個家庭都擁有自己的宗教和家神,這是一份珍貴的財産,必須加倍珍惜。對古人而言,最大的不幸就是斷了子嗣,之後,其家内的宗教也就消失了,聖火也就熄滅了,家中所有的死者便都陷入了被遺忘的永久不幸之中。於是,對古人而言,人生最大之益就在於子孫不斷以續祭祀。"(菲斯泰爾・德・古朗士《古代城市——希臘羅馬宗教、法律及制度研究》77頁)祭祀在古代不但是禮制的核心内容,同時也是家族極具象徵意義的物質存在。在古代它是一種與至高權力相結合的義務。

> 祖先崇拜及作爲其主要表現形式的祭祖儀式存在於古代世界的許多民族中。在中國古代,祖先崇拜在民族宗教觀念中尤具有重要位置。在規範不同社會等級行爲的禮制活動中,祭祖禮被視爲最主要的禮儀。對於社會統治階層的帝王、國君來説,祭祖禮更被作爲治國之政治範疇的大事。(朱鳳瀚《商周祭祖禮研究・序》)

在青銅器中,爲祭祀先祖而作的宗彝銘文,鮮明地反映了貴族們希望通過祭祀權力的保有而達到家世傳承、國祚長久的心態。請看這些銘文的結尾的文字:

> 《班段》:隹乍邵考爽謚曰大政。子子孫多世其永寶。
>
> 《吕伯簋》:吕伯作厥宫室寶尊彝簋,大牢,其萬年祀

厥祖考。

《白公戈簠》：多福無疆，子子孫孫，永寶用亯。

《頌壺》：頌其萬年釁壽，畯臣天子，霝冬，子子孫孫寶用。

《緐書缶》：緐書之子孫，萬禩是寳。

《陳侯因資敦》：用作孝武桓公祭器敦，以蒸以嘗，保有齊邦，世萬子孫，永爲常典。

《徐王鼎》：用腼庶臘，用饗賓客，子子孫孫，世世是若。

《王孫遺者鐘》：煌煌熙熙，萬年無期，億萬孫子，永保鼓之。

這些青銅器出土的範圍遍及中國的東西南北，時間跨度超過五百年，其銘文對祭祀權力的珍視和期望的殷切則是相同的。銘文中最關注的就是希望代代相傳，用這個禮器祭祖，這就是永遠保有君位願望的表達。也正是對“子孫以祭祀不絶”這句話生動的證明。

本篇所説的“德”，就是老子用以觀察國家和宗族命運的依據。老子以周人所創立的“德”的觀念來解釋治國的根本所在，是西周統治思想的體現。周人的思想在下列例子中可以見到。《書・召誥》：“王敬所作，不可不敬德。我不可不監于有夏，亦不可不監于有殷。我不敢知曰，不其延，惟不敬厥德，乃早墜厥命。我不敢知曰，有殷受天命，惟有歷年。我不敢知曰，不其延，惟不敬厥德，乃早墜厥命。……知今我初服，宅新邑，肆惟王其疾敬德，王其德之用，祈天永命。”《書・君奭》：“天不可信，我道惟寧王德延，天不庸釋于文王受命。”天之所以不可信，是因爲天命不是無條件可以依仗的，它取決於國君的德，有德就有天命，這是周人創立的君權神授的邏輯依據。在殷人卜辭中未出現後來意義上的“德”字。而在西周金文中已作爲重要的治國觀念而出現。金文《班毀》：“允才（哉）。顯隹（唯）苟（敬）德，亡（毋）逌（攸）違。”金文《大盂鼎》：“今我隹即井（型）㐭（禀）于玟王正（政）德，若玟王令二三正。”在這裏，德不但是治國平天下所必須具備的，還包含着正心修身的作用。德還代表着貴族依靠血統而來的從政的當然資格。《列子·力命》：“仲尼之德不出諸侯之下，而困於陳蔡。”此處之德即是指由血統而來的貴族資格。西周統治者認爲天命的保有首先在於敬德。敬德，不僅要注重貴族的儀型思想，還要珍惜貴族由血統而來的身份行爲。所謂天潢貴胄，與生俱來。德行和地位在這裏是同時體現的。這個“德”根本不能從現代語境中品德的含義去理解。它既有貴族享受的家世利益，又有貴族層面上的内部約束。所以“天命靡常”，“聿修厥德，永言配命，自求多福”思想所體現的，正是本篇“善建”、“善抱”、“子孫以祭祀不絶”的根本所在。

在盛行宗法統治的西周和春秋時期，掌握祭祀的權力等於掌握政權。宗法是宗族和宗廟的核心。同一祖先的後代屬於同一宗族。建立在宗族血緣關係上的族權和政權緊密結合，“天子建國，諸侯立家，卿置側室，大夫有貳宗，士有隸子弟”。這就是層層下移的嫡長子繼承制和餘子分封制。在這種制度下，對祖先、神祇的祭祀是十分重要的，且是先於政權的。《左傳·襄》二十六年：“苟反，政由甯氏，祭則寡人。”楊伯峻注：“反，返國也。”流亡在外的衛獻公爲了回國恢復君位，答應政壇對手甯喜，復位後自己雖不當政，但保留祭祀的權力，可見祭祀權力對君位的重要。對祖先的祭祀權意味着身份權力的延續。政權一旦易手,祭祀也就中止。這種制度可以追溯到氏族制向文明社會過渡時所保留的氏族酋長祭祀權的遺規。“巴賽勒斯除軍事的權限以外,還有祭祀和審判的權限,審判的權限没有詳細規定,但祭祀的權限是他作爲部落或部落聯盟的最高代表而被賦予的。”(恩格斯《家庭、私有制和國家的起源》105 頁)這種氏族的遺規,在文明時代已成爲貴族的特權。老子所説的“子孫以祭祀不絶”即包含着長久享國而保有政權,不遭到亡國慘禍的深意。要做到這一點,就必須修德。

本篇所表達的思想與《老子・二十二》是一致的。老子不愧爲周的史官,他把握着周人的思想。在當時這不但是治國理念,也是一種智慧。這種思想後來爲中國的官式思想所繼承。臺灣師範大學教授莊萬壽在《〈大學〉、〈中庸〉與黄老思想》一文中説:

> 格物、致知、誠意、正心一直到修、齊、治、平,由内而外的整個架構,一向被認爲是儒家之精粹。常有人動不動就説這是儒家的“内聖外王”。《天下篇》過去争議很大,有以爲是儒家作的,有以爲是莊子作的,其實它是以黄老思想的立場來寫,至爲清楚。熊十力用内聖外王解釋八個條目,這八個條目“正心”向内的四個條目是内聖,修身是“修身爲本”,他認爲修身是核心,應該提出來統攝七個條目,而齊家、治國、平天下是外王,一般以爲是儒家之説,而視爲當然。(見熊十力《讀經示要》卷一)可是在《論語》卻找不到這樣由修身到平天下的架構,倒是出現於《老子・五十四》(帛書本《老子・十七》,即本篇)。在老子的價值上,並非一步一步擴大到統治天下,而是指以

自然的“道德”爲内藴，而後不斷擴充到天下。而“以身觀身……”是以修道之身，觀照一身；以修道之國，觀照一國。在價值上雖與《大學》的“絜矩之道”不同，但在方法上卻是相同的。老子由身、家、鄉、國以至天下，脉絡非常清楚，是《莊子・天下》篇内聖外王架構的原型。（《道家文化研究》第一輯233、234頁）

《管子・權修》：“天下者，國之本也；國者，鄉之本也；鄉者，家之本也；家者，人之本也；人者，身之本也；身者，治之本也。”俞正燮云：“此六句言天下以國爲本，國以鄉爲本，下仿此。”郭沫若集校：“‘天下者國之本也’等六‘之’字均與‘是’同，義自可通，並非誤字。”治乃立身行事修德爲要。《淮南子・泰族訓》：“故心者，身之本也；身者，國之本也。”徐梵澄云：“《大學》言格物、致知、誠意、正心、修身、齊家、治國、平天下。此言‘脩之身’、‘脩之家’、‘脩之鄉’、‘脩之邦’、‘脩之天下’皆一貫。古之家大，非後世之家也。春秋之國多小。由小而大，中間增一環節，曰‘鄉’，乃於理更貫。辨其理想，則《大學》之言大而夸。謂‘身脩而後家齊’，猶之可也。謂‘家齊而後國治’，未必然也。謂‘國治而後天下平’，則二者相去遠矣。老氏此言較平而實。”（《老子臆解》78頁）老子由小而大，着眼於德之修治，則行之於家、於鄉、於國、於天下而不言齊、不言治、不言平，而專就其德説餘、説長、説豐、説博，則哲人所見乃事之根本。老子之後，《孟子・離婁》上：“人恒有言，皆曰天下國家。天下之本在國，國之本在家，家之本在身。”從“人恒有言”看，這是相傳已久之成説，也是老子影響的證明。後之理學家，雖然名義上以孟子爲出發點，而暗中則吸取了老子這個思想。明代顧憲成云:"有一鄉之精神,則能通乎一鄉;有一國之精神,則能通乎一國;有天下之精神,則能通乎天下;有萬世之精神,則能通乎萬世。"(《小心齋札記》卷一)精神乃德之衍化。

以上所説,證明了民族思想的傳承,它的思維方式,是一定離不開史前時代所確立的基礎的。老子的思想影響,是深遠的。在拂去了歷史的塵埃後,就看得更清楚了。

十八

含德之厚者[1]，比於赤子[2]。蠭癘[3]虫[4]蛇弗赫[5]，據鳥[6]孟獸[7]弗捕[8]，骨筋弱柔[9]而握固[10]。未知牝牡之會[11]而朘怒[12]，精[13]之至[14]也。冬日[15]號而不嗄[16]，和[17][之至也。知和曰[18]]常，知常曰明，益[19]生[曰[20]]祥[21]，心使氣曰强。物[壯[22]]則老，胃之不道[23]，不道蚤已[24]。

[校注]

[1] 含，懷抱。《淮南子·原道訓》："含德之所致也。"集解："含，懷也。"

[2] 赤子，《書·康誥》："若保赤子，惟民其康乂。"孔穎達疏："子生赤色，故言赤子。"《列子·天瑞》："其在嬰孩，氣專志一，和之至也。物不傷焉，德莫加焉。"赤子是無知無欲之嬰兒，是最柔弱而又最富於生命力的人，也是屬於没有受到人類社會熏陶的最合乎自然的人。老子把具備豐厚的德的人比作嬰兒。可見德乃自然，人在剛出生時，自然之性最爲充盈，當然也最缺乏自我的意志。錢穆在東吴大學哲學週上的演講云："一兩三歲的小孩，確已明白是一人。俗

話稱曰天真,這是一個由天所生真實不虛的人。年齡漸大,知識漸增,又有思想,天真喪失了,便會不像人。孟子曰:‘大人者,不失其赤子之心者也。’中國人所稱崇之偉大人物,主要第一條件,便是要不失其天真的赤子之心。失其天真,便成爲小人,這是中國講法。”這裏完全是老子崇尚自然思想的傳承。錢穆運用的觀點,正是老子所説:“含德之厚者,比於赤子。”

［3］螽,即蠭之古文。《集韻》:“蠭,《説文》:飛蟲螫人者。古作螽,通作蜂。”螽乃大黄蜂。癘,《玉篇》:“癘,疫氣也。”《左傳·哀》元年:“天有菑癘。”杜預注:“癘,疾疫也。”

［4］虫,虺本字。王弼本作“虺”。《玉篇》:“虫,此古文虺字。”虺爲蜥蜴類爬行動物。“虫”不同於繁體之“蟲”,在古人思想中,不是今人的“昆蟲”這個概念。

［5］赫,甲本本作“螫”,古通。螫,毒蟲刺或蛇類咬。赫,從赤聲,與螫同。

［6］據鳥,甲本作“攫鳥”,指猛禽。據與攫義同,抓也。據,義亦作踞,猛禽伺機搏擊之姿態,故據鳥乃善攫之猛禽。

［7］孟獸,朱駿聲通訓:“孟,叚借爲猛。”

［8］“螽癘虫蛇弗赫,據鳥孟獸弗捕”,甲本作“逢㾐蜾地弗螫,攫鳥猛獸弗搏”。兩本從古文通假而言,其詞句實同。范應元本作“毒蟲虺蛇不螫,猛獸攫鳥不搏”,與帛書最爲接近。王弼本作“蜂蠆虺蛇不螫,猛獸不據,攫鳥不搏”。河上本作:“毒蟲不螫,猛獸不據,玃鳥不搏。”河上公注:“蜂蠆蛇虺不螫。”俞樾即借此認爲王弼本的“蜂蠆虺蛇不螫”是來自於河上公之注。他説:“後人誤以河上公注羼之。”(《老子平議》)這種隨心亂改古書乃甚陋習,不根之談並不準確,亟宜剔除。《郭店楚墓竹簡·老子》甲此篇句作“虺蠆蟲蛇弗蟄,攫鳥猛獸弗扣”,正與帛書接近,且證明王弼本句與竹簡本、帛書本更接近,而河上本却是改動較多的。捕,搏擊。《廣雅·釋名》:“捕,

搏也。”王念孫疏證：“搏猶攫也，取也。凡鳥翼擊物曰搏，足取曰攫。”

［9］骨筋弱柔，甲本作“骨弱筋柔”，與郭店楚墓竹簡本老子同。柔，嫩。弱，年少。嬰兒幼嫩，然而充滿了生命力。

［10］握固，嬰兒的手常常緊握。

［11］牝牡之會，性交。

［12］朘，男孩子的生殖器。《説文新附》：“朘，赤子陰也。”怒，勃起。

［13］精，生命力。《正字通》：“精，精氣。《靈樞》曰：生之來謂之精，此先天元生之精也。”

［14］之至，達到極點。

［15］冬日，終日。

［16］“嗄”，甲本作“㤅”，乙本僅剩左邊口旁，其餘部分已毀。馬王堆漢墓帛書整理者注：“㤅，當爲憂之省，猶爵省爲时，此讀爲嚘。嚴遵本作‘嚘’。《玉篇·口部》：‘嚘，《老子》曰：終日號而不嚘。嚘，氣逆也。’帛書憂字常寫作夏，通行本《老子》此字多作嗄，《莊子·庚桑楚》引亦作嗄，司馬彪註：‘楚人謂啼極無聲曰嗄。’”《郭店楚墓竹簡·老子》甲作“㥑”，李零釋作“嗄”。本篇“嗄”字即據上述補。《莊子·庚桑楚》：“兒子終日嗥而嗌不嗄，和之至也。”成玄英疏：“言赤子終日啼號而聲不嘶啞者，爲無心作聲，和氣不散也。”章太炎《新方言》：“今通謂不能言者爲嗄，啼極無聲亦曰嗄，通借啞爲之。”嗄音義同啞。

［17］和，諧和。參見《老子·五》注。

［18］“之至也知和曰”六字據傅奕本補。甲本爲“之至也和曰”，無“知”字。以生，知和得養生之常理。

［19］益，溢之初文，音義同今之溢。甲骨文字形作像器皿中水滿溢而出之狀，會意。《甲骨文字集釋》：“益用爲饒益、增益之義既

久,而本義轉晦,遂别製溢字。……此字當以氾溢爲義。"《莊子·德充符》:"常因自然而不益生也。"益生之義即過分奉養乃至戕生也。

[20]"曰"字據郭店楚墓竹簡本老子補。

[21] 祥,《玉篇》:"祥,妖怪也。"孔穎達注:"祥是惡事先見之徵,故爲妖怪也。"《左傳·昭》十八年:"鄭之未災也,里析告子産曰:將有大祥,民震動,國幾亡。吾身泯焉,弗良及也。"杜預注:"祥,變異之氣。"王弼注:"生不可益,益之則夭也。"陳柱《老子集訓》:"祥,殃也。益生,爲逆自然,故曰益生曰祥。"

[22] 壯,字據傅奕本補。

[23] 不道,不合乎道。

[24] 蚤,《廣韻》:"蚤,古借爲早暮字。"已,竟也。事物發展終了,完結。

[義述]

這一篇形象地説明具備"德"的人,愈是有"德",就愈像初生的嬰兒。老子用以説明此理的出發點是自然,嬰兒最合乎自然,故云。嬰兒既是比喻,又是實體描寫。"含德之厚者,比於赤子。"嬰兒無自我意識,什麽都不知,不存在自由意志。正是如此,纔能含德。嬰兒的狀態無可模倣,如果有意爲之,即是不德。嬰兒無知無欲,天真自然,骨筋柔弱,精力充沛,和諧之極。嬰兒什麽也没有,然而未來的世界是屬於他的。在他慢慢地成長的過程中,一點一滴,爲學日益。他掌控的世界越來越充滿他的生命。一直到壯,到老,他所含容的生命的"德"則隨着世界的擁有而流失,以至成爲"不道"。到他生命的結束而失去整個世界。這就是生命的辯證。

另一方面,對社會而言,猶如放大了的個人生命。老子很明確地指出處於幼小階段的事物必然充滿生命力。幼小的事物,是向上的,發展的,必然會戰勝强大而處於壯的和老的階段的事物。然而在戰勝和發展的同時自己也産生着對自己的否定。這是生命和事物發展過程中的必然。用這個道理來觀察社會,特别是在古代,當生産力長期維持在一個相似的水平的時候。一個國家,一個民族,要充滿朝氣,保持强大,就必須有如"含德之厚者,比於赤子"。在中國兩千多年的封建社會裏,多少王朝的更迭,使人聯想到其中始終存在着一個"周期率"。一九四五年黄炎培在《延安歸來》中説:

> 我生六十多年,耳聞的不説,所親眼看到的,真所謂'其興也勃焉,其亡也忽焉'。一人、一家、一團體、一地方乃至一國,不少單位都没有能跳出這個周期率的支配力。大凡初時聚精會神,没有一事不用心,没有一人不賣力,也許那時艱難困苦,只有從萬死中覓取一生,然而環境漸漸好轉了,精神也逐漸放下了,有的因爲歷時長久,自然地惰性發作,由少數演爲多數,到風氣養成,雖有大力,無法扭轉,並且無法補救……一部歷史,政怠宦成的也有,人亡政息的也有,求榮取辱的也有。總之,没有能跳出這個周期率。

《大戴禮記·武王踐阼》:"師尚父西面道書之言,曰:'敬勝怠者吉,怠勝敬者滅,義勝欲者從,欲勝義者凶。凡事不彊則枉,弗敬則不正,枉者滅廢,敬者萬世。'藏之約,行之行,可以爲子孫恒者,此言之謂也。且臣聞之,以仁得之,以仁守之,其量百世;以不仁得之,以仁守之,其量十世;以不仁得之,以不仁守之,必及其世。”老子本篇描寫的是從幼小到强大,從强大到衰老;從“含德之厚者”到“不道蚤已”的全過程。兩千五百年前的老子,似乎已看到了在低生産力水平上發生的農業社會的周期率,發出了“不道蚤已”的感嘆。他所提出的解決這個問題的方案,就是“德”的教化。這是西周統治者反復强調的東西。商的滅亡,使他們認識到“德”的重要。偉大的智者老子,他從周人的“德”的觀念出發,達到了那個時代觀察社會盛衰變化的辯證高度。他所否定的厚自奉養,實際上在它的背後有着腐敗的影子。物壯和老是與腐朽的到來同步的。老子的時代,他只是把社會的興衰繫於個人的品質,這實際上是不可靠的。個人的品質與社會有關,所以“德”應該是全社會的。民主社會公民素質之高,是有目共睹的。只有在農業社會被工業社會取代和市場成爲生産的導嚮時,那種只靠個人品德的周期率纔會被打破,社會的治理與法制纔有可能。這樣的社會在不斷地改革,不斷地調整生産關係,這正是現代社會不斷增加“德”的社會内涵,而獲得朝氣蓬勃的發展的真正奥秘,也是我們從老子書中所得到的啓發。

十九

知[1]者弗言，言者弗知。塞亓垙，閉亓門；和[2]亓光[3]，同亓𡐓[4]；銼[5]亓兑[6]而解亓紛[7]，是胃玄同[8]。故不可得而親也，亦［不可[9]］得而［疏；不可[10]］得而利[11]，［亦不可[12]］得而害；不可得而貴，亦不可得而賤。故爲天下貴[13]。

［校注］

［1］知，同智。徐灝《説文解字注箋》云："知，智慧，即知識之引伸，故古衹作知。"知雖同於智，然知之含義仍存在，猶智者之知也。智者雖知而無言，是不言也。故下文"言者弗知"，明得意而忘言，思維之時雖運用語言，然而思維一結束即抛棄語言之用，取意而已。在這裏思維的結果不是語言。

［2］和，含混。《禮記·内則》："冠帶垢，和灰請漱；衣裳垢，和灰請澣。"鄭玄注："和，漬也。"漬即涂抹之意。和，由涂抹而引伸爲混和。

［3］光，光亮，光綫。

［4］"和亓光，同亓𡐓"六字，传世本在"解亓紛"之後。𡐓，《说文》："𡐓，鹿行揚土也。"朱駿聲通訓："𡐓，亦省作塵。""和亓光，同亓

壘”,在黑暗的屋中,射進一縷陽光,即可見到光柱中飄浮着的灰塵。讓光綫充滿整個屋子,灰塵雖仍在,但看不到了。這就是和光同壘。它的隱喻含義即是得意忘言。言融於意,有意無言,猶塵土之隱於光。“老子修道德,其學以自隱無名爲務。”(《史記·老子韓非列傳》)亦是説道不可言之意。

[5] 銼,《篇海類篇》:“銼,折也,摧也。”

[6] 兑,鋒锐。《荀子·議兵》:“兑則若莫邪之利鋒,當之者潰。”莫邪,名劍。

[7] 解紛,拆開糾結。紛有亂義,黄生《字詁》:“紛,絲亂也。”古人冠服,少有如今人之鈕扣,皆以衣帶結繫。帶如糾結,則用玉觿抵入以鬆開。玉觿爲帶尖之牛角形硬玉制品,先秦日常所用。吴澄《道德真經注》:“解糾結者,以觿取其锐也。”老子之言,以折斷鋒锐反而能解開糾結,與實際正好相反。這裏“銼亓兑而解亓紛”由“而”字連繫而説明上下因果關係,表面看是不可能之事。這裏它的含義並不是經驗常識,而是自然無爲的超驗。

[8] 玄同,《文子·道德》:“无所樂,无所苦,无所喜,无所怒,萬物玄同,无非无是。”徐靈府注:“憂樂不挂於心,喜怒不形於色,觸事即真,曰玄同者也。”所謂玄同,從主觀的概念出發,不是從感覺經驗出發,視萬物混然同一,無所差別。玄,即是超越於感覺經驗,如是則塞垸閉門、和光同塵、銼兑解紛等已不再是經驗層面上的事,而是混同無别。這裏的“玄同”是概念上的“同”。

[9]“不可”二字據甲本補。

[10]“疏不可”三字據甲本補。

[11] 利,《國語·周語》上:“夫利,百物之所生也,天地之所載也,而或專之,其害多矣。”韋昭注:“天地成百物,民皆將取用之,何可專其利也。”

[12]“亦不可”三字據甲本補。

［13］貴，其義非如上文貴賤之貴，而是重要之意。銀雀山漢墓竹簡《孫臏兵法·月戰》："間於天地之間，莫貴於人。"不可親疏，不可利害，不可貴賤，所云乃使人取自然無爲之行爲方式，纔會"爲天下貴"，亦即是天下所重要的。

［義述］

本篇述説了老子關於道的思想。道在老子哲學中是一個本體的概念。

> 本體論的思想在十八世紀德國哲學家沃爾弗那得到了較爲完備的表述。他把本體論確定爲一種關於一般存在，關於世界本質的哲學學説，認爲不必求助於經驗，無需依靠自然科學，只要通過純粹的抽象的途徑，借助於對概念的邏輯分析就可以實現。這就使本體論成爲關於脱離具體存在的超驗存在的學説。（孫正聿《哲學通論》218頁）

老子的本體論在漢語的語境中並未經過邏輯的分析，直接把道作爲本體提出來。作爲概念當然要借助於語言，然而概念一旦成立，語言就立即遭到拋棄，這就是"知者弗言，言者弗知"對道這概念的界定。慧皎《高僧傳》卷八《論》："夫至理無言，玄致幽寂。幽寂故心行處斷，無言故言語路絶。言語路絶，則有言傷其旨；心行處斷，則作意失其真。所以净名杜口於方丈，釋迦緘默於雙樹。故曰：兵者不祥之器，不獲已而用之；言者不真之物，不獲已而陳之。"在這裏可以看到，佛教的流行過程，即是本土化的過程。融合於原有的思想，把老子的思想作爲自己的教義。後來禪宗甚至發展到"息其言語"、"不立文字",主張"頓悟"、"天竺相承,本無文字"、"意傳妙道"、"以心傳心"等教義,其實都來源於老子。《莊子·天道》:

> 世之所貴道者,書也。書不過語,語有貴也。語之所貴者,意也。意有所隨,意之所隨者,不可以言傳也。而世因貴言傳書,世雖貴之哉,猶不足貴也。爲其貴非其貴也。故視而可見者形與色也,聽而可聞者名與聲也。悲夫,世人以形色名聲爲足以得彼之情。夫形色名聲果不足以得彼之情,則知者不言,言者不知,而世豈識之哉?

范應元云:"道不可知,不可言。知者知其不可知、不可言,故不言也。言者是不知其不可知、不可言,故言也。然則五千餘言豈非言乎?此老氏憂後世溺於言辭,而不能反身而求之於此心之初,故令人因言以求意,得意則忘言,要在乎體而行之也。"(《老子道德經古本集註》)作爲世界本源的道,只能存在於人的思想裏,無法用言詞表達。凡是語言所表達的,都不是道的本真。《易·繫辭》上:"書不盡言,言不盡意。"《文子·微明》:"夫道不可聞,聞而非道也;道不可見,見而非也;道不可言,言而非也。孰知形之不形者乎?"王利器疏義:"夫道絶形聲,故非聞見能辯;德非藻飾,豈云善惡能明?故知者不言,言者不知,其至矣也。"老子所論非常明確。世上任何事物都可以用語言表示,進入語言,即是進入概念,而概念超然於事物。作爲具體的事物在這裏是存在者,而概念則只是一種存在。這種存在相對於存在者而言其實並不存在。然而這個並不等同於存在者的"存在",不但反映了事物的本真,而且只有它纔是所有事物的真正存在。因此,老子哲學否定語言的這一功能,不主張語言作爲概念可以高於事物而獨立。老子哲學只是把語言看作一個工具,一個隨用隨棄,使用後即行拋棄的工具。這樣道就必然被神秘化,只可意會,不可言傳。道即是自然,它不會對世界作出任何規定,所以,語言的規定在這裏必須拋棄。老子提出了以塞垙閉門、和光同塵、銼鋭解紛作爲認識的方式。作爲世界本體的道,這個既不在時空中又不可言語傳達的道,只能是内省體驗。《老子・十》:"不出於户,以知天下。不規於牖,以知天道。亓出籋遠者,亓知籋尟。是以耶人,不行而知,不見而名,弗爲而成。"它的答案即是人的思想超然於世界之外,僅存在於人的思維之中。從形而上的角度而言,老子認同自然,把道作爲自然的概念。因爲人在自然面前的無助,所以用無爲二字來加以概括。當不能證明自身之外及經驗之外事物的存在時,人必然通過哲學的超驗來幫助自己,以便確定自己在世界上的位置。所以"不行而知,不見而名,弗爲而成"正是超驗的自我存在的方式。蘇轍云:"道非言説,亦不離言説。然能知者未必能言,言者未必知。惟塞兑閉門,以杜其外,挫鋭解紛,和光同塵,以治其内者,默然不言,而與道同矣。"(《老子解》)這就達到了玄同的境界。"玄同者,微妙之至,混然一體,不可得而識别也。"(徐紹楨《道德經述義》)這樣作爲道"故不可得而親也,亦不可得而疏;不可得而利,亦不可得而害;不可得而貴,亦不可得而賤。故爲天下貴"。王弼注:"可得而親則可得而疏也;可得而利則可得而害也;可得而貴則可得而賤也。無物可以加之也。"一個人通過艱苦的思考和内省,在精神境界上達到穩定和安然的渾樸狀態,這與道的玄同是近似的。《莊子・徐无鬼》:"故无所甚親,无所甚疏,抱德煬和,以順天下,此謂真人。”在現代哲學高度發展的今天,用思想資源構築的殿堂的光亮來加以觀照,老子所説的“故爲天下貴”也可以理解爲精神上的自由。

> 當一個人還没有用哲學思想上的英勇努力争得這種自由時,他還不能完全享有自由,不能不因遇見那種與他對立的外部必然性而在精神上感到可耻的苦痛。可是當他一旦擺脱這種苦惱和可耻的拘束重壓,而他的自由活動已成爲必然性的自覺和自由表現時,那他就會獲得他從來所不知道的一種嶄新的完滿的生命了。(普列漢諾夫《論個人在歷史上的作用問題》8 頁)

用現代哲學解讀老子,本篇作如是觀是可以的,我想。

二十

以正[1]之[2]國[3]，以畸[4]用兵，以無[5]事取天下[6]。吾何以知亓然也才[7]？夫天下多忌諱[8]，而民彌[9]貧；民多利器，[而國家茲[10]]昏[11]。[民多知慧，而奇物[12]茲起。法[13]]物[14]茲章[15]，而盗賊[16][多有[17]]。是以[耶[18]]人之言曰：我无爲而民自化[19]，我好脊而民自正[20]，我无事而民自富，我欲不欲[21]而民自樸[22]。

[校注]

[1] 正，治國清明的正道。《左傳·桓》二年："政以正民。"《左傳·襄》十年："下而無直，則何謂正矣？"《大戴禮記·哀公問於孔子》："公曰：敢問何謂爲政？孔子對曰：政者，正也。君爲正則百姓從政矣。君之所爲，百姓之所從也。君所不爲，百姓何從？"正之爲政，其義甚明。

[2] 之，即治，音近通假。《郭店楚墓竹簡·老子》甲："以正之邦。"傅奕本、王弼本、河上本皆作"治"。《玉篇》："治，修治也。"治有整治，治理之義，引伸爲統治。《孟子·離婁》下："一正君而國定矣。""以正之國"，爲君而正，方能治之。《國語·晋語》八："以正於

國,國無敗績。"《論語・顏淵》:"季康子問政於孔子。孔子對曰:政者,正也。子帥以正,孰敢不正?"《汲冢周書・常訓解》:"以正之民。"亦是以正治國之意。

[3]"國",甲本作"邦"。

[4]畸,通奇。本義爲不方正不規則的田地,引伸爲非常規而没有定則,猶權詐手段。借喻爲用兵原則。《孫子・勢篇》:"凡戰者,以正合,以奇勝。故善出奇者,無窮如天地,不竭如江河。"

[5]無,没有。此"無"爲老子帛書中所使用少數幾個字之一。在甲骨文中表示"無"義的用"亡",從人的意識而言,總是先有了之後纔產生没有。甲骨文的"亡"正是從這個意義上產生了"没有"這個詞義。亡本義爲逃,已獲之禽獸,從佔有狀態下逃了,"亡"之"没有"義就這樣產生了。作爲有無之無雖是後起義,但也不會太晚。"無"字的使用在東漢以後一直佔着穩固的主流地位。《説文》:"無,亡也。從亡,無聲。"從秦始皇的《嶧山碑》刻石中,"無"已作爲有無之"無"使用。"無"在後世的使用中的主導地位,是與秦始皇的統一文字有關的。從老子帛書絶大部分使用"无"字看,帛書傳本來源應在書同文之前。漢武帝以後的竹簡《老子》,已是清一色的"無"了。

[6]吴澄云:"奇者僅可施於用兵,不可以治國;正者僅可施於治國,不可以取天下。無事者,無爲之治。如天不言而四時行,百物生,不期人之服從而天下無不服從,故唯無事者可以取天下也。"

[7]"才",甲本作"𢦏"。才、𢦏、哉古通,音哉,語氣詞。《集韻》:"哉,《説文》:言之間也。古作才。"金文《禹鼎》:"烏虖哀𢦏,用天降大喪於下或(國)。"王弼本、河上本等於此句之下皆有"以此"二字。俞樾云:"自'以正治國'至此數句當屬上章。如二十二章曰,'吾何以知衆甫之然哉,以此';並用'以此'二字爲章末結句,是其例矣。下文'天下多忌諱而民彌貧'乃别爲一章,今誤合之。"(《老子平議》)俞説"以此"二字斷爲上一篇之結尾,"天下多忌諱"云云爲下一篇之

始。俞樾並非自創新説，乃拾道藏本有如此句讀及分篇之牙慧，附會而成。有人説“這是很有見解的看法”是對讀者的誤導。“之國”即治國，“用兵”即武勝，“取天下”即面對天下，“無事”乃行事方式。這三件事，老子問“吾何以知亓然也才?”然，指達到的佳美狀態。接着加以回答，正好組成了本篇的上下層次，有嚴密的邏輯聯繫。傳世本雖有“以此”二字，尚可理解爲指下文之回答，並無大礙。經俞氏攪亂，就不通了。俞氏求異心切而亂改古書，不足爲訓。今檢帛書甲、乙二本皆無“以此”二字，郭店楚簡本老子此篇文字完整，亦無“以此”二字。西漢竹簡本《老子》分篇與郭店楚簡本同。有了這些文本和内容上的證據，就很可説明問題了。

［8］忌諱，《楚辭・謬諫》：“願承閒而效志兮，恐犯忌而干諱。”王逸章句：“所畏爲忌，所隱爲諱。”《字彙》：“諱，護短曰諱。”

［9］彌，即彌，更加。《玉篇》：“彌，同彌。”

“夫天下多忌諱，而民彌貧”，《郭店楚墓竹簡・老子》甲作“夫天多期韋而民爾畔”，期韋即忌諱。爾即彌。所不同者竹簡本爲“天”而非“天下”。雖一字之差，含義大有差別。天而忌諱，猶原始先民以天有禁忌。《淮南子・天文訓》：“四時者，天之吏也。日月者，天之使也。星辰者，天之期也。虹蜺彗星者，天之忌也。”高誘注：“忌，禁也。”畔，混亂。《漢書・敘傳》上：“畔回冗其君兹兮。”顔師古注：“畔，亂貌也。”竹簡本此句猶言天頻頻以非常之天象示警，民衆的混亂，意味着統治者德的缺失。纔引來了“民多利器”、“民多知慧”、“法物兹章”。帛書本之“夫天下多忌諱，而民彌貧”，與竹簡本相比較，批評所指亦爲統治者德的缺失，有相近之意。統治者在這裏代替了天的地位，顯示了原始初民的信仰已被文明社會的治術所代替。統治者的統治使用忌諱之禁，而民衆貧困。

［10］“而國家兹”四字據甲本補。“國”甲本作“邦”，據乙本前文“國”而改。兹，猶言更加。孫詒讓《墨子閒詁》：“（兹），古正作兹，今

相承作滋。"《漢書·五行志》:"賦斂兹重,而百姓屈竭。"顔師古注:"兹,益也。"

［11］昏,禍亂頻仍,腐敗黑暗。

［12］奇物,奇技淫巧之物。其實是新工藝、新技術、新産品。

［13］老子帛書乙本此處失文及殘存字爲"□□□□□昏□□□□□□□□□□□物兹章而盗賊□□",河上本作:"國家滋昏,人多技巧,奇物滋起;法物滋彰,盗賊多有"。王弼本略同。傅奕本作:"國家滋昏,民多知慧,而衺事滋起;法令滋章,盗賊多有。"甲本作:"而邦家滋昏,人多知而何物兹□□□□□□□盗賊□□。"《文子·道原》:"民多智能,奇物兹起,法令滋章,盗賊多有。"據乙本所存殘字,參酌甲本、傅奕本、河上本等,補"民多知慧而奇物兹起法"十字。"兹"字寫法從乙本存字。《淮南子·本經訓》:"夫聲色五味,遠國珍怪,瓌異奇物,足以變心易志,摇蕩精神,感動血氣者,不可勝計也。"

［14］法物,古代凡典禮制度通謂之法。故法物與禮制密切相關,儀仗器物皆稱法物。《後漢書·光武帝紀》下:"益州傳送公孫述瞽師,郊廟樂器,葆車,輿輦,於是法物始備。"李賢注:"法物,大駕鹵簿儀式也。"

［15］章,顯赫。《左傳·宣》十二年:"故使子孫無忘其章。""法物兹章",猶言儀仗器物愈益奢麗豪華。

［16］盗,偷竊之人;賊,作亂之人。《左傳·文》十八年:"毁則爲賊。"杜預注:"毁則,壞法也。"統治者之禮儀車仗越繁複、顯赫,制度和等級越複雜,離自然樸素的社會越遠,盗賊也必然越多。

［17］"多有"二字據傅奕本補。

［18］"耶"字據傅奕本"聖"補,並從帛書本作"耶"。

［19］化,《説文》:"化,教行也。"《禮記·學記》:"君子如欲化民成俗,其必由學乎。"化,感化,人心和風俗的轉變。民自化,民衆自

然而然得到教化。

［20］靜，即静。清静無爲。正，規範。《韓非子・主道》："静則知動者正。"陳奇猷集釋："静則可爲彼動者之準則。"《老子・八》："請靚（清静）可以爲天下正。"《老子・八十一》："不辱以静，天地將自正。"

［21］欲不欲，期願没有貪欲。欲，想要；不欲，無貪欲。

［22］樸，自然狀態。老子認爲春秋社會雖繁盛富麗，只要統治者實行"不欲"，民衆就自然不會受到社會物質財富發展的影響而保持其本性。《吕氏春秋・論人》："故知知一，則復歸於樸。"高誘注："樸，本也。"王弼注："我之所欲唯無欲，而民亦無欲而自樸也。"《論語・顔淵》："季康子患盗，問於孔子。孔子對曰：苟子之不欲，雖賞之不竊。"所言即"我欲不欲而民自樸"之意。

［義述］

開宗明義，"以正之國，以畸用兵"。老子以治國與用兵作對比，明確指出其不同。

昔晋文公將與楚戰城濮，問於咎犯曰："爲奈何？"咎犯曰："仁義之事，君子不厭忠信；戰陳之事，不厭詐僞。君其詐之而已矣。"辭咎犯，問雍季。雍季對曰："焚林而獵，愈多得獸，後必無獸。以詐僞遇人，雖愈利，後無復。君其正之而已矣。"於是不聽雍季之計，而用咎犯之謀。與楚人戰，大破之。還歸賞有功者，先雍季而後咎犯。左右曰："城濮之戰，咎犯之謀也。君行賞先雍季，何也？"文公曰："咎犯之言，一時之權也。雍季之言，萬世之利也。吾豈可以先一時之權，而後萬世之利也哉。"（《淮南子・

人間訓》)

治國者必須有正直無私的品德,樸素誠懇的爲人,光明磊落的手段。這樣纔會使國家興旺發達,福祚綿長。用兵則相反,必須陰謀詭詐,反覆無常。這樣纔會取得戰爭的勝利。但如果君主精於用兵之道,打敗了敵手,取得天下之後,在統治天下時仍採用詭詐手段,那麽在戰爭時是克敵致勝的法寶,在治國時這種手段就成爲鬼蜮伎倆,必然會遭到民衆的唾棄,天下當然也治不好。老子的教誨,其含義是何等深刻而寶貴啊。

再說,實行詭詐之術的統治者,必然出於專制。而專制政治的神秘性,必然使它多忌諱。而教誡禁令充斥的社會必然貧困。因爲深深受到來自社會的爲統治者所提倡的偏見的精神滲透,形成毫無道理的種種禁忌,從而阻礙社會發展,成爲貧困的根源。賈誼《過秦論》下:"然所以不敢盡忠拂過者,秦俗多忌諱之禁也,忠言未卒於口,而身糜没矣。故使天下之士傾耳而聽,重足而立,闔口而不言。""故秦之盛也,繁法嚴刑而天下震;及其衰也,百姓怨而海内叛矣。"寫出了專制統治的殘暴作爲,與之相伴而行的正是"忌諱之禁"。

老子以原始社會的尺度來衡量春秋時代。他對當時社會的抨擊,有些確實是對的。如"夫天下多忌諱,而民彌貧","法物兹章,而盗賊多有",這些對後人也很有啓發。另外,他本篇的"民多知慧,而奇物兹起",對歷代的統治者産生了很大影響。兩千多年的封建社會,對科學的發展起着阻礙作用。在西方,科學淪爲宗教的奴婢,而東方的專制,赤裸裸的政治壓迫,連這樣的奴婢都不需要。統治者下意識地排斥新的科學和發明,害怕由此而動摇社會的穩定。社會所標榜的清高德行衍化爲一個問題的兩個面：一面是通過權力的獲得來滿足物質上的一切欲望；另一面是對金錢在理論上的鄙視，特别鄙視用改進生産和交换的手段去增加財富。爲了解決社會財富因貧乏而發生的分配困難，於是用權力來決定等級，用等級來決定分配。這就是歷代統治者專制統治機制的核心。當專制統治發展到極端之時，權力意志決定了社會的一切，即使十分荒謬，災難深重，也仍會奉若神明，那情形有如皇帝的新衣。

不僅如此，專制統治爲了强調其行爲的正當性，常常爲自己的所作所爲篡改歷史，披上神聖的外衣。這是中世紀以來專制統治的慣例。專制統治除了在精神上强制人們信奉其愚昧的説教外，還動用政府的力量壓制學術及思想的自由。在包括科學技術在内的各個思想領域都必須烙上官方的印記。這樣整個社會就由諸多忌諱控制了。與之緊密相隨的是中世紀的野蠻懲處手段的復活和肆虐，這對社會的健康發展是極其有害的，貧困和閉塞成爲民衆的主要特徵。

> 學術自由對其個人來説重要的那些人在社會中可能是少數，但是他們當中有一些人對將來具有非常重要的意義。我們已經看到了哥白尼、伽利略和達爾文在人類歷史中的重要性，而且不能設想將來再也不會産生這樣的人了。如果不讓他們工作，不讓他們發揮他們應有的作用，那麽人類就會停滯不前，一個新的中世紀就會接踵而來，就像在輝煌的古代時期之後接着出現上一個中世紀一樣。新的真理往往使人感到不舒服，尤其對當權者來説更是如此，然而在充滿殘酷和偏執的漫長的歷史記載中，它是我們聰慧而剛愎的人類的最重要的成就。（羅

素《宗教與科學》135 頁）

羅素的話不是危言聳聽，而是一種睿智的告誡。今天讀來確實會使有過如此經歷的人們心上一道流血的傷口再次發生隱痛。凡是封建專制統治者，總是把愚昧的精神力量淩駕於整個社會，從而形成一個思想和物質都極度貧乏的社會。

二十一

亓正[1]閔閔[2]，亓民屯屯[3]；亓正察察[4]，亓[邦夬夬[5]。畍[6]，福[7]之所倚；[8]]福，[畍[9]]之所伏[10]。孰知亓極？[亓[11]]无正[12]也。正[復爲奇[13]，]善復爲[妖[14]，人[15]]之悉[16]也，亓日固久矣[17]。是以[18]方而不割[19]，兼而不刺[20]，直而不紲[21]，光而不眺[22]。

[校注]

[1] 正，朱駿聲通訓："正，叚借爲政……《書大傳》：'諸侯之有不率正者。'注：正，政也。"

[2] 閔閔，馬王堆漢墓帛書整理者注："閔，從系，門聲，疑即紊之異體。"傅奕本、范應元本作"閔閔"，王弼本、河上本作"悶悶"。閔與閔、悶音近而通，不應看作紊的異體，而應看作與閔、悶同。悶悶、閔閔，皆是無聲之狀。猶言太平歲月，其政安謐恬適，民衆自得而無哀苦告嗟之聲。

[3] 屯屯，《玉篇》："屯，厚也。"屯作厚義亦寫作純。《晋語》九："趙襄子曰：吾聞之，德不純而福禄並至謂之幸。"德不純與厚德相對而言，"德不純"即"德不厚"。《淮南子·道應訓》引老子語作"純純"。純亦寫作醇。《書·君奭》："天惟純佑命則。"漢樊毅《修華山

廟碑》引此文作“天惟醇佑”。河上本作“醇醇”,王弼本作“淳淳”。是以屯、純、淳、醇古皆通用,音義並同。屯屯,淳樸忠厚。章太炎《歷史之重要》談及屯,謂:“屯者,草昧之時也。”王弼注:“言善治政者,無形無名,無事無政可舉。悶悶然卒至於大治,故曰其政悶悶也。其民無所争競,寬大淳淳,故曰其民淳淳也。”

[4] 察察,《爾雅·釋詁》下:“察,審也。”察有詳審、分辨之義,引伸爲苛刻。從治國而言即爲嚴刑峻法,無可通融者。朱駿聲通訓:“察,叚借爲殺。”《禮記·鄉飲酒義》:“秋之爲言愁也,愁之以時察。”鄭玄注:“察,猶察察,嚴殺之貌也。”

[5] 夬夬,通缺。傳世各本皆作“缺缺”。先秦多有書“缺”爲“夬”者。睡虎地秦墓竹簡《秦律十八種·置吏律》:“其有死亡及故有夬者,爲補之,毋須待。”《郭店楚墓竹簡·老子》乙:“大成若夬。”民之爲夬,即淳樸德行的缺失,在殘暴專制統治下的臣民,不但挨餓受寒,人也變得素質低下,劣行多多。

[6] 𩠐,即禍,旤之異構,又作𥛠。《玉篇》:“𥛠,神不福也,今作禍。”

[7] 福,古稱富貴壽考等齊備爲福,與禍相對。《禮記·祭統》:“福者,備也。備者,百順之名也,無所不順者之謂備。”《韓非子·解老》:“全壽富貴之謂福。”禍與福,就人而言,即是遭難和幸遇。命運降臨於人,禍福相依而無常。

[8] “邦夬夬𩠐福之所倚”八字據甲本補。王弼本作“民缺缺”,甲本作“亓邦夬夬”。漢簡本作“其正昏昏,其民萅萅;其正計計,其國夬夬”。句中前“民”後“國”。與此處之“亓邦夬夬”同。邦所指爲社會整體,其義在本篇更勝。其中“𩠐福之所倚”五字乙本漏抄。

[9] “𩠐”字據甲本補。

[10] 伏,《廣雅·釋詁》四:“伏,藏也。”本篇倚伏對舉,其義互攝。禍福之所伺,並非静態不變,而是隨時相互轉化,包含在永恒的

運動中。《荀子・大略》："禍與福鄰，莫知其門。"《戰國策・楚策》四："禍與福相貫，生與亡爲鄰。"《戰國策・韓策》三："或謂韓公仲曰：'夫孿子之相似者，唯其母知之；利害之相似者，唯智者知之而已。'"孿子利害之喻，猶禍福也。《説苑・敬慎》："老子曰：得其所利，必慮其所害；樂其所成，必顧其所敗。"楊雄《太玄賦》："觀大易之損益兮，覽老氏之倚伏。省憂喜之共門兮，察吉凶之同域。"《文子・符言》："故譽見即毁隨之，善見即惡從之。利爲害始，福爲禍先。不求利即无害，不求福即无禍。身以全爲常，富貴其寄也。"古希臘蘇格拉底也有類似的説法："愉快總莫名其妙地和痛苦聯在一起。看上來，愉快和痛苦好像是一對冤家，誰也不會同時候和這兩個一起相逢的。可是誰要是追求這一個而追到了，就勢必碰到那一個。愉快和痛苦好像是同一個腦袋下面連生的兩個身體。"(《斐多》6—7頁)

［11］"亓"字據傅奕本補。原作"其"，從帛書寫法。

［12］正，有止義。《説文》："正，是也，從止，一以止。"《詩・邶風・終風序》："見侮慢而不能正也。"鄭玄注："正，猶止也。"止，盡頭。"孰知亓極，亓无正也。"誰知禍福代序的最終是什麼，那是没有盡頭的啊。《淮南子・人間訓》："夫禍之來也，人自生之，福之來也，人自成之。禍與福同門，利與害爲鄰，非神聖人，莫之能分。"又："夫禍福之轉而相生，其變難見也。"方以智云："且舉大較言之，陽清陰濁，至相反也。霄壤縣判而玄黄相雜，剛柔敵應而律吕協和，雌雄異形而牝牡交感，可謂不相因乎？水濕火躁至相反也。坎離繼乾坤立極，上下經皆終水火。民用甚急，刻不相離。人身之水火交則生，不交則病，可不謂相因乎？河圖相生，必變洛書相尅，而後成用。四時之行，雨露而霜雪，春生而秋殺。吉凶禍福，皆相倚伏。生死之幾，能死則生，狥生則死。静沉動浮，理自冰炭，而静中有動，動中有静，静極必動，動極必静。有一必有二，二皆本於一，豈非天地間之至相

反者,本同處於一原乎哉?則善惡是非之未分,可覩露矣。"(《東西均·反因》)這裏所論,可借以理解"亓无正也"之意。

[13]"復爲奇"三字據傅奕本補。正,平常,常規。復,此處爲覆義,猶反覆。奇,王弼注:"詭異亂群,謂之奇也。"正、奇相互對立。"正復爲奇"引伸於治國,可看作正當變爲詭詐,手段不同。正,是常規誠信的行爲;奇,是特殊欺詐的行爲。統治手段的不同産生的民衆素質也不同。正,意味着從政者遵守遊戲規則。

[14]妖,古代指稱一切反常詭異之事物。《左傳·宣》十五年:"天反時爲災,地反物爲妖,民反德爲亂,亂則妖災生。"

[15]"妖人"二字據傅奕本補。

[16]㤝,迷惑糊塗,悇之異構。《集韻》:"悇,心惑也。"

[17]"正復爲奇,善復爲妖,人之㤝也,亓日固久矣。"全句的理解,乃言人迷茫於禍福之無常。《淮南子·繆稱訓》:"人無能作也,有能爲也。有能爲也,而無能成也。人之爲,天成之。終身爲善,非天不行。終身爲不善,非天不亡。故善否我也,禍福非我也。故君子順其在己者而已矣。"

[18]王弼本"是以"後有"聖人"二字。"是以"之後四句,是對哲理的普遍闡述,希望民衆及統治者所注意者,並非是專指聖人而言。老子帛書此處無"聖人"二字,義勝。

[19]方,謂物方正而有圭角。割,《爾雅·釋言》:"割,裂也。"邢昺疏:"割,謂以刀裂之也。"古代剥取動物毛皮及分拆肉食都謂之割。這是刀鋒的作用。方而不割,猶言正直嚴肅,持守原則,但不傷害人。

[20]"兼而不刺",王弼本、傅奕本作:"廉而不劌。"《禮記·聘義》:"廉而不劌,義也。"孔穎達疏:"廉,棱也;劌,傷也。"兼,廉之省文。"兼而不刺"猶"廉而不劌"。《方言》卷三:"凡草木刺人,自關而東或謂之劌。"雖有棱角但並不刺人。

［21］直，剛正。《論語・爲政》："舉直錯諸枉，則民服。"整曲爲直，執法嚴正。絀，縛罪人之繩索，猶治罪。直而不絀，言爲政嚴正不以治人之罪爲務，包含了老子無爲而治的思想。

［22］眺，王弼本、范應元本作"燿"，傅奕本作"耀"。燿、耀古通。馬王堆漢墓帛書整理者訂眺爲耀，猶言刺眼。范應元云："光明而不炫燿。"

本篇最後四句"是以方而不割，兼而不刺，直而不絀，光而不眺"，是懷柔的持守之道，是相對於上文之禍福所言。《淮南子・詮言訓》："聖人不爲可非之行，不憎人之非己也；修足譽之德，不求人之譽己也。不能使禍不至，信己之不迎也；不能使福必來，信己之不攘也。禍之至也，非其求所生，故窮而不憂；福之至也，非其求所成，故通而弗矜。知禍福之制不在於己也，故閒居而樂，無爲而治。聖人守其所以有，不求其所未得。"

［義述］

爲政寬容與爲政苛刻，造成民衆的淳樸或者奸滑。正如《淮南子・人間訓》云："福之爲禍，禍之爲福，化不可極，深不可測也。"老子云："正復爲奇，善復爲妖。人之悉也，亓日固久矣。"老子痛惜正與善的傾覆，面對自然與社會的不幸變化，老子力圖説明它的産生原因和如何正確面對。"憴，福之所倚；福，憴之所伏。"這裏有一個重要的哲理界定。即事物本身包含了對自己的否定。由於古代樸素辯證思想水平，忽略了事物本身的自我否定纔是辯證的要義。不是從外部或人爲地去造成一個對立，或者去把它分爲兩個部分，這些其實是錯誤的。把充滿生命力的樸素辯證法歪曲成截然分明的"非此即彼"的固定模式，正是它那截然分明的界綫，把自己劃到了固化僵硬的一邊。恩格斯説:“絶對分明和固定不變的界限是和進化論不相容的。”(《自然辯證法》190 頁)古代的樸素辯證思想没有指明“這些對立,以其不斷的鬬争和最後的互相轉變或向更高的形式的轉變,來決定自然界的生活”(《自然辯證法》189 頁)。所以,樸素辯證法必須繼續向前發展。恩格斯説:

> 一切差異都在中間階段融合,一切對立都經過中間環節而互相過渡,對自然觀的發展階段來説,舊的形而上學的思維方法就不再夠了。辯證法不知道什麽絶對分明和固定不變的界限,不知道什麽無條件的普遍有效的“非此即彼”。它使固定的形而上學的差異互相過渡,除了“非此即彼”,又在適當的地方承認“亦此亦彼”,並且使對立互爲中介;辯證法是唯一的最高度地適合於自然觀的這一發展階段的思維方法。(《自然辯證法》190 頁)

老子的辯證思維必須上升爲邏輯體系的思辨並加以超越,不能停滯不前,否則就會陷入機械和僵化。兩千多年來,老子哲學的影響既深且廣。明清易代之際的方以智,在顛沛流離、覆國破家的痛苦中,對辯證思維有了很深的領悟。非常重要的一點是懂得了哲學對經驗的超越。這深刻地寫在他的《東西均》一書中。書中對禍福本質的探究,遠遠超過了同時代的王夫之:

> 少學陰陽家訣曰:“陰陽陽陰,顛倒倒顛,體用用體,是地皆天。”聖人從無名中而天之地之,陰之陽之,又從而善之惡之。人執其名既久,則以惡爲嫌。嫌名者未可與

言陰陽。未可與言陰陽則未可與言權。權者無可無不可之至衡也。知衡者,知太平矣。所謂先天妙善後天妙惡,非人間所口之耳之之善惡也。人以明顯實有可見者爲陽,以幽隱虛無不可見者爲陰,此陰陽之翻車也。動静體用、剛柔清濁者,陰陽之性情也。而有無虛實往來者,陰陽之化也。氣陽血陰,形實氣虛,道陽器陰,天虛地實,可曰虛者定爲陰,實者定爲陽乎?則血器地形最實,而何以陰之乎?未分爲體屬陽,而静虛屬陰。已分爲用屬陰,而動實屬陽。體静則陽上而陰下,用動則陽下而陰上。日太陽屬火,而離爲陰;月太陰屬水,而坎爲陽。水木土屬陽,而有陰柔之性;火金屬陰,而有陽剛之性。可見處處有交互,則處處可顛倒也,有貫之者矣。(《東西均・顛倒》)

這些話不但超越明代的思想家,更遠走在清代思想家之前。如王夫之云:"天下之至狠者無狠也。至詐者無詐也。"(《讀通鑑論》卷二十)"其失也,正其所以得也;其可疑也,正以其無不可信也。"(《讀通鑑論》卷二十)過了二百年清末魏源等仍然只能講些"相反適以相成";"暑極不生暑而生寒,寒極不生寒而生暑。""不如意之事,如意之所伏。"(《默觚・學篇》)經過清代泯滅思想自由的專制統治,在文字獄和文化統制的雙重奴化馴擾下,所得到的思想成果,僅是如此。囁嚅鉗口,鸚鵡學舌,除了低層次重復之外,還有什麽呢?它證明了專制統治下的思想受傷害之深。它的後遺症造成了這個中世紀式的農業大國,它的治術常常以市儈式的實用主義和機械論爲當然哲學。

老子的辯證思維在當時代表了很高的智慧。這種思維方式已懂得了在事物的動態中去把握和思考，決不是從外部把事物分爲兩部分就算完事，真正的辯證思維決不會如此生硬。必須明白，辯證思維是人類對常識經驗的超越。所以它從自我否定開始。把事物一劃爲二的那種僞辯證法，僅是在常識經驗的範圍之内，在事物的外部，分來分去，只不過是機械論。它不過是一場貼標簽的遊戲。“機械論者所强調的最簡單的前提本身，重複一千遍也不足以使我們認識任何存在的事物。”（張中曉《無夢樓隨筆》6 頁）

本篇從民衆的狀態説到禍福，包含着治國之論，無論禍福，莫大於一國之人所繫。而國之治亂强弱，也與民衆的福祉息息相關。“凡治國，令其民争行義也；亂國，令其民争爲不義也。彊國，令其民争樂用也；弱國，令其民争競不用也。夫争行義樂用與争爲不義競不用，此其爲禍福也，天不能覆，地不能戴。”（《吕氏春秋·爲欲》）讀了這段話，就可明白本篇前後之間的邏輯關係。而老子所説“方而不割，兼而不刺，直而不紲，光而不眺”，其含義即是指統治者所必須注意的。任何事物，過猶不及，禍福相倚，正是老子從哲學意義上所要説的。

二十二

治人[1]事天[2]，莫若嗇[3]。夫唯嗇，是以蚤服[4]，蚤服是胃重積[德[5]]。重積[德則无不克，无不克則[6]]莫知亓[極[7]]，莫知亓[極，可以[8]]有國[9]，有國之母[10]，可[以長[11]]久。是胃[深[12]]根固氐[13]，長生[14]久視[15]之道也。

[校注]

[1] 治人，統治和管理民衆。《孟子·滕文公》上："勞心者治人。"

[2] 事天，《玉篇》："事，奉也。"侍奉上天。《國語·周語》上："古者，先王既有天下，又崇立上帝，明神而敬事之，於是乎有朝日，夕月以教民事君。"此正"治人事天"之謂。

[3] 嗇，儉約質樸。

[4] 服，職事。《爾雅·釋詁》上："服，事也。"河上公注："服，得也。"服猶獲得天命所給予的位置。《書·旅獒》："王乃昭德之致于異姓之邦，無替厥服。"《詩·大雅·蕩》："咨汝殷商，曾是彊御，曾是掊克，曾是在位，曾是在服。"毛傳："服，服政事也。"《公羊傳·莊》元年："命者何？加我服也。"在商周時期，凡是人職，同時亦是神職。

故老子認爲只有“嗇”纔能“蚤服”。蚤，早。

［5］“德”字據傅奕本補。積德，蘊蓄必需的德行。貴族必須具備一定的社會責任意識、行爲規範、禮儀教養、文化水平。有了這些纔能去統治别人，可以“蚤服”。周人“一切固保天命之方案，皆明言在人事之中。凡求固守天命者，在敬，在明明德，在保乂民，在慎刑，在勤治，在無忘前人艱難，在有賢輔，在遠憸人，在秉遺訓，在察有司，毋酣於酒。事事託命於天，而無一事捨人事而言天，‘祈天永命’，而以爲‘惟德之用’”（傅斯年《性命古訓辯證》下13頁）。

［6］“德則无不克无不克則”九字據傅奕本補。“无”字寫法從帛書。

［7］“極”字據傅奕本補。

［8］“極可以”三字據傅奕本補。

［9］有國，指春秋時諸侯獲得封地或儲君即位。“有國”之謂，亦是獲得天命所給予的位置之意。

［10］母，根本。老子所云“莫若嗇”，嗇即“有國之母”。從根本上固守其德，獲得天命。

［11］“以長”二字據甲本補。長久，長時間保有貴族地位和權力。《左傳·宣》十二年：“欒伯善哉。實其言，必長晋國。”楊伯峻注：“此蓋謂若行欒書之言，必能使晋國長久也。長爲長久之長。”《左傳·昭》二十五年：“哀樂不失，乃能協天地之性，是以長久。”

［12］“深”字據甲本補。

［13］固，堅牢。“氐”，王弼本、傅奕本作“柢”。徐灝《説文解字注箋》云：“氐即根氐本字，相承增木爲柢。”《韓非子·解老》：“柢也者，木之所建生也。”深根固氐，正是蘊蓄德行的結果。

［14］長生，古代繼承君位，父死子繼謂之生。《公羊傳·莊》三十二年：“牙謂我曰：魯生一及，君已知之矣。”何休注：“父死子繼曰生，兄死弟繼曰及。”長生，長久地一代代地保有君位。《國語·晋

語》二："有父忍之，況國人乎？忍父而求好人，人孰好之？殺父以求利人，人孰利之？皆民之所惡也，難以長生。"上述晋語所記乃驪姬誹謗太子申生欲殺父繼位的話。這裏"長生"二字正是長久保有君位之意，與本篇的用法是一致的。

［15］久視，周代諸侯朝見天子曰視。《周禮·春官·大宗伯》："時見曰會，殷見曰同，時聘曰問，殷頫曰視。"《爾雅·釋詁》："頫，視也。"每年諸侯在一定日期遣使來視天子起居，致意問候，故殷頫爲天子接見諸侯使者之禮。能朝見天子，即意味着仍保有君位。視，在諸侯境内又有視事、視朝、視朔之義。《左傳·文》十六年："夏五月，公四不視朔，疾也。"孔穎達疏："視朔謂聽治月政。"《左傳·襄》二十五年："崔子稱疾，不視事。"視即是任職和處理政事的代稱。久視，猶言長遠保有統治權力，保有天命給予的位置。

［義述］

老子所説的"治人事天，莫若嗇"集中反映了西周初年統治者的思想。然而這個思想非常古老而久遠，《竹書紀年》中就記載着在夏代即已有"事天"的史實："帝命夏后有事於太室。"這爲後來的商、周統治者所繼承和發展。商、周之時，天子不但是政治上的最高統治者，同時也是負責溝通上天的最高祭師。古書中記載的湯禱旱災即是其例：

> 湯曰：惟予小子履，敢用玄牡，告於上天后。曰：今天大旱，即當朕身履。未知得罪于上下。有善不敢蔽，有罪不敢赦，簡在帝心。萬方有罪，即當朕身，朕身有罪，無及萬方。即此言湯，貴爲天子，富有天下，然且不憚以身爲犧牲，以詞説于上帝鬼神。（《墨子·兼愛》下）

昔者湯克夏而正天下，天大旱，五年不收，湯乃以身禱於桑林，曰：余一人有罪，無及萬夫。萬夫有罪，在余一人。無以一人之不敏，使上帝鬼神傷民之命。於是剪其髮，磿其手，以身爲犧牲，用祈福於上帝，民乃甚説，雨乃大至。則湯達乎鬼神之化，人事之傳也。（《吕氏春秋·順民》）

湯旱而禱曰：政不節與？使民疾與？何以不雨至斯極也？宫室榮與？婦謁盛與？何以不雨至斯極也？苞苴行與？讒夫興與？何以不雨至斯極也？（《荀子·大略》）

除了以上所引，《論語·堯曰》也有記載。商代統治者事天非常虔誠，湯甚至要把自己獻給上帝來平息上天的憤怒。這個"事天"的故事反映了商王對上帝的崇拜。而商代統治者的上帝崇拜與祖先崇拜是緊密結合在一起的。上帝——祖先崇拜成爲佔據統治地位的社會思想。一切民事都涂上了神事的色彩。商王的祭祀、占卜都是溝通天意的媒介，也就是"事天"。到了周代，周公告天與商湯類似，它記録在《書·金縢》中。"周因於殷禮"，承襲了商代的天道觀而作了重要的改變。周人把上帝崇拜與祖先崇拜加以分開。在祖先崇拜之外，另立一個高居一切之上的天，加以崇奉。天是帝或上帝的代稱，周人所以取得商的天下，是受天之命，是天意。金文《大盂鼎》："不(丕)顯玟王受天有大令(命)。"《書·梓材》："皇天既付中國民，越厥疆土于先王。"既受天命之後，祖先崇拜仍在配天的名義下進行。《禮記·禮器》："故魯人將有事於上帝，必先有事於頖宫。"孔氏曰："魯無后稷之廟，將祭天，先於頖宫告后稷以將配天，是先告卑後祭尊也。"從這些材料可以看出老子所處的春秋時代仍然熱烈而隆重地進行着“事天”。但周代統治者又從商的滅亡中得出結論:在天命與民情二者之間,民情起着重要作用。這關係到統治者自身的德。因爲“惟不敬厥德,乃早墜厥命”(《書·召誥》)。所以必須“肆惟王其疾敬德,王其德之用,祈天永命”(《書·召誥》)。把天命與人事聯繫起來,强調人事的作用。這就是對“治人事天”的完整理解。但老子的觀點是天命無常,唯德是輔。他從這個角度來闡揚無爲而治的重要。

老子提出了“嗇”這個概念。禮器粗陋,祭器皆爲粗陶與瓠,牲只用犢,席只用稭。這種質樸的祭祀與原始社會末期的生産力是相適應的,是遠古遺風的繼續。《禮記·禮器》:“大圭不琢,大羹不和,大路素而越席,犧尊疏布鼏,樿杓。此以素爲貴也。”孫希旦集解:“大圭,天子朝日月之圭也。但杼上,終葵首,而無琢桓蒲之文,尚質之義也。大羹,肉汁也。不和,無鹽也。太古初變腥,但煮肉而飲其汁,未知調和,後人祭既重古,但盛肉汁,謂之大羹。犧尊者,刻尊爲犧牛之形。疏,麤也。鼏,覆也。以麤布爲巾以覆尊也。凡木不飾爲樿,樿杓是也。大路素者,謂祭天之大路質素而無金玉之飾也。越,結也。結草爲席,爲之越席。謂祭天之席,結鞂爲之者也。”這些集中起來就叫“嗇”,是祭祀必須體現的精神。《禮記·郊特牲》:“器用陶、匏,以象天地之性也。”孫希旦集解:“陶,瓦器也。器用陶、匏,以陶爲尊簋之屬,以匏爲爵也。天地之性,本無可象,但以質素之物,於沖穆無爲之意爲稍近,故用之以祭。”他們的信仰,濃重地帶上了原始初民社會的思想。老子作爲周守藏室史,對當時的古史遺文、禮制風俗是完全精通的。老子從中紬繹出返璞歸真的要義,於是提出了“莫若嗇”。治人事天的祭禮既然要體現質樸,在實際的統治中也就必然貫徹無爲而治的精神。

“嗇”的思想不僅表現在祭祀中，春秋時已成爲當時社會普遍認同的屬於人君之德的準則之一。《左傳·桓》二年：“君人者，將昭德塞違，以照臨百官，猶懼或失之，故昭令德以示子孫，是以清廟茅屋，大路越席，大羹不致，粢食不鑿，昭其儉也。”楊伯峻注：清廟即太廟，屋之覆蓋以茅葦者謂之茅屋。清廟茅屋者，示節儉。大路此處用以祀天之車，以木爲之，不加漆繪，爲最樸素之車，車中用蒲草之席爲茵藉。大羹不致，肉汁不以五味調和。祭祀主食不用精米而用糙米。從四個方面表示節儉。魯莊公涂飾桓宫桷柱，匠師慶批評：“今先君儉而君侈，令德替矣。”嗇即是儉，儉即是德。《禮記·禮運》：“大禮之初，始諸飲食，其燔黍捭豚，汙尊而抔飲，蕢桴而土鼓，猶若可以致其敬於鬼神。”這講述了原始時代從飲食開始之祭禮。在燒熱的石頭上燙熟穀物和生肉，地上挖個小坑算容器，用雙手掬而飲之。摶土爲桴，築土爲鼓。這樣簡陋的祭禮，照樣致敬於鬼神。鄭玄注：“言其物雖質略，有齊敬之心，則可以薦羞於鬼神，鬼神饗德不饗味也。”老子運用他對古禮的深刻認識，爲當時的統治者提出了一個可比的至治的社會標準。這一篇正是反映了老子的社會政治觀，其中既有“周的思想”，也有老子的見解。從這裏可以知道“勤儉節約是美德”，在中國人的思想中是十分古老的。

《老子》傳至戰國之末，韓非爲之作了最早的釋讀，這就是《韓非子》中的《解老》。在對本篇“嗇”字的解釋中，他已不能懂得遠古祭祀的原始思想。他說：“嗇之者，愛其精神，嗇其知識也。”又説：“衆人之用神也躁，躁則多費，多費之謂侈。聖人之用神也静，静則少費，少費之謂嗇。”這種字面一般意義再加上猜想已爲後世道教的修煉術開啓了大門。

二十三

治大國，若亨[1]小鮮[2]。以道立[3]天下，亓鬼[4]不神[5]。非亓鬼不神也，亓神[6]不傷人也。非亓神不傷人也，［聖人亦[7]］弗傷也[8]。夫兩［不[9]］相傷，故德交歸[10]焉。

［校注］

［1］亨，同烹。《集韻》："烹，煮也。或作亨。"《詩・小雅・楚茨》："或剝或亨。"毛傳："亨，飪之也。"《易・鼎》："彖曰：鼎，象也。以木巽火，亨飪也。"

［2］小鮮，小魚。河上公注："烹小魚不去腸，不去鱗，不敢撓，恐其糜也。"《韓非子・解老》："事大衆而數搖之，則少成功；藏大器而數徙之，則多敗傷；烹小鮮而數撓之，則賊其澤；治大國而數變法，則民苦之。是以有道之君貴靜，不重變法。故曰，治大國者若烹小鮮。"王弼注："不擾也，躁則多害，静則全真。故其國彌大而其主彌静，然後乃能廣得衆心矣。"

［3］立，同莅，降臨。金文《郪陵君鑑》："攸（脩）立（莅）戢（歲）棠（嘗）。"《甲骨續存》下八〇三："方大出，立事于北土。"立事，莅事。《史記・范雎列傳》："明主立政。"司馬貞索隱："《戰國策》立作莅。"《文子・道德》："故以道莅天下，天下之德也。無道治天下，天下之

賊也。以一人與天下爲讎,雖欲長久,不可得也。堯舜以是昌,桀紂以是亡。”

［4］鬼,指已故之祖先。《論語・爲政》:“非其鬼而祭之,諂也。”鄭玄注:“人神曰鬼,非其祖考而祭之者,是諂求福。”

［5］不神,喪失靈驗。

［6］神,《左傳・莊》三十二年:“國之將興,明神降之,監其德也;將亡,神又降之,觀其惡也。”古代神與鬼在觀念上是同一的。錢鍾書云:“後世仰‘天’彌高,賤‘鬼’貴‘神’,初民原齊物等觀;古籍以‘鬼’、‘神’、‘鬼神’、‘天’渾用而無區別,猶遺風未泯,委蛻尚留者乎? 不啻示後人以樸矣。”(《管錐編》184 頁)治國與神之所降有關,這取决於德,德之所立,來自於對道的崇仰所獲得的天命。故“以道立天下,亓鬼不神。”章太炎云:“蓋天下有道,禍福有常,則鬼神不足畏矣。”(《國學講演録》218 頁)

［7］“耶人亦”三字據甲本補。“耶”甲本作“聖”。

［8］耶人亦弗傷也,王弼注:“道洽則神不傷人,神不傷人則不知神之爲神。道洽則聖人亦不傷人,聖人不傷人則不知聖人之爲聖也。”王弼注所言,以道莅天下,鬼神失靈,無傷於人。聖人之弗傷,乃因聖人不仁,以民衆爲芻狗者也。聖人無憎無愛,一以體仰於道,無所旁騖。故云“耶人亦弗傷也”。

［9］“不”字據甲本補。

［10］言鬼神聖人之設,皆歸合於道。

［義述］

《墨子・尚賢》:“伊摯,有莘氏女之私臣,親爲庖人,湯得之以爲己相,接天下之政,治天下之民。”《史記・殷本紀》:伊尹“負鼎俎,以滋味説湯,致於王道”。《淮南子・泰族訓》:“伊尹憂天下之不治,調和五味,負鼎俎而行。”高誘注:“伊尹七十説湯而不用,於是負鼎俎,調五味,僅然後得用。"《吕氏春秋·求人》:"伊尹,庖厨之臣也。"《莊子·庚桑楚》:"湯以庖人寵伊尹。"可見"庖人"不是一般的職位。這説明古代把調和五味的烹飪比作治國莅政由來已久,已成爲傳統。西周時王之左右大臣亦作膳夫之稱。金文《大克鼎》:"王呼尹氏册命善夫克。王若曰,克,昔余既命女出内朕命……"金文《小克鼎》:"王命善夫克舍命于成周,遹正八師之年。"善夫即是膳夫,能出納王命,又遹正八師,自是輔弼大臣。《詩·小雅·十月之交》:"皇父卿士,番維司徒,家伯維宰,仲允膳夫。"從這幾句詩中可見與膳夫比肩者皆爲大臣。《周禮》中膳夫爲食官,"掌王之食飲膳羞,以養王及后、世子"。宰夫爲政官,"宰夫之職,掌治朝之法,以正王及三公、六卿、大夫、群吏之位,掌以禁令。叙群吏之治,以待賓客之令,諸臣之復,萬民之逆"。陜西永壽好畤河出土的《膳夫山鼎》銘文中有云:"王呼史桒册命山,王曰,山,命汝官司飲獻人,于㒼用,作憲司賈,毋敢不善。……"(《殷周金文集成》2825)《上海博物館藏戰國楚竹書》(三)中有《仲弓》篇,記述孔子的弟子仲弓任季氏邑宰,稱爲宰夫,與金文中的膳夫有相同之處。此乃氏族貴族在國家出現的最初階段的特殊現象。《國語·周語》上:"膳夫贊王,王歆大牢,班嘗之,庶人終食。"可見自商代至春秋相沿而下,在王左右調和鼎鼐並相贊祭祀之人,有着輔國莅政的大臣身份。夏朝太康失國,有虞氏幫助其後代少康復國。當時少康"逃奔有虞,爲之庖正,以除其害。虞思於是妻之以二姚,而邑諸綸,有田一成,有衆一旅"(《左傳·哀》元年)。有虞氏給予少康以"庖正"的職位,妻之邑諸,有田有衆,地位很高,少康也因之復國。齊桓公寵臣易牙史稱善烹,他後來的作亂,與他有相當的權位不無關係。這事還可看到上古官制的遺意,春秋時尚遺風未泯。由是觀之,以烹飪爲治國之喻,乃是很自然之事,且爲上古以來之成説。後世且有"調和四海,烹飪鼎鼐"之語以喻治國。老子借古代習見之事説明自己的無爲而治的思想。《詩·檜風·匪風》:"誰能亨魚,漑之釜鬵。"毛傳:"漑,滌也。鬵,釜屬,亨魚煩則碎,治民煩則散,知亨魚則知治民矣。"這證明了老子的思想有着深厚悠久的傳承。

> 夫百姓,魚獸之類也,上德治之,若烹小鮮,與天地同操也。商鞅變秦法,欲爲殊異之功,不聽趙良之議,以取車裂之患,德薄多欲,君臣相憎怨也。道家德厚,下當其上,上安其下,純蒙無爲,何復譴告?故曰:政之適也,君臣相忘於治,魚相忘於水,獸相忘於林,人相忘於世,故曰天也。(王充《論衡·自然》)

當人類從遠古走來,進入文明社會時,他們會把原始社會的對鬼神的信仰帶到新的社會,古代中國的統治者的政治活動有着濃厚的宗教鬼神色彩,極端重視對鬼神的膜拜。

> 且惟昔者虞夏商周,三代之聖王,其始建國營都日,必擇國之正壇,置以爲宗廟;必擇木之脩茂者,立以爲菆社;必擇國之父兄慈孝貞良者,以爲祝宗。必擇六畜之腯肥倅,毛以爲犧牲;珪璧琮璜,稱財爲度。必擇五穀之芳黄,以爲酒醴粢盛,故酒醴粢盛,與歲上下也。故古聖王治天下也,故必先鬼神而後人者,此也。(《墨子·明鬼》下)

春秋時代人們仍然崇信鬼神，祈求鬼神佑福。老子此篇解説了道與鬼神的關係。他否定了先鬼神後人事的古老慣例，確立了道君臨一切的地位。充分發揮了周人敬天保命、唯德是輔、祖先崇拜的思想。

> 把神話與宗教自其與親族群的政治史的關係上來研究，商周兩代可以分爲三期：商，周早期與周晚期。神的世界與祖的世界之分立，及將"德"這一個觀念作爲這兩個不同的世界之間的橋樑，乃是西周時代的新發展。（張光直《青銅揮麈·"德"與神權的失落》183 頁）

德的觀念的確立，爲取得商的神權的認可而成爲周的合法的天命，同樣周族的祖先崇拜也取得了應有的位子。很順利地姬姓的周取代了子姓的商，從而取得了天下，周的易代得到了充分的合法化和成爲正統。意識形態的順遂成爲"溥天之下，莫非王土"的先決條件。然而正是這一思想的重大變革，使神權永遠屈從於王權。宗教在中國始終只是王權的陪襯。在這個大前提下，老子不會對當時社會盛行的鬼神迷信加以否定。雖然道莅天下，其鬼不神；然而聖人並没有抛棄鬼神之説。《禮記·禮運》："故聖人參於天地，並於鬼神，以治政也。"《易·觀》："彖曰，聖人以神道設教，而天下服矣。"正好説出了其中奥秘。因爲有鬼神在精神上的制約，君主和臣民，都有了超法律的約束。這對維護統治穩定是十分重要的。這也是與西方社會贊成有一個好上帝是一樣的。《易·繫辭》上："精氣爲物，遊魂爲變。是故知鬼神之情狀，與天地相似，故不遠。知周乎萬物而道濟天下，故不過。"老子所説"夫兩不相傷，故德交歸焉”,正是道君臨天下,鬼神之設不唯不會妨礙道的運作,相反,無論在精神上還是在物質上,“德”得到了雙重的體現,也就是“交歸焉”。老子對當時統治者的鬼神思想,把它納入了道、德決定論的範疇。不但對當時統治者有教訓意義,同時也是對治國論述的補充。鬼神之設,已成爲輔佐手段。孔子繼承了老子的思想,把它概括爲“務民之義,敬鬼神而遠之,可謂知矣”(《論語・雍也》)。正如黑格爾所説:“宗教和政治狼狽爲奸,宗教所教誨的正是專制統治所要求的東西。”(《黑格爾書信集》第一卷 24 頁)這些決定了兩千年來中國社會精神統治的模式。

另外,“治大國,若亨小鮮”是從無爲而治出發的。它體現了一種普遍而成功的治國原則。美國亨利・大衛索羅的《不服從論》的刊頭辭是:“最好的政府是根本不管事的政府。”一九八八年一月,美國總統里根在國情咨文中引用了“治大國,若烹小鮮”(王弼本句)這句話。這正是老子智慧的光輝之處。今天“小政府,大社會”的思想,在某種意義上也可視作老子思想的延伸。

二十四

大國[者，下流[1]也，天下之[2]]牝[3]也。天下之交也[4]，牝恒[5]以靜朕[6]牡[7]。爲亓靜也，故宜爲下[8]也。故大國以下[小[9]]國，則取小國。小國以下大國，則取於大國。故或下[以取[10]，或[11]]下而取[12]。故大國者不[過[13]]欲并畜[14]人，小國不[過[15]]欲入事[16]人。夫[皆得[17]]亓欲，則大者宜爲下[18]。

[校注]

[1] 下流，河的下游。王弼注："江海居大而處下，則百川流之；大國居大而處下，則天下流之，故曰大國下流也。"《老子·二十九》："江海所以能爲百浴王者，以亓善下之也。"下流者處牝位，牝恒勝牡。故大國守雌處静而强於小國。

[2]"者下流也天下之"七字據甲本補。

[3] 牝，雌性。它在老子書中有特殊意義。凡屬有生命力和處於向上走的强大有力的事物，老子都認爲處於雌性的地位。《説文》："牝，畜母也。"雌性動物常是撫育幼畜的承担者。本篇下云："大國者不過欲并畜人。"正是"大國者，下流也，天下之牝也"的體

現。併合萬邦,即是畜養;萬國來奔,正是大國下流之謂。

[4]“天下之交也”,甲本作“天下之郊也”。交,性交。“大國者,下流也,天下之牝也”,王弼本、河上本作“大國者下流,天下之交,天下之牝”。傅奕本作“大國者天下之下流,天下之交,天下之牝”。這些傳世本“天下之交”與“天下之牝”兩句互倒,以至多年索解,窒礙難通。今檢之帛書,甲本“大邦者,下流也,天下之牝”爲一句,“天下之郊也,牝恒以犄勝牡”爲另一句,意各完整。且帛書甲本“天下之牝”句後有斷句符號,更爲確證。幸有帛書重現人間,文句錯位得以糾正,老子原義得以暢明。

[5]恒,《説文》:“恒,常也。”猶言常常,通常。

[6]朕,帛書乙本墨迹原作脼。《字彙》:“脼,《説文》朕字。”徐鉉云:“弅不成字,當作朕省。”《説文》:“倂,送也。”可見弅即关。邵瑛《説文群經正字》:朕,“石經作朕,經典相承,隸省作朕,正字當作脼”。朕,帛書甲本作勝。王筠《説文釋例》卷三云:《説文》無弅字。蓋弅、弆二字,隸竝變爲关。從朕聲之賸、騰、滕、塍、勝,仍與倂同類。可見朕即朕,乃勝字之省寫。段注:“凡勝、騰、滕、騰、騰皆以朕爲聲。”勝從朕音,可通。

[7]牡,雄性。吴澄云:“牝不先動以求牡,牡常先動以求牝。動求者招損,静俟者受益,故曰以静勝牡。動求者居上,静俟者居下,故曰以静爲下。”《不列顛百科全書》云:“對古代異教思想家來説,就像在現代科學家看來一樣,宇宙起源和存活的隱蔽秘密的關鍵就在性的神秘性中。兩種活力或力量,一種是積極主動的(雄性),另一種是消極女性的或接受性的,在每一地方都被認爲是爲了創造之目的而結合。天和地,太陽和月亮,白天和黑夜,被認爲是相結合而産生存在。”(轉引自魏勒《性崇拜》20頁)《禮記·郊特牲》:“夫昏禮,萬世之始也。”這種對女性、雌性在兩性結合中静態地位的辯證描寫,同時表明了兩性結合始終是對人類内心和思想産生深刻影響的

動因。

［8］下，謙讓，謙恭。《易·屯》："象曰：以貴下賤，大得民也。"大國對小國謙讓，小國對大國謙恭。

［9］"小"字據甲本補。

［10］取，《集韻》："取，獲也。"《廣韻》："取，受也。"取小國，得到小國的擁戴；取於大國，受到大國的保護，即保護於大國。與下文所説"故大國者不過欲并畜人，小國不過欲入事人"爲殊言同義。下以取，爲上文"故大國叺下小國，則取小國"之義，即獲得擁戴。

［11］"叺取或"三字據甲本補。

［12］下而取，爲上文"小國叺下大國，則取於大國"之義，即受大國保護。

楊樹達《古書疑義舉例續補》卷一：

> 俞（樾）氏云："'或下以取，或下而取'兩句，文義無别，殊爲可疑。當作'故或下以取小國，或下而取大國'，此因下文致誤。"今按：取小國與或下以取之"取"，主事之辭也；取大國與或下而取之"取"，受事之辭也。取大國者，見取於大國也；或下而取者，或下而見取也。《老子》下文云："大國不過欲兼畜人，小國不過欲入事人，夫兩者各得其所欲，大者宜爲下。"文義甚明，非謂小國下於大國，則能取得大國也。俞（樾）氏不知則取大國與或下而取二"取"字，爲見取之義，遂疑兩句文義無别，而謂有脱誤。果如俞氏之説，則或下以取或下而取二語爲複沓，且與下文矛盾矣。

驗之帛書，"故大國叺下小國，則取小國；小國叺下大國，則取於大國。"在帛書文句中，小國之下，取於大國。明顯比傳世本多一"於"字。俞氏未能讀通文義，誤以爲"文義無别"，又云"此因下文致誤"，更謬戾矣。楊樹達於缺字之老文,仍能得其佳誼,可謂善讀古書者,勝於俞氏遠矣。

［13］“過”字據甲本補。

［14］并畜,吞併,收納。《廣雅·釋言》:“并,兼也。”《玉篇》:“畜,容也。”在古文中,并有兼併之義,並只有並列之義,此處兩者互不通用。前文“或下而取”之“取”有聚斂之義,猶此處之“并畜”,有收容、兼併之義。也就是與“大國以下小國,則取小國”前後相互呼應。

［15］“過”字據甲本補。

［16］入事,《玉篇》:“入,納也。”事,奉也。即“小國以下大國,則取於大國”之義。《左傳·文》十七年:“小國之事大國也,德,則其人也;不德,則其鹿也。鋌而走險,急何能擇?”《國語·魯語》上:“齊孝公來伐魯,臧文仲欲以辭告,病焉,問於展禽。對曰:‘獲聞之,處大教小,處小事大,所以禦亂也,不聞以辭。若爲小而崇以怒大國,使加己亂,亂在前矣,辭其何益?’”《汲冢周書·武稱解》:“大國不失其威,小國不失其卑,敵國不失其權。岠嶮伐夷,并小奪亂,尊强攻弱而襲不正,武之經也。”朱右曾校釋:“秉德不黷武,則不失其威。以禮事大,則不失其卑。”《左傳》、《國語》、《汲冢周書》所言正是春秋時代大小國之間關係的寫照,同時也是當時普遍的通識。

［17］“皆得”二字據甲本補。皆,大國和小國。

［18］吴澄云:“大國下小國者,欲兼畜小國而已;小國下大國者,欲入事大國而已。兩者皆能下,則大小各得其所欲。然小者素在人下,不患乎不能下;大者非在人下,或恐其不能下,故曰‘大者宜爲下’。”

［義述］

在春秋時代,無論是周天子的統治地位還是經濟地位,兩者都已經衰落。僅僅由於傳統而維持着天下共主的形象。這時出現了不斷争霸的局面。《墨子·兼愛》下:"當今之時,天下之害孰爲大? 曰,若大國之攻小國也,大家之亂小家也,强之刼弱,衆之暴寡,詐之謀愚,貴之敖賤,此天下之害也。"大國不斷設法控制小國,獲取貢賦,争做霸主;小國不斷尋求大國的保護,儘量在得到安全保證的同時減少大國的榨取。這樣,春秋社會出現了一種新的國家關係。《左傳》所記聘會盟伐貢賦,無不與大國小國的關係有關。而且這都是在禮制的名義下進行的。《左傳·文》三年:魯文公到晋國結盟,"晋侯饗公,賦《菁菁者莪》。莊叔以公降,拜。曰:'小國受命於大國,敢不慎儀? 君貺之以大禮,何樂如之? 抑小國之樂,大國之惠也。'晋侯降,辭。登,成拜。公賦《嘉樂》"。這是大國對小國表示謙讓的例子。這個謙讓不是没有前提的。魯國爲周公之後。周公乃文王之子,武王之弟,佐武王伐商,輔佐成王,東征三監,營建東都,制禮作樂,安定周室。聲望資歷遠在始封之晋侯之上。這時尚在春秋初年,魯雖爲小國,由於歷史的慣性,晋國尚尊重之。後來,各國經濟軍事實力的發展,與禮制規定相比較,已嚴重失衡。而隨着觀念的改變及對周禮的僭越,大國開始凌虐小國,魯國也不再被尊重了。至於其他小國,淪爲大國附庸的時間更早。《列子·説符》:"衛侯曰:吾弱國也,而攝乎大國之間。大國吾事之,小國吾撫之,是求安之道。"這就是當時中小國家的生存策略。國家之間的關係多表現爲小國的謙讓。《襄》八年:"小所以事大,信也。"《成》十八年:"事大國,無失班爵而加敬焉,禮也。"《昭》三十年:"諸侯所以歸晋君,禮也。禮也者,小事大,大字小之謂。(楊伯峻注:"小國服事大國,大國撫愛小國。"字,撫。)事大在共其時命,字小在恤其所無。以敝邑居大國之間,共其職貢,與其備御不虞之患,豈忘共命?"大國與小國的關係中,大國處於主導地位。《襄》十九年:"小國之仰大國也,如百穀之仰膏雨焉。若常膏之,其天下輯睦,豈唯敝邑?"《襄》三十年:"國無小,小能事大,國乃寬。"《襄》二十七年:"凡諸侯小國,晋楚所以兵威之,畏而後上下慈和,慈和而後能安靖其國家,以事大國,所以存也。"只有善事大國,纔能得到保護的承諾,否則就是取亡之道。《襄》十九年:"小國幸於大國,而昭所獲焉以怒之,亡之道也。"《襄》二十八年:"君小國,事大國,而惰傲以爲己心,自沂上,盟於督揚,曰:'大毋侵小。'"這就是春秋社會國家關係的現實。而上述"禮也者,小事大,大字小之謂"、《哀》七年"小所以事大,信也;大所以保小,仁也。背大國,不信;伐小國,不仁"的説法,與老子本篇"故大國以下小國,則取小國;小國以下大國,則取於大國。故或下以取,或下而取。故大國者不過欲并畜人,小國不過欲入事人"是一回事。在這裏有一點很重要,即老子是按禮制的規範來述説國與國之間的關係的。在處理兩國之間的關係時,解決矛盾的最高形式是戰争。無論戰争有多大勝利,佔領多少土地,都必須保存這個國家,即讓這個國家的始封之君後繼有人,以奉其先祖之祀。周武王滅商之後,仍然把商王後裔封在宋國之地。不僅如此,先代之貴族王室也得到分封。這是一種悠久的傳統,以致在現代政制中尚能見到其遺蜕。這就是在這個問題上的禮的規定。《韓詩外傳》卷八:"古者天子爲諸侯受封,謂之采地。百里諸侯以三十里,七十里諸侯以二十里,五十里諸侯以十五里。其後子孫雖有罪而絀,其采地不絀,使子孫賢者守其地,世世以祠其始封之君。此之謂興滅國繼絶世也。書曰:'兹予大享於先王,爾祖其從與享之。'"吴越争霸，吴勝越而佔其全境。正是夫差還遵循着中原已棄蔑不守之禮，不聽伍子胥的勸説，不絶越祀，存其國而退。這個禮的觀念在當時中原大地已經式微，處於邊遠之地的吴國還持守這個陳舊的觀念，正所謂"禮失而求諸野"也。這些變化，也是禮崩樂壞的表現之一。以致"興滅國，繼絶世，舉逸民"成爲當時有影響的呼聲。老子在闡説哲理時，始終蘊含着對禮制的關注。在禮的前提下貫徹他的無爲而治、守雌含柔的原則。上一篇"治大國，若亨小鮮"是無爲而治的治國之説的體現。這一篇緊接着上一篇而來，用江河水流、動物交配來説明大國處於"下流"，處於"牝"而"牨"的好處。大國土地廣袤，人口衆多，財物豐盈，在小國面前似乎處於優勢，然而這也正是大國的包袱所在。《管子·形勢解》："地大國富，民衆兵强，此盛滿之國也。雖已盛滿，無德厚以安之，無度數以治之，則國非其國，而民無其民也。故曰，失天之度，雖滿必涸。"春秋後期，大國對小國的態度，大都是驕横跋扈，專擅暴虐，不把小國放在眼裏，根本不知謙讓爲何物。老子提出的"大國以下小國"正是針對這些情形而言的。强國大國之不可持，可持者唯德而已。所以老子認爲大國更應處下守静，挾大國之資而動，宜慎之又慎。故"大者宜爲下"。這正是老子以高度的智慧對當時社會大國小國關係的概括，其中不乏從哲學層面的思考。

二十五

道[1]者，萬物之注[2]也。善人[3]之葆[4]也；不善人之所保[5]也。美言[6]可以市[7]，尊行[8]可以賀人[9]。人之不善，何[棄之有？故[10]]立[11]天子，置三鄉[12]，雖有[共之[13]]璧[14]以先四馬[15]，不若坐[16]而進此。古[之所以貴爲此者，何也[17]？]不胃求以得，有罪以免與？故爲天下貴。

［校注］

[1] 道，萬物的本源。道，除了本體意義之外，本篇所述，是以道爲原點的家國之治。“故聖人參於天地，並於鬼神，以治政也。”（《禮記·禮運》）明確地把自然本體的道，作爲治國最原始規定的出發點。“是故夫禮，本於天，殽於地，列於鬼神，達於喪祭射御冠昏朝聘。故聖人以禮示之，故天下國家可得而正也。”（《禮記·禮運》）

[2] 注，即主。《詩·大雅·大田》：“雨我公田，遂及我私。”鄭玄注：“今天主雨於公田。”主雨即注入雨水。《荀子·宥坐》：“主量必平，似法。”楊倞注：“主，讀爲注。”主即奧。《禮記·禮運》：“故人以爲奧也。”鄭玄注：“奧猶主也。”王弼本、傅奕本、河上本作：“萬物之奧。”《說文》：“奧，宛也，室之西南隅。”段注：“宛者，委曲也，室之西南隅，宛然深藏，室之尊處也。”《禮記·曲禮》上：“爲人子者，居不主

奥。”孫希旦集解:“室中西南隅謂之奥。尊者居必主奥,人子不宜處之。”許嘉璐云:

> 古代在黄河中下游的房子都是坐北朝南,爲的是擋住凛冽的北風。向南開窗開户吸收陽光。室中朝門處有個竈,竈火給室内照明並供暖,這樣,有陽光的時候,房子裏面靠北墻處是比較亮的,西南角是最暗的。我們看“三禮”就會知道,室内最尊貴的人坐的位置是那個西南角。奥是最黑暗的地方,最神秘。(《訓詁學與經學、文化》)

“萬物之注也”,即是萬物的主宰。作爲無言而萬能的道,它不在時空中,莫可名狀,十分神秘。所以“注”與“主”、“奥”具有相近的含義,都把道看作處於尊貴和神秘的地位並加以崇仰。

[3] 善人,先秦習用語,指經時濟世之人。《左傳·襄》二十年:“善人,國之主也。”《論語·述而》:“善人,吾不得而見之矣;得見有恒者,斯可矣。”劉寶楠正義:“聖人,善人,皆指當時天子、諸侯言之。”在合乎禮制規範的情況下,天子、諸侯的别稱即爲聖人、善人。他們保有天然尊長者的身份。孔子的話是對他們的一種不予認可的態度,故有是嘆。

[4] 葆,通寶。《禮記·檀弓》下:“喪人無寶,仁親以爲寶。”鄭玄注:“寶,謂善道可守者。”《禮記·文王世子》:“入則有保,出則有師。是以教喻而德成也。師也者,教之以事,而喻諸德者也;保也者,慎其身以輔翼之,而歸諸道者也。”道的哲學規定下的政治語境,它的一整套治國理念,正是“善人”這個統治者立身行事、穩固君位的依據和法寶。

[5] 保,甲本作“善人之琛也;不善人之所琛也”。不善人,無貴族身份背景的平民庶衆,社會地位低賤之人。善人之寶及不善人之

所保，一爲名詞，一爲動詞，含義自當有别。不善人之所保，即庶民之統治者及保護者。

［6］美言，動聽之言詞。《國語・周語》下："夫耳内和聲，而出口美言，以爲憲令而布諸民，正諸以度量，民以心力，從之不倦。"

［7］市，《爾雅・釋言》："貿、賈，市也。"邢昺疏："謂市，買賣物也。"王弼注："美言之，則可以奪衆貨之賈，故曰美言可以市也。"動聽的言詞便於做成買賣。美言可以市，作爲一種比喻説法，所云乃君子言行之重要。《易・繫辭》上："子曰：君子居其室，出其言善，則千里之外應之，況其邇者乎。居其室，出其言不善，則千里之外違之，況其邇者乎。言出乎身，加乎民；行發乎邇，見乎遠。言行，君子之所以動天地也，可不慎乎？"

［8］尊行，尊通撙，退讓。《易・謙》："謙尊而光，卑而不可踰。"王引之《經義述聞》："尊讀撙節，退讓之撙。《説文》無撙字，古多借尊爲之。"尊行即撙行，謙讓之行爲。

［9］賀人，賀音加。《廣雅・釋言》："賀，嘉也。"王念孫疏證："嘉與賀古同聲而通用。"《儀禮・覲禮》："予一人嘉之。"鄭玄注："今文嘉作賀。"《説文》："嘉，美也。"賀人即是嘉人，加惠於人，使之受惠。

"美言可以市，尊行可以賀人。"甲本原迹照片"市"字後有斷句符號。王弼本斷句一如帛書，其注曰："故曰美言可以市也，尊行之，則千里之外應之，故曰可以加於人也。"如是，王弼本尚同於帛書。俞樾平議據《淮南子》訂爲"美言可以市尊，美行可以加人"，此乃後出之説，是增字而又破句，且美言市尊乃諂諛之相，鄙俗猥劣，不合老旨，甚不可取。幸有甲本斷句符號，爲人去疑。老子之文質樸深刻，非必如後人駢四驪六，言而蹈俗也。

［10］"棄之有故"四字據甲本補，甲本"之"字已損毁，故參酌傅奕本補之。

［11］立，置天子爲立，擁戴也爲立。

［12］三鄉，即三卿。甲骨文、金文之鄉、卿爲同一字。朱駿聲通訓："鄉，叚借爲卿。《禮記·冠義》：'遂以摯見於鄉大夫'。"容庚《金文編》："卿，象兩人相向就食之形。公卿之卿，鄉黨之鄉，饗食之饗，皆爲一字。羅振玉説。"卿乃古天子及諸侯所屬高官之稱呼。春秋時以司徒、司馬、司空爲三卿。《禮記·王制》："大國三卿，皆命於天子，……次國三卿，二卿命於天子，一卿命於其君。"孔穎達疏："三卿者，以周制而言，謂立司徒兼冢宰之事，立司馬兼宗伯之事，立司空兼司寇之事。故春秋左傳云：季孫爲司徒，叔孫爲司馬，孟孫爲司空，此是三卿也。"王弼本"三鄉"作"三公"。

［13］"共之"二字據甲本補。

［14］共之璧，共，大拱璧。《詩·商頌·長發》："受小共大共。"陳奐《詩毛氏傳疏》："共字古本或作拱。"大拱璧爲體量較大的玉璧，玉璧爲平圓形，正中有圓孔，邊寬爲内孔直徑兩倍的玉器。春秋時貴族用於祭祀、朝聘、贈予、喪葬時的禮器。

王引之《經傳釋詞》卷九："之，猶與也。"楊樹達《詞詮》卷五："之，連詞，與也。《左傳·文》十一年：'皇父之二子死焉。'按杜注云：'皇父與穀甥及牛父皆死。'故'之'字爲'與'字之義。"之爲與義，在先秦古文中很普遍。

璧，郭沫若《〈屭敖簋銘〉考釋》："'拱'是大共璧，用兩手以捧之。'拱'與'璧'對文以示其有大有小。春秋宋襄公時代的《商頌·長發》'受小共大共'亦即是小璧大璧，可見用大小二璧爲贄見禮，是當時的禮節。共字金文《牧共毁》作，即象雙手捧璧之意，故共字本是大拱璧之初文。"共之璧，即大璧與小璧。

［15］四馬，即駟馬，四通駟。《正字通》："駟者，一乘四馬，兩服兩驂是也。"

先秦時致送禮物，均以輕物爲引，然後致送重物。送禮數必定是四或四的倍數。《儀禮·聘禮》記載先秦有過邦假道之禮，所致送之禮物即爲璧與馬。《左傳·僖》二年:"晋荀息請以屈産之乘與垂棘之璧假道於虞以伐虢。"老子所云"共之璧以先四馬,不若坐而進此",謂以大小玉璧爲先,然後奉上駟馬,雖能假途得路之便,遠不如得到奉上治國之"道"更有用。

[16] 坐,跪。《禮記·玉藻》:"退則坐取屨。"孔穎達疏:"坐,跪也。"顧炎武《日知録·雜事·坐》:"古人席地之坐,皆以兩膝着席。有所敬,引身而起,則爲長跪矣。"《莊子·在宥》:"跪坐而進之。"有恭敬之意。

[17] "之所以貴爲此者何也"九字據傅奕本補。"古之所以貴爲此者,何也?"設問以引起下文。"不胃求以得,有罪以免與?"言人能信從於道,不就是有訴求就能得到滿足,有罪者也會得到赦免嗎?下句"故爲天下貴"即是爲天下所歸往,回答了設問。

[義述]

清代胡與高兄弟注釋的《道德經》解説本篇時説:"此章總結治天下國家者,當知道盡人而具,不必擇人而求也。言道者統人、物而無不包,乃萬物之奥。其善人身與道俱,固奉爲持身之寶。"在本篇中,對道的理解是通釋全篇的關鍵。"道者,萬物之注也","不若坐而進此","故爲天下貴"。這三句分别位於篇首、篇中、篇尾。内容表達了道,并由此出發而建立家國之論。與老子其他篇稍有不同的是,本篇表現了道對世俗統治的關懷。老子哲學在這裏從學術判斷而下移爲社會的價值判斷。道作爲一個普遍存在的規定,它的"萬物之注也"的作用,在這裏不但成爲社會價值觀的核心,也由此而成爲個人判定價值的核心。在文明社會初期,社會分化爲"善人"即貴族和"不善人"即庶民。老子認爲作爲庶民的"不善人"是不能

“棄之”的。所以他説“人之不善,何棄之有”?文明伊始的社會,對“人”的認識帶有嚴重的偏見和誤讀。然而,正是老子表現了非凡的睿智。庶民也是氏族的後裔,在文明社會中是必要的組成部分,“棄”在原始時代是一個嚴厲處罰的概念,堪與死刑比肩。老子在這裏表達了他的民本思想。要做到不“棄之”,就要建立起對庶民的統治。雖然已經有了國家和確立了統治機器,有了天子、諸侯、三卿,還有“共之璧叺先四馬”爲表現形式的整套禮制,然而這些是不夠的。對庶民統治的最終建立,老子認爲取決於道的確立。雖然,在老子這裏,道還是停留在抽象原理的層面上,但對運用這個原理的統治者來説,道決不是抽象的。他將用意識形態來使之具體化。意識形態會決定社會運轉的模式,決定統治的方式和内涵。從流傳至今的經典《十三經》中,可以清晰地看到從夏商西周以來,早就有了成熟而完備的意識形態。在中國每個朝代的開端,偃武修文的首務就是把具體的意識形態歸之於道的大旗下,新王朝社會的運作纔能正式啓動。如明洪武十一年(1378)朱元璋對衍聖公孔克堅説:“你祖宗留下三綱五常垂憲萬世的好法度。”表示了明王朝官方意識形態的具體内容。以道爲規定的老子哲學,對整個中國社會就這樣發揮了它的定音作用。無論“獨尊儒術”、“孔孟之道”,還是“程朱理學”,灌裝了意識形態的道,就凌駕於整個社會之上。封建統治者以此確定整個社會秩序和享有權利的原始依據。封建的獨裁者無不認爲意識形態是維護其統治的法寶,同時也認爲是解決社會問題的萬應靈藥,其實這是不可能的。賀麟《論哲學紛無定論》云:

一個社會或國家,認某一哲學家的體系爲定論,定於

> 一尊，而認違反此定論的學説爲異端邪説，則那個社會或那個國家，就會陷於政治不民主，學術不進步和思想不自由的厄運。漢武帝認孔子的學説爲定論，尊崇儒術，罷黜百家，其妨害思想自由、學術進步和政治民主的惡劣影響，真是難於計量。西洋在中世紀，教會方面認亞里士多德的學説爲定論，違反亞氏思想的人，有被迫害、被處死的危險，其對思想自由、學術進步和政治民主妨害更大。近年來彌漫世界的一種有宗教性和獨裁性的政治運動，在哲學上亦有定於一尊的趨勢，一定要崇奉某某哲學家爲惟一先知，某種典籍爲聖經，而提出一套哲學的公式，作爲政治運動的信條。這與漢武之尊崇儒術，教會之尊崇亞里士多德，同是扼殺哲學思想的正常進展，亦同即爲妨害思想自由、學術進步和政治民主的逆流。其錯誤似亦在於認爲哲學應該有定論，且應該定於一尊。(《文化與人生》275 頁)

在宗法專制的君主時代，在"道"的名義下的意識形態，被定爲庶民的思想規範，無論後來的秦漢乃至明清，都是如此。歷代的專制君主總是把意識形態視作高於法律，而忽視應該由法律承載的社會責任。意識形態不僅被教條化，還被宗教化和神秘化，用暴力在全社會推行是它最主要的特徵。它規定了人民怎樣思想纔不算犯罪。這樣建立起來的社會必然充滿愚昧和黑暗，也必然貧困和落後。

然而，從現代哲學角度去理解老子提出的治國之道的概念不是没有意義的。在這裏道的名義下的意識形態應該被民族精神所取代。它不但具有本民族的特色，同時擁有屬於人類應有的道德形而上學。現代民族精神的出現是與民族國家的發展同步的。任何一個國家,在從農業社會步入工業社會乃至後工業社會的現代化過程中,都必然會形成新型的國家模式並由此確立起自己的民族精神。中國也不會例外。這個民族精神是與民主制度的推進同步的。它既是獨特的,又是愛國的,守法的。它的確立是與民主自由的獲享分不開的。連人的尊嚴都得不到的民衆是永遠不可能有自信、自愛、自强、自律、自尊、自豪的民族精神的。民族精神不會盲目地屈從於某一意識形態,同時又富有創造性的自主見解,尊重法律,對真理、正義有敏锐的洞察力。老子的道正是應該從現代哲學的意義上加以解讀。所以,現代民族精神,更符合道的哲學範疇。只有這樣,纔能"爲天下貴",這就是老子的永恒魅力。

二十六

爲无爲[1],[事无事[2],味无未[3]。大小多少[4],報怨以德[5]。圖[6]難乎亓[7]易也,爲大[8]]乎亓細也。天下之[難作於[9]]易,天下之大[作於細[10]。是以耶人冬不爲大,故能成亓大[11]。]夫輕若[12][必寡[13]]信[14],多易必多難。是以耶人[猷難[15]]之,故[冬於无難[16]。]

[校注]

[1] 爲无爲,《老子・十一》:"无爲而无不爲。"即此"爲无爲"之義。

[2] 事无事,《老子・十一》:"將欲取天下恒无事。"即此"事无事"之義。

[3] 味无未,味无未所言乃指道之無爲。上文"爲无爲,事无事"二句,有無爲之義。此處之"味无未"亦與上言相應。《説文》:"未,味也,六月滋味也。五行,木老於未,象木重枝葉也。"饒炯部首訂:"未從木,重其枝葉,指事者,言其時萬物滋長。"《史記・律書》:"未者,言萬物皆成,有滋味也。"滋,繁榮。味即未,枝葉的生長。滋味之義即茂盛的萬物。"无未"之"未"用作動詞,意謂促使和主宰。"味无未"之義即萬物繁榮滋長而並不主宰。猶"生而弗有,爲而弗

寺,長而弗宰,是胃玄德”(《老子・十四》)。以此理解“味无未”與“爲无爲,事无事”語義相應。老子本篇最後所言之“冬於无難”,亦應是由“无爲”而“報怨以德”所達之結果,則首尾呼應矣。

［4］大小多少,約數,猶言無論大小,或是多少,皆一同視之。詳本篇義述。

［5］報,《字彙》:“報,答也,酬也。”古語中,無論復仇或酬答,皆可稱報。《左傳・成》三年:“無怨無德,不知所報。”《優婆塞戒經・自他莊嚴品》:“惡來加己,以善報之。”與此相近。

報怨以德,《論語・憲問》:“或曰以德報怨,何如?子曰:何以報德?以直報怨,以德報德。”《禮記・表記》:“子曰:以德報怨,則寬身之仁也;以怨報德,則刑戮之民也。”報怨以德是西周的傳統思想,孔子對其含義及歷史背景是清楚的。老子用既成的觀念來表達自己的思想,實質上就使其更深化,强化了他的普遍意義。老子的博大精深是建立在豐厚的積累之上的。“報怨以德”與《老子・五》:“物或益之而云(損),云(損)之而益,人之所教亦議而教人。彊梁者不得亓死。”是屬於同一守柔的思想範疇的。處柔弱地位,即是强者,這是老子的一貫思想,故報怨必以德。詳本篇義述。

［6］圖,《説文》:“圖,畫計難也。”段注:“《左傳》曰:‘咨難爲謀。’畫計難者,謀之而苦其難也。”《書・君牙》:“思其艱以圖其易,民乃寧。”

［7］亓,其。王弼本作“圖難於其易,爲大於其細”,河上本同。傅奕本作“圖難乎於其易,爲大乎於其細”,帛書本作:“圖難乎亓易也,爲大乎亓細也”,“亓”即“於”。裴學海《古書虚字集釋》:“其猶於也。其訓於,於亦訓其。”《吕氏春秋・上農》:“爲害其時也……爲害於時也。”《莊子・達生》:“不厭其天,不忽於人。”都是“其”、“於”互訓。帛書所言猶“圖難乎於易也,爲大乎於細也。”王弼本、傅奕本、河上本、范應元本皆作“於其”,後人不識“其”可訓“於”,妄加“於”

字,以致疊牀架屋,壅塞不通。今有帛書,可正其誤。

[8] 爲大,爲,成爲。大,在古代,神祇、統治者、道、天、地、帝、王都可以被稱爲大,因爲它們是某一方之長。"爲大乎亓細也"之"大"有國君之義,國君統治的基礎在於民衆,民衆又被稱爲細民。《國語·晋語》六:"吾聞之,君人者刑其民成,而後振武於外,是以内和而外威。今吾司寇之刀鋸日弊,而斧鉞不行。内猶有不刑,而況外乎?夫戰,刑也,刑之過也。過由大,而怨由細,故以惠誅怨,以忍去過。細無怨而大不過,而後可以武,刑外之不服者。"韋昭注:"以刑正其民。刀鋸,小人之刑。弊,敗也。日敗,用之數。斧鉞,大刑。不行,不行於大臣也。言用兵猶用刑,刑殺有過者也,由大臣也。怨望者由小細民。誅,除也。忍以義斷。"從韋昭注可明白,大,指大臣之過。細,指細民之怨。細民之怨可"以惠誅怨",而誅就是去除的同義詞。這裏可以幫助對"爲大乎亓細也"作很好的理解。而"以惠誅怨"明顯是與"報怨以德"屬於同一思想範疇。

本篇甲本存字如下:"爲无爲,事无事,味无未,大小多少,報怨以德,圖難乎□□□□□□□□□□□天下之難作於易,天下之大作於細。是以聖人冬不爲大,故能□□□□□□□□□□□□□□□□□□□猷難之,故冬於无難。"乙本存字:"爲无爲,□□□□□□□□□□□□□□□□□□□□□□□□□乎亓細也。天下之□□□易,天下之大□□□□□□□□□□□□□□□□□□□夫輕若□□信,多易必多難。是以耶人□□之,故□□□□。"乙本所缺,依甲本補。甲本亦缺之字參照嚴遵《老子指歸》。至"爲大乎亓細也"的前半部分共補二十二字。

[9]"難作於"三字據甲本補。

[10] 細,《書·旅獒》:"不矜細行,終累大德。"孔傳:"輕忽小物,積害毀大,故君子慎其微。"《淮南子·繆稱訓》:"是故積羽沈舟,群輕折軸,故君子禁於微。"

［11］“作於細是以耶人冬不爲大故能成亓大”十六字，據甲本及參照傅奕本補。“耶”字照乙本字例。

［12］若，許諾。《殷墟文字丙編》九三：“王乍邑，帝若。”商承祚《殷文字類編》：“卜辭諸若字像人舉手而跽足，乃象諾時巽順之狀，古諾與若爲一字，故若字訓爲順。古金文若字與此略同。”

［13］“必寡”二字據傅奕本補。

［14］信，《廣韻》：“信，驗也。”信，誠實可靠。《馬王堆漢墓帛書·經法·名理》：“若者，言之符也；已者，言之絶也。已若不信，則知大惑矣。已若必信，則處於度之内也。”《韓詩外傳》卷五：“口惠之人鮮信。”

［15］“猷難”二字據甲本補。猷，同猶。猷乃猶之篆隸寫法，義爲“尚且”。

［16］“冬於无難”四字據甲本補。

［義述］

本篇開頭的三句話，集中表達了老子治國的哲學出發點。三句後緊接着講西周初年對殷人之治的歷史經驗。全篇一氣貫通，邏輯嚴整。本篇的理解，其中“大小多少，報怨以德”兩句很重要。可是清代姚鼐《老子章義》云：“大小多少下有脱字耳，不可强解也。”民國以來，奚侗《老子集解》云：“大小多少句，誼不可以説，疑上下或有挩簡。”馬叙倫《老子校詁》又云：“蓋注者取非意爲文，因有脱誤，溷入經文也。報怨以德一句，當在七十九章和大怨上，錯入此章。”此等注釋，捫籥揣燭，皆無證據。所謂“大小多少”後有失文，“報怨以德”有錯簡，現觀出土之老子帛書，足證原文如此。兩句既没有失文，也不是錯簡，它所包含的是一個完整的意思。不但表達了正確的思想，而且與全篇内容有緊密的邏輯關係。不能自己讀不懂古書，就説是古人錯了。我們完全可以從歷史文獻中，來解開這兩句以至整篇的含義。

西周剛建立時，周武王封紂的兒子武庚於殷墟，又以管叔、蔡叔、霍叔對武庚進行監視，稱三監。武王死，成王年幼，周公旦輔政。武庚勾結三監叛亂，周公東征，平定叛亂。於是修建洛邑，同時大封諸侯，屏藩周室。其中康叔即封於殷墟故地。《左傳・定》四年："分康叔以大路、少帛、綪茷、旃旌、大吕、殷民七族：陶氏、施氏、繁氏、锜氏、樊氏、饑氏、終葵氏。"又"命以《康誥》而封於殷墟。皆啓以商政，疆以周索。"青銅器金文有濬縣出土《沬司徒逘簋》："王來伐商邑，征(誕)令康叔鄙于衛"記録了康叔之殷墟之封。而這時殷民的情緒極不穩定。"殷之臣民終不能忘殷，箕子朝周過殷故墟，作《麥秀》之歌，殷民聞之皆爲流涕。"(王文修《山志》)這對於周初統治者而言，至關重要，關係到大局的穩定，是必須認真對待的。周公因之告誡康叔的話，就是《書》中的《康誥》。其中心思想除敬天修德之外，就是要康叔處理好與殷遺民的關係。要謹慎，見微知著。其中引用了上古成語："怨不在大，亦不在小，惠不惠，懋不懋。"孫星衍《尚書今古文注疏》解釋這話："《晋語》知伯國曰：'《周書》有之曰：怨不在大，亦不在小。夫君子能勤小物，故無大怨。'注云：'或大而不爲怨，禍難或起小怨。'"又："言民之怨，不在大，亦不在小，恒起不意，當順擾其不順者，懋勉其不勉者。"孔傳解釋"惠不惠，懋不懋"時説："當使不順者順，不勉者勉。"《左傳・昭》八年：子旗曰："《周書》曰：惠不惠，茂不茂。康叔所以服弘大也。"楊伯峻注："茂，今《書》作'懋'，相同，勉也。言當惠其所不惠，勉其所不勉者。子旗引此，蓋謂子良氏雖不惠不勉，我仍惠之勉之。”猶《左傳·定》五年：“大德滅小怨，道也。”這樣看來，老子的“大小多少，報怨以德”正是“怨不在大，亦不在小，惠不惠，懋不懋”的同一意思的概括。當時周公所以要求康叔這麼做，因爲他們面對的是殷人之“怨”。作爲統治者族姓的殷人，一下子降爲周的臣民，内心的不服和怨恨十分强烈。這是一種由失政的哀痛，故國的懷念，利益的剝奪，情感的失落，被臣的悲傷，所凝成的巨大的“怨憤”。對曾面對過殷人武庚武裝反抗經歷的周人來説，特別需要確定一種合適的統治方式。這就是“報怨以德”，用德的努力去感化殷人的怨，使之融入新的民族國家。然而這時殷人的怨的情緒十分强烈。“微子，微仲，終其二世不稱宋公，亦猶《洪範》之稱商書也。商之異姓臣子，如膠鬲，如商容，亦皆冥鴻蜚遯，不獨西山之老，可謂盛矣。”（全祖望《經史答問》卷二）“商之故家舊族，總頑不率。周公方爲之營洛，遷以自近而教誨之。召公以此，又誡成王，故而成康再四，皆以殷民爲畏，非畏其頑，畏其不能化也。越三紀而後能化，俟之以道而不以刑故也。”（葉適《習學紀言》卷五。轉引自陳登原《國史舊聞》卷七）“報怨以德”作爲歷史掌故，是春秋時人們所熟知的，也更爲殷人之後的孔子所了解。所以在《論語》中談到“以德報怨”是很平常的。《説苑·權謀》：“孔子曰，聖人轉禍爲福，報怨以德，此之謂也。”老子在當時的語境中也只須用簡潔的語言即能表達。在當時它是一種社會通識，《國語·晋語》八：“盍密和，和大以平小乎。”韋昭注：“勸以大德平小怨。”但對後人而言，隨着歷史背影的漸行漸遠，理解的模糊度也就越來越高。最早的注家已不能理解，又不懂得歷史角度詮釋的必要，致使猜測之説蘩集，治絲而愈紛矣。關鍵在於把握語境，不要用今義去解釋古書。

從上面所述出發，因禍難之所起多從小處發生，必須給予足夠的重視。這也是周公告誡康叔的重要内容。《左傳·成》二年：“《周書》曰，明德慎罰。”《康誥》還提到：“王曰，嗚呼，封，敬明乃罰。”孔傳：“嘆而敕之，凡行刑罰，汝必敬明之，欲其重慎。”孫星衍疏：“蓋周公知康叔仁厚，可爲司寇，故先教以慎刑，後乃命其官也。”《康誥》又云：“人有小罪，非眚，乃惟終，自作不典，式爾，有厥罪小，乃不可不殺。乃有大罪，非終，乃惟眚災，適爾，既道極厥辜，時乃不可殺。”這段話被《潛夫論》舉爲赦罪的文例。蔡沈注：“此下謹罰也。人有小罪，非過誤，乃其固爲亂常之事，用意如此。其罪雖小，乃不可不殺。即舜典所謂刑故無小也。人有大罪，非是故犯，乃其過誤，出於不幸，偶爾如此，既自稱道盡輸其情，不敢隱匿。罪雖大，時乃不可殺。即是舜典所謂宥過無大也。”孫星衍疏：“言既以正道盡其罪，又當原情，不可殺之也。”這些可視作“報怨以德”的延伸。正如《荀子·大略》云：“夫盡小者大，積微者箸，德至者色澤洽，行盡而聲問遠。”下文：“圖難乎亓易也，爲大乎亓細也。天下之難作於易，天下之大作於細。是以耶人冬不爲大，故能成亓大。”提出由易而難、由細而大的方法，作爲以德感化的保證。吴澄《道德真經注》：

> 天下之事，始易而終難，始細而終大。終之難起於始之易，終之大起於始之細。故圖之爲之於其易細之始，則其終可不至於難，可馴至於大，而不勞心勞力，所以能無爲也。若不早圖之，急爲之於其始，則其終也，易者漸難，細者不大，心力俱困，無爲其可得乎？

這些與"大小多少,報怨以德"有嚴密的邏輯關係,也符合周公的思想。這裏的"耶人"指最高統治者,即後世之"聖上"。接着"夫輕若必寡信,多易必多難。是以耶人猷難之,故冬於無難",則又是更深一層的告誡了。

本篇可看作西周初年政治經驗的總結。顯示了老子作爲史官的卓識。也可看到老子思想中"无爲"、"守柔"的形成與久遠的社會背景是密切相關的。

二十七

[亓安也,易持也;亓未兆[1]也,易謀也;亓脆[2]也,易判[3]也;亓微[4]也,易散[5]也;爲之乎,亓未有也;治之乎,亓未爪也[6]。合褢[7]之] 木[8],作於毫末[9];九成之臺[10],作於纍[11]土;百千[12]之高,始於足下。爲之者敗之,執者失之,是以耶人无爲[也,故无敗也;无執也,故无失也[13]。] 民之從事[14]也,恒於亓成而敗之,故曰慎冬若始[15],則无敗事矣。是以耶人,欲不欲,而不貴難得之貨;學不學,復衆人之所過[16],能輔萬物之[17]自然[18]而弗敢爲。

[校注]

[1] 未兆,没有徵候或迹象。《商君書·更法》:"語曰:愚者闇於成事,知者見於未萌。"《禮記·儒行》:"静而正之,上弗知也。"孫希旦集解:"静而正之者,將順其美,匡救其惡,常在於未形也。故曰:上弗知也。"

[2] 脆,硬而易碎。

[3] 判,《廣雅·釋詁》一:"判,分也。"猶言分離,破碎。

[4] 微,衰敗。

［5］ 散，老子乙本未損毁部分“散”書作“散”，據以改而補之。散，即散，零落。

［6］ 治之乎，亓未𤓰也。《書・周官》：“制治于未亂，保邦于未危。”蔡沈注：“若有大道之世，治保邦於未亂未危之前。”《孫子・形篇》：“古之所謂善戰者，勝於易勝者也。”杜牧注：“敵人之謀，初有萌兆，我則潛運以能攻之；用力既少，制勝既微，故曰易勝也。”孫子之論承自老子。此段要義乃防微杜漸，承接上篇。

［7］ 合裒，兩手張開而抱，形容樹身粗大。《説文》：“裒，褱也。”段注：“《論語》：‘子生三年然後免於父母之懷。’馬融釋以‘懷抱’即‘褱裒’也。今字‘抱’行而‘裒’廢矣。”

［8］ 乙本“木”以上全毁，甲本存第一句“亓安也，易持也”六字，即據録，並以此爲例，參照傅奕本共補四十二字。

［9］ 毫末，細毛之端。《文選・張衡〈東京賦〉》：“堅冰作於履霜，尋木起於櫱栽。”薛綜注：“言事皆從微至著，不可不慎之於初。”

［10］ 九成，《漢書・武帝紀》顔師古注：“九，數之多也。”汪中《述學・釋三九》上：“凡一二之所不能盡者，則約之三以見其多，三之所不能盡者，則約之九以見其極多，此言語之虚數也。”《吕氏春秋・音初》：“爲之九成之臺。”高誘注：“成，猶重。”九成猶多重，言其高。

臺，先秦盛行之建築。從平地壘土，四方而高出地面，然後在平頂上加設欄杆，以作凌高廣瞻，遊目騁懷，宴享歌樂，觀風望月之用。春秋之世，諸侯都城之内，往往高臺彌望，爲宫室之組成部分。《書・泰誓》上：“惟宫室臺榭。”

［11］ 虆，同蔂、虆，盛土筐。九成之臺，工程之土方量極大，乃由一筐筐土累積夯築而成。

［12］ 千，甲本作仁，讀爲仞。《説文》：“忎，古文仁，從千心。”此“千”或即“忎”之省寫。仁，仞通。百千，猶百仞。嚴遵本作“百仞之高”，近於帛書本。古八尺爲一仞，或曰七尺。百仞所指爲山，登山

從足下一步一步起。《書・太甲》:"若升高,必自下;若陟遐,必自邇。"《荀子・勸學》:"積土成山,風雨興焉。積水成淵,蛟龍生焉。積善成德,而神明自得,聖心備焉。故不積蹞步,無以至千里;不積小流,無以成江海。"

[13] 乙本此處所毀佚之字,甲本存有"无執也,故无失也",即據録,並以此爲例參照傅奕本共補十二字。

"爲之者敗之,執者失之,是以耶人无爲也,故无敗也;无執也,故无失也。"張之純《評註老子菁華》云:"爲,已有而爲之也。執,已亂而治之也。渴而掘井,不已晚乎? 宜其敗且失而不可救也。"《史記・蘇秦列傳》:"秦説楚威王曰:臣聞治之其未亂也,爲之其未有也。患至而後憂之,則無及矣。"已有之亂乃由微小而漸進之結果,積重難返,故而敗之,失之。聖人之無爲無執,源於始終謹慎。所以老子接着説:"民之從事也,恒於亓成而敗之,故曰慎冬若始,則无敗事矣。"所講從數量之漸變而至質的突變。這段話回應了本篇開頭所説。

[14] 從事,從於王事,從政。《詩・小雅・十月之交》:"黽勉從事,不敢告勞。"

[15] 慎冬若始,古成語。《左傳・襄》二十五年:"《書》曰:'慎始而敬終,終以不困。'"《書・太甲》:"無輕民事,惟難;無安厥位,惟危。慎終于世。"蔡沈注:"始而不善,而能善其終者寡矣。"《汲冢周書・常訓解》也有這樣的説法:"慎微以始而敬終,乃不因困。"《孫臏兵法・將德》篇殘簡亦有"慎終若始"語。《禮記・表記》:"子曰:事君慎始而敬終。"《禮記・經解》:"故禮之教化也微,其止邪也於未形,使人日徙善遠罪而不自知也,是以先王隆之也。《易》曰:'君子慎始,差若豪氂,繆以千里。'此之謂也。"《易》曰云云,《大戴禮記・禮察》有相同的話。王聘珍解詁:"《易》曰者,易緯通卦驗之言。始,謂其微時也。"上述"慎始"不但是《禮記・祭統》"善終者如始"之意,

同時與老子本篇之意甚是相合。《荀子·禮論》:“生,人之始也;死,人之終也。終始俱善,人道畢矣。故君子敬始而慎終。始終如一,是君子之道,禮義之文也。”可見“慎冬若始”不但是先秦的常用語,而且它的含義與禮制、政事緊密結合。老子所論,本篇内容不但是上篇“大小多少,報怨以德。圖難乎亓易也,爲大乎亓細也。天下之難作於易,天下之大作於細”的進一步發揮,同時也可以看到老子所把握的禮的深度。還可以看到,後人闡述與之相關的禮制時在原則上是何等地認同於老子之論。老子還特别注意到“恒於亓成而敗之”。認爲成功也是堅持和努力的積累,没有完成的事,都只能看作失敗,哪怕已接近完成,所以就要“慎冬若始”。《管子·樞言》:“愛者憎之始也,德者怨之本也。”《荀子·性惡》:“妻子具而孝衰於親,嗜欲得而信衰於友,爵禄盈而忠衰於君。”猶《文子·符言》所云:“官敗於官茂,孝衰於妻子,患生於憂解,病甚於且瘉。故慎終如始,則无敗事也。”

［16］“欲不欲,而不貴難得之貨;學不學,復衆人之所過。”這兩句的内容在老子五千言的語境中,重復出現。《老子·二十》:“我欲不欲而民自樸。”可見“不貴難得之貨”即“民自樸”。《老子·四十七》:“不貴難得之貨,使民不爲盜。”則“民自樸”與“使民不爲盜”處於等值的地位。對於難得而稀有之物,並不着力追捧,民衆自然淳樸,這樣也就不會去做偷竊的勾當了。而這三者的共同前提正是“欲不欲”。而“欲不欲”也就是“无爲”。再看“學不學”,《老子·六十四》“絶學无憂”,所描寫的是嬰兒的純樸狀態。《老子·十一》:“爲學者日益,聞道者日云(損)。”聞道日損而至“无爲而无不爲”,“爲學”所至爲“有事”,而“及亓有事也,又不足以取天下矣”。這樣看來,“絶學无憂”及對“爲學者日益”的否定,所指也是“无爲”。在這裏,衆人之過,即是“貴難得之貨”及其一系列連帶結果。復,覆也。《荀子·君道》:“以德復君而化之,大忠也。”俞樾平議:“《韓詩

外傳》:復作覆,當從之。以德覆君,謂其德甚大,君德在其覆冒之中,故足以化之。”以“欲不欲”、“學不學”的“无爲”去覆冒貴貨爲盜之民衆而化之。本篇此兩句含義,其實相同,亦呼應於後文之自然矣。

[17] 之,趨向。言輔佐萬物趨於自然之境界。

[18] 自然,天然非人爲的。“本者,出之自然,不假乎人之力而萬物之所生也。”(劉惟永《道德真經集義》)

[義述]

老子在上一篇已經提出了“天下之難作於易,天下之大作於細”。他通過難與易、大與細的變化過程,提出了質與量的關係問題,老子在本篇進一步展開了這個內容。事物發展的辯證內容之一,即是由於數量的變化而導致質的變化。在任何一物中,既有其質,亦有其量。没有無量之質,也没有無質之量。質與量作爲事物的概念,它具有同一性。黑格爾《小邏輯》中對這個問題作了詳盡的論述。

> 就尺度只是質與量的直接的統一而言,兩者間的差別也同樣表現爲直接形式。於是質與量的關係便有兩種可能。第一種可能的關係就是:那特殊的定量只是一單純的定量,而那特殊的定在雖是能增減的,而不致因此便取消了尺度,尺度在這裏即是一種規則。第二種可能的關係則是:定量的變化也是質的變化。
>
> 附釋:尺度中出現的質與量的同一,最初只是潛在的,尚未顯明地實現出來。這就是説,這兩個在尺度中統一起來的範疇,每一個都各要求其獨立的效用。因此一

方面定在的量的規定可以改變,而不致影響它的質,但同時另一方面這種不影響質的量之增減也有其限度,一超出其限度,就會引起質的改變。例如:水的温度最初是不影響水的液體性的。但液體性的水的温度之增加或減少,就會達到這樣的一個點,在這一點上,這水的聚合狀態就會發生質的變化,這水一方面會變成蒸氣,另一方面會變成冰。當量的變化發生時,最初好像是完全無足重輕似的,但後面却潛藏着别的東西,這表面上無足重輕的量的變化,好像是一種機巧,憑借這種機巧去抓住質[引起質的變化]。這裏包含的尺度的兩種矛盾説法(antinomic),古希臘哲學家已在不同形式下加以説明了。例如,問一粒麥是否可以形成一堆麥,又如問從馬尾上拔去一根毛,是否可以形成一秃的馬尾?當我們最初想到量的性質,以量爲存在的外在的不相干的規定性時,我們自會傾向於對這兩個問題予以否定的答覆。但是我們也須承認,這種看來好像不相干的量的增減也有其限度,只要最後一達到這極點,則繼續再加一粒麥就可形成一堆麥,繼續再拔一根毛,就可産生一秃的馬尾。這些例子和一個農民的故事頗有相同處:據説有一農夫,當他看見他的驢子拖着東西愉快地行走時,他繼續一兩一兩地不斷增加它的負擔,直到後來,這驢子擔負不起這重量而倒下了。如果我們只是把這些例子輕易地解釋爲學究式的玩笑,那就會陷於嚴重的錯誤,因爲它們事實上涉及到思想,而且對於思想的性質有所認識,於實際生活,特别是對倫理關係也異常重要。例如,就用錢而論,在某種範圍内,多用或少用,並不關緊要。但是由於每當在特殊情況

> 下所規定的應該用錢的尺度,一經超過,用得太多,或用得太少,就會引起質的改變,(有如上面例子中所説的由於水的不同温度而引起的質的變化一樣。)而原來可以認作節儉的行爲,就會變成奢侈或吝嗇了。同樣的原則也可以應用到政治方面。在某種限度内,一個國家的憲法可以認爲既獨立於又依賴於領土的大小,居民的多少,以及其他量的規定。譬如,當我們討論一個具有一萬平方英里領土及四百萬人口的國家時,我們無庸遲疑即可承認幾平方英里的領土或幾千人口的增減,對於這個國家的憲法決不會有重大的影響。但反之,我們必不可忘記,當國家的面積或人口不斷地增加或減少,達到某一點時,除開别的情形不論,只是由於這種量的變化,就會使得憲法的質不能不改變。瑞士一小邦的憲法決不適宜於一個大帝國,同樣羅馬帝國的憲法如果移置於德國一小城,也不會合適。(《小邏輯》236—238 頁)

黑格爾所説,同樣適用於本篇的解釋。老子提出了處於萌芽狀態的事物最容易改變其發展方向。因爲這時的事物,還未得到發生變化的數量必需。這個數量的變化是在時間、空間中發生的。“亓安也,易持也;亓未兆也,易謀也;亓脆也,易判也;亓微也,易散也;爲之乎,亓未有也;治之乎,亓未爪也。”另一方面,對於事物的成功終結,必須持之以恒,付出悠久的耐心和勞作,預定的目標纔有可能達到。“合襃之木,作於毫末;九成之臺,作於蘽土;百千之高,始於足下。”老子舉出這些例子,指出了數量條件的必要性。時空中的數量變化在達到之前,質的變化就不會出現。老子提出的“慎冬若始”要人們堅持一個變化或原狀的行爲。事物既是變化的，又是在每個瞬間静止的，正是這個雙重性，使得把握事物有了可能。老子思想對易傳産生了影響。《易·繫辭》下："善不積不足以成名，惡不積不足以滅身。小人以小善爲无益而弗爲也，以小惡爲无傷而弗去也。故惡積而不可揜，罪大而不可解。""幾者動之微，吉之先見者也。"《易·文言》："積善之家，必有餘慶。積不善之家，必有餘殃。臣弑其君，子弑其父，非一朝一夕之故，其所由來者漸矣。由辯之不早辯也。"又《荀子·勸學》："蹞步而不休，跛鼈千里；累土而不輟，丘山崇成。"這裏都講到了數量變化導致質的飛躍，也都説明了老子的影響。

老子的深刻不僅注意到數量質量變化的自然界，他更關注整個社會。諸如道德、觀念、禮制、生活等方面，其中許多細微的變化的積累，同樣引起了社會整體的質變，同樣存在着壓倒駱駝的最後一根草。正是從這個哲學的思考出發，老子認爲文明社會所産生的種種弊病，是從放棄"无爲"開始的。而放棄"无爲"的原因恰恰是社會文明程度的增加，自然狀態的喪失。與文明相伴而來的是欲望的滋長，對財貨的追逐。正是這些微不足道的生活小事，毁滅了原始社會的淳美風俗，最後使"无爲"的氏族社會瓦解。所以老子要人們注意小事，防微杜漸。對已逝的原始風俗和禮制，老子是痛惜的。他反復告訴人們的是"能輔萬物之自然而弗敢爲"。

二十八

古之[1]爲道[2]者，非以明［民也，將[3]以愚[4]］之也。夫民之難治也，以亓知也[5]。故以知知國[6]，國之賊也；以不知知國，國之德也[7]。恒知此兩者[8]，亦稽式[9]也。恒知稽式，是胃玄德[10]。玄德深矣，遠矣。［與[11]］物反也[12]，乃至大順[13]。

［校注］

［1］“古之”二字，甲本作“故曰”，王弼本、傅奕本、河上本皆作“古之善”。帛書乙本無“善”字，僅曰“古之”，指明淳樸的古時社會。

［2］爲道，行治國之道。

［3］將，是，爲。與“非”相對。《左傳·哀》十四年：“非不利也，將除害也。”《淮南子·説山訓》：“砥利劍者，非以斬縞衣，將以斷兕犀。”都是這種用法。“將以愚之”即“是以愚之”。謂古之爲治國之道不是用智巧而是用淳樸誠實的辦法。

［4］“民也將以愚”五字據甲本補。《一切經音義》卷二十二：“愚，無所知也，亦純樸。”《論語·陽貨》：“古之愚也直，今之愚也詐而已矣。”王弼注：“明謂多見巧詐蔽其樸也。愚謂無知守真順自然也。”

［5］知，智巧。《孟子·盡心》上："爲機變之巧者，無所用恥焉。"用機謀巧詐來治國，是最卑鄙無恥的。特别是它借着權勢肆行無忌之時，必然是"國之賊也"。

［6］知國，《字彙》："知，《增韻》，主也。今之知府、知縣，義取主宰也。"《左傳》有"知政"。《國語·晋語》三："秦始知河東之政。"韋昭注："秦取河東之地而置官司，故云知河東之政。"知政，即是治理政事。知國，即是治理國家。"以知知國"，用智巧治理國家。智巧之逞，詐僞百出，雖有一時之效，終不能蒙蔽天下，經此之治，民無誠信，官無廉耻，疲鄙不振，積敗而不自知。

［7］"故以知知國，國之賊也；以不知知國，國之德也。"王弼本作"故以智治國，國之賊；不以智治國，國之福"。"治國"帛書甲、乙本作"知國"；"國之福"作"國之德"。易順鼎云："《文子·道原》篇引'不以智治國，國之德'，或後人不知此'賊'與'福'爲韻而改之。"易説是錯誤的。帛書本作"德"是。《廣韻》："德，福也。"《禮記·哀公問》："百姓之德也。"鄭玄注："德，猶福也。"《國語·晋語》六："夫德，福之基也。"實乃後人以德有福義而改，又爲侈談韻腳者所乘也。《國語·晋語》六："唯厚德者能受多福。無德而服者衆，必自傷也。"韋昭注："不義而彊，其弊必速。"《商君書·壹言》："故聖人之爲國也，不法古，不修今，因世而爲之治，度俗而爲之法。故法不察民之情而立之，則不成；治宜於時而行之，則不干。故聖王之治也，慎爲察務，歸心於壹而已矣。"《淮南子·主術訓》："慧不足以大寧，智不足以安危，與其譽堯而毁桀也，不如掩聰明而反修其道也。"又《詮言訓》："以慧治國者，始於治，常卒於亂。"所謂智或慧的治國方式，其實所行皆巧僞卑鄙，事事不擇手段，只以成事爲目的，不講誠信。這樣統治的結果是對全社會、全民族的敗壞，造成詐僞盛行，腐敗成風。此即"以知知國，國之賊也"之大略。

［8］兩者，指知與不知。

［9］稽式，楷模，不易之準則。傅奕注："稽式，今古之所同式也。"

［10］玄德，《老子·十四》所説"玄德"是指道的素質的體現，而在本篇中則與人文品質相聯繫。河上公注："玄，天也。能知治身及治國之法式，是謂與天同德也。"所以這裏可作爲對"古之爲道者"的理解，是具有深自内心又達於外的自然無爲而近乎本能的素質的人。這樣的人，即是"王天下者有玄德"（《馬王堆漢墓帛書老子乙本前古佚書·六分》）。

［11］"與"字據甲本補。

［12］與物反也，與，偕同；物，天地間之萬物；反，同返，返回自然。言玄德作爲一種品質偕同萬物而回歸。

［13］大順，大理。大，規模大而程度深；順，即理，凡事物得到適合自己發展的程式，都可以稱爲理，亦即是順。川之流，順之至也。《史記·太史公自序》："夫春生夏長，秋收冬藏，此天道之大經也，弗順則無以爲天下綱紀，故曰，四時之大順，不可失也。"玄德之深之遠，循乎自然之順序而往復，即亦是循自然界本身的規律。於社會而言，特別在文明社會中，即是以等級界定每個人的地位，並實行與之相適應的以禮樂制度爲中心的社會秩序。《禮記·禮運》："天子以德爲車，以樂爲御，諸侯以禮相與，大夫以法相序，士以信相考，百姓以睦相守，天下之肥也，是謂大順。大順者，所以養生、送死、事鬼神之常也。"其實老子希望以質樸的民衆，渾古的風俗，深自内心的自然無爲的品質，來確定"以不知知國"的"大順"。然而在老子理性的思考中，他感到既深又遠的玄德，必然會伴隨"物"返回。這個返回，就體現爲文明社會必然實行的禮樂制度。這個由等級組成的制度，也應該稱爲"大順"。

［義述］

老子在本篇提出的“古之爲道者，非以明民也，將以愚之也”，這是一個著名論斷，也是引起頗多誤解的論斷。其核心問題是對“愚”字的解釋。孔子對“愚”的理解與老子是相同的，所以他懂得老子所説。但後來的注家由於離老子時代太遠，已不明“愚”字之古義，用“愚”之今義妄忖老子的古意。逞臆之説，往往爲淺人所喜。老子説：“夫民之難治也，以亓知也。”老子這裏所説治民之難，在於“以亓知也”。這個“知”是一個什麼樣的概念？從這個“知”應該説老子對於民衆是很看重的，明白民衆是“懂事”的，有分辨能力的。對統治者的好壞，民衆心裏從來就亮堂得很。在老子時代，從西周傳承而來的民情高於天命的傳統理念，仍然盛行於當時的社會，即使禮崩樂壞也破壞不了它。春秋時代的官方記載，無不看重民情，批評不重民情的統治者。西周以來作爲國家意志，對民衆的統治理念是十分明確的。《國語・周語》上：

如是則長衆使民，不可不慎也。民之所急在大事，先王知大事之必以衆濟也，是故祓除其心，以和惠民。考中度衷以莅之，昭明物則以訓之，制義庶孚以行之。祓除其心，精也；考中度衷，忠也；昭明物則，禮也；制義庶孚，信也。然則長衆使民之道，非精不和，非忠不立，非禮不順，非信不行。

《荀子・大略》：

> 不富無以養民情,不教無以理民性。故家五畝宅、百畝田,務其業而勿奪其時,所以富之也。立大學,設庠序,修六禮,明七教,所以道之也。詩曰:"飲之食之,教之誨之。"王事具矣。

這裏是原生態的治民之道的陳述,絲毫没有愚民之意,而是重視民心、道(導)民。《國語·周語》中:"故王天下者必先諸民,然後庇焉,則能長利。"韋昭注:"先諸民,先求民志也。庇,猶廕也。言王者先安民,然後自庇廕也。長利,長有福利也。"《淮南子·泰族訓》:"楚國山川不變,土地不易,民性不殊。昭王則相率而殉之,靈王則倍畔而去之,得民之與失民也。"賈誼《新書·大政》:"夫民者,萬世之本也,不可欺。"在中國,"民心"始終是持久而穩定、强大而無形的政治力量,它常常成爲歷史舞臺上的主旋律。所有的統治者,無不看重民心,總想借民心爲己所用。所以下文的"故以知知國,國之賊也;以不知知國,國之德也",所講就治國者而言,他究竟用什麼方式來治國?"知"還是"不知"?民衆是被統治者,在這個問題上没有話語權。什麼是"知"?什麼是"不知"?這兩個問題本質上是一個問題,即價值判斷的問題。也因了價值判斷的不同而得出不同的答案。

這裏首先要確定實行"愚民"的可能性。細觀歷史,自古以來没有一個統治者主觀上把愚民作爲一種統治的目標。民心不可侮,不可愚,這是每個統治者都知道的。《韓詩外傳》卷四:"管仲曰:所謂天,非蒼莽之天也。王者以百姓爲天。百姓與之則安,輔之則强,非之則危,倍之則亡。詩曰'民之無良,相怨一方'。民皆居一方,而怨其上,不亡者未之有也。"《書·泰誓》:"民之所欲,天必從之。"《國語·楚語》上:"民,天之生也。知天,必知民矣。"又《楚語》下:"夫民心之慍也,若防大川焉,潰而所犯必大矣。"在"君心"和"民心"之間,隨着兩種思想的消長變化,統治者會作出某種選擇,但不可能"愚民"。讓臣民變得愚昧的代價是什麽?愚昧的結果是大幅度地降低全民的道德素質,降低全民的智力水平。這是任何一個統治者不願看到的。如果真的出現了這種情況,那就離内亂不遠,離亡國不遠了。《韓詩外傳》卷四:"故盤石千里,不爲有地;愚民百萬,不爲有民。"所以這樣的國君是不存在的。自古至今,没有哪位皇帝,哪位領袖會從主觀上把民衆之愚昧當成治國的目標。對於統治者來説,民衆只有順逆之分,而無賢愚之别。所有的統治者,都按照既定的政治理念實行統治。《淮南子·繆稱訓》:"成國之道,工無僞事,農無遺力,士無隱行,官無失法。譬若設網者,引其綱而萬目開矣。"新的朝代必須設法把所有的臣民納入既定理念的統治軌道之中。在這裏,暴力和榮利兩手同時並用。《商君書·靳令》:"聖君知物之要,故其治民有至要。故執賞罰以壹輔仁者,心之續也。聖君之治人也,必得其心,故能用力。"《吕氏春秋·用民》:"劍不徒斷,車不自行,或使之也。夫種麥而得麥,種稷而得稷,人不怪也。用民亦有種,不審其種,而祈民之用,或莫大焉。"或,即惑。《韓非子·外儲説》左上:"孔子曰,爲人君者猶盂也,民猶水也,盂方水方,盂圜水圜。"把民衆如何變得愚昧,從來不是目標。《莊子·天地》:"大聖之治天下也,摇蕩民心,使之成教易俗,舉滅其賊心而皆進其獨志。若性之自爲,而民不知其所由然。若然者,豈兄堯舜之教民溟涬然弟之哉。欲同乎德而心居矣。"兄,即況。又《莊子·天道》:"聖道運而無所積,故海内服。"統治者想的是怎樣實現自己的政治理想,把自己的政治理念灌輸到民衆中去。如秦始皇他認爲詩書百家之説妨碍專制的推行,所以焚書坑儒,頒布挾書令,大事鎮壓,以便“以吏爲師,以法爲教”,用以維繫他的萬世一系的專制統治理念。從主觀願望來説,他希望出現明智的官吏,懂法的臣民,大家步調一致地走向他的一元化獨裁統治,去建立秦的思想的理想國。《荀子·正論》云:

> 世俗之爲説者曰:主道利周。是不然,主者,民之唱也;上者,下之儀也。彼將聽唱而應,視儀而動。唱默則民無應也,儀隱則下無動也。不應不動,則上下無以相有也。若是,則與無上同也,不祥莫大焉。

周,就是隱匿其情,不使下知。荀子的説法是對的。統治者不必隱瞞自己的統治想法和好惡,而是要成爲民衆仿效和跟隨的榜樣。正如魯迅先生説的,統治者無須隱瞞自己的政治主張,所要私密的,乃是與妻妾的調笑。到秘密殺人時,那朝代已走上了末路。統治者需要的是聰明的奴才,有本領的走狗,伶俐的民衆。他決不需要渾渾噩噩、一竅不通的臣民。他需要的是對君上的號令能像宗教情緒一樣狂熱回應的臣民。這樣的臣民就不是一個“愚”字所能包括的了。儘管在某種意義上講確是一種愚昧,但與一般意義上所説的“愚民”是完全不同的,因爲他們的行爲是有代表統治者統治理念所組成的信念作爲支撑的。這些民衆是有自己的價值判斷的。要知道,臣民的狀態從來不是君上的直接目標,狀態僅是實施統治的副産品。統治者需要民衆的服從,不惜使用卑鄙的或暴力的手段來達到他的目的。信仰的狂熱常和行爲的恐怖交織在一起。所以説,從主觀上使民衆“愚昧”的統治者,其實是從未有過。認爲愚昧的民衆容易統治,也是想象中之事。事實上,愚昧的民衆很難治理。《孟子·離婁》上:“上無禮,下無學,賊民興,喪無日矣。”治國之論,是複雜的,是由諸多因素共同影響的。不是智或愚二字所能包括得了的。所以以往就本篇作“愚民”之説的,是空泛不實的。

基於以上的理解,老子的“故以知知國,國之賊也;以不知知國,國之德也”,這第一個“知”字,決不可能是智慧,而只能是“智巧”。“以知知國”即是卑鄙而不擇手段地去實現他的政治理念。這麽做的結果,當然是“國之賊也”。《莊子·胠篋》:“上誠好知而无道,則天下大亂矣。”葉適《水心别集》卷一君德云:

> 夫偏説鄙論,習熟於天下之耳目,而近功淺利,足以動人主之心。於是以智籠愚,以巧使拙,其待天下之薄而疑先王之陋,以爲譬若狙猿之牧者,數千百年於此矣,哀哉。
>
> 以智巧行令,其令必壅;以智巧用權,其權必侵;以智巧守法,其法必壞。
>
> 天下之治,非若是而可致也。名位者,人主之所自有,天下不得與也。好治之君,常恐名位之去已,是故或出於令,或出於法,或出於權,役巧任智,斷制刑賞,以執天下之命。若此者,凡以爲留名位之術,而不知夫名位者不必留而未嘗去也。未嘗去而留之,然後天下始有不安之心,……未有服天下之道也。

下面一句"以不知知國","不知"即是笨拙,就是用笨拙的辦法,老實的辦法,真誠而實事求是的辦法去治理國家,當然是"國之德也",給國家帶來了福澤。《韓非子·揚權》:"聖人之道,去智與巧,智巧不去,難以爲常。民人用之,其身多殃;主上用之,其國危亡。"陳奇猷集釋:"夫智巧在,必背道而行詐,故須去之。主用智巧,則國無常法,解老篇云:治大國而數變法則民苦之。"正如《韓非子·説林》上所謂"巧詐不如拙誠"。司馬光説得好:"物情莫不貴智,而有德者獨賤之,雖反於物,乃順於道。是智之所順者小,而德之所順者大也。"(《道德真經論》)"不知"的關鍵,就是統治者的德,一個德行敗壞、卑鄙奸詐的國君,是不可能把國家帶入富裕强盛的。

從現代社會而言,民衆的知識程度越高,素質越好,社會也就越安定。人人熟悉法律,個個都能發揮自己的聰明才智,大部分人受過高等教育,這樣的社會也就容易富足快樂。因爲執政者的施政理念從民意中來,自然也就與民衆利益有相當的一致。這正是民主社會的特點。這與農業社會君上把自己的意志淩駕於整個社會之上是有本質區别的。農業社會不可能實行民主。老子作爲大哲,他指出,知和愚這兩者,都是以某種模式來治理社會,以深自内心的自然無爲的品德作爲統治的理念,才是好的,無論今古,都是這樣。現代社會的政府已從統治者的角色向服務者轉化,正是可以看作社會發展最後向老子無爲而治的見解回歸,從而走向了"與物反矣,乃至大順"的現代版。然而必須明白,這個回歸正是對老子無爲而治的否定之否定。

二十九

江海所以能爲百浴[王[1]者,以[2]]亓[善[3]]下[4]之也,是以能爲百浴王。是以耶人之欲上[5]民也,必以亓言下之;亓欲先[6]民也,必以亓身後[7]之。故居上而民弗重也,居前而民弗害也[8],天下皆樂誰[9]而弗猒[10]也。不[以[11]]亓无争與?故天下莫能與争[12]。

[校注]

[1] 百浴,即百谷,山谷中之水流。天下之水,百川千壑之義。百浴王,猶百川之長。

[2] "王者以"三字據甲本補。

[3] "善"字據甲本補。

[4] 下,向低處流。《墨子·親士》:"是故江河不惡小谷之滿已也,故能大。"《莊子·秋水》東海自謂"天下之水,莫大於海。萬川歸之,不知何時止而不盈;尾閭泄之,不知何時已而不虚。春秋不變,水旱不知。此其過江河之流,不可爲量數。而吾未嘗以此自多者,自以比形於天地,而受氣於陰陽,吾在於天地之間,猶小石小木之在大山也"。《淮南子·説山訓》:"江河所以能長百谷者,能下之也。夫惟能下之,是以能上之。"《國語·越語》上:"寡人聞,古之賢君,四方之民歸之,若水之歸下也。"

［5］上，《國語·周語》中："《書》曰：民可近也，而不可上也。"韋昭注："上，陵也。""上"本指君王，作動詞用即是"君臨"。本篇的"耶人"即是君上。猶後世對皇帝都稱聖上。

［6］先，本義"在前"。《説文》："先，前進也。"引伸爲君臨之義。先民猶上民。

［7］後，位置不在前。身後，猶言把自己置於民衆之下，作普通一員。聖人欲上民，必如江海之善下，善後。

［8］"故居上而民弗重也，居前而民弗害也。"甲本作"故居前而民弗害也，居上而民弗重也"。乙本句序同於傅奕本。《字彙》："害，嫉也，忌也。"犯忌憚，畏懼。

［9］"誰"，傅奕本作"推"，甲本作"隼"。《釋名疏證補》卷四："誰，推也。有推釋言不能一也。葉德炯曰，左昭十三年傳，請待於郊以聽國人。楚世家注引服虔云，聽國人欲爲誰，此誰字正作推訓，言聽國人之推擇也。"誰，舉薦。《孟子·梁惠王》下："不得而非其上者，非也；爲民上而不與民同樂者，亦非也。樂民之樂者，民亦樂其樂；憂民之憂者，民亦憂其憂。樂以天下，憂以天下，然而不王者，未之有也。"

［10］猒，同厭，足夠。

《文子·符言》："人之情，服於德，不服於力。德在與，不在求。是以聖人之欲貴於人者先貴人；欲尊於人者先尊人；欲勝人者先自勝；欲卑人者先自卑。故貴賤尊卑，道以制之。夫古之聖王，以其言下人，以其身後人，即天下樂推而不厭，戴而不重，此德有餘而氣順也。故知與之爲取，後之爲先，即幾於道矣。"

［11］"以"字據甲本補。

［12］《文子·道原》："故聖人不以事滑天，不以欲亂情，不謀而當，不言而信，不慮而得，不爲而成。是以處上而不重，居前而人不害，天下歸之，姦邪畏之，以其无争於萬物也，故莫敢與之争。"徐靈

府注:“若天道无心,如四時玄契。得非役慮,成非有爲。至德所加,姦衺伏匿,萬姓戴之而不重,天下莫敢與争之。”又《文子·上德》:“故聖人虚無因循,常後而不先。譬若積薪燎,後者處上。”

[義述]

江海與“百浴”相比,所處地理位置是低的地方。水流向低處是自然現象,作爲人在社會中的生存而言,“低處”顯然不是人們觀念中向往的地方。老子從描述自然現象作爲興起下文的修辭手法。大江之上,水面開闊;大海之上,無際無涯。江海浩瀚而博大,足以成爲“百浴王”。這一切都來源於“善下”。只有接納了百川之水纔能成爲江海。如此,則下成爲上的前提,下而爲上。因此,老子接着説“耶人”要臨於民衆之上,必先從謙下做起。要示弱示小,臨深履薄,恭敬有加,謙卑忍讓,重視民心向背,重視外表形象,這些就是“以亓身後之”的具體内容,當然遠不止這些。這個“身後之”就是“善下之”的翻版。聖人,在老子的語境中是人君的代稱。從原始觀念的角度看,稱爲聖人的人君充滿了天然尊長者的色彩。人君不應是天下逐鹿的産物,而是自然而然之産物,正如水向低處流動那樣。在中國古代,傳統思想早已把善後善下納入了禮的範圍。《左傳·文》元年:“穆伯如齊,始聘焉,禮也。凡君即位,卿出并聘,踐修舊好,要結外援,好事鄰國,以衛社稷,忠信卑讓之道也。忠,德之正也。信,德之固也。卑讓,德之基也。”吕惠卿《道德真經傳》云:“有天下者,以位言之,則固上乎人也。然以孤寡不穀爲稱,而受國之垢與不祥,是何其言之下乎?”徐梵澄云:

> 以江海喻聖人者,言聖人之德,如水之積厚,而度量廣大也。將譽之不喜,毁之不怒,所謂澄之不清,擾之不濁者也。而水常就下,聖人何不樂居後而下人?其上人,非以上自處也,而"自稱孤、寡、不穀"。《易》之兑曰:"説以先民,民忘其勞。"是以人民居先,而己獨取後也。古之善將兵者,非士卒皆已食不先食,非士卒皆已休息不先休,皆此道也。
>
> 雖然,於此亦有當辨者:誠與僞而已。倘以言下人,所爲者乃己之居上;以身後民,所爲者乃己之居先。則是售僞也。售僞者人必不信,必不肯推之戴之。聖固無僞。倘其居上,亦弗重且弗害。人必樂於推之戴之,亦無與争者。然歷代奸雄竊國,多假此術以售其欺,敗國亡身者多矣。(《老子臆解》98、99頁)

在這裏人君的個人品質不論優劣,只要他符合自然的游戲規則,他的所有奸詐或努力,卑鄙或付出,游弋於爲善爲下的舞台上,他都會成功。正如通常所説的時勢成就英雄。

"自然"是老子闡述人君和民衆的既定原則。他對當時統治者所作的諄諄教誨,也離不開"自然"二字。希望建立這樣一種社會,即首領是自然而成,民衆並無壓力和畏懼的感覺。"天下莫能與之争"的含義是:最佳人選,無人可以替代,不存在争。有"天下樂誰(推)而弗猒也"作保證,首領的推舉,並不夾雜任何個人動機,無論當事人或民衆,服從的是當時的社會慣例。

> 天之使人必有君也,莫之爲而爲之。故其始也,各推

其德之長人、功之及人者而奉之,因而尤有所推以爲天子。人非不欲自貴,而必有奉以爲尊,人之公也。安於其位者習於其道,因而有世及之理。(王夫之《讀通鑑論》卷一)

與王夫之相似,老子充滿原始回憶的治國論,其實對遠古社會的了解並不透徹,更不存在科學的理解。須知原始時代的首領與後世君主在個人的權勢和奉養方面是完全不同的。原始時代的首領擔任是出於氏族意志,而君主的世襲是專制獨裁推動下的家天下。宋代鄧牧云:

古之有天下者,以爲大不得已,而後世以爲樂,此天下所以難有也。生民之初,固無樂乎爲君,不幸爲天下所歸,不可得拒者,天下有求於我,我無求於天下也。子不聞至德之世乎?飯糲粱,啜藜藿,飲食未侈也;夏葛衣,冬鹿裘,衣服未備也;土堦三尺,茆茨不翦,宫室未美也;爲衢室之訪,爲總章之聽,故曰"皇帝清問下民",其分未嚴也。堯讓許由而許由逃,舜讓石户之農,而石户之農入海,終身不反,其位未尊也。夫然,故天下樂戴而不厭,惟恐其一日釋位而莫之肯繼也。(《伯牙琴·君道》)

儘管如此,遠古社會所能見到的優於後世的地方,老子仍用來作爲批評春秋之世列國紛爭、篡竊頻仍的社會現實的依據。老子把這種已逝時代的陳迹,作爲最高境界,作爲衡量當時統治者的準繩。在後世,老子的話醇化爲一種"原理",人君的禮賢下士、愛民如子等等的虚僞的做作,都由此派生而出。在老子文中,聖人是與最高統治者劃上等號的。其影響所及,《禮記·禮器》:“是故聖人南面立而天下大治。”這已爲後世稱皇帝爲聖上開了先河。所以老子所談以往社會的原始狀態,已有了文明社會的影子。“故聖者法天,賢者法聖,此其大數也。得大數而治,失大數而亂,此治亂之分也。所聞天下無二道,故聖人異治同理也。”(《春秋繁露·楚莊王》)正是對自然無條件的遵從,爲專制制度的到來作了很好的鋪墊。因爲聖人代表了自然,當然也就至高無上了。

三十

小國寡民[1]，使有十百人器[2]而勿用，使民重死[3]而遠徙[4]。又[5]周車[6]无所乘[7]之，有甲兵[8]无所陳[9]之。使民復[10]結繩[11]而用[12]之。甘[13]亓[14]食，美亓服[15]，樂亓俗[16]，安亓居[17]，哭[18]國相望[19]，雞犬之[聲相[20]]聞，民至老死不相往來[21]。

[校注]

[1] 小國，春秋前，古君國甚小。郭沫若云："里君百姓，相對成文。"(《兩周金文辭》63 頁)《戰國策・趙》三："古者四海之内，分爲萬國，城雖大，無過三百丈。人雖衆，無過三十家。"任乃强云："《詩》、《書》所記，動稱萬國。其實當時中國，不過魯、豫、燕、趙、蘇、皖、川、楚、陝、甘十省之地，分成萬國，佔地不過今日一縣之什一而已。即在春秋之世，可考者，亦但百有餘國，鄧、庸、鄒、莒，不過如今一縣。其他不入記載之無名小國，又更可知。"(《西康圖經》轉引自陳登原《國史舊聞》卷二)

寡民，人口稀少。王弼注："國既小，民又寡，尚可使反古，況國大民衆乎，故舉小國而言也。"姚鼐《老子章義》："上古建國多而小，後世建國少而大。然國大人衆，雖欲反上古之治，不可得也。故老子欲小其國，而寡其民。”

［2］十百人器，胡適云：“文明進步，用機械之力代人工，一車可載千斤，一船可裝幾千人，這多是‘什伯人之器’。下文所説‘雖有舟輿，無所乘之；雖有甲兵，無所陳之’正釋這句。”（《中國哲學史大綱》52頁）十百人器，即是勝於人力十倍、百倍之先進工具。它不僅有先進的武器，也包括先進的生産工具，生活設施，效率高的東西。這些有違於老子關於“小國寡民”的思想，故而主張不用。

［3］重死，不輕易喪失生命，把死看得很重。重，看重。

［4］遠徙，甲本同。王弼本、傅奕本、河上本“遠”字上有“不”。馬王堆漢墓帛書整理者云：遠與重對言，作動詞用。遠徙猶言疏於遷徙而避免移民。不必加“不”字。《吕氏春秋・上農》：“民農則其産復，其産復則重徙，重徙則死其處而無二慮。”《漢書・元帝紀》：“安土重遷，黎民之性。”顔師古注：“重，難也。”猶言不輕易，重遷猶遠徙也。

［5］又，有。

［6］“周車”，甲本作“車周”。周，即舟。《周禮・考工記・叙》：“作舟以行水。”鄭玄注：“故書舟作周。”《馬王堆漢墓帛書・春秋語事》七：“齊亘公與蔡夫人乘周，夫人湯（盪）周。”舟書作周。

［7］乘，駕馭，使用舟車。《易・繫辭》下：“服牛乘馬，引重致遠。”

［8］甲兵，鎧甲和戈矛。《詩・秦風・無衣》：“王于興師，修我甲兵。”

［9］陳，布列。《國語・魯語》上：“大刑用甲兵。”古之時，兵刑不分，以大刑稱甲兵，陳之原野。甲兵乃锐利之武器，然而言“雖有甲兵，无所陳之”，即是棄用先進兵器。亦即上文“使有十百人器而勿用”之義。“又周車无所乘之”即“重死而遠徙”之義。《商君書・畫策》：“神農之世，男耕而食，女織而衣，刑正不用而治，甲兵不起

而生。”

[10] 復,再一次。

[11] 結繩,文字産生前的一種用繩打結表示記事的方法,使用於母系氏族時期。《易·繫辭》下:“上古結繩而治,後世聖人易之以書契,百官以治,萬民以察。”集解引《九解易》:“古者无文字,其有約誓之事,事大大其繩,事小小其繩,結之多少,隨物衆寡,各執以相考,亦足以相治也。”

[12] 用,治。《説文》:“用,可施行也。”

[13] 甘,動詞,認爲味美。《説文》:“甘,美也。”老子所説的“甘亓食”,是説粗糲之食而覺其可口。

[14] 亓,他們的。

[15] 服,衣服器用。《周禮·春官·都宗人》:“正都禮,與其服。”鄭玄注:“服,謂衣服及宫室車旗。”“美亓服”謂衣服僅是爲了保暖蔽體,還須合於身份禮制,美之義,即在此。

[16] 俗,風俗。《説文》:“俗,習也。”《周禮·大宰》:“禮俗以馭其民。”鄭玄注:“禮俗,昏姻喪紀,舊所行也。”

[17] “樂亓俗,安亓居”,王弼本、河上本作:“安其居,樂其俗。”《莊子·胠篋》、《文選·魏都賦》注引老子文作“樂其俗,安其居”。皆同於帛書本。

蔣錫昌云:“甘其食,言食不必五味,苟飽即甘也;美其服,言服不必文彩,苟暖即美也;安其居,言居不必大廈,苟蔽風雨即安也;樂其俗,言俗不必奢華,苟能淳樸即樂也。”以上四句意即“以其食爲甘,以其服爲美,以其居爲安,以其俗爲樂”。實則其食、其服、其居、其俗皆陋劣下乘而自以爲滿足也。猶《桃花源記》云:“不足爲外人道也。”“甘衣美食使長貧。”(《太平御覽》847卷引《逸周書》逸文)一語道破這裏一切所謂美好之事,全部建立在貧困的基礎上。《素問·上古天真論》云:“故美其食,任其服,樂其俗,高下不相慕,其民故曰樸。”

［18］ 叟，吅，古文鄰。兩個靠近的區域或事物，用象形之吅表示。《説文古籒補補》第六：“吅，古𠣬。吴窓齋曰古老子鄰作吅。”吅乃叟取義之形符。《中山王嚳鼎》：“叟邦難㝉。”叟字帛書乙本爲隸書寫法，與金文寫法相同。甲本作𨚗，叟乃鄰之古寫。王弼本作“鄰國相望”。小國之相近，有如居家近鄰。

［19］ 朢，望字的古寫。甲本作朢，同。《説文》：“朢，月滿與日相朢，以朝君也。”金文《臣辰盉》：“在五月既朢。”金文中，凡望皆書作朢。商承祚《古文考》：“象人登高舉目遠矚……從月。月遠朢而可見意也。《説文》誤以目爲君臣之臣。”朱駿聲通訓：“今皆以望爲之。”《説文》：“望，出亡在外，望其還也。从亡，朢省聲。”徐灝《説文解字注箋》：“竊謂望、朢實本一字。《玉篇》有𦣠字，蓋即古瞻望之望，从壬，亡聲。壬者，跂而望之之義也。”

［20］“聲相”二字據甲本補。

［21］ 往來，互通慶弔，相互聘問，謂之往來；相互盟誓，相互征伐，亦是往來。不相往來，實是先民氏族社會太古寧静無爲生活之寫照。《論衡·説日》：“古者質樸，鄰國接境，雞犬之聲相聞，終身不相往來。”

［義述］

小國寡民的社會形態，在春秋時代還保存着。《左傳·僖》二十一年：“崇明祀，保小寡，周禮也。”楊伯峻注：“《老子》‘小國寡民’即此‘小寡’之義。”具體而言是指當時華夏族小國須句。《左傳》這句話，反映了當時存在的原始遺風。而保存這種華夏族小國，正是周禮的内容之一。

老子把這種社會描繪成理想社會，既是原始社會的寫照，又是文明社會眼中的烏托邦。田園牧歌和世外桃源式的社會模式常常體現了早期哲學家的理想和治國理念,因而使他們不由自主地感到陶醉。到了漢朝,這種治國理念與大一統的現實是明顯衝突的。所以崇信老子思想的司馬遷在這一點上也認爲已經做不到了。他説:“老子曰:至治之極,鄰國相望,雞狗之聲相聞,民各甘其食,美其服,安其俗,樂其業,至老死不相往來。必用此爲務,輓近世塗民耳目,則幾無行矣。”(《史記·貨殖列傳》)他又説:“夫神農以前,吾不知已。至若詩書所述虞夏以來,耳目欲極聲色之好,口欲窮芻豢之味,身安逸樂,而心誇矜勢能之榮,使俗之漸民久矣,雖户説以眇論,終不能化。”(同上)

老子思想是繼承商周古史遺文而來的。它表現了老子對周的思想和禮制的精通和執着。老子所主張的“哭國相朢,雞犬之聲相聞,民至老死不相往來”,其中包含着華夏與夷狄之間的不可踰越的尊卑分野。這個區分,一方面表現爲極度鄙視“夷狄文化”,哪怕它已完全融入了華夏主流文化之中,也視而不見。朱彝尊云:“昔之采詩,不遺邶、鄘、曹、檜。而吴楚大國,不録於輶軒之使。後百六十年,屈宋唐景,楚風代作。若夫吴以子言之文學,延陵季子之知樂,宜其有詩,而竟無詩。”(《曝書亭集》卷三)另一方面,這些國家在經濟和軍事上已超過華夏諸國時,也不予承認。反映在《春秋》一書中就是這樣。《春秋》所記載的歷史無不貫徹着内諸夏和外夷狄的立場。《公羊·哀》十三年:“公會晉侯及吴子於黄池,吴何以稱子?吴主會也。吴主會則曷爲先言晉侯?不與夷狄之主中國也。其言及吴子何?會兩伯之辭言也。不與夷狄之主中國,則曷爲以會兩伯之辭言之?重吴也。曷爲重吴?吴在是則天下諸侯莫敢不致也。”在中原諸侯衰微，被迫參加以吴王爲霸主的黄池之會的情況下，史書仍表現了一種强烈不予認同的思想。老子所説的，本質上也是這種思想。與管仲的“尊王攘夷”是一脉相承的。

一九九八年十月，陝西省考古研究所和寶雞市考古隊對寶雞市渭濱區峪泉西周墓地進行考古發掘。清理了其中兩座豎穴土坑墓。考古人員根據墓葬中出土的典型高足鬲及青銅器造型紋飾斷定，墓屬西周初年，具有鮮明的周民族特征。距該墓地兩三公里的茹家莊西周墓地，年代上完全相同，但出土器物完全是巴蜀民族的特點，兩者差異十分明顯。這些民族雖在同一時代的同一區域生活，不可能不進行交往，但從文化特徵上看相互影響非常小。正是夷夏之别，使他們互相之間極少影響。特别是屬於華夏族的西周墓出土物，上面没有絲毫巴蜀文化的痕迹。這體現了文化的流向，因爲華夏文明遠遠高於周邊的蠻夷之國。同時，夷夏之防乃保護華夏小國生存的必要手段，從這一點看，對站在華夏立場上的老子所説“叟國相塱，雞犬之聲相聞，民至老死不相往來”就容易理解了。

除了禮制的因素外，勞動愈不發展，勞動産品的數量愈少，從而社會的生存愈受限制，社會制度就愈在較大程度上受血族關係支配。老子的“小國寡民”，其本質不過如此而已。《莊子·胠篋》：“昔者容成氏、大庭氏、伯皇氏、中央氏、栗陸氏、驪畜氏、軒轅氏、赫胥氏、尊盧氏、祝融氏、伏戲氏、神農氏，當是時也，民結繩而用之，甘其食，美其服，樂其俗，安其居，鄰國相望，雞狗之音相聞，民至老死而不相往來。若此之時，則至治已。”這段話所記載的十二氏族名稱，足以幫助理解老子本篇。老子顯然無法理解曾有過的原始社會。作爲理想模式提出來，當然是爲了批評自己所處的時代。而細考其出發點，要亦不出周禮。周是一個農業民族。這種小國寡民的生存方式最適合於農業爲主業的社會。戰國時，《孟子・滕文公》上："死徙無出鄉，鄉田同井，出入相友，守望相助，疾病相扶持，則百姓親睦。方里而井，井九百畝，其中爲公田。八家皆私百畝，同養公田；公事畢，然後敢治私事，所以别野人也。"這個思想明顯來自老子。到漢代，老子思想被演繹成現實的社會理想。在《漢書・食貨志》，班固記録了漢初規劃的村莊圖景，並以此作爲論述整個社會經濟的出發點。

> 理民之道，地著爲本。故必建步立畮，正其經界。六尺爲步，步百爲畮，畮百爲夫，夫三爲屋。屋三爲井，井方一里，是爲九夫。八家共之，每受私田百畮，公田十畮，是爲八百八十畮，餘二十畮以爲廬舍。出入相友，守望相助，疾病相救，民是以和睦，而教化齊同，力役生產可得而平也。（《漢書・食貨志》上）

在上述引文中，畮，即畝。它所描述的村莊即是由政府規劃的小農生產單位。由此可見老子對兩漢乃至後來的中國社會的影響是巨大的。

老子的説法作爲觀察中國古代社會經濟模式的經典視角，它的意義是深遠的。兩千餘年的中國社會農村，宗族聚居的村落，正是老子小國寡民概念的真實版。後來陶淵明把它演繹成了桃花源，其實他的靈感即來自於老子。近人錢振鍠詩云："小國拘虚又寡民，甲兵一任網塵埃。舟輿息影無行處，雞犬相聞樂比鄰。終古自安風俗美，一生不用往來頻。從今識得猶龍氏,原是桃源洞裏人。”中國封建社會長期穩定存在的基礎,它的前提就是以宗族聚居爲重要特徵的小農生產方式。

三十一

信言[1]不美,美言[2]不信。知者不博[3],博者不知。善者不多[4],多者不善[5]。耶人无積[6],既以爲人[7],己俞[8]有;既以予人矣,己俞多。故天之道利[9]而不害[10],人之道爲而弗争[11]。

[校注]

[1] 信言,誓言。《左傳·定》十四年:"諺曰:民保於信。"杜預注:"使義可信,不必信言。"庶民的利益由誓言加以保證。注釋所言,如果大義可信賴的話,那就用不到誓言。這個義是德的品質規範。

[2] 美言,好話。《文心雕龍·情采》:"老子疾僞,故稱美言不信。"劉勰此言誤,美言不等於假話。當時已不解老子此語。檢王弼、河上公注,亦未確解。詳本篇義述。

[3] 知,經驗豐富,學有專長。博,《史記·老子韓非列傳》:"泛濫博文,則多而久之。"司馬貞索隱:"謂人主志在簡要,而説者務於浮辭泛濫,博涉文華。"博,猶言賣弄。

[4] 多,贊揚,誇耀。此二句言完美之人,不會自贊自誇,自誇乃缺點,有此缺點即非完美。《後漢書·仲長統傳》:"干雅自多,不納

其言。”《吕氏春秋·知度》:“其患又將反以自多。”

[5]“信言不美,美言不信。知者不博,博者不知。善者不多,多者不善。”王弼本、河上本作:“信言不美,美言不信。善者不辯,辯者不善。知者不博,博者不知。”俞樾平議認爲:“此當作‘信者不美,美者不信’,與下文‘善者不辯,辯者不善。知者不博,博者不知’文法一律。河上公於‘信者不美’注云,‘信者如其實,不美者樸且質也,’是可證古本正作‘信者不美’,無‘言’字也。”蔣錫昌云:“俞據誤本,謂河無‘言’字,非是。”河上本老子文作“信言”,注文作“信言者,如其實也”。注文之“言”字衆本皆有,個别漏刻。今老子帛書乙本作“信言”,洵古本如此,不當疑者。俞説甚誤。

[6] 積,《説文》:“積,聚也。”段注:“禾與粟皆得稱積。”無積,猶言柴草糧秣日耗外無所多餘。

[7] 既,全部。《廣雅·釋詁》一:“既,盡也。”爲人,爲,給予。《論語·述而》:“冉有曰:夫子爲衛君乎?”《左傳·襄》二十三年:“齊侯將爲臧紇田。”杜預注:“與之田邑。”嚴可均《老子唐本考異》:“‘既以爲人’,御注作‘與人’。”

[8] 俞,通愈,更加。《國語·越語》下:“使者往而復來,辭俞卑,禮俞尊。”韋昭注:“俞,益也。”

[9] 利,能爲人類利用的自然資源。《國語·周語》上:“夫利,百物之所生也,天地之所載也,而或專之,其害多矣。”

[10] 害,通轄。天即是自然的代稱。《荀子·天論》:“萬物各得其和以生,各得其養以成,不見其事而見其功,夫是之謂神。皆知其所以成,莫知其無形,夫是之謂天。”此即“天之道利而不害”之謂也。

[11] 争,《書·大禹謨》:“汝惟不矜,天下莫與汝争能;汝惟不伐,天下莫與汝争功。”天育養萬物而無形無爲,不加主宰,所以觀照“天之道”,人的行事也應該是“爲而不争”。人雖能“爲”,必然有“爲”,然而必須合於天,那就是“不争”。

[義述]

老子指出，聖人自己無蓄積，愈給予别人，也就是自己愈豐富，全部給别人了，自己反而更豐饒。這反映原始社會人們的觀念中没有獨立的個人意識，在他們頭腦中，氏族與個人是相等的。他們的智力還分不清個人和集體，給予了氏族，給氏族愈多，那麽作爲氏族成員的自己能分配到的也就愈多。《舊唐書》一〇九卷阿史那社尒傳云："在位十年，無所課斂。諸首領或鄙其不能富貴，社尒曰：部落既豐，於我便足。諸首領咸畏而愛之。"拉法格説："原始人不可能有個人財産的觀念，理由很簡單，因爲他還没有意識到自己的個性，他還没有意識到與他所依以生存的血族集團分開的個人。"(《財産及其起源》37 頁)所以，這些不可能也不應該歸結爲人類的優良品質，僅僅是智力尚未開化的表現。與《老子・四十二》"有余者云(損)之，不足者補之"。所言爲同一道理。反映了原始社會平均分配消費品，實行財産共有之事實。這就是"既以爲人，己俞有；既以予人矣，己俞多"的本質内容。而在老子眼中，這已是屬於聖人之所爲了。他把原始的遺俗歸結爲聖人之所爲，然而老子的聖人，有着現實中統治者的背景，這樣表現了老子對聖人的理想寄托。

美洲印第安的克洛族人，争訟雙方"以箭穿肉一片，放在乾的水牛皮上，每人取箭嚐肉，口念同樣的誓詞。當然這是不會當場見效的；但如兩人中有一人此後不久便逢凶逆，部族中人便要説他應了誓，那争執未決的榮譽便歸於另外那個人"(羅維《初民社會》488 頁)。像這樣發誓以明心的原始遺俗，也流行於中國的先秦時期。《淮南子・齊俗訓》："胡人彈骨，越人契臂，中國歃血也，所由各異，其於信，一也。”高誘注：“胡人之盟約，置酒人頭骨中，飲以相詛。刻臂出血，殺牲歃血，相與爲信。”《左傳·襄》九年：“且要盟無質，神弗臨也。所臨唯信。信者，言之瑞也，善之主也，是故臨之。明神不蠲要盟，背之可也。”信，就是誓言，這裏説得很清楚。老子所説的“信言不美，美言不信”與遠古誓言也是一回事。《禮記·曲禮》下：“約信曰誓。”誓即人們以言辭在神前共相約束之意。這種誓文，西周金文中能見到。向神發誓，必須舉行殺牲，稱之爲盟。《禮記·曲禮》下：“涖牲曰盟。”鄭玄注：“盟以約辭告神，殺牲歃血明著其信也。”與盟相同的還有詛。無論《詩》、《書》、《左傳》都多次寫到盟詛之事，説明當時對神發誓的原始遺風仍然是解決社會糾紛矛盾的重要手段。《周禮·春官·詛祝》：“詛祝掌盟，詛、類、造、攻、説、禬、禜之祝號。”鄭玄注：“八者之辭，皆所以告神明也。盟詛主於要誓。大事曰盟，小事曰詛。”《周禮·秋官·司盟》：“盟萬民之犯命者，詛其不信者，亦如之。”至於“有獄訟者，則使之盟詛”，讓訴訟雙方在神前發誓。當時盟誓也是解決國家之間、貴族之間争端的方式。《左傳·襄》十一年：“秋七月，同盟於亳。載書曰：‘凡我同盟，毋藴年，毋壅利，毋保姦，毋留慝。救災患，恤禍亂，同好惡，奬王室。或間兹命，司慎司盟，名山名川，群神群祀，先王先公，七姓十二國之祖，明神殛之，俾失其民，隊命亡氏，踣其國家。’”聲言違背約定，就要受到神祇的懲罰。將會神明誅之，丢失民衆，失墜天命，喪失姓氏，滅亡國家。這些話都是夠狠毒的，是“信言不美”的最好注脚。“信言”即是“誓言”、“詛言”。山西侯馬出土有春秋時代晋國卿大夫之間盟誓實物玉石盟書。盟書文字結尾常常寫上“麻夷非是”四字，裘錫圭釋讀爲“滅夷彼氏”，意思是説如果違背盟約就滅夷其家族。這也是“信言不美,美言不信”的實例。在神前賭詛發誓之言,當然也就不會“美”。如果用“美言”,就必然不是“誓言”,當然也就“不信”。

本篇前面三句是排句。“信言不美,美言不信。知者不博,博者不知。善者不多,多者不善。”老子所講的是行爲方式。信言即是誓言,必然不美。上文已談過了。知者,學有專長者,不會賣弄,因爲專長之外的他不懂。善者,完美之人不會自誇。自誇是缺點,一旦自誇,也就不完美了。這三句含義的共同點即是世人認爲有用或美好的事物本身,其實都包含着另外一層的不足。反過來就是,事物欠缺的本身也包含着美好和有用。這是符合老子的一貫思想的。這三句起着比的修辭作用。然後轉入本篇的中心思想,把别人的利益放在第一位,那麽自己亦終將得益。這樣理解,與最後兩句“故天之道利而不害,人之道爲而弗争”也就得到了邏輯上的呼應。

三十二

天下［皆[1]］胃我大，大而不宵[2]。夫唯不宵，故能大[3]。若宵，久矣亓細也夫[4]。我恒有三琛[5]，市[6]而琛之。一曰兹[7]，二曰檢[8]，三曰不敢爲天下先[9]。夫兹，故能勇[10]；檢，敢能廣[11]；不敢爲天下先，故能爲[12]成器長[13]。今[14]舍[15]亓兹且[16]勇，舍亓檢且廣，舍亓後且先，則死矣[17]。夫兹[18]，以單[19]則朕，以守則固，天將建之[20]，如以兹垣[21]之。

［校注］

［1］"皆"字據傅奕本補。

［2］大，《莊子·徐无鬼》："夫爲大不足以爲大，而況爲德乎。夫大備矣，莫若天地。然奚求焉，而大備矣。知大備者无求，无失无棄，不以物易己也。反己而不窮，循古而不摩，大人之誠。"天地至大而無爲，本篇之"我"不肖於物，故不以物易己也。宵，通肖。朱駿聲通訓："宵，叚借爲肖。"《淮南子·要略》："乃始攬物引類，覽取橋掇，浸想宵類。"高誘注："宵，物似也。"《方言》卷七："西南梁益間凡言相類者，亦謂之肖。"錢繹箋疏：肖，通作宵。秦漢間宵作肖義是流行寫

法。《漢書·刑法志》:“夫人宵天地之貇。”應劭注:“宵,類也。頭圓象天,足方象地。”王元澤《老子道德經註》:“肖者,有所似。道爲萬物祖,故體道者,物將似我,我豈似物乎?蓋有所似,則是象彼,則彼大而我小矣。”道至大而無肖者。萬物乃道之無盡摹本而已。“我”即體道之擬人自謂,道雖至大無似,體道之人,則持三寶而戰勝守固,此則人之大也。

[3]“夫唯不宵,故能大。”甲本作:“夫唯大,故不宵。”傅奕本、王弼本作:“夫唯大,故似不肖。”皆不同於乙本。于省吾云:“凡物大則無以比方。”(《雙劍誃老子新證》)王弼注:“肖則失其所以爲大矣,故曰:若肖,久矣其細也夫。”樓宇烈校釋:“肖,像。像則像一定之形象,不如大道之無形,所以說‘失其所以爲大矣’。”

[4]若宵,久矣亓細也夫。大而有如天地,自然無爲,則不類於任何具體一物。如有所類,則必小矣。

[5]琛,甲本作葆。琛,字書不見,由甲本視之,琛通葆,即是“寶”字。《史記·留侯世家》:“果見谷城山下黄石,取而葆祠之。”《史記》珍寶字都作葆。“三琛”之琛爲名詞,“琛之”之“琛”作動詞。

[6]市,朱駿聲通訓:“市,恃也。”市、恃同音通假。

[7]茲,即慈。雲夢秦簡《爲吏之道》:“茲下勿陵,敬上勿犯……父茲子孝,政之本毆(也)。”《新書·道術》:“惻隱憐人謂之慈,反慈爲忍。”《左傳·文》十八年:“宣慈惠和。”孔穎達疏:“慈愛出於心,恩被於物也。”

[8]檢,行爲約束有節制。《顏氏家訓·序致》:“慎言檢迹。”盧文弨注:“檢,居奄切。檢迹,猶言行檢,謂有持檢,不放縱也。”《書·伊訓》:“與人不求備,檢身若不及。”孔穎達疏:“檢,謂自攝斂也。”蔡沈注:“與人之善,不求其備;檢身之誠,有若不及。其處上下人己之間又如此,是以德日以盛,業日以廣,天命歸之,人心戴之。”可借以見“檢,故能廣”之義。

［9］不敢爲天下先,《國語·晋語》五:“若先,則恐國人之屬耳目於我也,故不敢。”

［10］勇,《玉篇》:“勇,果決也。”王弼注:“夫慈,以陳則勝,以守則固,故能勇也。”

［11］敢能廣,甲本作“故能廣”,敢、故音近,古音如此。《左傳·僖》二十三年:“晋公子廣而儉。”杜預注:“志廣而體儉。”《荀子·脩身》:“君子貧窮而志廣。”楊倞注:“廣,言務於遠大濟物也。”猶言自我約束,謙下而能成其大業。《國語·晋語》九:“臣聞之,國之將興也,君子自以爲不足;其亡也,若有餘。”檢乃自感不足之謂。

［12］故能爲成器長,劉師培云:“古本‘成器長’上有‘爲’字。成器長,大官也;爲者,居也。蓋古代工、官通用,故大官亦名成器長。今本脱‘爲’字,誼不可通。”傳世諸本大多無“爲”字,帛書甲、乙本皆有,一字之殊,可見帛書本價值。《韓非子·解老》:“不敢爲天下先,故能爲成事長。”尚保持古本字句。

［13］“成器長”,甲本作“成事長”,與《韓非子》所引同。俞樾平議云:“蓋成器二字相連爲文。襄十四年《左傳》:成國不過半天子之軍。杜注曰,成國,大國。昭五年傳,皆成縣也。成縣亦謂大縣。然則成器者,大器也。二十九章,天下神器,不可爲也。《爾雅·釋詁》:神,重也。神器爲重器,成器爲大器,二者並以天下言。質言之,則止是不敢爲天下先,故能爲天下長耳。乃上言天下而下變文言成器。古人自有此例,《史記·伯夷傳》:伯夷叔齊雖賢,得夫子而名益彰;顔淵雖篤學,附驥尾而行益顯。顔淵所附,本是夫子,因上句言夫子,故下句變文言驥尾。顧氏炎武謂是回避叚借之法是也。自宋以來儒者,不以修辭爲事,莫窺斯秘矣。”

成器,《易·繫辭》上:“備物致用,立成器以爲天下利。莫大乎聖人。”成器長,猶聖人之别稱。老子書中,“聖人”常是最高統治者的代稱。所以《繫辭》上又云:“是故天生神物,聖人則之;天地變化,聖人效之;天垂象,見吉凶,聖人象之。”聖人被描寫爲自然的體現,而自然與道是等同的,同樣存在於時空之外。作爲自然的當然代表聖人,也就是當然的最高統治者。《易・繫辭》上:“聖人之大寶曰位。”就很明白地説明了這一點。這樣,老子崇尚自然的思想,就爲後來的君主專制預設了哲學的規定。

[14] 今,假若,如果。王引之《經傳釋詞》卷五:“今,家大人曰:‘今猶若也。’”《孟子・梁惠王》下:“此無他,與民同樂也。今王與百姓同樂,則王矣。”今作“如果”解,用法相同。

[15] 舍,放棄。《廣韻》:“舍同捨。”《易・賁》:“舍車而徒。”《荀子・勸學》:“鍥而舍之,朽木不折;鍥而不舍,金石可鏤。”楊倞注:“舍與捨同。”

[16] 且,裴學海《古書虚詞集釋》:“且猶而也。”《左傳・桓》八年:“無與王遇,且攻其右。”且在這裏作而用。

[17] “舍亓檢且廣”甲本漏抄。“則死矣”傅奕本作:“是謂入死門”。

[18] 兹,《左傳・莊》二十七年:“夫禮樂慈愛,戰所畜也。”孔穎達疏:“慈爲愛之深。”兹已成爲戰勝的必備條件。

[19] 單,即戰。羅振玉《增訂殷墟書契考釋》:“卜辭中獸字從此。獸即狩之本字。征戰之戰從單,與獸同義。”戰争與狩獵,古人視爲同一件事,故征戰之戰,取義於狩獵而同單。單加戈成戰,單乃戰之初文。于省吾《澤螺居詩經新證》釋《公劉》:“其軍三單”爲“其軍三戰”,並指出“單、戰古通”。《列子・力命》:“單至”,釋文:“單音戰。”《説文古籀補補》卷十二:“單,古戰字,《魯公伐郤鼎》:‘攻單無敵。’”

[20] 天將建之,古人視天爲人格化之至上神,萬物之主宰。建,猶言扶持。

[21] 垣,傅奕本“垣”作“衛”,《説文》:“垣,墻也。”《釋名・釋宫

室》:"垣,援也。人所依阻爲援衛也。"依阻爲援衛,是垣亦有衛義矣。猶言以慈爲援衛,如墻垣之憑藉也。

[義述]

賈誼《新書・道術》:"曰,數聞道之名矣,而未知其實也,請問道者何謂也?對曰,道者,所從接物也,其本者謂之虛,其末者謂之術。虛者,言其精微也,平素而無設施也;術也者,所從制物也,動静之數也。凡此皆道也。"這一段話基本上是從《老子》有關道的描述推衍而來的。道生德畜,"生而弗有,爲而弗寺,長而弗宰"(《十四》)。"衍亘亡爲也"(道恒无爲也)(《郭店楚墓竹簡・老子》甲),道是宇宙的本體。道無所不在,所以大而無物可肖,大至無限而没有具體形象。從邏輯上講,無限大就相當於不存在。這個不存在可以理解成不在時空中。在老子哲學中這就是道的存在方式。大是對道的比喻,大而不肖,普天之下體道爲物,然而道不肖物。大而至無,無而體有。對人來講也是這樣。人類社會中人君的地位位於社會頂端,正如道作爲世界頂端,作爲人君的聖人即是其模仿品,所以他必須體現道的行事方式,否則就不能成爲人君。

故而本篇的"我"是聖人自謂,亦即是最高統治者。一面在"我"的身上作爲道的體現而存在;另一面在"我"的身上又作爲人的實際而存在。所以老子指出,"大"的觀念,必然連着與之相對立的"細"的觀念。事物的狀態是不斷變化的。"大"或"細"的不同狀態會同時出現在同一主體"我"身上。"我"成了老子辯證思維的載體和實例。

清虛自持,卑弱自守,這就是人君南面之術的奧秘所在。本篇把它具體化了。在"我"的身上,大之所以爲大,是因爲不像大；只有不像大，纔能成大。不然大早就是細了。不像大是因爲持守三寶之故。兹、檢、不爲先，這三寶帶來三個好處：兹，纔能勇；檢，纔能廣；不爲先，纔能爲成器長。而這三個好處同時又帶來三個壞處，導致三個好處的失去。慈愛而勇，會失去慈愛，亦即不再勇敢果斷。自我約束而能遠大濟物，遠大濟物就不再自我約束，到頭來也就不再能遠大濟物。不爲天下先而能爲成器長，而爲成器長就必然成爲天下之先，這樣也就導致不再爲成器長。老子云："天下，神器也。非可爲者也。爲之者敗之，執之者失之。"這正是"爲成器長"的另一種説法。綜上所述，不大而大，大而不大。兹、檢、不爲先是"細"的狀態，這個狀態的每一種中都包含着大。細孕育大，大包着細。細的到達，即是大的到達；只要是大的出現，亦即是細的出現。正如道什麽都不是，纔能無所不是。老子用他那個時代所能用的語言，説明事物本身包含着相互對立的雙重因素。"樂所以爲樂者，乃所以爲悲也。安所以爲安者，乃所以爲危也。"正是如此，表現了自我否定的辯證特徵。

老子説："今舍亓兹且勇，舍亓檢且廣，舍亓後且先，則死矣。"問題在於屈而已伸，細而已大，兹而已勇，檢而已廣，後而已先。到了山頂了，一步步走下坡路了，死亡之神就在下面。誕生即是取得死亡的通行證。所以兹、檢、不爲先，不但使之獲得勇、廣、爲成器長，同時也獲得了"細"的通行證，用老子的話説就是"則死矣"。老子批評了當時人們的時髦的思維方式，蜂擁而奔向勇、廣、先，而不知等着他們的結局並不美妙。在這裏老子着重指出，"大"處在變動的狀態，極不穩定。不但如此，在某種意義上講，它是一種危險狀態，只有時時維護細的一面，懂得卑弱自守，纔能安享平和。

老子五千言，乃一完整之思想體系。本篇所言之玆、檢、不敢爲天下先，即是老子所説的知雌、守柔、尚嗇、不争等思想的歸納。老子把這三點具體化到人的身上，稱爲三寶。最後把玆作爲最基本的出發點，更符合老子所注重的知雌守柔的一貫思想。正是這一基本的出發點，對《易傳》產生了很大的影響。坤卦："《文言》曰：坤至柔而動也剛。"這表明得到了仁者有勇之説的，正是老子"夫玆，故能勇"的思想。節卦："《彖》曰：節以制度，不傷財，不害民。"則包含了儉以足用的説法，是明白地來自"檢，敢能廣"；而謙卦："《彖》曰：天道虧盈而益謙，地道變盈而流謙，鬼神害盈而福謙，人道惡盈而好謙。謙尊而光，卑而不可踰，君子之終也。"這個一謙而獲四益的説法，《易・繫辭》上的"備物致用，立成器以爲天下利，莫大乎聖人"與"不敢爲天下先，故能爲成器長"是一脉相承的。後來的《墨子》受本篇的影響也是明顯的，老子的三寶發展成爲《墨子》的主要思想。玆，被發展爲兼愛；檢，被繼承爲節用；不敢爲天下先，被推廣爲非攻。這些很清楚地讓人看到了墨子思想的來源。信從理學的王夫之在《張子正蒙注・有司》中也借用了類似的説法："節用，禮之本；愛人，樂之本；使民以時則政簡而刑不濫，制數皆借此以行慈儉，存心於萬物之原也。"從這裏可以看到，《老子》的思想，涵蓋了春秋以降的百家，各家細繹老子文義，汲取智慧，這是不争的事實。

三十三

故[1]善爲士者不武[2]，善單者不怒[3]，善朕敵者弗與[4]，善用人[5]者爲之下，是胃不爭［之[6]］德[7]。是胃用人[8]，是胃肥天[9]，古之極也。

［校注］

［1］故，發語詞。吴昌瑩《經詞衍釋》卷五："故，猶夫也。"在上無所承的情況下，"故"字的作用等於發語詞"夫"。傅奕本、河上本皆作"古之"二字，實是後人無知妄改。王弼本無故字，猶勝傅、河諸本。

［2］武，《説文》："武，楚莊王曰：夫武，定功戢兵。"于省吾《釋武》："武從戈，從止，本義爲征伐示威。"武即是兵事。春秋時代，作爲低級貴族的士是戰爭的重要力量，作爲貴族的身份標志，士皆以征戰爲天職。其時之士無文武之分，如孔子即善射、御，既有文化，又有武藝。所以老子認爲善爲士者不得盡炫其軍陣武力。

［3］怒，《孫子·作戰篇》："故殺敵者，怒也。"李筌注："怒者，軍威也。"老子所言善戰者，非刑殺爲威。《老子·七十五》："兵者不祥之器也，不得已而用之，銛櫳爲上，勿美也。若美之，是樂殺人也。夫樂殺人，不可以得志於天下矣。"正是此意。單，即戰。

［4］“弗與”，傅奕本作“不争”。陶鴻慶《讀老子札記》：“與即争也。《墨子・非儒》下篇云：‘若皆仁人也，則無説而相與’，與下文‘若兩暴交争’云云文義相對，是‘相與’即‘相争’也。王氏引之《經義述聞》謂‘古者相當、相敵，皆謂之與’疏證最詳。”王引之《經義述聞》卷十八：“《左傳》：‘一與一，誰能懼我。’古人多謂敵爲與。下文曰，‘宋方吉，不可與也。’謂宋不可敵也。此言不利與商，即是不利敵宋。故傳自釋之曰：‘敵宋不吉也。’‘不可與也’杜注曰：‘不可與戰。’蓋誤釋爲與共之與，而以戰字增成其義，不知與訓爲敵，戰義在其中矣。《越語》説戰曰：‘彼來從我，固守勿與。’老子曰‘善勝敵者不與’，皆謂兩軍相敵也。解者皆誤以爲與共之與，而增字以足之。韋昭注《越語》，則曰勿與戰。王弼注《老子》，則曰不與争，蓋古義之湮久矣。”王引之講得很清楚，“不與”即不敵、不争。據此，帛書“弗與”不但是弗争之義，而且是更古的語詞。無煩增字解經也。朕，即勝。

［5］用人，即是因人。因人者，乘敵也。乘敵不備，必先示己之弱，故曰下。下就是示弱，謙讓。與下文所言“用人”不同。且此處所言，皆與戰争有關。“用人”作乘敵解，與整篇所論一致。舊説釋爲“任用人才”，屬詞游離，根本不通。

［6］“之”字據甲本補。

［7］不争之德，即是爲士不武，善戰不怒，善勝敵不與，善因人者下。《國語・越語》下：“争者，事之末也。”這些討論戰争的論説與下文有關。古時征戰前後都要祭祀上天和祖先，並且使用人牲。所以與後文“用人”、“配天”、“古之極也”相呼應。

［8］用人，與上文“用人”不同，這裏指古時殺人以祭，也就是祭祀上天時祭獻人牲。這是最隆重的，謂之“用人”。《禮記・檀弓》下：“孔子謂芻靈者善，謂爲俑者不仁，不殆於用人乎哉。”殆，近也。這裏的“用人”即以活人祭奠。老子這裏的“用人”亦如此。“商代晚

期曾有不少人頭骨片上刻著文字，'□丑用于……義友，……'（掇二29）；'……且乙伐……人方白'（明氏）；'……用……'（甲室）……這裏所謂用，當是用人於祭祀，即所謂人祭，然後將所祭人頭砍下作器，並刻辭以記事。至於祖乙伐人方，乃是商代對東夷的一場很大的戰爭，可能把人方的首領即人方伯打死了，用他的頭蓋骨做了飲器，因而刻辭以記其事。"（白壽彝《中國通史》第二卷 339 頁）"到商代晚期用人頭或蓋於祭祀可能還較普遍，而所用人頭往往爲敵方部族者。"（白壽彝《中國通史》第二卷 339 頁）甲骨文"用三百羌于丁"（《殷契卜辭》片 245）。陳夢家云："卜辭所記用人之祭，僅限於羌人，羌白（伯）及少數其他方伯。在此待遇中，所殺的羌實同於作爲犧牲的牛羊豕。"（《殷墟卜辭綜述》280 頁）這種遺風在西周已經泯滅，至春秋末期，作爲殷人之後的宋國，又重新舉行人牲。《左傳・昭》十年："秋七月，平子伐莒，取郠獻俘，始用人於亳社。"杜預注："以人祭殷社。"《國語・周語》下："犧者，實用人也。"這裏老子把"用人"放到與配天同樣的地位，配天之祭使用最高的祭獻，這些宗教上的極致規格，相應地襯托出"不争之德"的重要。

［9］肥天，馬王堆漢墓帛書整理者訂爲"肥天"。帛書中"肥"用作"配"字多次出現，張政烺《馬王堆帛書周易經傳校讀》圖版第四頁第三行"肥"字十分清晰。細觀老子帛書照片，"肥"字亦極清晰。肥、配同有"己"旁，且"己"在甲骨文中是祭名。配天所指亦爲祭祀。《篇海類編》："配，侑也。"配即是配享，爲祭祀之次要對象。配天，祭天時以祖先配享。肥應釋爲配。傳世本皆作"是謂配天"。配天於金文亦多見。金文《㝬簋》："用配皇天。"

［義述］

本篇的理解，必須從了解周武王滅商前後史事背景入手。周人在古公亶父定居周原後，季歷娶商貴族太任氏女子爲妻，所生姬昌即獲得了商貴族的血統。姬昌即後來的周文王，文王又從商王族娶帝乙之女爲妻。兩代人與商貴族的聯姻迅速提高了周人的等級名分，取得了相應的商貴族的身份。帝辛殷紂時代，文王已取得了西伯封號。按照當時貴族政治的政權更迭慣例，只有本族的貴族纔有資格實行所謂的“革命”。周原甲骨刻辭中周王不僅祭祀成湯、大甲、天戊等殷先王，還有先王文丁神宫、帝乙宗廟。由於殷的上帝就是殷的先王先公，所以先王和帝爲一元之神。要實行政權更迭，就必須得到上帝的同意，而要取得上帝的同意就必須是先王先公的族裔。在這個問題上周文王、周武王已具備了這個身份條件。這些反映了早期國家階段氏族貴族專政時期的特點。

周文王、武王奉天革殷王紂之命，就是上帝改厥元子，是商族内部貴戚易位，在那時的人們看來，王位君權的更替是同族貴戚的事務，外族人不得插手染指。因此，古文獻及金文中稱周人革命是“改”，是“代”，周文王是受命之君。季歷、文王相繼與商族通婚以來，已有“聖瑞”，已承襲了商王族的等級名號，是殷先王的後代、外孫，也是貴族的貴戚，當然可以取而代之。這也就是周文王、武王一面祭祀殷先王，一面積極準備征商並取而代之的原因。

周室在三分天下有其二的情況下仍侍奉商王，周畢竟是新興的族姓，所以必然會采取許多見柔示弱的姿態。老子本篇所言“善爲士者不武，善單者不怒，善朕敵者弗與，善用人者爲之下，是胃不争之德”，正是這種經驗的總結。善用人，即是善因人，借人之勢，故而要“爲之下”。這些與周人當時所處的地位及必須采取的態勢是一致的。而“不争之德”所言是天賦之權之意。因周已自然而然取得征商的權利，所以也就“不争”了。他姓諸侯是不能争,周則是不必争,皆是“不争之德”。最後三句“是胃用人,是胃肥天,古之極也”,也完全可以用商周之際的史事來説明。當武王伐商成功,即用紂王之首級及大量商族戰俘作爲“人牲”祭祀周廟。《汲冢周書·世俘》:

> 癸酉[丑],薦殷俘王士百人。
>
> 伐厥四十夫家君鼎師,司徒司馬初厥于郊號。武王乃夾于南門用俘,皆施佩衣衣,先馘入。
>
> 武王在祀,太師負商王紂懸首白旂,妻二首赤旆,乃以先馘,入燎于周廟。

《汲冢周書》所記,武王把人牲的人頭置於宗廟南門夾道陳放,武王主祀,由樂師以紂首及其妻首“所馘入廟燎也”。這些用人牲的祭祀儀式均與殷墟卜辭中所見殷禮相同。《吕氏春秋·古樂》:“武王歸,乃薦俘,馘於京大室。”所記周武王征商時所用禮爲殷禮。到周公輔佐成王,分封天下,制禮作樂時,作爲殷禮的重要部分人牲就被徹底廢除,開始了周禮時代。

> 殷代的帝王宗教觀是一元的,即先王和“帝”都統一於對祖先神的崇拜,這種一元性的宗教觀,是殷代氏族成員基本一致,没有分裂,人與人之間一元性的反映。而周代的帝王宗教觀卻是二元的,在先王以外,另創造了一個上帝,再由上帝授命於先王,使先王“克配上帝”。(侯外廬《我對中國社會史的研究》,《歷史研究》1984 年第 3 期)

侯外廬指出,在殷代先王是帝,帝也就是先王。《書·召誥》

“皇天上帝又正厥元子”之語,説殷王都是皇天上帝的嫡子、元子,而皇天上帝又是殷人的祖先神。周人因聯姻而取得貴戚地位,也取得了族内更迭政權的資格。到周的政權建立後不久,周公制訂新的禮制時,就確立了二元的宗教觀。上帝已高居所有的民族之上,周人獲得上帝的授命,即是獲得天命。給予周族以天子之位的上帝,已不再同時是祖先神。任何别的族姓,即使與周族聯姻,也不再能取得作爲貴戚身份與生俱來的“恭行天罰”的權利。上帝已成爲神意的發布者,是掌管大自然和人間王國的最高主宰,而先祖僅是上帝的賓從。金文《𤼈狄鐘》:“侃先王,先王其嚴在帝左右。”只有周的先王,纔能列於上帝左右,在祭祀上帝即天時,先王得以配享,這就是周人所强調的配天觀念。所以“是胃用人”反映了伐商之際尚用殷禮。“是胃肥天”反映了周禮二元宗教的確立。這兩件大事,當然是“古之極也”。

整個周人的意識形態如天命觀、宗法制也都是從這裏來的。配天作爲古代禮制,奠定了兩千多年來中國傳統思想的基礎。按照誰享有天命,其祖先也必然獲得配享權利的觀念,已成爲政治上的通識,並且按照這個觀念來描述自黄帝至夏商的有關歷史記載。這樣就有了相傳的有虞氏以黄帝配天,夏后氏因之。殷以帝嚳配天,周以后稷配天。金文《毛公鼎》:“肆皇天無斁,臨保我有周,丕巩先王配命。”金文《宗周鐘》:“我唯司配皇天。”周人所記的《書·君奭》:“故殷禮陟配天,多歷年所。”蔡沈注:“言六臣循惟此道,有陳列之功,以保乂有殷。故殷先王終以德配天,而享國長久也。”《詩·大雅·文王》:“殷之未喪師,克配上帝。”箋:“紂父以前未有喪天下,皆能配天而行。”孫星衍疏:“經言自湯至於祖乙共有七世,無不勉德顧祀者，亦惟天大建立之，以安治有殷，殷王亦無敢失天意，無不配天以終其禄。”《易・豫》：“先王以作樂崇德，殷薦之上帝以配祖考。”以上所有祭天配享的歷史内容，都是站在周禮的立場加以述説的。《詩・周頌・思文》：“思文后稷，克配彼天。”王先謙疏：“周公思先祖有文德者后稷之功能配天。”《孝經》：“昔者周公郊祀后稷以配天。”《漢書・郊祀志》：“周公相成王，王道大治，制禮作樂，郊祀后稷以配天。”這些文獻，證明了周公以後“配天”的觀念已統治全社會。所以反映周禮思想的《禮記》在《郊特牲》篇中説道：“萬物本乎天，人本乎祖，此所以配上帝也。郊之祭也，大報本反始也。”《禮記・大傳》：“禮，不王不禘。王者禘其祖之所自出，以其祖配之。”孫希旦集解：“不王不禘者，帝王既立始祖之廟，猶謂未盡其追遠尊先之意，故又推尋始祖所自出之帝而追祀之，以其祖配之者，謂於始祖廟祭之，以始祖配祭也。天子大禘之祭，追祭始祖所自出於始祖之廟，始祖所自出之帝居西南隅東向之位，而始祖居東北隅南向之位而配食也。”從周公始，已把祖先配享祭天看作宗教和政治上的最高特權，表現了王室與天帝的特殊關係，只有受命於天纔會取得這種殊榮，“奉天承運”成爲君權神授最有力的依據。配天的權利，對王室的後代而言，象徵着政權的保有。所以爲西周、春秋、戰國的統治者所極端重視。不但如此，漢唐以下，宋元明清，最高統治者在取得政權時，首先要做的就是祭天和祖先的配享，以示自己得國之正。蔡邕《明堂月令篇》：“明堂者，天子太廟，所以宗祀其祖以配上帝者也。人君之位，莫正於此焉。”鮮卑拓跋燾入主中原之初，即在大鮮卑山嘎仙洞祖廟石室“告祭天地，以皇祖先妣配”。祭文有云：“敢以丕功，配饗于天，子子孫孫，福禄永延。”（《魏書・禮志》）

現再舉明朱元璋爲例：

> 洪武元年十一月初三日，冬至，祀南郊。上先詣太廟，告曰：歷代有天下者，未嘗不以祖配天，兹臣獨不敢者，以臣功業猶有未就，政治或有缺失，懼有責焉。況去年上天垂戒，早暮兢惕，恐無以承上帝好生之德，故不敢輒奉以配。惟祖神與天通，恐上帝有問，顧以此言敷奏帝前，善惡無隱，惟上帝鑒之。候南郊竣事，臣當率百司恭詣殿庭，告成大禮，以共享上帝之賜福。越二年，平慶陽，群臣復請，乃奉二祖配。（孫承澤《春明夢餘録》卷十四）

老子對商周時代的古史遺文相當熟悉，春秋時"國之大事，在祀與戎"的觀念，戰勝敵人，祭祀祖先，是同一個問題的兩個方面。從這裏可以看到，老子不但繼承了這個社會的禮制觀念，同時也借以結合了自己的哲學思想來加以表達。任何一個哲學家，都離不開他所處的時代。我們正是在揭開歷史帷幕的同時，從而打開了理解老子的大門。

三十四

用兵又言[1]曰,吾不敢爲主而爲客,不敢進寸而退尺[2]。是胃行无行[3],攘无臂[4],執无兵[5],乃无敵[6]。禍莫大於無敵[7],無敵近〇[8]亡[9]吾琛[10]矣。故抗兵相若[11],而依[12]者朕[矣[13]]。

[校注]

[1] 又,即有。用兵又言,意謂:古代軍事家有這樣的説法。

[2] 主、客,戰争的雙方。《國語・越語》下:“天時不作,弗爲人客。”韋昭注:“攻者爲客。”《孫子・九地篇》:“凡爲客之道,深入則專,主人不克。”梅堯臣注:“爲客者,入人之地深,則士卒專精,主人不能克我。”又李筌注:“夫爲客,深入則志堅,主人不能禦也。”《公羊・莊》二十八年:“春秋伐者爲客,伐者爲主。”何休注:“伐人者爲客,讀伐,長言之,齊人語也。見伐者爲主,讀伐,短言之,齊人語也。”王力云:“長言之就是長入,短言之就是短入。”(《漢語語音史》74 頁)所謂長入、短入,就是上古入聲有兩種,長入音較長,短入音較短。長入爲高長調,短入爲低短調。錢大昕云:“長言,若今讀平聲。短言,若今讀入聲。廣韻平聲不收伐字,蓋古音失傳者多矣。”(《十駕齋養新録》卷四)照錢氏的説法長言爲平聲讀法。平聲發音平穩,

長而緩。短言爲入聲讀法，入聲發音短促，今吴地方言入聲尚存。要之，古音已杳。學者之説，從音求主客之義，明矣。

客爲進攻之一方，進攻必深入敵境，即是爲客；主爲防禦的一方，所以“爲主”受到入侵，處於被動。不敢爲主而爲客，進攻邀擊；不敢進寸而退尺，進攻的結果反而是退却。老子以無爲思想來描述軍事，進攻中包含着退却。哲學不能用常識來理解。連下數句，意思很明顯，軍事勝利只是常識層面上的勝利。孫子云“不戰而屈人之兵”，纔是真正的“乃无敵”矣。

［3］行，行列。古軍制，二十五人爲行。行无行，實行無士兵之行列。

［4］攘，《廣韻》：“攘，揎袂出臂曰攘。”攘无臂，猶言奮舉無臂之上肢。

［5］執，把握。兵，武器。《荀子·議兵》：“古之兵，戈、弓、矢而已。”執无兵，手握空無之武器，猶言不握武器，徒手。此三句由身（行列）而臂（上肢）而兵（武器），邏輯嚴整，所言句意層遞，表達的是無爲的思想。實際上老子所言無爲即無敵。無爲是超驗的，無爲即無敵，是不能從經驗的角度去解釋的，應該從哲學的意義上去理解。

［6］“乃无敵”，甲本作“乃无敵矣”。傅奕本、河上本作“仍無敵”，王弼本作“扔無敵”。扔、仍通於乃，義爲“於是”。帛書甲、乙本此句皆置於“執无兵”之後，且甲本“乃无敵矣”明是“行无行，攘无臂，執无兵”之結句，行此三者，乃無敵矣。言非以兵戎爲上，亦即“以道佐人主，不以兵强於天下”。這纔是“乃无敵”三字的正確理解，十分明快。此三字在河上本、王弼本皆置於“執無兵”之前，以致雜亂無序，窒碍難通，不再有邏輯層次。帛書本出，一掃歷來傳寫誤倒，老子語得以確解，洵讀老子帛書之快事也。

［7］“無敵”，老子帛書原迹如此，無即无，然老子帛書皆用“无”字，本篇兩處作“無”。王弼本、河上本作“輕敵”。然而在王弼注中

稱“無敵”。無敵,缺乏刺激自己變强的外來因素。《孟子·告子》下:“出則無敵國外患者,國恒亡。”

[8]“無敵近亡吾琛矣”之“近”字後衍一廢字,馬王堆漢墓帛書整理者以〇代衍文。其凡例云:“帛書中抹去及未寫全的廢字,釋文用〇代替。”衍文删去。

[9]亡,喪失。

[10]琛,即寶。《老子·三十二》:“我恒有三琛,市而琛之,一曰兹,二曰檢,三曰不敢爲天下先。”

[11]若,王弼本、河上本作“加”。勞健《老子古本考》:“加字形誤所由,當作‘如’。今注家多循譌文,解成相交之義,失其旨矣。”强思齊《道德真經玄德纂疏》注:“兩邊舉衆,名曰抗兵,多少均齊,故云相若。”帛書本作若,一字之殊,其義遠勝傳世本。

[12]依,《詩·周頌·戴芟》:“有依其士。”馬瑞辰《毛詩傳箋通釋》:依之言愛也。依、愛以雙聲爲義,古通用。《釋名·釋言語》:“哀,愛也,愛乃思念之也。”吴檢齋《經籍舊音辨證》:“依、悠、偯、哀皆脂部字,聲紐亦同。”沈兼士云:“知古者用哀依隱愛諸詞,義恒雙關,形可互攝。”(《沈兼士學術論文集》235頁)哀、依音義相通尚多見於金文,帛書之出,復續古義。“依者”即後世版本之“哀者”。哀,慈也。

[13]“矣”據甲本補。

[義述]

孫武云:“微乎,微乎,至於無形;神乎,神乎,至於無聲,故能爲敵之司命。”(《孫子·虚實篇》)戰争的主宰屬於戰場上看不見的東西。老子提出的戰略思想正是無爲原則的體現。其表現就是老子所説的“行无行,攘无臂,執无兵”,最終達到“乃无敵矣”。孫武的説法與老子一致,説明孫武戰略思想中有着老子哲學的影響。只有從辯證的角度來看本篇的爲主爲客，進寸退尺，纔能有合理的理解。必須明確這裏談的不是具體的戰術，而是戰爭的哲學。戰爭的結果是不斷地消滅對立面。老子指出對立面的消滅意味着下一個敵人將是自己，勝利者正無可挽回地走向失敗的開端。這樣敵人滅亡的本身也成爲更大的災禍。無敵使謹守的三寶——兹、檢、不敢爲天下先——喪失。戰爭只不過是人類争競的極端方式，更重要的它僅是一個過程。中國人常常不以成敗論英雄，大概就是因爲理解了這一點的緣故。作爲勝利者的勝利，也許這正是他的失敗所在。柳宗元《敵戒》：

> 皆知敵之讎，而不知爲益之尤；皆知敵之害，而不知爲利之大。秦有六國，兢兢以强；六國既除，訑訑乃亡。晋敗楚鄢，范文爲患；厲之不圖，舉國造怨。孟孫惡臧，孟死臧恤；藥石去矣，吾亡無日。智能知之，猶卒以危；矧今之人，曾不是思。敵存而懼，敵去而舞。廢備自盈，秪益爲痡。敵存滅禍，敵去召過。有能如此，道大名播。懲病克壽，矜壯死暴。縱欲不戒，匪愚伊耄。我作戒詩，思者無咎。（《柳宗元集》卷十九）

人類的戰爭勝負，表面看是實力的較量。然而在較量的深層次，是長期的積累。所有的軍力消長，無不意味着國勢的消長。在某種意義上，軍事的較量，即是生産力的較量，治國模式的較量，民族文化的較量。老子所言，並没有斤斤於戰爭之術，而是着眼於非戰爭的因素。從和平時期去觀察戰爭的命運，這是老子的高超之處。在歷史的長河中，戰爭總是一瞬間，而這個一瞬間，正是長時間積累所至。强大的民族，必然是精神上、文化上的强者。老子所説的“故抗兵相若，而依者朕矣”，這也不是拘泥於具體戰例。“依者”仍然是高遠的説法，在這裏精神被放到了第一位。在非戰争的年代，精神力量的發展，正是歷史理性的體現。賀麟在一九三八年曾説：

> 老實説，中國百年來之受異族侵凌，國勢不振，根本原因還是由於學術文化不如人。而中國之所以復興建國的展望，亦因中華民族是有文化敏感、學術陶養的民族，以數千年深厚的文化基礎，與外來文化接觸，反可引起新生機，逐漸繁榮滋長。近數十年來，虚心努力，學習西洋新學術，接受西洋近代化的結果，我們整個民族已再生了，覺悟了，有精神自由的要求了，已決非任何機械的武力、外來的統治所能屈服了。所以我們現在的抗戰建國運動，乃是有深厚的精神背景和普遍的學術文化基礎的抗戰建國運動，不是義和團式不學無術的抗戰，不是袁世凱式的不學無術的建國。由此看來，我們抗戰的真正最後勝利，必是文化學術的勝利。我們真正完成的建國，必是建築在對於新文化、新學術各方面各部門的研究、把握、創造、發展、應用上。换言之，必應是學術的建國。必定要在世界文化學術上取得一等國的地位，我們在政治上建立一自由平等獨立的一等國的企圖，纔算是有堅實永久的基礎。（《文化與人生》20—21 頁）

學術文化包括全民的道德素質、哲學思維、前沿理念等等，只有在這些方面高人一籌，纔會使軍事的勝利有可靠的依托。

這裏不存在單純的軍事勝利。戰争是人類極端的生存方式之一,在戰争形態中,始終貫穿有一種人的良知,一種民族精神的傳承,一種理性。缺乏這個,雖勝猶負。

老子認爲在實力相當的情況下,勝利的砝碼加在"依(哀)者"一面。"依(哀)者"的意志是戰場上不可忽視的力量。從這點出發回到全篇,就可以發現,老子是在形而上的意義上討論戰争。他在精神領域飛翔,不再拘泥於具體細節。而"无爲"這一抽象的觀念,深深加入到戰争的理念中。"无爲"必然"无不爲";"進寸"當然也就是"退尺","無敵"也就成了"禍莫大"。辯證的論述在這裏有着螺旋形的上升運動,似乎又回到了原地,但這僅是它的表面,實際上是達到了更高的境地。三寶的根本點是兹(慈),而依(哀)正是慈的表現。老子最後回到了掌握三寶的人必然是勝利者這一命題。本篇充分體現了老子的超驗思想。從老子表面矛盾的叙述中,使人們明白了,勝負成敗,都只是事物運動中的一個環節,最終的目的是微不足道的。問題是你正處在一個怎樣的環節和地位。

三十五

吾言易知[1]也，易行也[2]。而天下莫之能知也，莫之能行也[3]。夫言又宗[4]，事又君[5]。夫唯[6]无知也，是以不我知[7]。知［我］者希[8]，則我貴矣[9]。是以耶人被褐而褱玉[10]。

［校注］

［1］知，懂得。

［2］行，《書·説命》中："非知之艱，行之惟艱。"蔡沈注："得於耳者非難，行於身者爲難。"老子所謂之易知而易行，由知而行，固爲上古成説。朱熹云："知、行常相須，如目無足不行，足無目不見。論先後，知爲先；論輕重，行爲重。"(《朱子語類》卷九)徐梵澄云："老氏似遠啓後世知行合一之説者。知表於言，亦見於行事。若以本末言，則仍以知爲本。'言有宗，事有主'，皆出於知。言而無宗，漫言也。行而無主，妄行也。蓋無知而妄作者。由知而行，以行而知，即知即行，未始出其宗，道也。言行皆有道爲其宗主。猶懷玉也，而被褐，人不知其懷玉也。然自知之。"(《老子臆解》106—107 頁)老子易知易行還包含着另一層意思。《莊子·列禦寇》："知道易，勿言難。知而不言，所以之天也；知而言之，所以之人也。"所云運知則易，忘言

則難，知而不言，所詣乃自然之境。知道之士，天然惇素。知而不言，雖易而不易也。後文“莫之能行者”猶“知而言之，所以之人也。”人爲而非自然，離道亦遠矣。

［3］而天下莫之能知也，莫之能行也。海涅云：“思想走在行動之前，就像閃電走在雷鳴之前一樣。”(《論德國宗教和哲學的歷史》149 頁)莫之能知，即亦莫之能行。《文子・道原》：“故聽善言便計，雖愚者知説之；稱聖德高行，雖不肖者知慕之。説之者衆，而用之者寡；慕之者多，而行之者少。所以然者，擘於物而繫於俗。”説，悦也。

［4］又，有；宗，根本。《莊子・知北遊》：“至言去言，至爲去爲。齊知之所知，則淺矣。”成玄英疏：“見賢思齊，捨己效物，假學求理，運知訪道，此乃淺近，豈曰深知矣？”

［5］君，主宰。“夫言又宗，事又君”所言乃知識學問與人的情感德行的關係。錢穆説：“一切知識與學問的背後，必須有一活的人存在。否則知識僅如登記上賬簿，學問只求訓練成機械，毁人以爲學，則人道楛而世道之憂無窮矣。”所以知識學問必然貫穿人的思想品德，它不以名利和媚世爲目的，而是具有人的理性。具有了這種素質的人，會時時刻刻抵制社會中喧囂的群氓意識和庸俗時尚，而並不以個人的遭遇爲轉移。

［6］唯，因爲。

［7］不我知，即“不知我”，不懂得我言之易知而易行也。奚侗云：“言宗事君，謂道德也。既不知言宗事君，則我之爲我，更無有知之者矣。”

［8］“知(我)者希”，甲本此句已毁，王弼本作“知我者希”。乙本失抄“我”字，據補。

［9］“則我貴矣”，王弼本、河上本皆作“則我者貴”。《三國志・秦宓傳》、《漢書・楊雄傳》注均作“則我貴矣”。古人所見之本與帛書本同。《莊子・在宥》：“明乎物物者之非物也，豈獨治天下百姓而

已哉？出入六合，遊乎九州，獨往獨來，是謂獨有，獨有之人，是之謂至貴。"《文選》卷二十七謝靈運《入華子崗是麻源第三谷》注："淮南王莊子要略曰：'江海之士，山谷之人，輕天下，細萬物，而獨往者也。'司馬彪曰：獨往，任自然，不復顧世也。"超然於芸芸衆生，即是貴。

[10] 被褐而褱玉，被，猶披。《左傳·襄》十四年："乃祖吾離被苫蓋，蒙荆棘……"孔穎達疏："言無布帛可衣，唯衣草也。"褐，《説文》："褐，粗衣。"《詩·豳風·七月》："無衣無褐，何以卒歲？"鄭玄注："褐，毛布也。"褐乃獸毛或粗麻制成之短衣，先秦時貧苦人的衣着。褱，同懷。秦漢時"懷"多寫作"褱"，《漢書》中多有。顔師古注："褱，本懷字。"褱玉，懷中藏玉。《禮記·玉藻》："君子無故玉不去身，君子於玉比德焉。"褱玉，隱喻德才内藴。

[義述]

被褐懷玉，聖人具有崇高的精神境界和超常能力，而外表却是一個穿粗麻布短衣的貧苦勞動者。這就是"知我者希，則我貴矣"所表達的思想。《孔子家語·三恕》："子路問於孔子曰：有人於此，被褐而懷玉，何也？子曰：國無道，隱之可也。國有道，則袞冕而執玉。"《韓詩外傳》卷九："士褐衣緼著未嘗完也，糲荅之食未嘗飽也。世俗之士即以爲羞耳。及其出則安百議，用則延民命，世俗之士超然自知不及遠矣。"超然自知，即在高的意義上懂得自己，而一般人並不懂。《孟子·盡心》上："古之人得志，澤加於民；不得志，修身見於世。窮則獨善其身，達則兼善天下。"此亦"被褐而褱玉"之意。

徐紹楨《道德經述義》："是時家天下已久，忠信薄而禍亂相尋。老子知其道之不行，亦行且遠引，是以有'知我者希，則我貴矣'之嘆。褐毛布賤者所服。聖人被褐懷玉者，不欲自炫其玉而褐襲之,亦求知希之意也。”被褐懷玉是一個十分形象的比喻。

世上“易知”、“易行”之事,是平庸之人所做不到的。無論思想和能力,都包括在内。知、行是一種境界,然而知、行背後是“宗”和“君”。不是憑空而來的。老子的出發點是他思想核心中的“道”。這就牽涉到這個境界的“人”。然而這樣的“人”是庸人們無法理解的。世上的思想家、學問家,荒江野岸茅屋裏的素心之人,達到那個高度的人總是那麽少。喬治·薩頓説過:“人類的歷史具有兩重性:政治歷史在很大程度上是廣大群衆的歷史;而精神的歷史大體上是少數個人的歷史。”在哲學的神遊世界裏,他們十分孤獨和寂寞。然而這正是學問的境界。也許當多少年後人們懂得他們的時候,他們早已墓木拱矣。荷蘭畫家凡高曾説:

> 我想偉人的歷史是一個悲劇。他們不僅在生前遇到警察,而且通常會在他們的作品得到公認的時候已經死去;而在他們活着的時候,他們碰到許多困難和障碍,不斷承受着爲了生存而掙扎的壓力。所以每當我聽到公衆提起某某人的成就時,我會格外懷念那些没有朋友的默默無聞的憂鬱的人們;從他們的樸實和純真中,我發現他們更加偉大,更值得人們同情。(《凡高自傳——凡高書信選》212 頁)

凡高本人即是被褐懷玉的生動例子。他生前不被人理解,然而他内心的熱烈,情感之豐富,對藝術理解的深刻,遠遠超出了同時代人。他是爲未來時代而生的。他説:“一個人一定要保持隱士的某種自然的性格,否則他就失去了自己之根,一個人決不可以讓自己心中的火焰滅掉，而要它永遠燃燒。”(《凡高畫傳》1 頁)這就是孤獨的藝術家的心聲。正所謂“居不隱者思不遠，身不佚者志不廣”(《荀子・宥坐》)。海涅談到哲學家費希特時寫道：“他的全部生涯就是一場不斷的鬪爭。就像我們所有傑出人物一樣，他的青年時代的歷史乃是一連串的苦難。貧困之神坐在這些傑出人物的摇籃旁，把他們摇大成人。這骨瘦棱棱的保姆一直成爲他們終身可靠的伴侣。”(《論德國宗教和哲學的歷史》118 頁)苦難、孤獨、貧困正是這些傑出人物生命的組成部分，而高遠的精神是他們生命的特徵。古代的隱士，他們常常懷抱思想和學問，瑰意琦行，超然獨處，自甘落寞，不趨流俗。《莊子・則陽》：

> 孔子之楚，舍於蟻丘之漿。其鄰有夫妻臣妾登極者，子路曰：“是稯稯何爲者邪？”仲尼曰：“是聖人僕也，是自埋於民，自藏於畔。其聲銷，其志无窮，其口雖言，其心未嘗言。方且與世違而心不屑與之俱。是陸沈者也，是其市南宜僚邪。”子路請往召之。孔子曰：“已矣，彼知丘之著於己也，知丘之適楚也，以丘爲必使楚王之召己也，彼且以丘爲佞人也。夫若然者，其於佞人也羞聞其言，而況親見其身乎？而何以爲存？”子路往視之，其室虚矣。

傑出人物所受到的磨難，施害者不但是同時代人，而且常常是很親近的人。同類相殘，自古而然。在西洋畫中反復表現的主題耶穌被釘死在十字架上，傷口流血，猶大握着出賣耶穌得來的裝滿金幣的袋子，極俱象徵和隱喻的含義。在時空中，只有同時代人纔有迫害他的條件，因爲只有消滅最優秀的，纔可保住自己的地位。他們不但力所能及,心理上毫無阻礙,而且有着特殊的惡毒心態,爲後世所難以想象。後世之人仰羡他們有親炙偉人的幸福時,殊不知他們也許正處在嫉妒的旋渦中。在他們黑暗怨苦的内心中,有着極强的利益排他情感。無論在藝術、在學術、在政界、在生活,都是利益排他情感馳騁的戰場。“持介行者不周世緣,務獨立者不協衆志。小人相仇,同類相忌;一人扇謗,百人吠聲。”(《池北偶談》卷九)魯迅云:“豫言者,先覺,每爲故國所不容,也每受同時人的迫害。”(《魯迅全集·華蓋集續編》256 頁)“博爾赫斯曾經説過,一個民族的精神代表人物,往往是與這個民族大多數人的精神狀况背道而馳的。如莎士比亞就與英國人優雅的紳士派頭相去甚遠。塞萬提斯無情嘲弄的正是西班牙傳統的騎士精神。如果他對魯迅有所了解,他一定會説,魯迅也正是以他獨立的人格抗拒整個國民劣根,而成爲民族魂。”(鄧曉芒《新批判主義》4 頁)爲了未來時代而生的人,不能見容於當代。爲了過去而生的人,也會受到同時代人的打擊。老子既爲了過去,更昭示着未來,所以在他生前只落得個惶惶然西逃的結局。所以“被褐而褱玉”實是有感而發。

然而,這些走在前面的人,在他們活着的時候,在他們的内心也許有着宙斯在奥林匹亞山上看着芸芸衆生蠢動在愚昧的雲霧中那種感覺呢。在那才能和學問的巔峰上,既有寂寞和孤獨,同時也有着常人無法領略的瑰麗景色。正如愛因斯坦所説:“千萬記住,所有那些品質高尚的人都是孤獨的——而且必然如此——正因爲如此,他們纔能享受自身環境中那種一塵不染的純潔。”(《愛因斯坦談人生》100 頁)從這一點講,這個孤獨是幸福的。

三十六

知不知，尚矣[1]。不知知，病矣[2]。是以聖人之不[病][3]也。以亓病病也，是以不病[4]。

[校注]

[1] 尚，即上。《文子·符言》："知不知，上也；不知知，病也。"尚，引申爲高明之義。《吕氏春秋·大樂》："有知不見之見，不聞之聞，無狀之狀者，則幾於知矣。"《淮南子·繆稱訓》："吴鐸以聲自毁，膏燭以明自鑠，虎豹之文來射，猨狖之捷來措，故子路以勇死，萇弘以智困。能以智知，而未能以智不知也。"方以智云："故聖人知而無知，以無知知。"（《東西均·盡心》）

[2] 病，弊端。《淮南子·道應訓》："知而不知，尚矣；不知而知，病也。"此處"而"字與"學而時習之"、"烹而食之"用法相同。"而"成爲時間前後的間隔。知而不知，即從知到不知；不知而知，即從不知到知。《莊子·則陽》："萬物有乎生而莫見其根，有乎出而莫見其門。人皆尊其知之所知，而莫知恃其知之所不知而後知，可不謂大疑乎？"這正是"不知知，病矣"之謂也。《吕氏春秋·別類》："知不知，上矣。過者之患，不知而自以爲知。"

[3] "病"字據甲本補。不病，無錯誤及爲難之事。《廣雅·釋

詁》三："病，難也。"

［4］病病，第一個病字爲動詞，《廣雅》："病，憂也。"第二個病字爲名詞，指錯誤。病病，猶言憂慮錯誤、弊病。

［義述］

本篇的知和不知，體現了哲學知識論的内容。知屬於經驗範圍，是時空中的感覺。不知即是在感覺中不存在的觀念，它不在時空中。老子的"知不知，尚矣。不知知，病矣"，所説的正是從感覺的知走向觀念的不知。這個不知，是指感覺經驗中原來不存在的觀念。知識是從感覺開始的，感覺得到的，經過人的先驗邏輯的整理，形成判斷，即成爲知識。這個知識只有在觀念的形態中纔能存在，不在時空中，所以就感覺階段而言它是"不知"的。判斷形成知識的過程，從感覺中的有，達到感覺中原本没有，而後來纔有的觀念。舉例來説，太陽晒到石頭上，人可以看到這一現象。用手摸石頭，感到是熱的。這兩件事，存在於時空之中的經驗的範疇裏。在别的動物那裏，永遠是不相干的兩件事。人從先驗邏輯，從時間先後，得出了太陽光晒熱了石頭的判斷。這裏太陽光晒石頭在前，石頭變熱在後。在自然界僅是一個順序問題，在人腦中已是因果關係。通過感覺知道了許多類似的例子，就會産生太陽光能晒熱一切的觀念，亦即是知識。這個知識的出現，正是對感覺整理的結果。而這個因果關係的判斷，在感覺階段是不存在的。就感覺的知，它就是不知。"人之所知，不如人之所不知，信矣。"（梁武帝《答臣下神滅論》）也只有這樣理解，從知到不知，"尚矣"纔有價值。這個"不知"正是感覺不存在的觀念。從觀念這個"不知"趨向於具體那點由感覺而來的"知"，當然是什麼也得不到，也就“病矣”。聖人懂得這個毛病，所以注意避免。然而聖人的觀念不在時空中，“知”在老子而言僅是常識經驗，“不知”纔是超越經驗的觀念。道就是這樣的觀念。

> 於是泰清問乎无窮曰：“子知道乎？”无窮曰：“吾不知。”又問乎无爲。无爲曰：“吾知道。”曰：“子之知道，亦有數乎？”曰：“有。”曰：“其數若何？”无爲曰：“吾知道之可以貴，可以賤，可以約，可以散。此吾所以知道之數也。”泰清以之言也問乎无始，曰：“若是，則无窮之弗知，與无爲之知，孰是而孰非乎？”无始曰：“不知深矣，知之淺矣。弗知内矣，知之外矣。”於是泰清中而歎曰：“弗知乃知乎，知乃不知乎，孰知不知之知？”无始曰：“道不可言，言而非也。知形形之不形乎？道不當名。”（《莊子・知北遊》）

在這裏“不知”遠遠超越了“知”，莊子又言：“至言去言，至爲去爲，齊知之所知，則淺矣。”王先謙集解：“成云：至理之言，無言可言；至理之爲，無爲可爲。宣云：必欲以知云所知齊之，使皆無不知，豈見道者爲哉？”老子關於知的哲學規定，最後停留在不在時空中的道，規定爲道的“不知”。然而在人們的頭腦中，所面對的世界，人的所見所聞，所感所受，所遇所得的一切，並不是超時空的，是經驗中的“知”。在這裏，知似乎很重要。知，當人們確定某種知是真理的時候，並不等於這個知具有真理的性質。它由於某種原因，或是出於傳統的固定見解，或是出於官府的某種需要，甚而是出於傳聞形成的俗見，風俗所積澱的陋見，更有時出於自身生存的渴望。久而久之，社會的固定看法體現了某種統治意志。這種看法因有了真理的外表而擁有許多相信的人。例如在西歐,很長時間之内,認爲太陽圍繞着地球而轉動,地球是宇宙的中心,而且是不動的。這樣的"真理"是人們所熟知的。黑格爾指出:"熟知非真知。"他對此有着很透徹的説明:

> 一般來説,熟知的東西所以不是真正知道了的東西,正因爲它是熟知的。有一種最習以爲常的自欺欺人的事情,就是在認識的時候先假定某種東西是已經熟知了的,因而就這樣地不去管它了。這樣的知識,既不知道它是怎麼來的,因而無論怎樣説來説去,都不能離開原地而前進一步。主體與客體,上帝與自然,以及知性與感性等等都被不加考察地認爲是熟悉的和有效率的東西,既構成固定的出發點又構成固定的歸宿點。這些據點停滯不動,而認識運動往來進行於其間,因而就只是在它們的表面上運動而已。在這種情況下,所謂理解和檢驗,也就是去看看關於這些東西的説法是否在每個人的觀念裏都有,是否每個人都覺得它是這個樣子,真正認識到它是這個樣子。(《精神現象學·序言》20 頁)

真理的追求,從來與人的自由息息相關。黑格爾對知與不知的描述,揭穿了專制統治下控制輿論的奧秘。從尋取最高原則的哲學規定,再通過近代哲學的觀照,也許可以對本篇有更深入的理解。

三十七

民[1]之不畏畏[2]，則大畏[3]將[4]至矣。毋伸[5]亓所居，毋猒亓所生[6]。夫唯弗猒，是以不猒[7]。是以聖人，自知[8]而不自見[9]也，自愛而不自貴[10]也，故去罷而取此[11]。

［校注］

［1］民，先秦民衆，亦稱庶民。馬叙倫《老子覈詁》云："此民字當作人。唐人避諱，於民字均改作人。後世復之，轉於人字誤改爲民，此其一也。"唐時雖有避諱之事，然而於《老子》文本如何避諱，馬氏並不清楚。所謂後世一一復原，亦無從依據。非有古本校勘對照，不得輕言。馬氏之説不但爲帛書本所否定，即流傳之唐代石刻之搨本亦未嘗寓目。唐虞世南奉唐太宗李世民之命，校寫《老子》全文。其墨迹至武則天時又命狄仁傑鈎摹上石，公之天下，至今尚有搨本流傳。文中凡"民"字皆缺筆作"巳"，本篇亦爲"巳"，並未改"民"爲"人"（見路工《訪書見聞録》8頁）。今秦漢古本《老子》帛書甲、乙本均作民，即證古本如此。在《老子》語境中，用民、人之處，自有其確定含義，非如後世之通用也。

［2］畏畏，前一畏字爲動詞。《廣韻》："畏，畏懼。"後一畏字指犯罪而被處死。《禮記・檀弓》上："死而不弔者三：畏、厭、溺。"王肅

注:“犯法獄死謂之畏。”朱彬訓纂:“畏者,兵刃所殺也。”畏通威。《國語·晋語》七:“民畏其威而懷其德,莫能勿從。”《吕氏春秋·用民》:“不得其道,而徒多其威。威愈多,民愈不用。亡國之主,多以多威使其民矣。故威不可無有,而不足專持。譬之若鹽之於味,凡鹽之用,有所託也。不適,則敗託而不可食。威亦然,必有所託,然後可行。惡乎託?託於愛利,愛利之心諭,威乃可行,威太甚則愛利之心息。愛利之心息而徒疾行威,身必咎矣。此殷夏之所以絶也。君,利勢也,次官也。處次官,執利勢,不可而不察於此。夫不禁而禁者,其唯深見此論邪。”言民衆到不怕犯罪而死時,則大畏將至。

[3] 大畏,大威,猶言天威。《詩·周頌·我將》:“我其夙夜,畏天之威。”《集韻》:“威,古作畏。”《書·多士》:“惟帝不畀,惟我下民秉爲,惟天明畏。”孫星衍疏:“言惟天不畀,無形可見,當驗之於我下民所執所爲,即是天降明威矣。《臯陶謨》云:天明威自我明威。”《國語·晋語》四:“畏威如疾,民之上也。從懷如流,民之下也。見懷思威,民之中也。畏威如疾,乃能威民。威在民上,弗畏有刑。從懷如流,去威遠矣,故謂之下。其在辟也,吾從中也。鄭詩之言,吾其從之。此大夫管仲之所紀綱齊國,裨輔先君而成霸者也。”這是晋文公妻,齊桓公之女姜氏對丈夫説的一番話。韋昭注:“威,畏也,見可懷則思可畏,此民之中行。能威民,故在人上,不畏威,則有刑罪。”必須掌握控制民之畏威的主動,纔能避免“民之不畏畏,則大畏將至矣”情形的出現。

大畏,猶言大的懲罰,如天罰即是。或民衆暴動,或强國凌暴,或災害降臨,屆時社稷存亡未卜。對諸侯而言,亡國滅宗最是可畏。所以説“民之不畏畏,則大畏將至矣”。統治者的行爲超越禮制所允許的範圍,必然引起“民之不畏畏”,那就要“大畏將至”。

[4] “將”字王弼本、傅奕本、河上本皆無,帛書本有,義勝。

[5] 佴,即侖。《説文》:“侖,古文甲。”《爾雅·釋言》:“甲,狎

也。"《詩·衛風·芄蘭》:"雖則佩韘,能不我甲。"毛傳:"甲,狎也。"《書·多方》:"甲于内亂。"古文以甲爲狎。狎,猶言喜好但輕褻。"伸亓所居"猶"富潤屋"之謂,以違背禮制的手段營建華美宫室。

[6] 猒,飽飫。《説文》:"猒,飽也。"後世皆書作厭。高鴻縉謂其字"從犬口含肉會意"。小篆變口爲甘,取意相同。《文選·琴賦》注引《説文》云:"猒從甘肉犬,會意字也。"金文《沈子簋》:"見猒于公。"段注:"厭專行而猒廢矣。猒,厭古今字。"《國語·周語》中:"豈敢猒縱其耳目心腹以亂百度?"韋昭注:"猒,足也。"《全唐文》卷三八三元結《㾕廎銘》:"目所厭者,遠山清川;耳所厭者,水聲松吹;霜朝厭者寒日,方暑厭者清風。於戲,厭,不厭也,厭猶愛也。"生,享受。狎與猒的生活,徵歌逐舞,犬馬聲色,酒池肉林,則心地必然卑污。"毋伸亓所居,毋猒亓所生。"猶言不要貪圖財貨及厚自奉養。唐韋應物詩:"自慚居處崇,未覩斯民康。"奚侗解釋這两句:"此言治天下者無狹迫人民之居處,使不得安舒;無厭笮人民之生活,使不能順適。"(《老子集解》)狹迫居處,厭笮生活,甚不成辭,增字解經,乃望文生義之談,離老子之意遠矣。細繹老子這兩句,完全不是這個意思。坊間今釋,諸本皆襲奚説,皆因不解"猒"字之故也。此種解釋不僅遊離於整篇之外,從邏輯上講且無法呼應於"聖人自知而不自見也;自愛而不自貴也"。老子反對大肆斂財及窮奢極欲,鼓吹儉樸而清淡,同時又符合古禮的生活,這正是無爲而治的體現。

[7] "夫唯弗猒,是叺不猒。"王弼本、河上本作:"夫唯不猒,是以不猒。"傅奕本作:"夫惟無猒,是以無猒。"所用之否定詞相同,義遂無别。帛書本作"弗猒"、"不猒","弗"與"不"雖同樣爲否定,但含義有區别。弗,不能。不,不會。弗猒,不能貪婪飽飫。不猒,不會憎惡。因爲自己不求貪婪飽飫,所以也就不會受到憎惡。即引出下文聖人之自謂。聖人,最高統治者。

[8] 自知,《易·繫辭》下:"履以和行,謙以制禮,復以自知。"孔

穎達疏:“自知者,既能返復求身,則自知得失也。”《老子·七十七》:“知人者知也;自知者明也。”

[9] 自見,炫耀。《集韻》:“見,顯也。”《老子·六十六》:“自見者不明。”

[10] 自貴,傲慢。馬其昶云:“人欲自見其長,自貴其生,皆病也。”

[11] 去罷,同去彼,即拋棄自見、自貴。

[義述]

> 先王之於民也,懋正其德而厚其性,阜其財求而利其器用,明利害之鄉,以文修之,使務利而避害,懷德而畏威,故能保世以滋大。(《國語·周語》上)

早在西周初期,金文《大盂鼎》中即有“畏天畏”語。這是由來已久的天命思想。春秋時代,社會對“威”有着特殊的理解。“威”體現爲威儀,已滲入社會的各個等級,成爲社會有機組成不可缺少的部分。《左傳·襄》三十一年記載,楚國令尹的儀仗超過了國君。北宫文子批評他:“《詩》云:‘敬慎威儀,惟民之則。’令尹無威儀,民無則焉。民所不則,以在民上,不可以終。”威儀來自符合自己所處社會等級的儀仗。不夠或超越,都是没有威儀,統治也就不會鞏固。北宫文子對什麽叫威儀有詳細的解釋:

> 有威而可畏謂之威,有儀而可象謂之儀。君有君之威儀,其臣畏而愛之,則而象之,故能有其國家,令聞長

世。臣有臣之威儀，其下畏而愛之，故能守其官職，保族宜家。順是以下皆如是，是以上下能相固也。衛詩曰："威儀棣棣，不可選也。"言君臣、上下、兄弟、内外、大小皆有威儀也。周詩曰："朋友攸攝，攝以威儀。"言朋友之道必相教訓以威儀也。《周書》數文王之德，曰，"大國畏其力，小國懷其德"，言畏而愛之也。《詩》云，"不識不知，順帝之則"，言則而象之也。紂囚文王七年，諸侯皆從之囚，紂於是乎懼而歸之，可謂愛之。文王伐崇，再駕而降爲臣，蠻夷帥服，可謂畏之。文王之功，天下誦而歌舞之，可謂則之。文王之行，至今爲法，可謂象之。有威儀也。故君子在位可畏，施捨可愛，進退可度，周旋可則，容止可觀，作事可法，德行可象，聲氣可樂，動作有文，言語有章，以臨其下，謂之有威儀也。

這裏詳細描述了由社會等級所決定的各種威儀，及其對組成整個社會有機運轉的作用。威儀對個人來説就是名份，象徵着權力的大小和享受的級別。而産生各個等級名份的依據就是天命。如果違背，就會招致"天畏"的降臨而受到懲罰。本篇所説的"大畏"，就是"天畏"。這是西周初年形成的新觀念。老子所説與之是一致的。天命之威，荀子稱之爲道德之威。《荀子·强國》："禮樂則脩，分義則明，舉錯則時，愛利則形，如是，百姓貴之如帝，高之如天，親之如父母，畏之如神明。故賞不用而民勸，罰不用而威行，夫是之謂道德之威。"道德之威即是統治者自身行爲規範下的威望。統治集團的每個成員，他們的等級名份都有嚴格的規定，不能超越和不夠。形成上下一體的社會體制，構建成牢固的社會利益共同體。它的維繫紐帶就是威儀。這不但是權力的物化,也是物質利益分配的具體化。《書·西伯戡黎》:“今我民罔弗欲喪,曰,天曷不降威,大命不摯。今王如其台。”這與老子所言亦是同一類事。

正如英國培根所説:“痛苦有邊界,恐懼却没有。”從現代哲學的角度來考察“畏”,在這裏還可以借助於丹麥克爾凱戈爾的分析。克爾凱戈爾區分了畏和怕,怕總是有具體的對象,而畏却是一種莫名的恐懼,怕某一件事物,人們可以逃避它。但莫名的恐懼,也就無從逃避,只能生活在陰影中。克爾凱戈爾的分析如果用來理解天命的話,天命正是一個看不見摸不着的陰影。最令人擔憂的地方,在於統治集團的成員“不畏畏”。在於對天命失却了敬畏之心,不再有所顧忌。整個社會運作所賴以支撑的體制,因爲思想上觀念的崩潰而不斷受到挑戰。老子告誡統治者“毋伊亓所居,毋猒亓所生”,正如後世所批評的,“窮變巧於臺榭兮,民露處而寢濕。消嘉穀於禽獸兮,下糠秕而無粒。”(蔡邕《述行賦》)即是不要貪婪飽飫和極盡奢華,不要追求超出自己等級的享樂;不要破壞由等級而來的威和威儀。這樣就不會招致民衆的憎惡。天命也就不會降臨天威來加以懲罰。要做到這一點,就必須自知而不自見,自愛而不自貴。

三十八

勇[1]於敢則殺[2]，勇於不敢則栝[3]，[此[4]]兩者或利或害。天之所亞，孰知亓故[5]。天之道，不單而善朕[6]，不言而善應，弗召而自來，單[7]而善謀，天罔[8]経経[9]，疏而不失。

[校注]

[1] 勇，《左傳・昭》二十年："知死不辟，勇也。"《吕氏春秋・論威》："勇，天下之凶德也。"《國語・越語》下："夫勇者，逆德也。"韋昭注："德尚禮讓，勇則攻奪。"蘇軾《留侯論》："人情有所不能忍者，匹夫拔劍起，挺身而鬭，此不足爲勇也。天下有大勇者，卒然臨之而不驚，無故加之而不怒，此其所挾持者甚大，而其志甚遠也。"

[2] 殺，在古文中多用作動詞。"勇於敢則殺"句中的"殺"，在此處只能作名詞。由此而言，"殺"爲殺矢之省文。殺矢是一種威力巨大的箭。言勇於敢就會像殺矢那樣帶來巨大的殺傷力。殺不能解釋爲死，因此義所起甚晚。西周武敢矛有銘文："𢦏敢"二字。陳介祺考證："銘文二字，第一字從武從丑，《説文》：'秵，刺也。從矛丑聲。'與此合；曰敢者，亦果敢之義耳。"(《文物天地》2001 年 5 期)武敢之矛爲死士所用，果敢而勝。故"勇於敢則殺"，所言敢死之士，一

往無前，殺敵而果也。

［3］栝，檢視帛書乙本照片僅存右半“舌”之上半部分，甲本作“栝”，據補。傳世本作“活”。《説文》：“栝，炊竈木。”段注：“今俗語云竈棪是也。”猶今言撥火棍。劉賾云：“炊竈木一端燒於竈内，其未燒一端吐出竈口，如人舌出口外……吾鄉俗語謂燈檠中撥火炷之小木杖爲栝火棍。”（《劉賾小學著作二種》1206 頁）

［4］“此”字據傅奕本補。

［5］王弼本、河上本此下有“是以聖人猶難之”一句，已見於《老子·二十六》。敦煌辛本、遂州龍興觀本亦皆無此句，與帛書本同，足見唐時尚有無此句之傳本。奚侗云：“此句誼與上下文不屬，蓋六十三章（帛書《老子·二十六》）文，複出於此。”益證帛書之佳。

［6］不單而善朕，即不戰而善勝。單，即戰；朕，即勝，皆見前注。《孫子·作戰篇》：“是故百戰百勝，非善之善者也；不戰而屈人之兵，善之善者也。”

［7］單，沉默。甲本作彈然，河上本作墠然，王弼本作繟然，傅奕本及范應元本作默然。西漢竹簡本《老子》作誤然。誤，字書不載，从言从黑，黑有無義，會意，誤猶沉默不語，與傅奕本之“黙然”同義。本篇所言：“天之道，不單而善朕，不言而善應，弗召而自來，單而善謀，天罔経経，疏而不失。”天之道的行爲方式，動作所得皆爲效果之反。不戰本不會勝，現在爲善勝。不言本爲不響應，而現在恰爲善應。弗召本不會來，而現在恰恰自來。如果“單”解爲“繟然”，而寬緩與“善謀”不相應。黙然而善謀，不説話本爲不善於謀劃，而現在正好爲善謀。與前三句一致。這樣四句所説正是“天之道”亦即自然的行爲方式。如此，纔會“天罔経経，疏而不失。”

［8］天罔，《易·繫辭》下：“作結繩而爲罔罟，以佃以漁。”罔即網。天網，形容道之廣大而如天布之羅網。《淮南子·原道訓》：“張天下以爲之籠，因江海爲之罟，又何亡魚失鳥之有乎。故矢不若繳，

繳不若網，網不若無形之像。”

[9]“袿袿”，王弼本、河上本、傅奕本作“恢恢”。袿，字書不見，與絓近形。《説文》：“絓，大也。”段注：“與恢音義皆同。”《玉篇》：“絓並訓大。”馬王堆漢墓帛書整理者認爲：袿疑與絓通，音義同恢。據此，可視爲袿袿猶恢恢，廣大貌。《荀子·非十二子》：“恢然如天地之苞萬物。”《史記·滑稽列傳》：“天道恢恢，豈不大哉。”

[義述]

本篇開頭所言“勇於敢”、“勇於不敢”具有濃厚的個人主觀色彩。“勇”在古代可寫作“恿”。段玉裁注：“恿，古文勇从心。”説明“勇”與人的情感意志作用有關。勇在古代曾被認爲是一種不好的品性。培根云：

> 勇氣，可是勇氣不過是無識與卑賤的産兒，比別的關於世務的知識賤得多了。然而它真能迷惑並控制那些見識浮淺或膽量不足的人，而這種人又是數目最多的。更甚者，勇氣也能把有智之人在他們意志不堅强的時候主宰了。（《培根論説文集》41 頁）

“勇於敢則殺”，此“殺”字爲“殺矢”之省文。《周禮·夏官》：“殺矢，鏃矢。用諸近射田獵。”鄭玄注：“殺矢，言中則死。”賈公彦疏：“解稱殺矢之名，以其重量，中則死故也。”“勇於敢”表達了一種强烈的肆行無忌的情感。《莊子·盜跖》：“勇悍果敢，聚衆率兵，此下德也。”“勇於不敢則栝”。栝，燒火棍。雖然没有戰場上哪樣叱咤風雲的激烈，但也可以坐在竈前撥弄柴火，使之熊熊燃燒。這裏無論“殺”還是“栝”都是人的主觀意識支配下的行動。只要是人的主觀行動,就不會得到天道的認同,因爲它是人的自由意志,不符合天道。“敢”與“不敢”是對人的所有的主觀行爲的概括,並不是討論其中的差别,在天道面前也無所謂差别。《列子·力命》:

> 可以生而生,天福也;可以死而死,天福也。可以生而不生,天罰也;可以死而不死,天罰也。可以生,可以死,得生得死,有矣;不可以生,不可以死,或死或生,有矣。然而生生死死,非物非我,皆命也,智之所無奈何。故曰,窈然無際,天道自會;漠然無分,天道自運。天地不能犯,聖智不能干,鬼魅不能欺,自然者默之成之,平之寧之,將之迎之。
>
> 生非貴之所能存,身非愛之所能厚,生亦非賤之所能夭,身亦非輕之所能薄。故貴之或不生,賤之或不死;愛之或不厚,輕之或不薄。此似反也,非反也;此自生自死,自厚自薄。或貴之而生,或賤之而死;或愛之而厚,或輕之而薄。此似順也,非順也;此亦自生自死,自厚自薄。鬻熊語文王曰:“自長非所增,自短非所損。算之所亡若何?”老聃語關尹曰:“天之所惡,孰知其故。”言迎天意,揣利害,不如其已。

《列子》張湛注云:“夫順天理而無心者,則鬼神不能犯,人事不能干。若迎天意,料倚伏,處順以去逆,就利而遠害,此方與逆害爲巨對,用智之精巧者耳,未能使吉凶不生,禍福兼盡也。”張湛的這段注文也是對老子本篇的很好解釋。即否定人的主觀意志,確認天道自然。“天之所亞,孰知亓故。”老子所提出的疑問，接着就在“天之道”云云中回答了。與“生而弗有，爲而弗寺，長而弗宰”(《老子·十四》)、“无爲而无不爲”(《老子·十一》)是一致的。當然也就是不戰而勝，不言而應，弗召而來，默然而善謀。這就是人所能感受到的天道。范應元云：“天之道，不與物争，而物自化，是善勝也。然人不可外此心而求天道於高遠也。不言而有必通，是善應也。不可須臾而離之，是不召而自來也。默然虛静而動无不成是善謀也。”(《老子道德經古本集註》)對自然的順應和服從，是實現美好生活的途徑，這就是天道人倫。就像在茫茫宇宙中，布着無邊無際的“天罔”，網眼稀疏，似有若無，視之不見，無所不在。當然，“天罔”僅是一個隱喻。徐紹楨云：“天之道，繟然舒緩，似無所謀，而非其謀則未嘗不周。蓋天若有網然，恢恢然甚廣大。其網之目甚疏，而未嘗有漏也。”(《道德經述義》)勇於敢，或勇於不敢，都是自由意志和主觀意識活動的必然傾向。用鄧曉芒的話來説：老子哲學由於否定異化，不願天人相分，害怕貧富不均，於是提倡克制個體自由的生存論衝動。它一開始就把這樣一種個體生命的衝動同化於自然和由此而産生的社會既定倫理規範裏面，使之不異化。所以整體生命是中國傳統辯證思想的一個既定前提。人和自然天人合一，體現在與自然的一種血緣關係。這種血緣關係造成了家庭、國家，乃至天地的天然倫理。從這點出發，就是對“天罔”這個隱喻的最全面的理解。

以前的解釋糾纏在人的行爲方式上，説什麼勇於敢就會喪命，畏葸不前就能夠活命。“勇於不敢則活”，所有的傳世本上都寫着這個“活”字。活，保命也。這與懦夫之見也没有什麼兩樣，與後文中的“天之所亞”、“天之道”也没有什麼聯繫，難道天要人做懦夫麼？這就是那個“活”字造成的。有了帛書甲本所保存的“栝”字，整篇文字有了通讀的可能。本篇所説的“天之道”，不是人的主觀行爲所能改變的。“天罔柽柽，疏而不失。”它即是道法自然。在傳世本中，這句話已寫成“天網恢恢，疏而不漏”。在後來的解釋語境中已有了明確的功能性方向，演變成了懲治罪犯的專用成語。就語言學而言，它的含義已經約定俗成而固化，無可别解。然而對解讀老子而言，必須從老子哲學出發，而不能採納這種俗見，否則必然會使老子研究庸俗化，也就不可能抉發出老子的真正義藴。老子的“天罔”不是專門針對壞人的，它是自然而然，所有的人，萬物，乃至整個宇宙，無不在它的下面，這點很重要。不能讓後起的詞義干擾對老子的理解，否則不但理順全篇的邏輯關係很困難，甚至連整個解説也成了郢書燕説的東西。

三十九

若[1]民恒[2]且不畏死,若何[3]以殺曜[4]之也?使[5]民恒且畏死,而爲畸[6]者,[吾[7]]得而殺之,夫孰敢矣?若民恒且必畏死[8],則恒又司殺者[9]。夫代司殺者殺,是代大匠[10]斲[11]。夫代大匠斲,則希不傷亓手。

[校注]

[1][8]"若",王弼本、河上本、傅奕本皆無"若"字。若,如果。"若民恒且不畏死","若民恒且必畏死"是本篇的兩個重要層次。傳世本無"若民恒且必畏死"句,第二層次之首字"若"亦隨之佚失無存。此"若"字賴帛書本而存。是以知今本《老子》之本篇有殘缺,前人之釋,難免爲不根之談了。

[2] 恒,平常,普通。民恒,民衆通常的情況。

[3] 若何,奈何。王引之《經傳釋詞》卷七:"若,猶柰也。凡經言若何、若之何者,皆是。"柰即奈。奈何,用反問的方式表示如何。

[4] 曜,甲本作愳。《説文》:"懼,恐也。愳古文。"《集韻》:"懼,古作愳。"曜、愳、懼通,威嚇。

[5] 使,假如。

[6] 畸,《廣雅·釋詁》二:"畸,衺也。"《荀子·天論》:"故道之所

善,中則可從,畸則不爲,匿則大惑。"楊倞注:"畸者,謂偏也。"《文子·道原》:"矜僞以惑世,畸行以迷衆。"畸,猶歪門邪道。《書·康誥》:"凡民自得罪,寇攘姦宄,殺越人于貨,暋不畏死,罔弗憝。"孫星衍疏:"暋者,《説文》云:冒也。《周書》曰:'暋不畏死。''憝者,《説文》云:怨也。凡民罔不憝。'言民有自罹于罪者,寇賊攘奪,内爲姦,外爲宄,殺于人,取于貨,强冒不畏死,無不怨之者,當順民怨以行罰,則罪人亦自服其罪也。"老子所言:"使民恒且畏死,而爲畸者,吾得而殺之,夫孰敢矣?"實爲同誼。

［7］"吾"字據甲本補。

［9］司殺者,《廣雅·釋詁》三:"司,主也。"《莊子·至樂》:"吾使司命復生子形。"司殺者,即古代司命之神,掌握自然生命極限的。凡生命皆有壽夭,司殺者所主。春秋齊國青銅器洹子孟姜壺銘文中已見"大司命"名稱,壺銘内容爲因喪事而祭祀大司命。《楚辭·九歌·大司命》洪興祖補注:"五臣云:司命,星命。主知生死,輔天行化,誅惡護善也。"

［10］大匠,手藝高超的木工。《孟子·盡心》上:"大匠不爲拙工改廢繩墨。"

［11］斲,砍削。胡適云:"這個'司殺者',便是天道。違背了天道,擾亂了自然的秩序,自有'自然法'來處置他,不用社會和政府的干涉。若用人力去賞善罰惡,便是替天行道,便是'代司殺者殺'。這種代劊子手殺人的事,正如替大匠斫木頭,不但無益於事,並且往往鬧出亂子來。"(《中國哲學史大綱》53 頁)《世説新語·方正》劉孝標注:"五帝先教,導民以德。夏后政衰,始用刑辟。"在歌頌自然和無爲這一點上,本篇還貫穿着老子的生死觀。老子認同自然,認爲人之生,人之死,皆是自然之運化。否定人爲的刑法隨便中止自然所賦予之生命。

[義述]

老子認爲,民衆都害怕死,因爲一般總有自然的大限來支配人們的生命。先秦神話中有司命之神。《禮記·祭法》:王立七祀,諸侯立五祀,皆有司命。《楚辭·九歌·大司命》:"紛總總兮九州,何壽夭兮在予。"王逸注:"此言九州之大,生命之衆,或壽或夭,何以皆在於我? 以我爲司命故也。"《周禮》也記有司命之神。它代表着自然來決定人們的生命。老子認爲,民衆的生死由司殺之神掌握着,用不着統治者的刑獄去操心,去人爲地結束人的生命。

在原始社會,没有法律,更没有死刑。原始人的氏族信仰中,即包括有決定族人生死的神祇。他們認爲或是自然,或是上帝,或是司命,族人的生命長短,都是由他們決定的,除了他們,任何人都没有決定族人生死的權力。所以,在氏族社會中没有人會去親手處死同族人,因爲這犯了嚴重的禁忌,由此而没有死刑。即使是背叛了氏族之人,犯了極端禁忌的族人,或是殺死同族人的兇手,最嚴厲的懲罰就是驅逐出本氏族。

> 野蠻人碰到這麽多的真實的危險,又被這麽多的想象的危險所困惑,以致一個人單獨生活根本是不可能的;他甚至連這種思想也没有過。從他的氏族,他的部落聯盟中驅逐出來,對於他等於判處死刑。史前期的希臘人和閃族人也像一切半開化民族一樣,殺害部落成員之一的兇手只用放逐代替懲罰。奥勒斯特在殺死了自己的母親和該隱殺死了兄弟都被迫離開故鄉。在先進的文明裏,如在進入歷史時期的希臘和意大利的文明裏,放逐仍

> 然是最嚴厲的懲罰。照希臘詩人德峨尼斯説:“被放逐的人既無朋友,又無忠實的伴侶,放逐的主要苦難就在於此。”離開了自己的同伴,過着孤獨生活,這對於過慣了群居生活的原始人是一個威脇。(拉法格《財産及其起源》37 頁)

《書·舜典》:“流共工于幽洲,放驩兜于崇山,竄三苗于三危,殛鯀于羽山,四罪而天下咸服。”蔡沈注:“流,遣之遠去,如水之流也。放,置之於此不得他適也。竄,則驅逐禁錮之。”孫星衍疏:“殛即放也,亦謂殛之遠方而至死不反。”《左傳·文》十八年:“舜臣堯,賓于四門,流四凶族,渾敦、窮奇、檮杌、饕餮,投諸四裔,以禦螭魅。”杜預注:“案四凶罪狀而流放之。”《楚辭·天問》:“何條放致罰,而黎服大説?”王逸章句:“説,喜也。言湯行天之罰以誅於桀,放之鳴條之野。天下衆民大喜悦也。”洪興祖補注:“史記桀敗於有娀之虚,犇於鳴條。此言條放者,自鳴條放之也。致罰者,《湯誥》所謂致天之罰也。”以上即是中國遠古時代著名的放逐事件。被放者都有足以判處死刑的罪狀,然而無一例外都是以流放作爲懲罰。堯舜禹湯之時,商周春秋之際,尚如此。在《左傳》等記載的歷史中,本族之人犯有過錯,用驅逐作爲懲罰手段,是十分普遍的。有關“出奔”的記載,就是驅逐,説明當時遺風未泯。從這點出發,正是讓自然,讓神祇去決定放逐者的命運。所以老子認爲對罪人處以死刑是違背古老的傳統的,也是違背古禮的,更是違背了自然。代替自然去決定人的生命的存亡,即是代大匠斵,代大匠斵的人當然會傷到自己的手。與《老子》書中反對文明社會帶來的弊病一樣,這裏老子明確提出反對人爲的刑法。

他以氏族的古老風俗禮制爲出發點，闡述了自己的哲學，指出那超驗的存在，同時也歌頌了自然和無爲。劉基《郁離子》卷上云："不爲無益之憂以毁其性也。是故君子之生於世也，爲其所可爲，不爲其所不可爲而已。若夫吉凶禍福，天實司之，吾何爲而自孽哉?"

四十

人[1]之饑也，以亓取[2]食跷[3]之多，是以饑。百生[4]之不治也，以亓上[5]之有以爲也，是以不治。民[6]之輕死也，以亓[7]求生之厚[8]也，是以輕死。夫唯无以生爲者[9]，是賢[10]貴生[11]。

［校注］

［1］“人”與下文所及“百生”、“民”，早期傳本之甲本、西漢竹簡本亦如此。王弼本、河上本、傅奕本統作“民”。此三種人所指不同，含義各别，所述爲社會之三個方面。後人不識，妄作一律，其義遂至不通，多作牽强之説解。帛書本出，可見《老子》原始文本而得其本義。人指國君、諸侯。《説文》：“人，天地之性最貴者也。”段注：“《禮運》曰：人者其天地之德，陰陽之交，鬼神之會，五行之秀氣也。”在春秋時，或更早的時代，人字有特定的含義，一般指貴族，或者只能是國君一類的統治者。如《春秋・隱》四年：“宋公、陳侯、蔡人、衛人伐鄭。”楊伯峻注：“人，實指國君或卿大夫。”《詩・大雅・假樂》：“宜民宜人，受禄於天。”朱熹集傳：“民，庶民也；人，在位者也。”

人之饑，人君吃不到飯，這是比喻的説法。春秋時，國君乃至天子，不斷受到來自臣下的挑戰，常使君位受到威脅。這裏用吃飯都成了問題，比喻君位不保。帛書《周易》卷後古佚書《二三子問》："人君至於饑乎？"《論語・顏淵》："信如君不君，臣不臣，父不父，子不子，雖有粟，吾得而食諸？"

［2］"取"，甲本同。王弼本、河上本、傅奕本"取"字作"上"。"取"字極重要，取食即是吃飯。傳世本作"上食稅"，謂人君之食稅，實大謬。三個字錯了兩個。如果不是帛書本重現人間，則此篇之釋，永墜迷霧。

［3］跷，裘錫圭《考古發現的秦漢文字資料對於校讀古籍的重要性》云：

> 帛書甲本的"逆"字，乙本作"跷"。這是一個從"辵"或"足"，從"兑"聲的字。"兑"字古音與"隧"相近。《禮記・檀弓》下："齊莊公襲莒於奪"，鄭玄注認爲"奪"指《左傳・襄》二十三年的"且於之隧"，"隧、奪聲相近，或爲兑"。《晏子春秋・内篇問》上第二章有地名"兹於兑"，王念孫《讀書雜志》也認爲就是"且於之隧"。帛書本的"逆"應該讀爲"隧"。《廣雅・釋宫》："隊（與'隧'通），道也。"《左傳・文》元年注："隧，徑也。""逆"字從"辵"或"足"，這兩個偏旁的意義正好跟道路有聯繫，"逆"也許就是當道路講的"隧"或"遂"的異體。"取食逆"的意思就是取得食物的途徑。（《古代文史研究新探》12 頁）

張舜徽云："（跷字甲本作逆），字雖不見《説文》，而從辵與從足義同。考其聲類，逆從兑聲，與遂從㒸聲音近，古韻又同部，其義當爲途徑。"（《周秦道家發微》157 頁）逆與跷通。皆取義於兑，《詩・大雅・緜》："行道兑矣"，毛傳："兑，成蹊也。""取食逆"即是"取食跷"。同時，《篇海類編》："跷，步楚也。"步楚，走路痛苦的樣子。"取食跷之多"可理解爲取食之道多困難。

［4］百生，百姓，同族之人。《詩・小雅・天保》："群黎百姓，徧爲爾德。"毛傳："百姓，百官族姓也。"百生即由宗族而來的百官、公卿、大夫。

［5］上，君上。《獨斷》上："上者，尊位所在也。"《廣雅・釋詁》一："上，君也。"此處之"上"與上文"百生之不治也"相對應。

［6］民，平民，古代指庶衆，有别於君主、百姓（百官）、公卿，地位處於社會底層。《論語・學而》："道千乘之國，敬事而信，節用而愛人，使民以時。"劉寶楠正義："人非民。"《説文》："民，衆氓。"皇疏："人是有識之目，愛人則兼朝廷也；民是冥闇之稱，使民則惟指黔黎也。"《書・多士》序鄭玄注："民，無知之稱。"人、民之使用在先秦文獻中，人多指在位者，統治者，貴族；民多指庶衆，下層之黔首。於老子本篇觀之，亦甚符合。

［7］傅奕本"亓"後有"上"字，誤。

［8］求生之厚，《書・大禹謨》："正德，利用，厚生，惟和。"蔡沈注："厚生者，衣帛食肉，不饑不寒之類，所以厚民之生也。"《鶡冠子・天權》："人之輕死，生之故也。"

［9］无以生爲者，不以奉養和享樂爲目的。

［10］賢，勝過。《正字通》："賢，勝也。"

［11］貴生，重視享樂。人君、百官、民衆都是享樂的追求者，都不是"无以生爲者"。老子在這裏予以全面否定。

［義述］

老子在這一篇裏批評了當時社會中三個階層的人——人君、百官族姓、民衆。春秋時期整個社會發生激烈的變化。"曾經闊氣的要復古，正在闊氣的要保持現狀，未曾闊氣的要革新。"（《魯迅全集・而已集・小雜感》531 頁）這時的社會，王室衰落，諸侯僭越，陪臣執國命，庶民分化。古老的氏族禮制正走向消亡。那時,政柄不斷下移,人君已很難保持原有的地位與生活。這就是"人之饑也,以亓取食跷之多,是以饑"。人君受到"吃飯問題"困擾已成爲普遍現象。百姓,即同一族姓的公卿、臣僚,已不安分於原來的名份地位,進而把持國政,奪取公室的土地和權力,人君於是感到百官的"不治"。這個"不治",正是"以亓上之有以爲也"的直接後果。這個"有以爲",即是拋鄙了原始的氏族統治方式,使得無爲而治的自然模式已無法維系,由族姓賦予的天然尊長的權力越來越喪失其效能,威望掃地。只能采用人爲的干涉加以挽救。然而爲了挽救古老權力而采取的新措施,變成古老權力的消蝕劑,新措施越來越多,古老的權力却没有得到挽救,也不見恢復,反而有被逐漸取代的趨勢。這個"有以爲",恰恰是"不治"的原因,從而成爲一個悖論。人君吃飯問題僅是一種現象,人君不再能保持以前的權力格局和模式,纔是其實質。這就是"百生之不治也,以亓上之有以爲也,是以不治"。由於社會生産力的發展,權力的下移,文化的傳播,自由的增加,庶民中的一些人已走上從政從商的道路而獲得了優裕的生活和更高的社會地位。社會已經提供了施展才能的舞臺,然而目標的實現雖然有喪失生命的風險,對庶民而言,這是值得的。這就是"民之輕死也,以亓求生之厚也,是以輕死"。這些現象正是春秋後期天下無道的寫照。老子以超脱的見解否定了這些社會進步所表現出來的現象。老子認爲儉樸清澹的生活"賢於貴生"。但這實際上是做不到的。但在心靈上可以給衆多的失敗者和落伍者帶來精神上的撫慰。

這一篇由於帛書保存了最古版本的文字,從而遠勝傳世各本。人們離開先秦時代愈遠,對那個社會就愈陌生。對根本不懂歷史的人而言，他們根本無法了解原生態文獻中所蘊含的社會真相，只能用現代觀念去肢解古代思想，只會用死硬的教條去亂套。這樣必然只能刻舟求劍，郢書燕説，根本無法通解。特别可笑的是那種熱衷於“上食税”、“剥削”之類時髦飾詞之人，不惜曲解古代文獻以牽就自己的錯誤框子。帛書本出土，一掃誤字，爲正確解釋提供了文本依據。我們必須從對老子時代的歷史及文獻的把握中，貼近老子思想的本真，纔能使本篇在整體上有一個合理的邏輯結構的理解。

四十一

人之生也柔弱，亓死也骾信[1]堅强。萬[物草[2]]木之生也柔椊[3]，亓死也榫槀[4]。故曰，堅强死之徒[5]也，柔弱生之徒也[6]。[是[7]]以兵强則不朕，木强則兢[8]。故强大居下，柔弱居上[9]。

[校注]

[1] 骾信，馬王堆漢墓帛書整理者注：骾信二字傳世本没有。甲本作"楦仞"。骾從骨恒聲，字書不載，疑其與骾近義。信，甲本作"仞"，音近通假，即伸。《管子·内業》言人"筋信而骨强"，義與此近。骾信當指僵硬挺伸，人或動物之死亡，無不僵硬而挺伸。

[2] "物草"二字據甲本補。

[3] 柔椊，猶稚嫩。椊，同櫱。《廣雅·釋詁》一："櫱，始也。"王念孫疏證："櫱，與萌芽同義。"

[4] 榫槀，即枯槁。榫、枯音近；槀同槁。《漢書·禮樂志》："枯槀復産。"顔師古注："枯槀，謂草木經冬零落者也。"

[5] 徒，同途。見《老子·十三》注。

[6] "堅强死之徒也，柔弱生之徒也"，《淮南子·原道訓》："柔弱者生之榦也，而堅强者死之徒也。"《文子·道原》："柔弱者生之榦

也，堅强者死之徒。”《説苑·敬慎》：“柔弱者生之徒也，剛强者死之徒。”《列子·黄帝》：“柔弱者生之徒，堅强者死之徒。”皆是“堅强”句在“柔弱”句之後。而傅奕本、河上本、王弼本、嚴遵本皆同於帛書本。

[7]“是”字據傅奕本補。

[8]“兢”，王弼本作“兵”，傅奕本、河上本作“共”。傳世本作“拱”等，此類皆是譌字，甲本作“恒”。恒通亘，栕。栕，竟也。《釋文》恒，古鄧反，本作亘。《考工記·弓人》：恒角而短。注：恒讀爲栕，栕，竟也。劉賾云：“古文亙字，徐鍇以爲‘舟竟兩岸’是也。兩岸指上下兩盡，舟自此岸横亘達於彼岸，是爲竟盡。宇宙間事物本無所謂竟盡，特就其中每一階段之竟盡而言，乃以舟之横亘兩岸爲喻耳。竟盡則恒久，故正篆栕從恒聲。二部‘恒，常也。从心从舟在二之間，上下心之舟施，恒也’。”（《劉賾小學著作二種》771頁）由此觀之，甲本之“恒”，乃有竟義。竟，盡也。

《説文》：“兢，競也。”競通竟。《汲冢周書·度訓解》：“揚舉力竟。”王念孫《讀書雜志》：“競，古通作竟。”兢、競、竟通。《玉篇》：“竟，終也。”猶言樹木壯盛招致砍伐，則大限已至，所以説“木强則兢”。甲本“木强則恒”，義同。無論兢、恒，其義皆爲竟也。

[9]上、下，非位置關係，乃就發展方向而言。上，猶言方興未艾；下，猶言日暮途窮。

[義述]

嚴遵《老子指歸》：“人始生也，骨弱筋柔，血氣流行，心意專一，神氣和平。面有榮華，身體潤光，動作和悦，百節堅精。時日生息，旬月聰明。何則？神居之也。及其老也，骨枯筋急，髮白肌羸，食飲無味，聽視不聰。氣力日消，動作月衰，思慮迷惑，取舍相違。及其死也，形槁容枯，舌縮體伸。何則？

神去之也。草木之始生也,枝條潤澤,華葉青青,豐茂暢美,柔弱以和。何則?陽氣存也。其衰也,華葉黃悴,物色焦殃。及其死也,根莖枯槁,枝條堅剛。何則?陽氣去之也。"這是嚴遵對老子"人之生也柔弱,亓死也骽信堅强。萬物草木之生也柔椊,亓死也楱槀"這段話的解釋。它對生死狀況的描述是很形象的。本篇老子所説之事很簡單:生而柔,死而剛。引伸到兵强不勝,木强遭伐。以强大居下,柔弱居上作結語。其實老子所講的道理並不簡單。地球上的生命現象,總是從生向死趨動。生命現象從哲學角度講,它是一個過程,存在於世界一切物質中。無物常住,一切皆流。過程,是世界存在的形式。生命獲得之後,必須維持新陳代謝的運轉不息。這個維持代謝不息的代價即是細胞的無可挽回的衰老。最後直至新陳代謝的停止,生命體徵的消失,死亡終於成爲事實。這是人人都要經歷而從未有人明白的經驗。在生存期間,生命有着符合自然的生存方式。如植物枝條的柔軟是適應於生存的方式。柔軟是生命力充盈的表現。它充滿水份,輸送養料,接受陽光,風中摇曳。柔軟是現象,生命是本質。到植物死亡時,枯槁是它應有的本份,枯槁的枝條容易被風吹斷,這是它的功成身退,可以爲别的生命進程讓路。枝葉的枯敗,與整體生命的死亡,同樣是完成了生命的過程,完成了自然賦予的一切。並不存在喜生哀死的情感。人的幼小,强壯,衰老,走向死亡,也是如此。所不同的是人能感知,明白,懂得這一切。柔弱,堅强,稚嫩,枯槁,其實都只是表面現象,老子要説明的是生命力這個本質問題。引伸到社會,"兵强則不朕",並不是説軍隊强了,就打不赢仗了。其實兵强也只是一個現象,本質仍是生命力的問題。世上萬事萬物,小至一草一木,一人一畜;大至一國一軍,一個朝代,一個團體,它的發展,興衰存亡,總是蘊含着生命力這個核心問題。創造輝煌文明的古國滅亡了,有過光榮顯赫的年代過去了。有的人總想用已逝的青春作爲鏡子來觀照今天豐腴的臉容,然而今天的豐腴只不過是衰老的里程碑。這些都只與事物本身的生命力有關。

社會發展也是一個生命過程。正如馬克思所説的,當一個社會所包容的生產力没有完全釋放之前,這個社會是不會滅亡的。生產關係所包容的生產力,正是這個社會的生命力。歷史上,弱小的軍隊,甚至在軍事水平、武器裝備上十分落後的軍隊,打敗强大而先進的軍隊,這樣的事例是很多的。從根本上説,弱小的一方只要是有生命力的,他的發展方向正是走向强大,在這個過程中淘汰比它更强大的一方,完全符合生命過程的必然。從哲學的角度而言,事物的走向死亡,它的真正原因是在自身,死亡機制是生命不可缺少的組成部分。一個朝代,一個制度,也是這樣。

老子所説的"故强大居下,柔弱居上",漢代以來,不少注家,都用樹枝作喻來解釋。唐成玄英疏:"堅强之木居下,柔弱之條處上。"這是錯誤的解釋。老子講的是哲理。"居下"和"居上"只是指事物發展的方向。"重爲輕根,静爲燥君",就是老子的話。老子還指出强大而柔軟的水總是處下的。這些正好否定了成玄英的説法。不能皮相地理解,常識經驗解釋不了哲學。應該從深層次看,從生命力的角度看。老子已經看到一個事物無論怎樣弱小、稚嫩,只要它是有生命力的,用恩格斯的話説就是合乎理性的,就必然屬於事物發展的方向,擁有美好的未來。這是老子的重要哲學命題。

四十二

天之道[1]，西[2]張[3]弓也。高者印[4]之，下者舉之；有余[5]者云[6]之，不足者[補[7]之。故天之道[8]] 云有余而益不足。人之道[9]云不足而奉又余[10]。夫孰能又余而[有以取[11]] 奉於天者[12]，唯又道者乎？是以耶人爲而弗又[13]，成功而弗居也。若此亓不欲見賢[14]也。

[校注]

[1] 天之道，天的常理。猶道的常理，自然的常理。自然作爲本體，萬物運化的方式即是張弓之高抑下舉，損有餘而補不足。

[2] 西，即猶。

[3] 張，《説文》："張，施弓弦也。"段注："張、弛，本謂弓施弦、解弦。"

[4] 印，同抑，猶言往下壓。羅振玉《增訂殷墟書契考釋》："卜辭'印'字從爪，從人跽形，象以手抑人而使之跽。其誼如許書之抑，其形則如許書之印，予意許書印、抑字古爲一字。"帛書文字保留了原始寫法，從而印證了羅説。

[5] 余，通餘。朱駿聲通訓："余，叚借爲餘。"《周禮・地官・委人》："凡其余聚以待頒賜。"鄭玄注："余當爲餘，餘謂縣都畜聚之

物。”下文之余，亦作餘解。

［6］云，損。見《老子・五》校注。

［7］補，《史記・夏本紀》：“調有餘，補不足。”嚴遵《老子指歸》：“夫弓人之爲弓也，既殺既生，既翕既張，制以規矩，督以準繩，弦高急者，寬而緩之，弦弛下者，攝而上之；其有餘者，削而損之，其不足者，補而益之；弦質相任，上下相權，平正爲主，調和爲上。故弓可抨而矢可行也。”奚侗云：“天道無私，喻如張弓，抑高舉下，損有餘，補不足，要於均平而已。”

［8］“補之故天之道”六字據甲本補。

［9］王弼本、傅奕本、河上本於“人之道”下皆有“則不然”三字，帛書甲本亦有，乙本無。易佩紳《老子解》：“道在天下均而已，均而後適於用。此有餘則彼不足，此不足而彼有餘，皆不可用矣。抑其高者，損有餘也；舉其下者，補不足也。天之道如是，故其用不窮也。”沈一貫《老子通》：“人之道則不然。哀聚窮賊之財，以媚尊貴者之心；下則箠楚流血，取之盡錙銖。上則多藏而不盡用，或用之如泥沙；損不足以奉有餘，與天道異矣。”

［10］又余，即有餘。

［11］“有㠯取”三字據甲本補。

［12］“夫孰能又余而有㠯取奉於天者”，王弼本、河上本作“孰能有餘以奉天下”，范應元本作“孰能損有餘以奉天下”，傅奕本作“孰能損有餘而奉不足於天下者”。“天下”帛書乙本作“天”，甲本及西漢竹簡本同。“天下”與“天”是兩個完全不同的概念。本篇强調的是“天之道”、“人之道”，天之道是自然，人之道是人爲。在老子的語境中，自然與人爲是對立的，由此帶來的社會效果也完全相反。正是在這裏，老子主張自然均平的社會理想，人們得到均平的收益，這是“天”的恩賜，值得感恩。後人不識老子原意，改成帝王之術的以均平駕馭天下，完全違背了老子原意。所以“天下”之“下”，乃衍文

也。嗜帝王之術者,妄加“下”字,老子自不爾爾。

[13] 弗又,弗有。《玉篇》:“有,得也,取也。”爲而弗有,勞作而不佔有。

[14] 賢,《六書故》:“賢,貨貝多於人也。”楊樹達《增訂積微居小學金石論叢·釋賢》:“以臤爲賢,據其德也;加臤以貝,則以財爲義矣。”言聖人爲而弗有,成功而弗居,若此者其不欲崇尚財富也。

[義述]

老子在本篇提出了原始社會平均分配社會産品的理想模式。這一思想在兩千年來發生了深刻的影響。“天之道云(損)有余而益不足”,是原始社會平均分配社會財富的真實寫照。“人之道云(損)不足而奉有余”,是文明社會分配不均的真實寫照。人類社會平均分配産品的方式,在歷史上曾保持了很長很長的時間。在現代,一些處於原始階段的民族,仍盛行這種分配方式:

> 氏族内部的一切都是公共財産。布希曼人得到一件禮物時總是要把它分給本氏族的成員。達爾文曾看到過火地島的一個土人把人家送給他的一牀被按照伙伴的人數分割成若干片。假如布希曼人得到一匹牛或其他什麽東西,他也同様平均分配,而給自己往往只留下最小的一份。碰着饑荒的年景,年輕的火地島人跑到海岸邊去尋找食物,假如他幸而發現一條擱淺的鯨魚,這是他們最喜愛的食物,縱使餓得快死了也不去觸動它一下,而是跑回去報告本氏族的成員,他們立即趕快來到發現場所;然後由年長者將鯨魚的尸體平均分配。(拉法格《財産及其起

> 源》38 頁）
>
> 漁季一到，部落的所有成員都集中到盛產魚類的哥倫比亞河裏來，所有捕獲的魚也一起儲存。每晚按婦女人數進行分配，每人都領到相等的一份。人們把魚剖開，放在籬笆上曬乾，然後用籃子裝運到林子裏去。（拉法格《財産及其起源》39 頁）

摘引這些材料無非説明：在原始人那裏奉行的平均分配收獲物，正是當時盛行的損有餘以奉不足的社會通則，也正是老子所説的"天之道"。老子贊成在人類歷史上曾有過的分配方式。這種分配方式到了文明社會已被損不足以奉有餘的剥削制度所代替。老子把實行平均分配的原始社會作爲自己的理想國和批判春秋社會的出發點。

"夫孰能又余而有以取奉於天者，唯又道者乎?"表現了與平均分配産品密切相關的宗教思想。天，氏族所奉祀的神祇之一。在實行平均分配收獲物的氏族中同時盛行自然崇拜，原始人認爲他們所得的一切，來自這個被崇拜並神化了的"天"。老子的記録，準確地反映了原始社會精神與物質之間的原生態。從世界史的角度看，儘管不同民族所信奉的神各有不同，但在原始人那裏以收獲物來供奉心目中的最高神祇是相同的。例如：

> 秘魯全部可耕地的大約三分之二是公共財産而屬於太陽和印加。居民在耕種每年分給他們的土地之前，都得共同耕種太陽的土地，其收獲首先滿足祭祀之需，然後分給大家。（拉法格《財産及其起源》56 頁）

太陽是印加氏族所信奉的神。

> 從《伊利亞特》和《奧德賽》中我們看到在希臘也像在秘魯一樣存在着一種單獨的神聖土地，專門用以供奉地方神和軍事首長。（拉法格《財産及其起源》56 頁）
>
> 黑克威爾德説，印第安人相信大神爲了全人類的共同幸福創造了世界及世界裏包羅的一切。他使土地上有居民和使森林裏充滿了野獸，他之所以這樣做不是爲了少數人，而是爲了全體人類的共同利益。一切東西通統都應當遺交人類的後代。在地面上呼吸和在土地裏生長的一切，河流水澤中居住的一切，都是全體人類的財産，每個人都有權享有自己的一份。好客在他們不是美德而是義務。他們每個人都寧願自己挨餓老早躺下睡覺，而不願受到没有執行義務的譴責，説他没有滿足客人、病者或貧者的需要；因爲所有他們都有權取得"公共基金"的幫助。因爲供給他們吃的野獸，假如它是在樹林裏找尋來的話，那它前此一直是公共財産，而敬客的蔬菜和玉蜀黍生殖在公共土地上是按照大神的意志而不是按照人的意志。（拉法格《財産及其起源》46 頁）

从以上這些材料可以理解，爲什麼老子在贊美了平均分配的社會習俗後，又立即提出誰能有餘而有取以奉獻給天這個問題。老子把社會平均分配和對神祇的奉獻結合起來，指出只有歸仰於道的人纔能做到。在中國，遠古的穀物之神后稷和土地之神社，始終爲祭祀的核心。對合稱爲社稷的祭祀後來成爲國家最高級别的祭祀，成爲政權的代稱和禮制的核心。在以農業爲主要生産方式的中國古代，對社稷的祭祀從來就與在土地上獲得穀物的收成的感恩緊密相連。春秋時代關於社稷的觀念與老子這裏的説法是一致的。原始人在經濟上的平均分配，成爲人與人平等的前提，從而發展了友愛和寬恕的情感。古羅馬的凱撒曾看到日耳曼人的原始平等的情形，認爲他們的風俗目的在於"維持他們之間的平等，既然在他們那裏一切人都處於相同的條件之下，都是最强大的"(拉法格《財産及其起源》47頁)。要維持這樣的風俗，就不能因爲財富分配的不平等而導致人與人之間的對立。所以老子最後指出："爲而弗又，成功而弗居也。若此亓不欲見賢也。"把從社會分析得來的結論，提升爲自己的哲學表述。老子把它歸結爲無爲的本質體現。老子明確指出了無爲的社會經濟基礎，就是損有餘以奉不足的實行平均分配的原始共産的農業社會。

老子的平均思想，爲孔子所全盤接受，鮮明地反映在他的思想中。《論語·季氏》："丘也聞有國有家者，不患寡而患不均，不患貧而患不安。蓋均無貧，和無寡，安無傾。"劉寶楠《論語正義》："寡者，民多流亡也。均者，言班爵禄，制田里，皆均平也。"又云："《繁露》引：不患貧而患不均，魏書張普惠傳同。蓋貧由於不均，故下文言均無貧。《論語》本錯綜其文，而《繁露》則依義引之，故不同也。和無寡者，言既均平，則上下和協，民皆思歸也。"《繁露》就是董仲舒的《春秋繁露》，作爲獨尊儒術的原創者，所引述的孔子思想，恰恰來源於老子。平均是西漢的國策。《鹽鐵論·輕重》："夫理國之道，除穢鋤豪，然後百姓均平，各安其宇。"東漢時，班固的《漢書》更是把它引入《食貨志》加以發揮："故曰：'不患寡而患不均，不患貧而患不安；蓋均亡貧，和亡寡，安亡傾。'是以聖王域民，築城廓以居之,制廬井以均之,開市肆以通之,設庠序以教之,士農工商,四民有業。"方苞云:"桑弘羊以心計,置均輸,平準,陰與民争利。所謂'塗民耳目,幾無行'者也,故因老子之言而連及之。然推原本始,以爲中古而後,嗜欲漸開,勢不能閉民欲利之心,以返於太古之無事。故其善者,亦不過因之利道之而已。其次教誨整齊,猶能導利而上下之,未聞與民争利也。"(《方苞集·書貨殖列傳後》)這些很清楚地説明了孔子的均平思想與老子有關。隨着古代中國專制集權制度的成熟和完善,平均主義成爲其治國的核心思想。"平均"二字在歷史上始終是治國的良策。新王朝的建立,"制廬井以均之"成爲首務。漢代的編户齊民,計口授田;北魏、隋、唐的均田制。宋代理學思想推崇孟子所竭力鼓吹的井田制,它的核心即是土地的平均分配。均平正是理學家所關注的。李覯云:"是故土地,本也。耕獲,末也。無地而責之耕,猶徒手而使戰也。法制不立,土田不均,富者日長,貧者日削,雖有耒耜,穀不可得而食也。食不足,心不常,雖有禮義,民不可得而教也。堯舜復起,末如之何矣?故平土之法,聖人先之。"(《直講李先生文集》卷十九)這是北宋平均土地的呼聲。明清兩代在官方的行爲方式中,均平思想始終貫穿其中。晚明張瀚云:"昔聖王仁政必以均貧富爲急。"如各省賦税的配額,科舉録取人數的分配。王朝剛建立時對豪富大地主的打擊,大規模移民,鼓勵墾荒並承認其土地的合法所有,無不包含有均平的思想。直至近代,平均主義作爲國粹長期存在。追根求源,無不包含着老子的遺教。老子的平均思想是站在哲學的角度對當時社會秩序的一種批評。從獨尊儒術以來,平均二字就降爲應對社會貧困的無奈手段。這裏體現了思想的源頭和它的末流之間的高下差別。

詹姆斯·斯蒂芬在《自由、平等、博愛：一位法學家對約翰·密爾的批判》一書中指出，平等和自由在一定程度上是矛盾的，因各人的境遇不同，自由的結果常常是差距的加大，因而會更加不平等。不平等的現實與自由所標榜的平等權利的前提之間存在矛盾。在一個不能消滅分配不公、貧富差距的社會裏，社會本身的生產力所貢獻的財富遠達不到充裕的時候，平等成爲一種社會渴望。平等的經濟要求就是平均分配。在古代，均平思想無視個人自由的存在，在這樣的基礎上，只能建立起高度集權的專制統治，來作爲分配的保證。即使到了現代，如果實行平均主義的社會理想，則在它的背後，也必然會以高度的專制作爲它的支撑。從這裏很可看清從老子到韓非的内在邏輯的延伸。黑格爾在歷史哲學的講演中試圖説明東方人的性格包含着兩種乍見之下互相矛盾，其實緊密相連的天性：一種是一心向往凌駕於萬物之上，另一種是俯首貼耳地屈服於各種形式的奴役。他舉中國爲例，"在中國，人們不是屈服於家庭的父權之下，就是屈服於具有宗法性質的君權之下。因此，在中國盛行絶對的平等，但却没有自由。所有私人利益都是不合法的，文武官員的等級被規定得十分嚴格，並且完全聽憑皇帝獨裁，正如國家和民族的福利一樣。道德的東西不是作爲臣民的情操，而是作爲皇帝的虐政而存在，所以根本没有榮譽感和良心可言。這裏不存在奴役和自由的區别；在君主面前人人平等，也就是説，他們實際上都没有權利。"(阿爾森·古留加《黑格爾小傳》123頁)對於一個古老傳統根深柢固的國家而言，這是一份沉重的遺産。

四十三

天下莫柔弱於水[1]，[而攻堅强者[2]莫之能先也[3]]，以亓無[4]以易之也。水[5]之朕剛也，弱之朕强也，天下莫弗知也，而[莫之能行]也[6]。是故耶人之言云，曰：受國之詢[7]，是胃社稷[8]之主；受國之不祥，是胃天下之王。正言若反。

[校注]

[1] 本篇以水爲喻，是用水的品格去比喻國君的爲君之道。《淮南子·原道訓》："天下之物莫柔弱於水，然而大不可極，深不可測，脩極於無窮，遠淪於無涯，息耗減益，通於不訾。上天則爲雨露，下地則爲潤澤。萬物弗得不生，百事不得不成，大包群生而無好憎，澤及蚑蟯而不求報，富贍天下而不既，德施百姓而不費。行而不可得窮極也，微而不可得把握也，擊之無創，刺之不傷，斬之不斷，焚之不然，淖溺流遁，錯繆相紛而不可靡散，利貫金石，强濟天下，動溶無形之域，而翱翔忽區之上，邅回川谷之間，而滔騰大荒之野，有餘不足，與天地取與，授萬物而無所前後。是故無所私而無所公，靡濫振盪，與天地鴻洞，蟠委錯紾，與萬物終始，是謂至德。"水之至德於天下，正是國君必須效法的知雌守柔之道。這樣本篇後半部分所談的社

稷主、天下王也就有了邏輯上的呼應。

[2] 攻,《説文》:“攻,擊也。”攻堅强,消解堅固之物,總比不上水。水可以懷山襄陵,溶融山體,吞没大地,世上之物皆不如水之有力持久,然水却是最温柔的。

[3] 甲本作“天下莫柔□□□□□堅强者莫之能□也”。據甲本存留之字,參照傅奕本補“而攻堅强者莫之能先也”十字。王弼本、河上本“先”作“勝”。先,超過,優於。

[4] 無,即无。帛書《老子·二十》中亦有此字,可詳其注。當時兩字通行無别,在帛書抄寫時代還未趨同於“無”,故帛書大多用“无”字。

[5] “水”,王弼本、傅奕本、河上本皆作“柔”,甲本此字已毁。水性至柔,此處以水爲柔。

[6] “莫之能行”四字據傅奕本補。吕惠卿《道德真經傳》:“天下之物,唯水爲能,因物之曲直方圓而從之,則是柔弱莫過於水者也。而流大物,轉大石,穿陵谷,浮載天地,唯水爲能,則是攻堅强者無以先之也。以其雖折曲萬變,而終不失其所以爲水,是其無以易之也。夫水之爲柔弱之勝剛强,天下莫不知,而老子數數稱之何也?以天下雖莫不知,而莫能行也。”王力云:“老子之尚柔静,蓋觀察自然界現象,類推及於人身。是以屢狀水木牝牡之情,以示類推之所自。夫弱水之能攻堅强者,自然之勢,非水有攻堅之術也。聖人後其身而身先者,亦自然之勢,非聖人有先民之術也。”(《老子研究》91頁)柔弱勝剛强,勝,非戰勝之義,而是柔弱優於剛强之義。

[7] 訽,同詬、垢。《説文》:“訽,詬或從句。”《玉篇》:“訽,同詬。”王弼本、傅奕本、河上本作“垢”,甲本作“訽”。《左傳·昭》二十年:“余不忍其訽。”杜預注:“訽,恥也。”陸德明釋文:“本或作詬,同。”《玉篇》:“詬,恥辱也。”《左傳·宣》十五年:“國君含垢。”楊伯峻注:“含垢,杜注云:忍垢恥。”《莊子·天下》:“知其雄,守其雌,爲天下

谿。知其白,守其辱,爲天下谷。人皆取先,己獨取後。曰受天下之垢。”郭象注:“雌、辱、後、下之類,皆物之所謂垢。”

［8］社稷,國家。國必有土,土神曰社;民必有食,穀神曰稷。《白虎通德論·社稷》:“人非土不立,非穀不食,土地廣博,不可遍敬也;五穀衆多,不可一一祭也。故封土立社,示有土也;稷,五穀之長,故立稷而祭之也。”范應元云:“受國之垢者,謂自行謙下柔弱也。受國不祥者,謂自稱孤寡不穀也。誠能如此,則是謂社稷之主也。此舉聖人之言,舉前義也。”奚侗云:“《書·湯誥》篇:萬方有罪,在予一人;予一人有罪,無以爾萬方。《莊子·則陽》篇:古之君人者,以得爲在民,以失爲在己;以正爲在民,以枉爲在己。皆此所謂受國之垢與不祥也。能受垢與不祥,而後可以爲社稷主,爲天下王。”

［義述］

《韓非子·五蠹》:“堯之王天下也,茅茨不翦,采椽不斲,糲粢之食,藜藿之羹,冬日麑裘,夏日葛衣,雖監門之服養,不虧於此矣。禹之王天下也,身執耒臿以爲民先,股無胈,脛不生毛,雖臣虜之勞不苦於此矣。以是言之,夫古之讓天下者,是去監門之養而離臣虜之勞也,古傳天下而不足多也。”從韓非之論,王天下者,即是受天下之勞苦。《淮南子·脩務訓》:“且古之立帝王者,非以奉養其欲也。聖人踐位者,非以逸樂其身也。”又:“蓋聞傳書曰:神農憔悴,堯瘦臞,舜黴黑,禹胼胝。由此觀之,則聖人之憂勞百姓甚矣。”故老子曰:“受國之訽,是胃社稷之主;受國之不祥,是胃天下之王。”老子這種思想古老的程度,可追溯到原始社會末期。那時正是從氏族酋長向文明社會國王轉化的過渡時期。反映了初期王權人神不分的情形。那時擔任統治者,絶不是一件快樂的事。“在某個原始社會裏,統治者的權威並不是一種令人羡慕的象徵,那些被擁爲統治者的人們常常想盡辦法來逃避人們的推戴。”(弗洛尹德《圖騰與禁忌》56 頁)

> 在早期社會的一定階段,人們以爲國王或祭司有天賦的超自然力量,或是神的化身。與這種信念相一致,他們還認爲自然的過程也或多或少在他的控制之下,如果氣候不好,莊稼歉收,以及其他類似的災難,他都要負責。在某種程度上,似乎認定國王對於自然的權力,也像對於臣民和奴隸一樣,是通過他的意志作用來行使的。因此,如果旱災,饑饉,疫病和風暴發生,人民便歸咎於國王的失職或罪尤,從而相應地鞭笞、桎梏以懲治之,如果他執拗不悔,便廢除他的王位,甚至處死他。(弗雷澤《金枝》254 頁)

公元十世紀時中國北方的契丹族不但有選王的制度,而且同樣要他負起關於自然變化的責任。“契丹姓大賀氏,後分八族。八族之長,皆號曰大人。内推一人爲王,建族鼓以尊之。每三年第其名以代之。”(《資治通鑒》卷二六六考異引《漢高祖實録》)“凡立王,則衆部酋長皆集,會議某有德行功業者立之。或災害不生,群牧孳盛,人民安堵,則王更不替代。苟不然,其諸酋會衆部,別選一名爲王,故王以番法亦甘心退焉。”(《資治通鑒》卷二六六考異引《虜廷雜記》)

> 這樣的國王生活在儀禮的包圍之中。整套的禁忌戒律,意圖並不在於增添國王的尊嚴,更非加多其享樂,而

> 是約束其行爲,不讓他擾亂自然的和諧而招致他本人以及他的臣民和整個宇内都遭受共同的災難。那一切戒律遠不是增加其享樂,而是約束他的每一行動,毁了他的自由,他的生命(他們的目的是要保存的)成了他的重負和哀愁。(弗雷澤《金枝》258、259頁)
>
> 塞拉利昂的未開化民族蒂姆人選舉自己的國王並保留在加冕前夕鞭撻國王的權利。……當宣布某人爲國王之前,按習慣先將他戴上鐐銬,痛加鞭笞,然後砸開鐐銬,把王袍加在他身上並且授予他象徵王位尊嚴的徽志——一把行刑者的大斧。(弗雷澤《金枝》265、266頁)

從這些原始民族社會狀況的研究中,老子的"受國之詢"及"受國之不祥"可得到最合理的解釋。中國古代的巢父、許由不願爲君的傳説與這種古老的習俗不無關係。本篇前半部分水的隱喻,水流處下,無濁不歸,然而最近於道,也就是柔弱優於剛强,體現在後半篇的"受國之詢"。春秋時被稱爲荆蠻的楚,保留着原始遺俗,其中就有鞭笞國王一項。《吕氏春秋·直諫》:

> 荆文王得茹黄之狗,宛路之矰,以畋於雲夢,三月不反;得丹之姬,淫,期年不聽朝。葆申曰:先王卜以臣爲葆,吉。今王得茹黄之狗,宛路之矰,畋三月不反;得丹之姬,淫,朞年不聽朝。王之罪當笞。王曰:不穀免衣繦緥而齒於諸侯,願請變更而無笞。葆申曰:臣承先王之令,不敢廢也。王不受笞,是廢先王之令也。臣寧抵罪於王,毋抵罪於先王。王曰:敬諾。引席,王伏。葆申束細荆五十,跪而加之於背,如此者再,謂王起矣。

從以上記載中可以看到，國王有過失，臣子就有權加以鞭笞懲罰。但這不是隨便哪個臣子都可以行使這個權力的。它是經過了一定的禮教儀規由先王確定的。這一權力是氏族意志的部分體現，是遠古遺俗與禮制結合的産物。當然，懲罰已變得是象徵性的了。這個歷史記載可以幫助我們對老子思想的理解。

在遠古時代，國王作爲整個國家的代表，他必須爲國家的災難承担後果。古希臘神話中國王 Athamas 因國内大飢荒而被國民們送上祭臺，作了犧牲。商湯在要盡同樣的義務時也説過"若以儔，請自當"。表現出一種超常的勇氣。"從殷周以來的三千餘年間，類乎湯禱的故事，在我們的歷史上，不知發生了多少。天下有什麽風吹草動的災異，帝王們便須自起而負其全責；甚至天空上發現了什麽變異，例如彗星出現等等的事，國王們也都要引爲自咎的下詔罪己。"（鄭振鐸《湯禱篇》16—17頁）西漢文帝二年冬天，發生了日食，皇帝即惶恐地下詔求言，以匡救自己做得不好的地方。詔書這樣寫着：

> 朕聞之，天生民，爲之置君以養治之。人主不德，布政不均，則天示之災以戒不治。乃十一月晦，日有食之，適見於天。災孰大焉？朕護保宗廟，以微眇之身，託於士民君王之上。天下治亂，在予一人。唯二、三執政，猶吾股肱也。朕不能治育群生，上以累三光之明，其不德大矣。令至，其悉思朕之過失，及知見之所不及，匄以啓告朕。及舉賢良方正能直言極諫者，以匡朕之不逮。

後來這成了統治者的一種傳統，兩千餘年來，無論漢族或他族之人做皇帝，凡是遇有天象、氣候、地震等變異，都要下詔罪己。

滿族入主中原時，離氏族社會不遠。康熙皇帝上臺之初，只要遇到北京天氣不好，如"三冬絶雪，一春無雨"，這時康熙皇帝就得發布詔書，說：朕才德薄弱，遭到天譴，誠惶誠恐，請求上天寬恕。這種把自然現象與皇帝相聯繫而自我責備的情形，也是原始遺俗的表現。當時滿族君臣還保留着原始的野蠻思想。《左傳·宣》十五年伯宗諫晋侯云："諺曰：高下在心，川澤納污，山藪藏疾，瑾瑜匿瑕，國君含垢，天之道也。"老子所言與這裏一樣，是一種非常古老的思想。在後來的中國社會，臣子犯顔直諫，冒死而諫，成爲朝廷上廟堂情結的優秀傳統和封建政治的自我平衡的制約力量。這個傳統的形成絶不是偶然的。

老子認爲：諸侯天子應多多憂國憂民，多多爲國勤苦操勞，不要一味享樂，更不要借爲政之權來謀見不得人的私利。正如柔克剛，弱勝强，爲天下含詬忍辱，憂勞並至，正是說明作爲統治者，富貴享樂並不是他追求的主要目的。這就是"正言若反"的含義。

四十四

禾[1]大[怨，必有余怨，焉可以[2]]爲善？是以耶人執左芥而不以責[3]於人[4]。故又德司芥，无德司𢾅[5]。[夫天道无親，恒與善人[6]。]

《德》三千卌一。[7]

[校注]

[1] 禾，同和。《書·歸禾序》疏："禾者，和也。"《吕氏春秋·必己》："一上一下，以禾爲量。"高誘注："禾，中和。"于省吾新證："禾乃和之借字。"禾，調和。

[2] "怨必有余怨焉可以"八字據甲本補。余，即餘。

[3] 責，《説文》："責，求也。"徐鍇《説文繫傳》："責者，迫迮而取之也。"王筠云："責，謂索求負家償物也。"

[4] 甲本作"是以聖右介而不以責於人"，脱"人執"二字。甲本作"右介"，乙本作"左芥"，且傳世本皆作"左契"。《禮記·曲禮》上："獻粟者執右契。"鄭玄注："契，卷要也，右爲尊。"孫希旦集解："粟可久藏，主人或未即用，故書一券而中别之，留其左者，獻其右者，受獻者欲取粟則執券而合之。"《戰國策·韓》三："操右契而爲公責德於秦魏之主。"鮑彪註："左契待合而已，右契可以責取。"《韓非子·外

儲説左》下："翟璜操右契而乘軒。"陳奇猷集釋："謂翟璜執責取軒車之右契,憑右契即可取軒車而乘之也。"《商君書·定分》："主法令之吏謹藏其右券,木柙以室藏之。"錢鍾書云："符與契皆剖分左右,之官持左符,而責償執右契。"(《管錐編》580 頁)張舜徽云："古人以右契爲上,故秦漢虎符,皆右在皇帝。必右契始可以責取,左契待合而已。"(《周秦道論發微》161 頁)右契乃取責之憑證,應以"右介"爲是。從種種史實觀察,執右契者總是屬於强勢的一方。聖人雖執右契,然而並不以此取責於人。爲什麽? 因其有德。故下文云:有德司契,有德者僅執右契而不行使權利;而無德者纔去司徹。司徹,乃是文明社會之法律行爲,是一定要執行而無可變通的。由此觀之,乙本之"左芥",所有傳世本之"左契",誤書相沿已久。幸有比帛書乙本更早的甲本,這文獻上最古老的《老子》版本,留下了"右介"這個書證。它在《老子》的版本中雖是孤證,但有衆多的先秦文獻爲旁證,也就孤證不孤了。應以"右介"爲是。

芥,朱駿聲通訓："介,今俗以芥爲之。"《左傳·昭》二十五年："季子介其鷄。"杜預注："擣芥子播其羽也。"陸德明釋文："介,又作芥。"傳世本作"契"。朱駿聲通訓："契,叚借爲挈。"《荀子·議兵》："掎契司詐。"楊倞注："契讀爲挈。挈,持也。"章太炎《新方言》："生死契闊,本又作挈。"《老子·十六》甲本作："使我摞有知也。"摞,挈之異構。《老子·十六》乙本作："使我介有知。"《老子指歸》釋此句作："負達抱通,提聰挈明。"注引經本作："挈然有知。"是介即挈,故介、芥、挈、契,通。

契,《説文》："契,大約也。"大約,重要的約定。《玉篇》："契,券也。"《禮記·曲禮》上孫希旦集解："契,謂兩書一札,同而别之,右爲尊,以先書爲尊也。"蔣錫昌云："《易·繫辭》注,鄭玄曰,書之於木,刻其側爲契;各持其一,後以相考。"《荀子·君道》："合符節,别契券者,所以爲信也。"和大怨而有餘怨,明言符節契券作用之有限。所以老子説手握右契而不責於人，乃爲聖人有德之行。《晋書·劉惔傳》："惔嘆曰：古之善政，司契而已。"

［5］又，即有。㣙，《字彙》："㣙，古徹字。"朱駿聲通訓："徹，叚借爲㣙。"徹，周朝田税制度。《廣雅·釋詁》二："徹，税也。"《論語·顔淵》："哀公問於有若曰：年饑，用不足，如之何？有若對曰：盍徹乎？"鄭玄注："周法什一而税謂之徹。徹，通也。爲天下之通法也。"朱熹集註："徹，通也，均也。周制：一夫受田百畝，而與同溝共井之人通力合作，計畝均收。大率民得其九，公取其一，故謂之徹。"《詩·大雅·崧高》："徹申伯土田。"朱熹集傳："徹，定其經界，正其賦税也。"《後漢書·陸康傳》："夫什一而税，周謂之徹。"司徹，職掌税務。郭沫若云："地方官吏要定期向國王報告政令執行情況和民户税收數字，把一年税收預算數字寫在木券上，剖而爲二，王執右券，官吏執左券。"（《中國史稿》第三編）

［6］"夫天道无親恒與善人"九字據甲本補。

［7］"《德》三千卌一"五字，甲本無。記載了老子帛書《德》部分共三千零四十一字。卌，四十。

［義述］

在本篇中老子把"芥"和"㣙"放在一起述説，意味深長。"芥"是一種約定，建立在自願的基礎上；"㣙"是古代税法，代表了國家意志。《詩·大雅·公劉》："度其隰原，徹田爲粮。"鄭玄注："度其隰與原田之多少，徹之使出税，以爲國用。什一而税謂之徹。"陳登原云："蓋據徹之原始意義而言，乃通量土地之所入，而取之於民。"（《中國田賦史》34頁）它的特點是"上之徹下"，亦即爲一種法律行爲，帶有强制性。然而在原始時代並不是這樣，雖有賦税，但有着濃厚淳樸意味的氏族色彩。

徵者與被徵者之間采取了相互約定的方式。清初劉獻庭《廣陽雜記》卷一：

> 滇南倮倮，俗無文書。官徵其賦，先與官刻木爲符。以一劃當一數，百十兩錢分，以長短爲差。劃訖，中分之，官執其半。屆期持而徵之。符合不少遲欠也。此亦足想結繩之制矣。

從這條材料可以推想，原始時代也有像上述所記那樣，實行約定方式進行徵税的情形。它的特點是"下獻於上"，顯然十分淳樸。看了這個材料也就不難理解老子把"芥"與"黔"相對立而論了。老子舉出這一點是爲了否定"上之徵下"的"黔"。聖人執右契而不責於人，顯示了無爲之德。司徹者强制而行，當然不可能有德。聖人執右契而不取責於人，它所包含的是一種非常古老的思想，可以追溯到洪水時代。孫機《麒麟和長頸鹿》一文説，黄河流域的人們在親手疏導洪水退去以後，重建自己的家園時，創造了麒麟作爲象徵物的美好形象。《初學記》卷二九引《孝經古契》説麒麟如麕，"頭上有角，其末有肉"。《公羊傳》何休注説麒麟"一角戴肉，設武備而不爲害"。這種象徵物形象的思想意義及其隱喻，與"耶人執右芥而不以責於人"是一脉相承的。老子思想是民族共同思想的自然流露。而同許多保存到後世的古老觀念一樣，決不是偶然的。它是民族思想基因的傳承。柔弱優於剛强，是貫穿於老子全書的。

老子借不同的納税方式，表達了他的社會評價。最後他説："夫天道无親，恒與善人。"這本是西周以來的傳統思想。它本身就是成語。《左傳·僖》五年："臣聞之，鬼神非人實親，惟德是依。故《周書》曰:‘皇天無親,惟德是輔。’又曰:‘黍稷非馨,明德惟馨。’又曰:‘民不易物,惟德繄物。’如是,則非德,民不知,神不享矣。神所馮依,將在德矣。”《楚辭·離騷》:“皇天無私阿兮,覽人德焉錯輔。”《國語·晋語》六:“吾聞之,天道無親,唯德是授。吾庸知天之不授晋且以勸楚乎,君與二三臣其戒之。夫德,福之基也,無德而福隆,猶無基而厚墉也,其壞也無日矣。”從這些先秦古籍中可以看到,惟德是輔是當時爲政者所必須信仰的思想。老子在這個思想中注入了他的社會評價。執右契而不取責於人者纔是有德者。天命不是無條件可以依恃的。受到上天眷顧的有德者,屬於那些信從“無爲”,不主張自由意志,而柔順於自然的人。在這裏老子以原始觀念觀察社會,僅是其哲學的外部表述。核心乃是自然高於一切,人的意志必須屈從於他,否則就是無德。這一點正是歷來的注釋者所忽略的。在漢代,司馬遷《史記·伯夷列傳》:“或曰,天道無親,常與善人。”借伯夷叔齊之死對所謂的天道發出疑問,却是直接引用了他所不理解的老子語,否則他就不會有疑問了。

下　篇

四十五

道[1],可道[2]也,[非恒道[3]也。名,可名也,非[4]] 恒名也[5]。无[6],名萬物之始也[7];有[8],名萬物之母[9]也[10]。故恒无欲也[11],[以觀亓眇[12];] 恒又欲[13]也,以觀亓所噭[14]。兩者[15]同出,異名同胃[16]。玄[17]之又玄,衆眇[18]之門。

[校注]

[1] 道,是老子關於宇宙的基本觀念,也是他整個學説的基點。本篇是道經的首篇。道是老子哲學本體論概念。在《老子》書中"道"字出現的次數很多,然而作爲本體論概念出現,並非每次都是。老子説"道法自然",這裏的道是自然的摹本,是由人類從自然那裏得到的概念。所以,道的一切行事方式即是自然的行事方式。道或自然,古人多有描述,而且符合道的本質界定。作爲本體,古人這樣寫着:

> 夫道者,陶冶萬物,終始无形,寂然不動,大通混冥,深閎廣大,不可爲外;析毫剖芒,不可爲內。无環堵之宇,而生有无之總名也。(《文子·道原》)

道也者，動不見其形，施不見其德。萬物皆以得，然莫知其極。故曰，可以安而不可說也。(《管子·心術》)

夫虛静恬淡，寂寞无爲者，萬物之本也。(《莊子·天道》)

夫道者，覆天載地，廓四方，柝八極，高不可際，深不可測，包裹天地，稟授無形。原流泉浡，沖而徐盈，混混滑滑，濁而徐清。故植之而塞于天地，横之而彌于四海，施之無窮而無所朝夕。(《淮南子·原道訓》)

以上就是古人對道的理解。道超絶感官，不在時空之中，所以是萬能的，也是不可說、無能名的，"道完全超越語言，正如它超乎任何個人的理解"(奥茨《卡夫卡的天堂》見《外國文藝》1982 第 2 期)。而自然也是如此。

[2] 可道，能用語言表述者。

[3] 恒道，《說文》："恒，常也。"段注："常當作長，古長久字只作長。"恒道，永久的道。

[4] "非恒道也名可名也非"九字據甲本補。

[5] 非恒名也，"'名'，名道也；'非常名'，不能常以某名名之也；'無名，天地之始'，復守初静，則道體渾然而莫可名也；'有名，萬物之母'，顯迹賦形，則道用粲然而各具名也。"(錢鍾書《管錐編》409頁)此處默存先生以"無名"、"有名"爲句逗，因所據爲王弼本故。本篇則以"无"、"有"爲句逗，所據爲帛書本故，然釋意並無大别，故引用之。

[6] 无，即無。徐鍇《說文繫傳》："无，奇字無，通於无者，虛無道也。鍇曰：无者虛無也。無者對有之稱。自有而無，无謂萬物之始。"

[7] "萬物"，王弼本、傅奕本、河上本作"天地"，甲本同於乙本。《史記·日者列傳》引及王弼注文皆作"萬物"，與帛書同。

始,《説文》:"始,女之初也。"《爾雅·釋詁》一:"初、哉、首、基、肇、元、胎、俶落、權輿,始也。"郭璞注:"胚胎未成,亦物之始也。"許嘉璐云:"始和胎的字形上都包含台,二者其實是相通的,'胎'用'肉'旁表示是肉胎。'天地之始',就可以認爲是天地之胎。"(《訓詁學與經學、文化》)通行本的"天地之始",帛書本作"萬物之始"。天地之間,如胎之孕,無而兆有,以此借喻道生天地萬物。劉賾云:"有天地然後始有人,人爲女所生育之始。凡萬物皆資生於女性而託始焉。故始从女而有生義。《釋名·釋言語》:'始,息也,言滋息也'是。"(《劉賾小學著作二種》1167頁)又云:"始之音義,關於人類進化史事彰明較著若此。而學者未之深察。俞樾《兒笘録》至謂'始之爲初,固恒訓也。然以其字从女而云女之始,則殊近於附會,女之初爲始,男之初爲何字乎?'其迷誤輕率一至於此,可謂'俗儒鄙夫',悖謬之尤者矣。"(《劉賾小學著作二種》1168頁)老子這裏的"始"有世界起源含義,非可等閒視之。因道不在時空之中,是非存在。從時空中而言,它就是"无",正是这個"无"成爲萬物的本源。

[8] 有,張載《正蒙·乾稱》下:"凡可狀,皆有也。"王夫之注:"實有其體,故可狀。"

[9] 母,本源。《老子·六十九》:"可以爲天地母。"《説文》:"母,牧也,从女,象褱子形,一曰象乳子也。"段注:"象兩手褱子也。《廣韻》引《蒼頡篇》云:其中有兩點者,象人乳形。"從甲骨文字突出乳房的形象看,强調了乳子即是母義。當天地還未産生,淳真渾樸,這就是"无",是萬物的開端。到"有",就像母親的哺育滋養,萬物茂盛。"母"字有側重於萬物興起這一方面的意思。在老子的本體論中,以無作爲世界的開始。王安石《老子註》:"無,所以名天地之始;有,所以名其終,故曰萬物之母。"王弼注:"凡有皆始於無,故未形無名之時,則爲萬物之始。及其有形有名之時,則長之、育之、亭之、毒之,爲其母也。言道以無形無名始成萬物,以始以成而不知其所以,

玄之又玄也。”

[10] 何良俊《四友齋叢説》卷十九:“老子首章讀法:道。可道非常道。名。可名非常名。無。名天地之始。有。名萬物之母。……”“无”、“有”是老子的兩個基本概念,故從“无”、“有”斷句。

[11] “恒无欲也”與下句“恒又欲也”甲本同。傳世本大多數無“也”字,由此造成斷句不同。嚴復云:“不言無物,而曰無欲。蓋物之成,必有欲者,物果而欲因也。棄果言因,於此等處見老子精妙,非常智之可及也。”

[12] “以觀亓眇”四字據甲本補。眇,《廣雅·釋言》:“眇,莫也。”王念孫疏證:“《一切經音義》卷二十一引此而釋之曰:言遠視眇莫不知邊際也。”《漢書·王褒傳》:“眇然絶俗離世哉。”顔師古注:“眇然,高遠之意也。”

[13] 又欲,有欲。

[14] “所噭”,甲本同,王弼本、傅奕本、河上本作“徼”,無“所”字。“噭”、“徼”同音通假。《玉篇》:“徼,邊徼也。”《字彙》:“徼,境也,塞也,邊也。”以觀亓所噭,有限度地認識。河上公注:“人常能無欲,則可以觀道之要。常有欲之人,可以觀世俗之所歸趣也。”“无欲”即“眇”,與“無邊”聯繫着;“有欲”即“噭”,與“有邊”聯繫着。“欲”是思想的存在。“辯證法講全面,不是説有邊和無邊相對,實際上是説有邊的東西裹面就有無邊,任何具體的東西都限制不住自己。”(葉秀山《哲學要義》42頁)這裹老子所説即“有欲”之中有“无欲”,“无欲”之中亦有“有欲”。“欲”之有無及由此而引起的“眇”、“噭”,都只能在超驗的範圍裹,這樣纔會“兩者同出,異名同胃,玄之又玄,衆眇之門”。

[15] 兩者,指“无”和“有”。

[16] “兩者同出,異名同胃”甲本同。王弼本、傅奕本、河上本作“此兩者同出而異名,同謂之玄”。諸本多“此”、“而”、“之玄”等字。

不如帛書之簡潔,義則無别。

［17］玄,《説文》:“玄,幽遠也,象幽而入覆之也。”《抱朴子·暢玄》:“玄者,自然之始祖,而萬殊之大宗也。眇昧乎其深也,故能微焉。綿邈乎其遠也,故稱妙焉。”照葛洪的説法,玄就是深遠,深遠即是微妙。玄,實際上就是對超驗的道的一種描述,帶有神秘之意。朱熹云:“玄,只是深遠而至於黑窣窣地處,那便是衆妙所在。”(《朱子語類》)高延第云:“玄之又玄,即《莊子》‘深而又深,神而又神’,贊道之詞。猶云無聲無臭。”

［18］衆眇,即衆妙,萬物之玄理。《隋書·徐則傳》:“夫道德衆妙,法體自然,包涵二儀,混成萬物,人能弘道,道不虚行。”眇即妙,古通。荀悦《申鑒》:“理微謂之妙。”在道的運動中,“无”作爲萬物的起始,“有”作爲萬物的實在。這裏的“无”、“有”與人們思想中“名”、“實”的概念的位置有相似之處。在原始人還分不清名與實的時候,人欲望的有無也是模糊的。後來,無欲被看作離開物質的高遠精神,有欲被看作崇尚物質的卑俗心態。認爲無欲是道的境界,有欲只不過是器的境界。這些僅是文明社會的看法。在文明世界對道的邏輯界定的安排下,器的境界當然只能有限度地感知道。“无”與“有”是道的衍化,“无欲”與“有欲”是人的衍化,這體現了人與道之間的關係。“有欲”儘管只能有限度地感知道,但並非毫無所覺。“无欲”的原始社會過去後,“有欲”成爲文明社會對物質不斷追求的動力。這種“有欲”不是消極的。“有欲”的不斷擴大,亦即是文明的不斷擴大,對道的感知的不斷擴大,更多地增加了人與自然的一致性。“有欲”的每次滿足,隨之而來的是暫時的“无欲”。所以“有欲”總和的盡頭應該是“无欲”。而“无欲”正是最爲接近於道的境界的。這是老子的辯證思維必然會得出的結論。明白了這些,就可以更好地理解“兩者同出,異名同胃,玄之又玄,衆眇之門”。

[義述]

道是老子認識世界的出發點,也是老子所創立的哲學概念。道是世界萬物運動的推動者,是老子的没有上帝的創世紀。這是老子在無數原始觀念上經過删汰後得到的經過昇華了的人類新思想。“道”作爲哲學觀念的産生和流行,後於“德”的觀念,但作爲普通名詞“道”在先秦早就有了。《左傳·莊》四年:“盈而蕩,天之道也。”這裏的“道”僅是法則之義。老子對已有的名詞“道”加以新的闡發,建立起自己的哲學本體論。這裏本體是超驗的存在,而不是經驗的存在。郭沫若云:“老子發明了本體的觀念,是中國思想史上所從來没有的觀念,他找不出既成的文字來命名它,只在方便上勉强名之曰‘大’,大字終嫌太籠統,不得已又勉强給它一個字,叫着‘道’。”(《青銅時代》一九四六年群益初版41頁)老子自己是這樣來描寫它的:“道恒,无名。”(《老子·七十六》)“有物昆(混)成,先天地生,蕭呵漻呵,獨立而不玹(改)。可以爲天地母。吾未知亓名也,字之曰道。”(《老子·六十九》)老子又説“道法自然”(《老子·六十九》)。春秋時期在中國大地上出現了哲學思考的人們。他們已對整個世界進行了超越知識經驗的思考。“道”的闡述即是他們把握世界的方式。“道者德之本也。”道這個觀念已越過了天、帝、德而成爲對世界的新的思考。“‘道’是宇宙萬物的本體,是爲感官所不能接觸的實在,一切由人的感官所生出的範疇不僅不能範圍它,且都是它所引伸而出;一切物的與觀念的存在,連人所有至高的觀念‘上帝’都是由它所幻演出來的。”(郭沫若《青銅時代》一九四六年群益初版41頁)《老子·四十八》描寫了道:

道沖，而用之有弗盈也。淵呵，佁萬物之宗。……湛呵，佁或存。吾不知亓誰之子也，象帝之先。

道是世界的本源。道的全能偉大，可借古羅馬奧古斯丁《懺悔録》中對上帝的頌贊來説明。而基督教的上帝在奧古斯丁的筆下，正是具備了本體論的特點，與老子的道的表述也是極爲相似的。

至高、至美、至能、無所不能；至仁、至義、至隱、無往而不在；至美、至堅、至定，但又無從執持；不變化而變化一切，無新無故而更新一切；"使驕傲者不自知地走向衰亡"(《舊約·約伯紀》)。行而不息，宴然常寂，總持萬機，而一無所需；負荷一切，充裕一切，維護一切，創造一切，養育一切，改進一切；雖萬物皆備而仍不棄置。(《懺悔録》5頁)

這裏對上帝的描寫，一如老子對道的描寫。上帝和道都在彼岸世界，都不在時空中，都作爲本體而存在於哲學中。

自老子創立了"道"的觀念後，廣泛爲先秦的思想家所接受。隨着"道"的觀念在各個思想層面的深入，也奠定了老子作爲百家元祖不可動摇的地位。《管子·四時》："道生天地。"《易·彖傳》："乾道變化。"孔穎達疏："道體無形，自然使物開通之爲道。"《大戴禮記·哀公問五義》："大道者所以變化而凝成萬物者也。"《韓非子·解老》："道也者，萬物之所以成也，故曰道。"也都直接來源於老子關於道作爲本體的叙述。

在對道的名稱上，老子爲什麽説"吾未知亓名也"呢？這裹有着深刻的原始觀念的内涵。後人已明確了的關於名的概念:“名,明也,名實使分明也。”(《釋名·釋言語》)但在原始民族那裹並不是這樣。

> 未開化的民族對於語言和事物不能明確區分,常以爲名字和它們所代表的人或物之間不僅是人的思想概念上的聯繫,而且是實在的物質的聯繫。(弗雷澤《金枝》262頁)
>
> 遠古的人,對於自己的名字是視作很神秘的東西的。原始人相信他們自己的名字,和他們的生命有着不可分離的關係。他們相信,每個人的名字乃是他自己的重要的一部分;别人的名字和神的名字也是如此。他們取名以分别人、己。他更相信:知道了神、鬼或人的名字,便可以把這個名字的主人置在他的勢力内,便可以給這個名字以危害。因此,他常預防着他的名字爲人所知。常對友人隱瞞着,而更永不爲其敵人所知。這個信仰的發生,乃由於原始社會的原始人,對於物與主,名與物,象徵與實在的分辨不清。這乃是最普遍的野蠻思想之一。(鄭振鐸《湯禱篇》66頁)

原始人對名字的神秘認識根源在於把一切靈魂化,在他們眼中名字所代表的是自己的靈魂和氏族生存的依據。“野蠻人把這個名字看得像最貴重的珍寶似的。他從不向外人公開自己的名字,生怕被人竊去。”(拉法格《財産及其起源》36頁)處於原始階段的現代民族,人類學家關於他們對名字的特殊觀念及分不清名與實之間的本質區别的記載是很多的。原始階段的人們"相信,知道或懂得某一件事,乃是在實際上捉住或得到那一件事。所以,知道了敵人的名字便是實際上或捉住了或獲到了他的自身"(鄭振鐸《湯禱篇》67 頁)。在原始民族的觀念裏,人名是一個人最重要的部分之一,所以當一個人獲知某一人或某一個靈魂的名字時,他同時也將得到它的一部分力量。從原始人的這一認識出發,整個宇宙萬物的本體的道,這萬能的道,是不能也無法獲知其名的。所以老子說:"吾未知其名也,字之曰道。"道誕生時的名是未知的。而字,只是在一個人成年時所取的,並非原來的名。"幼名冠字。"(《禮記·檀弓》上)"冠而字之,敬其名也。"(《禮記·郊特牲》)孫希旦集解:"既冠而字之,敬其名而不敢稱也。""字之曰道",可見"道"不是道的真名,僅是後人爲它取的稱呼,所以仍然是"道恒,无名。"《莊子·則陽》:"道之爲名,所假而行。"蘇轍云:"道不可道,而況得而名之乎。凡名皆其可道者也。名既立則方圓曲直之不同,不可常矣。"了解了人類對名稱的原始觀念後,再回過來看,把"道,可道也,非恒道也。名,可名也,非恒名也"寫在道經的首篇中,就值得注意了。作爲至高的道是"无名"的。可以命名的名,可以稱說的道,就必然存在被控制和加害的可能。所以道是不可能用名來範圍的,名對道是不合適的。正如銀雀山漢墓竹簡《孫臏兵法·奇正》所說:"有名之徒,莫不可勝。"這裏已不再是現代人所理解的名稱上的意義了。老子的"道,可道也,非恒道也"是從它的原始觀念出發對道的崇仰。"可道"即是"可名",而道是没有名稱的,永遠不可能被加害和戰勝的。關於偉大全能的道,這個不在時空中的道,老子已從名的角度給予充分說明了。從這裏可看到老子思想中有着何等古老的成分。

從老子開始,先秦時期的思想家,在哲學的本體論中,都否定語言對道的描述的可能性。《莊子·知北遊》:"道不可聞,聞而非也;道不可見,見而非也;道不可言,言而非也。知形之不形乎,道不當名。"作爲本體的道失去了語言的界定,這深深影響到中國哲學的形成。道可道,可道之道,即是稱説。名,《春秋繁露·深察名號》:"鳴而施命謂之名。名之爲言,鳴與命也。"名作爲概念對實的概括抽象,充分表示了由語言組成的名的作用。然而道的最高境界是無言。《莊子·知北遊》:"彼至則不論,論則不至;明見无值,辯不若默。道不可聞,聞不若塞,此之謂大得。"在先秦的中國哲學中,早就形成了一種通識,即對不在時空中的道,認爲語言是無法説明它的。其實不是能不能,而恰恰是把語言放在什麼地位的問題。語言是存在的家。只有語言纔是哲學的存在。然而先秦的哲學家並未有這樣的認識。正如王弼注所説:"可道之道,可名之名,指事造形。非其常也,故不可道,不可名也。"道的無可名,不可稱説,導致對語言的忽視和拋鄙。鄧曉芒在《中國哲學中的反語言學傾向》一文指出:老子本篇"道,可道也,非恒道也。名,可名也,非恒名也"代表了中國哲學反語言學傾向的原始出發點。老子在道經的開端就否定了語言的重要性,否定了語言的世界本體的地位。"《老子》開宗明義,勿外斯意。心行處滅,言語道斷也。"(錢鍾書《管錐編》408 頁)用來表達哲學的語言,正是人腦邏輯功能的産物。有了語言,纔能思維。在中國哲學中,從老子開始,後來的儒家,中國化了的佛家,都采取了把語言當作隨用隨棄的工具的態度。把無言作爲哲學的最高境界。這個最高境界,從來就是只可意會,不可言傳,玄之又玄,衆眇之門。《文心雕龍·神思》:"思表纖旨,文外曲致,言所不追,筆固知止。""筌者所以在魚,得魚而忘筌;蹄者所以在兔,得兔而忘蹄;言者所以在意,得意而忘言。"(《莊子・外物》)意是目標,言不是目標,導致否定語言,到最後必定重實輕名。

> 在中國哲學中没有任何人認爲名是比實更重要的,名是比實更實在的,乃至於是"倒名爲實"的。中國哲學裏面没有倒名爲實的傳統,在西方有,像柏拉圖。柏拉圖的理念就是名,理念比現實事物更實在,一個語言所承載的實,比現實顯現出來的更多。美的理念比所有的美更美,所有的美都是分得了美的理念纔獲得它的實在性。所有的桌子就是因爲分得了桌子的理念纔成爲實在的桌子,它們都是現象,都是理念的一種摹本,都只是接近於理念,而理念是實在的,雖然它在彼岸世界,誰也看不到。這種傳統只是西方的,在中國没有。(鄧曉芒《哲學史方法論十四講》87 頁)

否定語言,也就否定了對邏輯的探究,因爲邏輯本身就包含在語言裏。中國人也通過語言清晰地表達自己的思想,但並不從理論上去研究邏輯的規則。正如人人會説話,但並不等於會講語法。由於對語言的否定,從先秦起,魏晋玄學、宋明理學、佛家禪宗都繼承了蔑視語言的傳統。例如理學主張"本不可以名言,但其中含具萬理"。"宇宙即是吾心,吾心即是宇宙"。禪宗鼓吹"不立文字"。在這裏語言已没有地位。"那麽這樣一種方式恰好就是從老子以來傳統的蔑視語言,崇尚原始感受和原始體驗的必然結果。"(鄧曉芒《哲學史方法論十四講》93 頁）由於這樣，“語言裏面的邏輯本性根本得不到發揮，不能夠真正實現，我們也講邏輯，但是這個邏輯始終是當作臨時的一個工具用一用的。在中國古代的辯證法中也可體現出來，中國古代的辯證法始終擺脱不了一種樸素性，上升不到概念的思辨層次。”（鄧曉芒《哲學史方法論十四講》97 頁）《文子・精誠》：“故至人之治，含德抱道，推誠樂施，无窮之智，寢説而不言，天下莫知貴其不言者。故道可道，非常道也。名可名，非常名也。著於竹帛，鏤於金石，可傳於人者，皆其麤也。”《淮南子・道應訓》：“今聖人之所言者，亦以懷其實，窮而死，獨其糟粕在耳。故老子曰：道可道，非常道。名可名，非常名。”《淮南子・氾論訓》：“夫道其缺也，不若道其全也。誦先王之詩書，不若聞得其言，聞得其言，不若得其所以言。得其所以言者，言弗能言也。故道可道者，非常道也。”《文子》和《淮南子》所對老子道經首句的解釋，充分揭示了到達道的最高境界即是否定語言。正是導源於原始思維中對於名的神秘觀念，從否定語言角度建立起哲學的初始，決定了後來中國哲學的全體面貌。否定語言，就是去掉人爲，去掉人的個體生存衝動，否定人的自由意志。這樣最終導致了只認同自然，服從人倫天道。這些最終積澱爲國人整個的思維方式。

> 就這樣，我們的原始哲學家，當他的思維之船從其古老的停泊處被砍斷繫繩而顛簸在懷疑和不確定的艱難的海上時，在他原來那種對自身以及對他的權力的愉快信心被粗暴地動摇之後，他必曾爲此悲哀，困惑和激動不已，直到他那思維之船，如同在充滿風暴的航行之後進入一個安静的避風港一樣，進入一種新的信仰和實踐體系

> 之中爲止。這種體系似乎解答了那些使他陷入煩惱的懷疑;並且替换了他不願放棄的統治自然之權力,儘管這種替换是危險的。他還認爲如果這個偉大的世界竟然可以不用他和他的同伙們的幫助而照常運行下去,那就必然另有别的像他一樣的人物,不爲人們所見,却遠爲强大有力,在指揮着世界的運行並引出所有變化萬千的事件來。(弗雷澤《金枝》88 頁)

這段話很可説明老子從原始的信仰到達創立一個"道"來解釋整個世界時的思想過程。也爲本書運用原始社會的研究成果闡述老子思想,提供了一個歷史性的描述。

四十六

天下皆知美之爲美，亞已[1]。皆知善，斯[2]不善矣。[有无之相[3]]生也，難易之相成也[4]，長短之相荆[5]也，高下之相盈[6]也，音聲[7]之相和[8]也，先後之相隋[9]，恒也[10]。是以耶人居无爲之事[11]，行不言之教[12]。萬物昔[13]而弗始，爲而弗侍[14]也[15]，成功而弗居也。夫唯弗居，是以弗去。

[校注]

[1] 亞，通惡。帛書、竹簡之文字，以亞爲惡義甚多，乃古之通假字，其義爲醜陋。先秦古書中用醜陋之義，常由亞或惡與美相對而言。《左傳·昭》二十八年："昔賈大夫惡，取妻而美。"杜預注："惡亦醜也。"《馬王堆漢墓帛書·經法·四度》："美亞有名，逆順有刑。"正是美亞對舉。已，語氣詞，表示確定。《國語·楚語》上："夫美也者，上下，内外，小大，遠近皆無害焉，故曰美。"《左傳·昭》二十八年："吾聞之，甚美必有甚惡。"《吕氏春秋·去尤》："故知美之惡，知惡之美，然後能知美惡矣。"美惡之辨，古人早知。

[2] 皆知善，猶皆知善之爲善。斯，《經傳釋詞》卷八："斯，猶

則也。”

知美之爲美，則知美本身就産生了醜；知善之爲善，則知善本身就産生了不善。

[3]“有无之相”四字據甲本補。

[4] 難易之相成也，《國語・晋語》四：“君以爲易，其難也將至矣。君以爲難，其易也將至矣。”難易乃人之感覺，並無分界，因人之能力與努力而轉移。彭端淑《爲學》：“天下事有難易乎？爲之，則難者亦易矣；不爲，則易者亦難矣。”（《白鶴堂集》）難易實際由人之感知所決定，亦僅於人面對世界之時産生。然而事物本身並無難易，難易皆由心生。難易是一種感知和情愫。

[5] 荆，即刑，又通於形。《漢書・終軍傳》：“刑於宇内矣。”顔師古注：“刑，見也。”長短相荆，乃長短相形也。物無長短，所謂長與短，皆相形而得，因人而生，故物相較而現長短，而物固無長短也。

[6]“盈”，王弼本、傅奕本、河上本皆作“傾”，爲避漢惠帝劉盈諱而改。傾義窒礙難通。《廣雅・釋詁》四：“餘，盈也。”王念孫疏證：“盈亦餘也，語之轉耳。盈與贏通。”相較，乃人之相較，與物無關，物之本身無所謂贏欠長短，所謂贏欠長短僅是人内心的感受。

[7] 音聲，《風俗通義・聲音》：“聲者，宫、商、角、徵、羽也；音者，土曰塤，匏曰笙，革曰鼓，竹曰管，絲曰弦，石曰磬，金曰鐘，木曰柷。《詩》曰：鶴鳴九皐，聲聞于天。《書》：八音克諧，無相奪倫。由是言之，聲本音末也。”據此，聲乃音階，音乃各種樂器之樂音。樂音，乃五聲相配而克諧其奏。音之源爲聲，聲之行爲音，故曰音聲相和。

[8] 和，《禮記・中庸》：“發而皆中節謂之和。”

[9] 隋，《風俗通義・窮通》：“是以隋會圖其身而不遺其友。”王利器校注：“隋，拾補云：隨省，如周、隨之亦省爲隋也。”《漢書・天文志》：“隨北端鋭。”顔師古注：“隋、隨字通。”

[10]“恒也”二字傳世本無。此二字體現古文獻原始生動面目，

此正帛書文本之可貴處。"恒也"爲時間概念,現在與過去相比爲後,現在與未來相比爲先。它形容時間先後的相對性與永恒性。故曰"先後之相隋[也],恒也"。此二字實總括上文,開啓下文。

吴澄云:"物之有無,事之難易,形之長短,勢之高下,音之闢翕,聲之清濁,位之前後:兩相對待,一有則俱有,一無則俱無。美惡善不善之相因,亦猶是也。"這些都只存在於人之内心,與物本身無涉。王弼注:"喜怒同根,是非同門。"

[11] 居无爲之事,《吕氏春秋·分職》:"能執無爲,故能使衆爲也。"本篇列舉美醜,善不善後,進一步説明有無、難易、長短、高下、音聲、先後等在概念中相較而存在,相反亦相成。這裏"居无爲之事",正是普遍有爲的實現。"行不言之教",恰恰是實在統治的存在。全篇自有其内在邏輯。

[12] "居无爲之事,行不言之教",居爲固守,行爲實施。一静一動兩相對稱。居留,止息之所應爲"无爲";實施,動作之所應爲"不言"。古語中居、行常常對舉,《左傳·僖》二十八年:"不有居者,誰守社稷? 不有行事,誰扞牧圉?"居、行所稱皆是國之大事,其義互攝。

不言之教,即是反語言傾向。在老子及整個中國古典哲學中,否定語言在哲學中的名實關係中的名的地位,形成了重實輕名的傳統。《吕氏春秋·離謂》:"夫辭者,意之表也。鑒其表而棄其意,悖。故古之人,得其意則捨其言矣。聽言者以言觀意也,聽言而意不可知,其與橋言無擇。"由於"不言之教"的傳承,作爲名最重要的代表法律,始終成了可讓權力者隨意玩弄的某種工具。

[13] 昔,音錯。"昔"可假借爲錯、措,同音通假。"昔"即"措",有安定之義。言安定萬物而無所措置及主宰。

[14] 侍,朱駿聲通訓:"侍,叚借爲恃。"《馬王堆漢墓帛書·經法·亡論》:"守國而侍其地險者削,用國而侍其强者弱。"

［15］傳世本於此句下有“生而不有”四字，老子帛書甲、乙本皆無。

［義述］

老子在道經的首篇亦即是上一篇中提出了世界的本體——道。作爲真正的哲學，本體的述説，是對人類存在根本性依據的尋求。從這個存在根本性依據的出發點，必然會對真、善、美進行反思。作爲道經的第二篇，老子提出了至關重要的人與世界關係中的審美關係，即美與醜；評價關係，即善與惡。而且“美與善是不可分割的，因爲二者都以形式爲基礎；因此，人們通常把善的東西也稱贊爲美的。”（托馬斯・阿奎那《神學大全》第二卷）至於認知關係，即真與假也在别的篇中談到了。本篇開始即談到的美與醜，善與惡是人與世界關係中最爲重要的論述。反映了老子對哲學根本問題的高度把握。這裏美與醜、善與惡的論述是高度抽象的。老子着重指出的是從辯證的角度去把握審美關係、評價關係；亦即是美和善的存在方式就是存在於醜和惡之中。老子就這樣從根本上理清了人與世界關係的狀況。接下來所談的有無、難易、長短、高下、音聲、先後等等都是一些具體事例，它們都包含在人與世界的認知、審美、評價這三個關係之中。老子在談這些時强調了概念中的辯證思維。

本篇中老子所述美與醜、善與惡、難與易、長與短、高與下、有與無等等，這些並不存在於事物的自然狀態，它們只是人頭腦裏的觀念。有的《老子》注譯説：“這一章前半集中論述了辯證法思想，指出一切事物都有對立面，失去了對立的一方。另一方也就不存在。”（任繼愈《老子新譯》63 頁）作如此論者,僅從人的感覺而來的事物加上自己的主觀認爲的對立,這不是辯證法。也不符合辯證法是概念的思辨的哲學規定。僅從時間空間中事物的外部表象人爲地侈言對立,其實它只是流行多年的非此即彼的僵化教條。辯證法應該從概念本身的自我否定的轉化去理解。非此即彼把時空中的事物絶對化,這並不是事物的本真。在這裏,用黑格爾的思想成果來解讀老子,很有必要。

自從黑格爾把辯證法推到概念思辨的高度以來,樸素的辯證思維也得到了重新審視的機會,從而有了更深的理解。本篇云:“有无之相生也。”既然是相生,那就説明不但有生於無,無也生於有,具備了概念自我否定的變化。鄧曉芒《黑格爾辯證法講演録》中説:

> “有即是無”中,有和無却是一個東西。並不是有人設立一個無去和有對立,而是有作爲無規定的規定,它實際上就是無的規定,就是無本身。這個命題如果一定要用“主詞——賓詞”的命題方式來看待的話,那麽這兩者就互爲主詞、互爲賓詞的,就是説,一旦我們把有當作主詞,把無當作賓詞,那麽賓詞同時也就轉化爲主詞了,即無本來是要形容有的,意思是“有是無的”,結果倒是有來形容無了,變成了“無是有的”,或者説“真正的有就是無”了。所以它表達的其實並不是“有是無的”或“無是有的”,而且“有實際上就是無”,或“實際上只有無纔是有”。這種轉化是如何形成的呢?顯然不是由外面灌輸進去的,而是由概念本身内容的展開而導致的。(49頁)

但從邏輯上説,不理解有和無也就不能理解變,也不

> 能理解開端本身。所以儘管變本身、生成本身已包含開端的意思，但在一個邏輯體系中我們還是不能從變或生成開端。如果不經過從有到無再到變的過程，而是直接從變開始，那就無從獲得“變”的向前運動的衝力，就會像黑格爾説的，成爲有無循環、生滅變化的一種“静止的統一”。(51 頁)

以上的摘引，只不過要説明真正的辯證法應該從概念内部的自我否定開始。當然，黑格爾的有無之辯，從有開始的概念内的自我否定，不但完全超越了老子的樸素辯證思維，更超越了形式邏輯。老子的思想儘管遠没有達到黑格爾的高度，但並不妨礙從黑格爾的高度去理解老子。鄧曉芒説：“辯證法就是這樣的，就是抓住了一個範疇，你對它加以考察，你發現它自身就導致一種自我否定。這在形式邏輯上是違背矛盾律的，而在辯證邏輯裏恰好在它的深刻含義，一個東西自我否定，就説明這個東西是活的，有生存論的衝動。它要活，你要把它定在那裏，‘一’就是‘一’，它就恰好不是‘一’，你要説它是個什麽東西，它就恰好不是那個東西。它就‘是’其所‘不是’，‘不是’其所‘是’。當然這是後來薩特所講的，其實就是辯證法。辯證法就是‘是’其所‘不是’，它‘是’它所‘不是’的那個東西，它又‘不是’它所‘是’的那個東西，這就是能動性，這就是自由，這就是真正的辯證法。在柏拉圖那裏就已經提出了這樣一個自我否定的方法論了，他不是從一個東西裏去找出兩個組成部分，而是研究同一個東西，當它與自身發生關係的時候，這種關係就是一種矛盾關係，一種自我否定的關係，由它派生出它的對立面來。任何一個哲學概念，你如果抓住它來探討的話，就會發現它會産生出它的對立面來。所以兩個東西並不是現成擺在那裏的，而是由一個東西産生出來的，由同一個東西的自否定産生出來的，這就是辯證法，這纔是辯證法。這裏就體現了生存論的衝動。”（《哲學史方法論十四講》115 頁）老子的“有无之相生也”，可以理解爲概念内涵對立同一的簡單揭示。雖然没有自覺上升爲變，也没有獲得自由意志的力量而躍向更高層次。然而就這個提法已經是概念内涵自否定的萌芽。足以證明老子的樸素辯證思想，在中國哲學的初始階段表現出的不凡品質。只是由於本身語言的因素，無法在邏輯上展開，本篇的後半部分證明了這點。

幾乎與黑格爾同時代的謝林也論述了概念内的辯證對立：

> 自我中本來就含有對立物，即主體和客體；兩者互相揚棄，然而離開對方任何一方都不可能存在。主體只有和客體對立，纔能保持其存在，客體只有和主體對立，纔能保持其存在。這就是説，不去消除對方，雙方中没有一方是能夠變成現實的；但是，正因爲每一方只有同另一方對立，纔能成爲它自己所是的東西，所以決不會出現一方爲另一方所消除的結局。因此，雖説雙方没有一方能夠消除對方，因而應當結合起來，然而它們却不能一道存在。因此，這種鬬争不只不是兩種因素之間的鬬争，而且也不是這樣兩方面的鬬争：一方面是没有能力結合無限對立的東西，另一方面則是在自我意識的同一性不應加以消除的情況下又必須把無限對立的東西結合起來。主體和客體是絶對對立的東西，正是這一點使自我必須把無限多的行動聚合在一個絶對的行動之内。假如自我中

> 没有對立，那麽它裏面一般地就根本不會有運動，不會有創造，因而也不會有什麽創造物了。（謝林《先驗唯心論體系》65頁）

柏拉圖説："一切行動，專就其本身看，並没有美醜之分。"（《柏拉圖對話集・會飲篇》300頁）這裏需要理解的是，自然之物不存在美醜、善惡、高下、前後、難易、長短等等，這些都只是存在於人頭腦裏的概念，而這些對立也僅存在於概念的變化和互爲中介。勞倫斯云："美是一種體驗，絶非它物。美不是固定的格調，亦非臉形長相。美是感覺到的東西，是一種激情，一種美的交感。"（《沙漏》282頁）同樣，"天下皆知美之爲美，亞矣。皆知善，斯不善已。"這些都是對感覺的評説。老子明確地把醜歸於美的概念，惡歸於善的概念。黑格爾《法哲學》説："惡也同善一樣，都是導源於意志的，而意志在它的概念中既是善的，又是惡的。"《莊子・徐无鬼》："凡成美，惡器也。"老子的智慧已意識到這一點。黑格爾《邏輯學》中提出的"純粹的有與純粹的無是同一的東西"，即"有與無的統一"。而上述美醜善惡也是概念内涵的對立並互爲中介。

鄧曉芒説："西方辯證法是建立在個人生存動力之上，中國古代的辯證法缺乏個人的生存動力。它只有一種動力，也可以説是自然的生存動力。那不是人的，人要服從自然，人要放棄個人的自由意志。所以語言學上的這樣一種缺陷，就邏輯上來説處於幼稚階段，這就是它的缺點。"（《哲學史方法論十四講》97頁）雖本篇中老子已談到概念内的辯證對立，但由於語言的局限，他無法進入概念的思辨，甚至連這樣的動向也無法表示。這樣必然使老子陷入了一種困惑。"語言的邏輯是超越自然的，如果没有這個東西，你只能掉回到自然中去。”（鄧曉芒《哲學史方法論十四講》97 頁）老子在“故知者不言，言者不知也”（《淮南子・道應訓》）的惶惑中，只能提出：“是以耶人居无爲之事，行不言之教。萬物昔而弗始，爲而弗侍也，成功而弗居也。夫唯弗居，是以弗去。”聖人的行爲最終墮入自然，體現自然，也就是道。由此可以看到，老子在討論了人與世界的審美關係和評價關係後回到了他的本體論。在這裏人的自由意志全然被排除，面對世界只能“成功而弗居”，只有從來不要得到，纔能不會失去。《論衡・自然》：“故無爲之爲大矣，本不求功，故其功立；本不求名，故其名成。”這與此處所説是一樣的。核心是只有自然而没有人的自我。老子本篇短短的百餘字中，前後的邏輯結構是緊密的。

四十七

不上賢[1]，使民不争；不貴難得之貨[2]，使民不爲盜[3]；不見可欲，使民不爪[4]。是以耶人之治也，虛亓心，實亓腹[5]，弱亓志[6]，强亓骨。恒使民无知[7]无欲也，使夫知[8]不敢、弗爲而已，則无不治矣[9]。

[校注]

[1] 賢，《説文》："賢，多財也。"段注："賢本多財之稱，引伸之，凡多皆曰賢。"蔣錫昌云："不尚賢，猶不尚多財；與下文不貴難得之貨，不見可欲一律，皆指財物而言。不尚多財，則民不争。"不尚多財，必尚均平。大家都在同一條貧困綫上，感覺也就一樣了，當然無所謂争競了。

[2] 不貴難得之貨，《老子·二十七》："是以耶人欲不欲，而不貴難得之貨；學不學，復衆人之所過；能輔萬物之自然，而弗敢爲。"《書·旅獒》："不貴異物賤用物，民乃足。"《老子·五十六》又曰："難得之貨，使人之行仿。"説了爲什麽不貴難得之貨的道理。

[3] 盜，《左傳·文》十八年："竊賄爲盜。"孔疏："竊人財賄謂之爲盜。"盜的古義爲偷竊。因貴難得之貨，使人行爲放縱，導致偷竊而犯罪。"不貴"而使之"不爲盜"也。

[4]“使民不乿”,傳世本多作“使心不亂”。帛書詞句“使民不争”,“使民不爲盜”,“使民不乿”,三句皆爲“民”,甚是一致。前人校注,不能正確理解“亂”字,致改民爲心,或妄增心字(傅奕本、范應元本皆作“民心”)。據帛書應作“民”。若作“心”,則後文“虛亓心”與“使民心不亂”重複。聖人之治,所講皆民,與心何爲?老子帛書“使民不乿”迺義正而辭順。

[5] 虛亓心,《荀子·解蔽》:“心者,形之君也,而神明之主也。”心之官則思,“虛亓心”,使思想淳樸,嗜欲單純,見聞狹隘。《禮記·王制》:“作淫聲、異服、奇技、奇器以疑衆,殺。”“實亓腹”,粗糲之食,得以飽餐。虛與實、心與腹,相對而言。

[6] 志,指情感、願望、意志、觀念。

[7] 无知,即無欲,同義重複。无知之知,即欲求之義。

[8] 知,知道此理而不敢妄爲。

[9] 傅奕本、王弼本最後作“使夫知者不敢爲,爲無爲,則無不爲矣”。“不敢爲”,想爾本作“不敢不爲”。不敢,不爲乃二事。帛書作“使夫知不敢、弗爲而已,則无不治矣”。西漢竹簡本《老子》作:“使夫智不敢,弗爲,則無不治矣。”明確分爲“不敢”、“弗爲”,不敢弗爲,與“无知无欲”,相對應而言。據此,傳世本有增字及誤改之處。帛書本文從字順,語義明暢,完整通達。蘇轍云:“不以三者衒之,則民不知所慕。澹然無欲,雖智者,無所用巧矣。”

[義述]

不少注本把本篇的“賢”字解釋爲有才德,是用今義去解釋。從語源的角度看,這個詞産生後的相當長時間之内,它的詞義是財富。《説文》所釋正是其本義。老子的古老從用詞上也可看出。本篇的内在邏輯也指明它只能指財富,而不是有才德之人。賢,貨,可欲,此三者都關係到人的物欲。這個問題,老子反復論及。他把原始時代的社會狀態,特别是那時的物質生活水平,與當時的社會制度、倫理關係緊緊地聯繫在一起。物欲問題就是治國問題。與老子時代相近的學者,在他們的書中,常常能把握到這跳動的脉搏。《淮南子·齊俗訓》:"是故仁義立而道德遷矣;禮樂飾則純樸散矣;是非形則百姓眩矣;珠玉尊則天下争矣。凡此四者,衰世之造也,末世之用也。"《文子·自然》的解釋,亦甚得其誼:

故聖人之牧民也,使各便其性,安其居,處爲其所能,周其所適,施其所宜,如此,即萬物一齊,无由相過。天下之物,无貴无賤,因其所貴而貴之,物无不貴;因其所賤而賤之,物无不賤,故不尚賢者,言不放魚於木,不沉鳥於淵。昔堯之治天下也,舜爲司徒,契爲司馬,禹爲司空,后稷爲田疇,奚仲爲工師。其導民也,水處者漁,林處者採,谷處者牧,陵處者田,地宜其事,事宜其械,械宜其材,皋澤織網,陵坡耕田。如是,則民得以所有易所无,以所工易所拙。是離叛者寡,聽從者衆,若風之過簫,忽然而感之,各以清濁應。

在没有物欲争競的社會,和煦的陽光普照大地,整個社會温暖和諧。老子所説"則无不治矣",也就是無爲而治了。《論衡·自然》:"蘧伯玉治衛,子貢使人問之:何以治衛?對曰:以不治治之。夫不治之治,無爲之道也。"蓋老子之意,以太上無治。春秋之世所謂治者,尚賢則民争,貴難得之貨則民爲盗,見可欲則民亂。故老子主張不崇尚財富,無貴難得之貨,不見引起欲望之事。這樣整個社會混混沌沌,返樸守淳,使民無知無欲,則自然澹泊,不爭,不盜,不亂。使民不敢,不爲,於是達到至德之世。上如標枝,民如野鹿;含哺而熙,鼓腹而遊。這就達到了太古無爲而民自化,翱翔自然而没有不治的了。在這裏,可以明顯地看出老子獨特的財富觀念。

> 財産觀念在人類的心靈中是慢慢形成的,它在漫長的歲月中一直處於初萌的薄弱狀態。它萌芽於蒙昧階段,並需要這個階段和繼起的野蠻階段的一切經驗來助長它,使人類的頭腦有所準備,以便於接受這種觀念的操縱。對財産的欲望超乎其他一切欲望之上,這就是文明伊始的標志。這不僅促使人類克服了阻滯文明發展的種種障碍,並且還使人類以地域和財産爲基礎而建立起政治社會。(摩爾根《古代社會》6頁)

老子的"不上賢,使民不爭;不貴難得之貨,使民不爲盜;不見可欲,使民不亂",這個觀念代表了人類在最早階段對財富的幼稚看法,决不是文明伊始應該有的觀念。然而人對財産所有權的牢固程度,必然决定人的自由所能享有的程度。私有財産的神聖不可侵犯,正是爲了維護公民真正的自由。由於這樣,老子所主張的聖人之治,也只是對原始社會的美好向往。由於這種觀念的邏輯導向,使老子得出了"使夫知不敢、弗爲而已,則无不治矣"的錯誤結論。

本篇可與《老子・二十七》、《三十》的内容合看,可以得到解釋的互補。在《二十七》中,欲不欲即爲不貴難得之貨。而下面一句,能輔萬物之自然,而弗敢爲。正與本篇的使知不敢,弗爲,則無不治相合轍。本篇所言虚心實腹,弱志强骨,正是認同自然前提下對個人自由意志的否定，主張服從人倫天道。這也與《三十》的甘食美服，樂俗安居相符合。在“弱亓志”的前提下的“强亓骨”，對民族而言是可悲的。“凡是愚弱的國民，即使體格如何健全，如何茁壯，也只能做毫無意義的示衆的材料和看客……”（魯迅《吶喊・自序》4頁，一九二九年版）所以魯迅要用文學來改變國民的精神。而在舊時代的中國，國民缺乏自由意志和獨立人格，正與老子的遺教有密切關係。而這一點，正是儒家全盤繼承了它，融合於説教中，專制制度綿延兩千餘年，與之不無關係。

再者，本篇所包含的治國思想，在歷史上的農業社會，始終被治國者奉爲圭臬。農業的生産方式，決定了需要穩定的生活方式，人口不能太流動，商品交换不但不是生活資料的決定性來源，也不是增進財産的主要途徑。生活必需品大都來自土地，國家的賦税也大都來自土地。因之，商品交换只是輔助的經濟手段，不但不受到鼓勵，統治者始終限制其經濟規模，壓制其社會地位。由此，自然經濟決定了閉關鎖國。不但拒絶外來的商品，更害怕外來的思想。總認爲天朝上國，自給自足，固步自封。其核心的核心，就是保持農業社會的穩定，由此而維繫其專制制度的穩定。有誰對統治者的宗法倫理哪怕是無心的失敬或無知的不遵，無不看作罪大惡極，必施以嚴酷懲罰。爲了維持專制統治，不遺餘力地消滅自由思想，摧殘獨立人格，無所不用其極。所以，專制統治者對知識者的迫害成爲一種醜惡的治國手段，文字獄和箝制輿論成爲專制統治的頑疾。所幸的是，當工業社會到來的時候，這種卑鄙手段已無所施其技。作爲文明伊始標志的財産，對它追逐的瘋狂勁兒，正成爲社會的主旋律。

四十八

道沖[1]，而用之[2]有弗盈[3]也。淵[4]呵[5]，佁[6]萬物之宗[7]。銼亓兑，解亓芬[8]，和亓光，同亓壟[9]。湛[10]呵，佀或存。吾不知亓誰之子也，象[11]帝[12]之先。

［校注］

[1] 沖，《玉篇》："沖，沖虛。"《淮南子·原道訓》："濁而徐清，沖而徐盈。"高誘注："沖，虛也。"

[2] 用之，猶用夫，因此。《楚辭·離騷》："厥首用夫顛隕。"用之，不少注者以"使用"爲解，誤。因爲"道"是不能"用"的。

[3] 盈，《説文》："盈，滿器也。"猶言溢。"道沖，而用之有弗盈也。"言道是虛空的，因此又是豐滿而不外溢的。弗盈，即是不溢。道作爲本體論的概念，不必求助於經驗，也無需依靠自然科學，通過純概念的途徑，成爲關於脱離具體存在的超驗存在。唯其如此，纔能"大盈若盅，亓用不窮"。

[4] 淵，《玉篇》："淵，水停又深也。"山中水域，水面甚小，故平静，即停之意。水深稱淵。

[5] "呵"，甲本同，傳世本作"兮"。兮字古音當讀如阿。清孔廣森云："兮，《廣韻》在十二齊，古音未有確證。然《秦誓》'斷斷猗'，

《大學》引作‘斷斷兮’，似兮猗音義相同。猗古讀阿，則兮字亦當讀阿。嘗考《詩》例，助字在韻句下者必自相協。若《墓門》之、止同用，《北門》之、哉同用，《采菽》之、矣同用，皆之咍部字也。兮字則《旄丘》、《君子偕老》、《氓》、《遵大路》皆與也字同用。今讀兮爲阿，於也聲正相類。”（《詩聲類·陰聲歌類》末附）又聞一多云：“古書往往用‘猗’或‘我’代替兮字，可知三字聲音原來相同，其實只是啊的若干不同寫法而已。”（《聞一多全集》182 頁）“記住‘兮’即‘啊’的後身，那麼‘兮噫’的音值便可擬作‘O……O……’了。”（《聞一多全集》184 頁）這些論述説明“阿”、“啊”是“兮”字的遠古音。阿、啊、呵在現代漢語仍有漢語韻母 a 的讀音，它們本來是互通的。“不能讀‘兮’如‘兮’，要用它的遠古音‘啊’讀它。‘兮’即最原始的‘啊’字……”（《聞一多全集》281 頁）老子帛書的“呵”正是保持了遠古音的文字。在後來傳世的版本中“呵”字已不見，改作“兮”了。老子帛書正好爲孔廣森、聞一多的論述提供了最佳的文獻例證；而孔廣森、聞一多的論述又是對老子帛書“呵”字的最好解釋。以下《老子·五十九》、《六十四》、《六十五》、《六十九》、《七十九》各篇之“呵”皆可作如是觀。

［6］佁，容庚《金文編》以佁爲佀，似義。以，甲骨文、金文作㠯，隸書作㠯，或作㠯，漢碑《西狹頌》：“動順經古，先之㠯博愛，陳之㠯德義，示之㠯好惡，不肅而成，不嚴而治，朝中惟静。”《漢書·高帝紀》注：“㠯，古以字。”《玉篇》：“㠯，今作以。”㠯加“亻”而成佀，即似。王獻唐《釋醜》：“古㠯、台同音，从以亦猶从台。”桂馥《説文解字義證》卷二十四：“佀，象也。《六書故》：唐本無佀字，其㠯字作[illegible]，象也，用也。象也者，《管子·七法》篇：似也，類也，比也，狀也，謂之象。”[illegible]即佀字之反書。本篇“淵呵，佁萬物之宗”，佁爲正書；“湛呵，[illegible]或存”，[illegible]爲反書。金文《[illegible]伯簋》[illegible]作[illegible]，容庚《金文編》云：[illegible]從台，楷書爲[illegible]。金文《伯康簋》：“用[illegible]夜無[illegible]。”金文《簷平鐘》：“[illegible]樂其大酉。”

金文《朐簋》:"䚬乃且考事。"此三器之"佁",金文皆反書,《金文編》中的楷釋皆以正書之佁書之。且以佁爲佀,其義爲似。可見古文字中佁即䚬,即佀,似義,兩者無別。故本篇中楷釋之佁與䚬亦無別,僅寫法有異,皆由商周傳承而來。老子帛書猶存古體。

[7] 宗,黄生《字詁義府合按》:"宗、尊古同音,故注家即訓爲尊。穀梁以伯宗爲伯尊,賈以宗盟爲尊盟,皆因聲借用。"范應元云:"謂此道虚通而用之,又不盈,以其無形也。然而淵深莫測似萬物之尊祖也。"高延第《老子證義》云:"沖,虛也。無爲之道,虚静淵深,濡潤萬物,不以盈滿爲事。宗,主也。萬物被其化,故爲之宗。"

[8] "芬",甲本作"紛"。乙本《老子・十九》有"銼亓兑而解亓紛"句。朱駿聲通訓:"芬,叚借爲紛。"黄生《字詁義府合按》云:"物分則亂,故諸字從分者皆有亂義。紛,絲亂也。《左傳》:'猶治絲而棼之也。'借用棼。雰,雨雪之亂也。衯,衣亂也。鳻,鳥聚而亂也。棼棼,亂貌也。"芬,猶紛,亦有亂義。

[9] "銼亓兑,解亓芬,和亓光,同亓壂"亦見於《老子・十九》。蔣錫昌云:"複文爲《老子》特有文體,不能因其復出,遂謂之錯簡。"不但老子文體如此,先秦之《詩》等皆有語句復出,這是真古文獻的特點。後人思維日趨縝密,則此種形態就消失了。

[10] 湛,《説文》:"湛,没有。"段注:"古書浮沉字多作湛。湛、沈古今字,沉又沈之俗也。"没於水即是沉,湛者如沉入水中,看起来隱約恍忽,似無而實存。奚侗云:"道不可見,故云湛。"

[11] 象,形於外者。《易・繫辭》上:"見乃謂之象。形乃謂之器。"象,原義形象,此處引伸爲産生,形成。

[12] 帝,從文獻看,在商代已明確有帝的觀念。它與祖先神合而爲一,在甲骨文中寫作帝,又稱上帝。帝是高於一切的主宰。他能支配自然界。《甲骨文合集》195:"貞:翌癸卯帝其令風。"也支配人間的禍福。《殷墟書契前編》1・50・1:"帝令雨足,年。"還能支配

商王的行事。《殷墟文字丙編》93:"王乍邑,帝若。"這些觀念後來爲周人所承襲,不過已與祖先神分開。帝在春秋時仍是上天的主宰。王弼注:"帝,天帝也。"《老子》書中的帝的觀念雖也是這樣,但道的觀念已很明確地超越了同樣不在時空中的帝。

[義述]

清初王夫之《老子衍》解釋本篇:

> 用者無不盈也,其惟沖而用之或不盈乎。用之爲數,出乎紛塵,入乎鋭光;出乎鋭光,入乎紛塵。唯沖也,可鋭,可光,可紛,可塵,受四數之歸,而四數不留。故盛氣來争,而寒心退處。雖有亢子,不能背其宗。雖有泰帝,不能軼其先。豈嘗歆彼之俎豆,而競彼之步趨哉?似而象之,因物之不能違,以爲之名也。

王夫之注:"沖,古本作盅,器中虚處。"起手即與具體之物連在一起,而用經驗來解説哲學。解釋"或不盈"作"不期不盈,故或之"。其實"或"即"域",皆通於"有"。《廣雅·釋詁》一:"或,有也。"《書·五子之歌》:"有一於此,未或不亡。"故"或不盈"正是帛書本的"有弗盈也"。王夫之未讀懂,只能望文生義。他把超驗的道,看作一隻碗的功能,所以他的解讀已遠離了老子的原意。他説"用者無不盈也,唯沖而用之或不盈乎"。空虚的用起來不會滿溢,這等於是廢話。所有的物用時都有窮盡。這也是廢話。哲學的超驗在這裏成了常識的凡庸之見。他不懂"用之"應解釋爲"因此",僅照字面,説成使用,再加上他臆想的陰陽之數,十分荒謬地説出算卦一類的話。他根本看不懂挫鋭解紛、和光同塵即是無爲而無不爲的延伸。

老子所説的“吾不知亓誰氏之子,象帝之先”,在王夫之筆下“子”成了光耀門户的繼承人,具體的亢子。“帝”在這裏落實爲伏犧氏即泰帝。一切坐實以後,哲學的意藴已蕩然無存。他從這些本來不存在的具體之物,然後想象出了宗族名份之争,“豈嘗歆彼之俎豆,而競彼之步趨哉”。接着又説“似而象之,因物之不能違,以爲名之也”,根本不懂道的無名的深刻含意,却隨便把它降爲一般的取名。黑格爾説:“當他們過渡到具體者時,他們所謂具體者在理論方面乃是感性對象的外在聯結;那是没有邏輯的、必然秩序的,也没有根本的直觀在内的。”(《哲學史講演録》132 頁)王夫之的錯誤正在於把抽象降爲具體,把哲學的超驗視作常識的經驗,以一隅之所見,作爲評説的尺度。他心中横亘着的是聖道禮樂,所謂“以建中和之極”,當然不會高明,也毫無價值。王夫之不懂老子,因爲他所處的時代烽火遍地,世移道喪,覆敗接武,生靈塗炭,明社已屋,異族入主。王夫之心中向往的治世已根本不存在。他認爲老子的教誨毫無益處。只有在“文景踵起而迄昇平,張子房、孫仲和異尚而遠危殆,用是物也”。只有在太平盛世之時,爲了全身遠害,慕道遠引纔用得上老子之説。王夫之的《老子衍·自序》反映了他對老子的全部偏見,他的理解遠遠不及莊周、劉安、司馬遷、王弼等人。我們不能爲了抓住所謂的“唯物”的那根稻草,隨便去抜高學術價值低劣的作品。

本篇是老子對道的描述。因爲道没有名,也無法獲知其名,所以對道的一番描述是必要的。“道沖,而用之有弗盈也。淵呵,佁萬物之宗。”徐梵澄云:“沖訓虚,與盈相對。盈訓滿,滿則有限也。”對於“銼亓兑,解亓芬;和亓光,同亓壂”的解釋,諸家都没有説明“銼兑解芬”體現了老子無爲而無不爲的思想。馬其昶解説得很清楚:“鋭,所以解紛,今挫其鋭以解紛;光,所以出塵,今和其光以同塵。不盈之用如此。”不盈之作用,正是無爲。“湛呵,佁或存。”吴澄云:“湛,澄寂之意,道之體虚,故其存於此也,似或存而非實有一物存於此也。此一句言道之體虚也。”魏源云:“湛兮若存,則其體仍盅矣。”本篇的最後一句:“吾不知亓誰之子也,象帝之先。”劉惟永《道德真經集義大旨》:“象者,有形之始也。”“道乃在天地之先也。”

綜上所述,道並非是人的感官所能感知的。它是萬物的本源,在時空之外,當然先於上帝。老子的本體論從根本上否定了宗教和鬼神至高無上的地位,掃蕩了商周以來鬼神籠罩一切的精神世界。把人格化的至上神上帝,降到屈從於道的地位。郭沫若云:“本來中國的天道思想是發足於殷周時代的人格神的上帝。到了春秋末葉有老子出現,把一種超絶乎感官的實質的本體名叫‘道’的東西來代替了人格神。”(《青銅時代》一九四六年群益初版 78—79 頁)這是老子在哲學上的重要創建。兩千多年以來,君臨於整個社會的是人,是皇帝;而不是神,不是上帝。中國雖然也有宗教,但必須聽命於皇帝。從這裏就可明白“政治”二字在中國的份量。在歷史的傳統中,中國的整個精英階層,從來就是對鬼神迷信持否定態度。歷史上利用宗教制造暴亂的,總是野蠻殘暴,愚昧頑劣,惡迹昭著,最終免不了可恥的失敗。他們没有一個能在宗教的基礎上建立像樣的政府。凡是成功建立新王朝的,無不嚴格遵循政治的遊戲規則和傳統模式,而不是宗教神力。這中間正可以看到老子哲學在中國社會的“定音”作用。而不談“怪、力、亂、神”的孔子及其信徒,正是這份遺産的忠實傳承者。這種作用在很大程度上,仍影響着現代的中國人。

四十九

天地[1]不仁[2]，以萬物爲芻狗[3]。耶人不仁，[以[4]]百姓爲芻狗。天地之間，亓猷[5]橐籥[6]輿[7]？虛而不淈[8]，動而俞出，多聞[9]數窮，不若守於中[10]。

[校注]

[1] 天地，指自然。

[2] 不仁，《説文》："仁，親也。"《韓詩外傳》卷四："愛由情出謂之仁。"老子所言"不仁"則謂天地、聖人對萬物、百官之衆無憎無愛，無知無覺。猶常言"麻木不仁"。王弼注："天地任自然，無爲無造，萬物自相治理，故不仁也。仁者必造立施化，有思有爲。"

[3] 芻狗，《玉篇》："芻，茭草。"用草杆或禾本科植物莖杆做成狗的形狀，即是芻狗。《莊子・天運》："夫芻狗之未陳也，盛以篋衍，巾以文繡，尸祝齊戒以將之；及其已陳也，行者踐其首脊，蘇者取而爨之而已。"《淮南子・齊俗訓》："譬若芻狗土龍之始成，文以青黄，絹以綺繡，纏以朱絲，尸祝袀袨，大夫端冕，以送迎之。及其已用之後，則壤土草薊而已，夫孰有貴之？"從這些文獻記載可知：芻狗爲古代祭祀祈禱陳獻所用，乃始用終棄之物。"四時之序，成功者去。"夫萬物當春而榮，當秋而殺，而不任其常榮，此天地之不仁；百姓得其時

則富貴，不得其時則貧賤，而不任其常富貴，此聖人之不仁。河上公注："天施地化，不以仁恩，任自然也。"范應元云："夫春夏生長亦如芻狗之未陳，秋冬凋落亦如芻狗之已陳，皆時也。豈春夏愛之而秋冬不愛哉？氣至則萬物皆不知，其所以然而然也。"這些貫穿了老子"功遂身退，天之道也"(《老子・五十三》)的思想，也是"不仁"的很好解釋。在老子看來，凡完成歷史使命的人或物，都會屆時退出原有的地位。這正是芻狗隱喻的含義。"百姓"即是公卿族姓，庶民之上者。但聖人對公卿族姓，也是不仁和無爲的，公卿族姓並不因爲身在民上而改變芻狗式的命運。聖人，就是最高統治者。

［4］"以"字據甲本補。

［5］猷，《玉篇》："猷，與猶同。"

［6］槖籥，吴澄云："槖籥，冶鑄所以吹風熾火之器也。"猶言鼓風之皮袋及其接管。今日青海高原黄河上游之牧民生火吹風猶用之。皮袋由整隻羊皮做成。兩頭皆通之口袋稱槖。

［7］輿，即歟，音近通假。

［8］淈，傳世本作屈，窮盡之意。《荀子・宥坐》："其洸洸乎不淈盡，似道。"楊倞注："淈讀爲屈，竭也。"不淈，無窮盡。

［9］"聞"，王弼本、傅奕本、河上本作"言"。甲本、《文子・道原》引皆作"聞"。《説文》："聞，知聞也。"段注："往曰聽，來曰聞。"知聞乃由外而來，被動接受，非本性之所欲。老子所言之多聞，乃違反本心之所知也。老子主張絶聖棄智，爲道日損。而"多聞"就違背了這些主張。故老子認爲"多聞"者必然"數窮"。只有恃守虚空，纔能無思無爲。傳世本之"多言"根本無法與老子本義相呼應。"多聞數窮"是正確的。

［10］中，朱駿聲通訓："《老子》：道沖而用之。注：中也。案，虚也。"《老子・五》乙本"沖氣以爲和"，甲本作"中氣以爲和"，是中、沖古通之證，虚空無爲之義也。

數窮,數,氣運。所謂吉凶成敗,各以數至。窮義困阨。數窮作爲一種狀態,雖不可見,但意味着心靈空間的縮減。這正是多聞作爲知識經驗堆積的結果。它遮蔽了自己的靈性。所以守中就是讓靈性得以明淨無罣碍。

[義述]

本篇有兩個層次的意思,一是"天地不仁",一是"天地之間"。前者關係到萬物和公卿族姓,它的核心即是芻狗之喻。芻狗具有雙重含義,一是自由,一是自在。自由,無論天地還是聖人,都没有把自己的情感意志降臨到萬物或族姓之上。《淮南子·覽冥訓》:"故聖人在位,懷道而不言,澤及萬民。"高誘注:"聖人行自然無爲之道,故澤及萬民也。"吴澄云:"天地無心,於萬物而任其自生自成;聖人無心,於愛民而任其自作自息,故以芻狗爲喻。蓋聖人之心,虚而無所倚者;若有心於愛民,則心不生矣。"自由,反映了老子對天地的認識,認爲天地作爲人所面對的大自然並不存在情感意志的因素。天地對萬物僅僅是"生而弗有,爲而弗寺,長而弗宰"。范應元云:"聖人體此道以博愛,其仁亦至矣,而不言仁;其於百姓亦如天地之於萬物輔其自然而不害之,使養生送死無憾,不知帝力何有於我哉。"自在即是不自知,物之所生,人之所來,皆服從於大化遷流而不自覺,僅僅在自然規律中悠哉遊哉,對自己根本不認識。從這個意義上,人和萬物正如同芻狗一樣,只是時間的過客。自己不知道的自己乃是,也僅僅是與生俱來的過程而已。面對整個宇宙而缺乏人的自主意識,這裏表現了老子哲學的缺陷。

“天地之間,亓猷橐籥輿?”橐籥能夠鼓風,風是流動的大氣。古人並無關於大氣的科學認識,所以借用橐籥來比喻。大氣雖然充塞於天地之間,但看不到。然而在鼓風時,“虛而不淈,動而俞出”。陸機《文賦》:“同橐籥之罔窮,與天地乎並育。”天地之氣是中國哲學中道及道的作用的最高比喻。楊時云:“老子曰,天地之間,其猶橐籥乎。夫氣之闔闢往來,豈有窮哉? 有闔有闢,變由是生。其變非常,非易而何?”(《龜山語録》卷四)老子指出“多聞”必然“數窮”,這也正是“爲學者日益,聞道者日云(損)”的同一説法。由天地之虛空聯想“不如守於中”。守中即是守沖,亦即是無爲之義,是“云(損)之有云(損),以至於无爲”的另一個説法。萬物和芻狗的自由和自在,即是無不爲。天地育養了萬物,但天地的運作無法看到。老子借天地之喻把道理解爲既無且有,與古人對大氣的認識一樣,虛空而無窮盡。它的存在只體現在運動中。所以聖人的教化也只能是不言之教,無爲之事。天地和聖人的不仁,體現了萬物和百姓在自然狀態下的過程。

不仁,無憎無愛的情狀下並不存在自由意志。芻狗所能有的自由不存在自由意志。真正的自由,是個人自由意志支配下的自由。古代中國個人權利的社會狀態,僅如老子所説是不受管轄和統治的自由。不受管轄和統治並不等於自由意志。老子在這裏也没有提出自由意志的概念,這證明在老子思想中並没有意識到這一點,所以它不是真正的自由。或者只能説古代中國對自由的理解僅是野生動物層面上的自由,儘管生活在大自然中,但離真正的自由還很遠,因爲它没有意識到作爲人的存在和自由意志的確立。既然連思想家都没有領悟到自由意志是人確立的必須,那麼可以認爲古代中國作爲個人思想的真正自由,從來就没有過。

錢鍾書云:“求‘合’乎天地‘不仁’之德,以立身接物,强梁者必慘酷而無慈憫,柔巽者必脂韋而無羞耻。黄老道德入世而爲韓非之刑名苛察,基督教神秘主義致用爲約瑟甫神甫之權謀陰賊,豈盡末流之變本忘源哉?或復非迹無以顯本爾。《史記·韓非傳》早曰:‘其極慘礉少恩,皆源於道德之意。’《三國志·魏書·鍾會傳》:‘於會家得書二十篇,名曰《道論》,而實形名家也。’亦堪隅舉焉。”(《管錐編》421 頁)這裏可以看到法家導源於老子思想。這個派生的法家思想正是老子“不仁”説法的邏輯延伸。法家理論對整個社會,對每一個人的專横暴虐,對每個個性的蔑視,如同人類對待動物的態度。這也是以萬物爲芻狗,以百姓爲芻狗的邏輯延伸。這樣,古代的中國人,除一個人外,每個人都是奴畜的對象。即使到了現代,也仍然會借法家的焰熾,使全國之人全都陷入被奴役的境地。這與老子哲學中從來就没有自由意志的思想很有關係。而本篇老子的芻狗之説正是其發軔之處。

五十

浴[1]神[2]不死[3]，是胃玄牝[4]。玄牝之門，是胃天地之根[5]。緜緜[6]呵亓若存，用之不堇[7]。

［校注］

［1］浴，徐鼒《讀老子雜釋》："按《釋文》：'谷，河上本作浴，云浴者，養也。'與今本異。洪适《隸釋》載《老子銘》云：'或有浴神不死。'則古本自作浴也。蓋谷爲穀之假借，浴又爲谷之假借也。"説古本作浴是對的，但谷非穀之假借，且無養義。《老子》帛書乙本穀書作𥞤，如《老子・二》："不𥞤。"與浴之所用分别甚明。帛書未出之前，"浴神不死"僅河上本一見。今《老子》帛書甲、乙本皆爲"浴神不死"。《郭店楚墓竹簡・老子》："谷"亦作"浴"。可見古本原作"浴"。谷，山谷，空曠而山水流經之所。下有澗溪，故谷中必有水流，谷加水而成浴，浴乃谷之本字，音谷。《説文》："谷，泉出通川爲谷。"《大戴禮記・誥志》："川浴不處。"王聘珍解詁："浴讀若谷。"即是其例。

在中國少數民族中，有把山谷看作女陰的。"雲南永寧納西族把當地高出衆山的干木山崇拜爲女神，並把山澗的一條峽谷視爲女神的生殖器，而兩側的山梁就是女神的雙腿。在干木山南面有一個神龕，依山面湖，龕内供有女神，是一個騎鹿的婦女形象。龕前有香爐，附近樹木成林，不可砍伐。春節多在神龕前祭祀女神。但對女神最隆重的祭祀在每年的七月二十五日舉行，目的是祈求人畜平安，五穀豐收，人口興旺。”（程德祺《人類社會宗教與科學的起源》136 頁）智利女詩人加・米斯特拉爾説道：“以前我没有見過大地真正的形象。原來她就像一個懷抱孩子的女人一樣。我漸漸地懂得了事物的母性，那俯視我的山巒也是一位母親。每到傍晚，薄霧就繚繞在她的肩頭，戲耍在她的膝前。現在想起了溪谷，溪底的流水給荆棘遮住。遠看不見，只聽得它潺潺歌唱。”現代詩人的吟唱中，隱含着原始女性崇拜的影子。

［2］浴神，谷神。《詩・國風・谷風》“習習谷風”，毛傳：“習習，和舒貌。東風謂之谷風。陰陽和，谷風至。夫婦和則室家成，室家成而繼嗣生。”以谷有夫婦之義，谷神，猶生育之神。古之月神既象徵生育而又不死，故言“浴神不死”，差近之。

［3］不死，指月亮之盈缺，又盈缺相更替。《天問》：“夜光何德，死則又育。”王逸注：“夜光，月也。育，生也。言月何德於天，死而復生也。”

老子既云：“浴神不死，是胃玄牝。”則指浴神即不死之玄牝。玄牝與月神同屬陰性。“對於古人和原始人，月亮是可以看見的女性的化身。古人當然不知道他們所敬畏的月亮神威的本質，但我們知道，這種神威正是女人本質的象徵，並與男性本質正好相反。”（M・艾瑟・哈婷《月亮神話》29 頁）“月亮的生育繁殖能力是由它的光象徵的。但這個象徵並不是抽象的思想的概念。對於古人，猶如對於原始人，月光就是月亮的生育力。”（《月亮神話》135 頁）“用中國人的話來説，與月亮女神有關的動物都是‘陰性’動物，並代表着女性本能的各個側面。”（《月亮神話》55 頁）“天上的月亮夜夜變化，很是神秘，成了吸引人類細心觀察的一個對象。遠古人類發現，月亮由朔到望，又由望到朔，二十八天是一個變化週期。女性們又發現，自己的信水也是二十八天爲一個週期。她們遂將信水與月亮聯繫起來，稱之爲'月水'、'月信'、'月經'。月亮的由虧到盈，再由圓到缺，還使女性先民進一步聯想到自己懷胎後日漸膨起，分娩後重新平復的肚子。在遠古先民將蛙（蟾蜍）作爲女性子宫（肚子）的象徵之後，他們力圖對月亮的盈虧圓缺作出解釋。於是，他們想象月亮是一隻或者月亮中有一隻肚腹渾圓又可以膨大縮小的神蛙（蟾蜍），主司生殖。因之，初民又崇拜月亮。這就是月亮神話的起源，這就是月中蟾蜍的來歷。月亮神話是東起河南、西至青海這一地區遠古先民的偉大創造，也許主要是夏人先民中女性的偉大創造。"（趙國華《生殖崇拜文化論》205 頁）

［4］玄牝，原始社會石器時代，還處於母系氏族階段。當時的認識水平決定了他們中間盛行女性生殖器的崇拜，"玄牝"就是這一認識的産物。由於"玄牝"維繫着母系氏族的繁榮，人們把遠大、神妙、不死歸之於她。

［5］根，《後漢書·延篤傳》："草木之生，始於萌芽，終於彌蔓，枝葉扶疏，榮華紛縟，末雖繁蔚，致之者根也。"此處指事物和人類之本源，依據。《淮南子·原道訓》："萬物有所生而獨知守其根。"

［6］緜緜，《玉篇》："綿，與緜同。"《詩·大雅·緜》："緜緜瓜瓞，民之初生，自土沮漆。"毛傳："緜緜，不絶貌。"連同下半句"亓若存"，連綿不斷，似有若無。這是對山谷溪流感覺而導致的對"玄牝"的想象，也是對母性的無限頌贊。

［7］不堇，不盡。

［義述］

《列子·天瑞》亦載有本篇："黄帝書曰：谷神不死，是謂玄牝。玄牝之門，是謂天地之根。綿綿若存，用之不勤。"

"玄牝"可以追溯到母系氏族社會時期，是女性生殖崇拜的一種非常古老的意識。事實上它屬於原始野蠻意識的一部分。在這個階段，生產力低下，自然條件極其險惡。所以這時氏族的存在發展，與人口數量有着密切的關係。“在原始狀態的生產方式下，人口的增加就意味着人手的增加。因此，人類自身的繁殖便成了原始社會發展的決定性因素。出於對作爲社會生產力的人的再生產的嚴重關切，原始人類中出現了生殖崇拜。换句話説，生殖崇拜深刻反映了一個絶對莊嚴的社會意志——作爲社會生產力的人的再生產。”（趙國華《生殖崇拜文化論》391 頁）

高羅佩《中國古代房内考》云：“殷代象形文字中用來表示‘婦女’的‘女’是作跪跽狀，其突出的部分是一對大得不成比例的乳房。此乃乳房而非着寬袖叉在腰間的雙手，可由表示母親的‘母’字來證實，因爲母字加有乳頭。而表示男人的‘男’字則是由一表示田地的方塊圖形和一表示‘勞作’之義的符號組成。（譯者按：‘男字從田從力，力是一種農具，而非勞作之義。’）它説明殷人認爲婦女主要是生兒育女的母親，而男人則主要是種田養家的人，這是一種帶有母權味道的區别。”（7 頁）高氏所提到的甲骨文女作，母作，跪跽狀正是一種便於育兒和乳子的姿勢。母對乳子功能作了强調。從文字初始含義看，反映了遠古存在的女性崇拜。由於婦女是生育的主要承擔者這個原因，她們在氏族中處於重要的地位。“在一切蒙昧人中，在一切處於野蠻時代低級階段，中級階段，部分地處於高級階段的野蠻人中，婦女不僅居於自由的地位，而且居於受到高度尊敬的地位。”（恩格斯《家庭、私有制和國家的起源》45 頁）

原始人認爲生育的神秘性是自然的最深刻的神秘性，他們認爲整個自然界都是雌性的原始之母的產物。在人類自身的再生產中，當時的人們還不明白生育力來自何方。因爲在原始人的意識中還分不清抽象與具體之間的區别。所以對抽象的生育力的崇拜只能集中於物質形式的而且是從直觀而來的女性生殖器。這在考古中已得到證明。在新石器時代遺址的發掘中得到的資料，確切反映了原始人曾盛行對女性生殖器的崇拜。遠古洞穴繪畫和雕刻中的婦女形象，面部僅具輪廓，乳房和小腹則甚大，陰部亦較突出。甚至出土有單獨的女性生殖器造型。“在新石器時代的彩陶上多有三角形如▽的花紋，即是崇拜女子生殖器的象徵。”（趙國華《生殖崇拜文化論》166頁）一九七四年青海柳灣新石器時代遺址出土一件人像彩陶壺，塑繪了一個裸體女性形象，乳房，肚臍，陰部及四肢皆袒露，乳房豐滿，用黑彩點繪乳頭，捏塑了誇張的女陰，又用黑彩勾勒輪廓。一九七九年，在遼寧省西部東山嘴，牛河梁地區紅山文化遺址中發現了陶質婦女裸體小像。腹部隆起，臀部肥大，陰部還有三角形記號。這既對女像的肚腹巧妙地作了强調，還將人們的視綫凝聚到女陰，産生了突出新生命門户的效果。這就是中國遠古先民女性生殖器崇拜的生動記録。在雲南劍川石窟第八窟，蓮座上雕刻着一個大型椎狀女性生殖器。白族語言稱爲阿盎白。至今仍受到當地婦女的崇拜，每到一定的日子，婦女們有向阿盎白祈禱、跪拜、抹油的習俗。道教聖地江西龍虎山有一處石巖勝景：“這座龐大的酷似女性陰部的巖壁，就是被中外遊客稱爲天下第一絶景的仙女巖。巖壁坐南朝北，高數十丈，一石從中間非常對稱地向左右展開，接觸地面處，呈規則的圓弧形，酷似一位心靈純潔的裸體女子剛從瀘溪河出浴尚未穿衣,端坐在岸邊小憩一般,整個姿態是那樣地自然平和,毫不忸怩作態。尤其是巖體中部似玄牝之間,周圍長滿草,更給人許多想象空間。"(周佐明《暢遊龍虎山》78 頁)有意思的是江西龍虎山乃道教的發源地。從仙女巖女陰狀山巖被稱爲"玄牝之間"到當地對聯:"思此身自奚;源斯處而來。"自奚,從什麽地方而來? 隱含着一絲生殖崇拜。在古代,女性生殖器的外部形態曾被用來象徵整個女人,象徵有着高尚品德的女人,甚至象徵女神。這一切都是從永生的生命之門引伸而來的。

老子"玄牝"的説法,反映了中國遠古曾經有過的月亮崇拜和生殖崇拜。老子把這些原始思想概括爲玄牝——天地之根——萬物起源。"玄牝"實際上已超越了生殖崇拜的經驗,它已不再是某一具體的女性生殖器或生殖行爲,而是産生萬物的本源。這裏完全超越了人的生育而擴大到一切,所以它已是一種哲學意識。老子的玄牝、玄德、玄同、玄達、玄監,都不是一般意義上的事物,而是概念對實際的超越。一句話,都是屬於玄想。當然,老子的玄想,是排除了宗教的。

五十一

天長地久。天地之所以能長且久者，以亓不自生也，故能長生[1]。是以耶人退[2]亓身而身先[3]，外亓身而身先[4]，外[5]亓身而身存。不以亓无私輿[6]？故能成亓私[7]。

［校注］

［1］長生，奚侗云："天地生養萬物，不求自益其生，故超然於萬物之外，而能長生。""不自生"的"天地"就是自然。天地不仁，故長久，猶李賀《金銅仙人辭漢歌》云"天若有情天亦老"，老則不能久矣。

［2］退，《國語・楚語》上："夫子踐位則退。"韋昭注："退，謙退也。"退，猶言謙讓。

［3］身，身份地位。《論語・微子》："子曰：不降其志，不辱其身，伯夷叔齊與。"下文之"外亓身而身存"之身，則兼言身家生命之謂。

"退亓身而身先"，退，即後。《文子・道原》："以亡取存，以卑取尊，以退取先。"徐靈府注："謂遺生而後身存，自卑而人尊，自後而人先也。道性好謙，故以謙而受益。"猶王弼本之"後其身而身先"，托位雖後，未必後也。此種思想十分古老。《史記・楚世家》："《周書》曰：欲起無先。"

［4］"外亓身而身先"六字，甲本及傳世本皆無，内容亦重複。爲

帛書抄寫者誤書致衍。當删去。

［5］外，不在思慮之内，置之度外。

［6］輿，即歟。

［7］不以亓无私輿，故能成亓私。王弼注："無私者無爲於身也。身先，身存，故曰能成其私也。"孔子後來也説："己欲立而立人，己欲達而達人。"《孔叢子・抗志》："夫水之性清而壤汩之；人之性安而嗜欲亂之。故能有天下者必無以天下爲者也。能有名譽者必無以名譽爲者也。達此，則其利心外矣。"《淮南子・繆稱訓》："故聖人不爲物先，而常制之其類，若積薪樵，後者在上。"此皆深得老旨者也。

［義述］

古人看到天地從來不增加什麽，不爲自己争得什麽，然而天地是那麽長久。人總是在生長，從小到大，從幼到壯，從不停止，然而人最後並不長久。本篇與《四十九》有着類似的結構，先天地，再聖人。當哲人慨歎了天地之長久以後，回過來看聖人，"退亓身"，"外亓身"，最後是身先身存。這種慨歎正是來自於天地不自生而長久的啓發。正如《二十九》的上民先民來自於江海善下的啓發："江海所以能爲百浴王者，以亓善下之也。是以能爲百浴王。是以耶人之欲上民也，必以亓言下之；亓欲先民也，必以亓身後之。……不以亓无争與？故天下莫能與争。"這裏也是先自然，再聖人的結構，意思也差不多的。當有了這些思想的時候，即是人有了自覺的意識和對自己命運的思考。其中還包括了氏族社會的社會記憶所提供的意識。

原始社會的酋長、首領同時是氏族成員，只享有與其他氏族成員同等的權利，並無特權，只有通過部落的民主選舉纔能膺任首領，不存在争奪權位的可能。首領也僅意味着更多地爲整個氏族乃至部落勞作。這些較有能力和稍高智力的人，在担任首領後，在分配時往往是自己的一份更少更遲，這就是退其身而身先的原始含義。在氏族成員的意識中，氏族即等同於個人，並無明確的界綫。氏族或部落成员在战争中，只有拼死奮戰，纔能免除氏族或部落的滅亡——亦即個人的滅亡。對個人而言，無論死生，對還存在的氏族或部落，都意味着"身存"，因氏族的存在，就是"我"的存在，在意識中是没有區别的。東漢時羌人即有"以戰死爲吉利，病死爲不祥"(《後漢書·西羌傳》)的風俗。恩格斯説："同氏族人必須相互援助、保護，特别是在受到外族人傷害時，要幫助報仇。個人依靠氏族來保護自己的安全，而且也能作到這一點；凡傷害個人的，便是傷害整個氏族。"(《家庭、私有制和國家的起源》84頁)"部落始終是人們的界限，無論對别一部落的人來説或者對他們自己來説都是如此；部落、氏族及其制度，都是神聖而不可侵犯的，都是自然所賦予的最高權力，個人在感情、思想和行動上始終是無條件服從的。"(《家庭、私有制和國家的起源》95頁)老子的"退亓身而身先，外亓身而身存"正是原始社會個人在氏族、部落中地位的反映。

老子所處已不是原始社會，原始純樸的感情和淳厚風俗的自然狀態已不爲後人所理解。當老子用文明社會的思維方式去概述原始遺風時，它所産生的智慧，必然會創造出一種駕馭人類自身命運的欲望。而這個欲望以天地自然爲最高的目的，也正是哲學的目的。錢鍾書先生指出了本篇的内在邏輯。

"天地"無意志，不起我相，故不"自"生；人有意志，即

> 陷我執,故成“其”私。無長久之心,而能有長久之事,天地也;身不能長久,而心欲長久,人也。“聖人”本人之大欲,鑑天地之成事:即果求因,以爲天地之長久,由於其無心長久也;復推類取則,以爲人而亦無心長久,則其身必能長久矣。然則聖人之無心長久,爲求身之能長久,正亦有心長久;不爲天下先,正欲後起佔先。天地無此居心也,而聖人自命師法天地,亦不揣其本而齊其末矣。天地者,著成壞存亡之形迹,而不作趨避得喪之計較者也。(《管錐編》422 頁)

唐太宗在論書法時,把最高境界定爲“自然”,提出“思與神會,同乎自然,不知所以然而然矣”(馮武《書法正傳》纂言上)。這裏用它來説明聖人所追求的至境也很確當。在人的意志狀態下,要達到“不知所以然而然矣”。正如無心而爲,猶無爲矣。這裏提出了人要達到有意志的合乎自然的狀態。人的意志如果像我們所能看到的野生動物的那種“自然而然”,那實際就是一種無意識狀態。這樣的話,就不會存在人的意志。因爲人的意志是主觀能動的,超越自然的。在人的主觀意識的操控下,使兩者統一在同一個人身上,它的核心是人爲作用下達到“自然”。《莊子・田子方》:“百里奚爵禄不入於心,故飯牛而牛肥,使秦穆公忘其賤,與之政也。”這個故事的含義亦是如此。人的自由意志不可能與自然無縫對接。人爲的“自然”表達的仍是人的意志。人必須“有爲”,也必然“有爲”。決定這一切的就是人所具有的自由意志。有意志的人永遠做不到無意志的天地狀態。人類一旦進入文明社會,那麽每一個人同時也就從自在進入了自爲。所以文明社會的人當他刻意做成無意志狀態，就會成爲人工狀態下的“機心”，那與天地之無心相比，相去實在太遠了。人的“無心”之舉而有“有心”之意。所以老子就指出：“不以亓无私輿？故能成其私。”從原始人的無意識，到文明社會的有意識，淳樸翻變成巧詐。表面合乎天地之德，實質蘊含着私心。所以歷來的“君權神授”、“天命所歸”、“大衆民意”等等也就應運而生了。自從老子這樣直白地指出後，類似的説法，都暴露了表裏不一的特徵。《楚辭・遠遊》：“虚以待之兮，無爲之先。”《莊子・刻意》：“感而後動，迫而後應，不得已而後起。”《淮南子・原道訓》：“先者則後者之弓矢質的也。猶錞之與刃，刃犯難而錞無患者，何也？以其託於後位也。”《史記・貨殖列傳》：“廉吏久，久更富。”孔子也説過：“先勞而後禄，不亦易禄乎。”（《禮記・儒行》）直到當代發展爲“全心全意爲人民服務，個人利益就會來”，也淵源於老子所指出的個人潛在意識。

但老子哲學的核心是自然，從天地的道理而作爲一種哲學追求加以闡發。很明顯，人能否做到自然只能是否定的答案。然而老子仍然把它作爲哲學的至境。事實上，人如果“無心”就不會認識，如果能“認識”，就必然做不到無心。這個人類的兩難境地表示了人與自然的相互獨立。就人而言，“無心”必然無知，無知常常是天真的前提，反而能達到有心想要的某種境地，也就“自然”了。這一切都只能是對人的自由意志的否定。其實在宇宙中只有人能自知自爲，認識自己的地位。天地自然無論有多長久，然而它是“無心”的，對自己一無所知。人雖不是太長久，然而就自知這一點，就囊括了整個宇宙，這是天地所不及的。只有在人本身確立的前提下的自然，纔能與人和諧統一。

五十二

上善如水,水善利萬物而有争[1]。居衆人之所亞,故幾[2]於道矣。居[3]善[4]地,心善淵,予善天[5],言善信,正[6]善治,事善能,動善時[7]。夫唯不争[8],故无尤[9]。

[校注]

[1] 乙本"而有争",甲本作"而有静"。與傳世本"而不争"不同。老子帛書"有争"、"有静",兩本皆作"有",北京大學所藏西漢竹簡本《老子》此句亦作"上善如水,水善利萬物而有争"。這些早期的傳本都作"有争",很明白不是誤書。"静"、"争"古通。"有静"即是"有争"。《説文》:"有,不宜有也。春秋傳曰:日月有食之。從月又聲。凡有之屬皆從有。"桂馥義證:"穀梁云:一有一亡曰有。"劉賾云:"案有從月者,蓋以有有必有無,而不能恒久。莫如月之圓而復缺,滿而或食之,縣象著明也,有不能恒。《穀梁·哀》十四年:'其不言有,不使麟不恒於中國也。'恒久無過於日月,而有虧食之象,暫虧食又復圓明。斯其爲不恒也,恒而不恒同語轉而謂之有。"(《劉賾小學著作二種》1087 頁)從以上的解釋中,可看到"有"本身含有"有"、"無"二種意思。"有"字本身含義具有"有"與"無"的雙重性,使之有了辯證的内涵。水善利萬物不但是無争,同時也可以是有争的。水可以是

温柔的，也可以是暴烈的。這兩種狀態在水本身是統一於自身的，正如"有"把有與無統一於自身一樣。所以"有争"的另一面是"無争"，即不争。老子的教誨要人們"上善"取水的温柔利人的一面。本篇結句"夫唯不争，故无尤"爲全篇總結性的話，所以"夫唯不争"也概括了"水善利萬物而有争"這一句之含義。把"有争"解釋爲"不争"，正是指明了全篇本身具有的邏輯完整。"上善如水，水善利萬物而有争。……夫唯不争，故无尤。"這裏的"有争"與"不争"，"有争"有"不争"之義，"不争"亦有"有争"之義。"有"、"不"同義複用，是古文前後兼及異字同義的修辭方式。

［2］幾，《爾雅》："幾，近也。"《禮記·樂記》："知樂則幾於禮矣。"鄭玄注："幾，近也。"

［3］居，停留。《易·繫辭》下："變動不居，周流六虚。"

［4］善，《正字通》："善，與人交懽曰交善。"《左傳·隱》六年："親仁善鄰，國之寶也。"善即是親近。

［5］"予善天"，王弼本作"與善仁"，河上本、傅奕本作"與善人"。

［6］正，朱駿聲通訓："正，叚借爲政。《書大傳》：諸侯有不率正者。注：正，政也。"《漢書·陸賈傳》："夫秦失其正。"顔師古注："正，亦政也。"

［7］時，機會，合適的時機。《論語·陽貨》："好從事而亟失時，可謂知乎？"《文子·道原》："所謂後者，調其數而合其時。時之變，則間不容息，先之則太過，後之則不及。"徐靈府注："夫事有適然，物有成敗，機危之動，間不容息，在於調數候時，期於適中不可失。"此即時之大義。

［8］"夫唯不争"，甲本作"唯不静"，"争"、"静"二字音義兼通。

［9］无尤，《玉篇》："尤，過也。"《易·賁》："終无尤也。"猶言無過失。

蘇轍《老子解》："避高趨下，未嘗有所逆，善地也；空虚静默，深不可測，善淵也；利澤萬物，施而不求報，善仁也；圓必旋，方必折，塞必止，決必流，善信也；洗滌群穢，平準高下，善治也；遇物賦形，而不留於一，善能也；冬凝春冰，涸溢不失節，善時也。有善而不免於人非者，以其争也。水唯不争，故兼七善而無尤。”

［義述］

人類社會最早的生活場所皆爲傍河而居，水與人類的生活，與人類社會的發展有密切關係。顧楝高《春秋大事表——列國都邑表》統計，春秋列國都邑在濱河之地爲多。古人建都必須考慮水源問題。所以古人對水的認識最早最深。老子把水之所處與對道的玄想聯繫起來。

> 水者，何也？萬物之本原也，諸生之宗室也。（《管子·水地》）
>
> 水之爲物，得天一之炁，無定形而靡不通，故潤萬物者莫潤乎水，乃善利也。遇方則方，遇圓則圓，何争之有？上善之人，則微妙玄通，常善利於人物而不争。故善亦如水，衆人好高而惡下，水獨處之。上善之人，常謙下也，有此之德，故近於道。水者，自然而始成形，故其理同。道無所不在，無所不利，而水亦然。然而既已麗於形，則於道有間矣，故曰幾於道，然而可名之，善未有若此者也，故曰上善。（范應元《老子道德經古本集註》）

“居善地，心善淵，予善天，言善信，正善治，事善能，動善時。”以上七句所云：樂從下層，心如水之淵静莫測。與人交如水之自然無偏愛，出言如水之真誠不僞，從政如水之平正公允，處事如水之無所不達,行動如水之適時不背。此水之喻,乃自然之喻,以見水之近道之品質。

孔子觀於東流之水。子貢問於孔子曰:君子之所以見大水必觀焉者,是何?孔子曰:夫水,偏與諸生而無爲也,似德。其流也埤下,裾拘必循其理,似義。其洸洸乎不淈盡,似道。若有決行之,其應佚若聲響。其赴百仞之谷不懼,似勇。主量必平,似法。盈不求概,似正。淖約微達,似察。以出以入,以就鮮絜,似善化。其萬折也必東,似志。是故君子見大水必觀焉。(《荀子·宥坐》)

從孔子的話,可知完全是受教於老子而來。孔子對水已賦予了社會意義上的品質。老子在本篇提出"上善若水,水善利萬物而有争"這點很重要。老子的說法隱隱約約使人感到水是萬物形成的基本元素。這與古希臘米多利學派泰勒斯的看法類似。泰勒斯是米多利學派的首領,且是愛奥尼亞學派的鼻祖,公元前六百年左右時人。"據他説,水是最初的原始,是宇宙的内質,其餘一切物體,全是由它變化出來的。水包圍大地各方,大地在無邊的大洋上飄浮着,並不住地從大洋裏面,吸收它所需要的營養。"(艾爾弗雷德·韋伯《西洋哲學史》11頁)現在所能知道的泰勒斯的學説僅有這一些。但就這些中,即有着與老子相似的説法。水滋養了萬物。這裏很可以認爲老子思想中包含着水是世界本源的意思。泰勒斯把水看作是萬物的始基。

在這條思想的道路上,西方的泰勒斯比起我國老子

> 來，真是小巫見大巫了。老子書洋洋五千言，儘管有一些錯落、重複的地方，但思想要比泰勒斯、阿那克西曼德、阿那克西曼尼深入和豐富得多。（葉秀山《我讀老子書的一些感想》，見《道家文化研究》第二輯 134 頁）

水是無定形的，“這個‘無定形’後面隱藏着一些東西，就是人要把自己的自由發揮出來，不能夠被固定”（鄧曉芒《哲學史方法論十四講》101 頁）。水，再加上老子“沖氣以爲和”的氣，它們在老子哲學中的隱喻地位是有缺陷的。它始終没有上升到古希臘赫拉克利特關於火的隱喻地位。中國兩千多年的哲學史中，氣被奉爲最高範疇。始終在老子所開始的氣的概念上徘徊。在西洋哲學輸入中國之前，程朱理學始終圍繞着“氣”做文章，無法突破。這正是中西哲學從源頭開始的差異。

五十三

揗而盈之[1]，不若亓已。揣而允之[2]，不可長葆也。金玉[3]盈室，莫之能守也[4]。貴富而驕[5]，自遺咎[6]也。功遂[7]身退，天之道也。

[校注]

[1] 揗，《集韻》："揗，持也。"揗而盈之，即持盈。《國語·越語》下："越王勾踐即位三年而欲伐吴，范蠡進諫曰：'夫國家之事有持盈，有定傾，有節事。'王曰：'爲三者，奈何？'對曰：'持盈者與天，定傾者與人，節事者與地。王不問，蠡不敢言。天道盈而不溢，盛而不驕，勞而不矜其功。'"韋昭注："持，守也。盈，滿也。定，安也。傾，危也。節，制也。與天，法天也。"

《荀子·宥坐》："孔子觀於魯桓公之廟，有欹器焉。孔子問於守廟者曰：'此爲何器？'守廟者曰：'此蓋爲宥坐之器。'孔子曰：'吾聞宥坐之器者，虚則欹，中則正，滿則覆。'孔子顧謂弟子曰：'注水焉。'弟子挹水而注之。中而正，滿而覆，虚而欹。孔子喟然而嘆曰：'吁，惡有滿而不覆者哉。'子路曰：'敢問持滿有道乎？'孔子曰：'聰明聖知，守之以愚；功被天下，守之以讓；勇力撫知，守之以怯；富有四海，守之以謙。此所謂挹而損之之道也。'"《管子·白心》："持而滿之，乃其殆也。名滿於天下,不若其已也。”《左傳・哀》十一年:“盈必毁,天之道也。”《説苑・敬慎》:“《易》曰:不損而益之,故損;自損而終,故益。”所以老子説:“揎而盈之,不若亓已。”已,停止,放手之意。

[2]“㧻而允之”,甲本此句已毁。王弼本作“揣而梲之”,傅奕本作“敱而梲之”,河上本作“揣而鋭之”。敱,古揣字。㧻而允之,㧻,從手,短聲,與揣音近通假。《廣雅・釋詁》一:“揣,動也。”《集韻》:“揣,摇也。”允,抁之省。《玉篇》:“抁,動也,摇也。”《集韻》:“抁,動也,揣也。”《廣雅・釋訓》:“揣抁,摇捎也。”摇捎猶掉捎。《淮南子・俶真訓》:“摇捎掉捎仁義禮樂,暴行越智於天下,以招號名聲於世。”高誘注:“摇捎掉捎仁義禮樂,未之能行也。越,揚也。暴,卒也。越揚其詐譎之智以取聲名也。”

㧻而允之,表示摇動的動作,形容尾大不掉,摇而不動。從春秋時代社會背景而言,其時政柄不斷下移,卿、大夫暴行越智,恣睢所欲,勢力不斷膨脹。正如《左傳・昭》十一年所云:“末大必折,尾大不掉。”不掉就是摇不動。《論語・季氏》:“孔子曰:天下有道,則禮樂征伐自天子出。天下無道,則禮樂征伐自諸侯出。自諸侯出,蓋十世希不失矣。自大夫出,五世希不失矣。陪臣執國命,三世希不失矣。”即老子所言“㧻而允之,不可長葆也”。雖成尾大之勢,摇動困難,但就尾大而言,是不可能保持長久的。孔子所言更爲直接。

[3]金玉,金,青銅器。《詩・魯頌・泮水》:“大賂南金。”孔穎達疏:“檢《禹貢》之文,厥貢鏐錫銀鉛,而獨無銅,乃知金即銅也。”《山海經・南山經》:“杻陽之山,其陽多赤金。”郭璞注:“銅也。”先秦時,金多指青銅器。玉,圭璧一類的禮器。《書・舜典》:“修五禮五玉。”鄭玄注:“執之曰瑞,陳列曰玉。”《國語・吴語》:“執玉之君皆入朝。”韋昭注:“玉,圭璧也。”《禮記・曲禮》下:“君無故玉不去身。”孔穎達疏:“玉,謂佩也。”青銅器和玉器代表了春秋貴族、君主的身份地位、權力和財富,是高貴家世的標志。“金玉盈室,莫之能守也。”它的深

層次含義不僅是禮器和財富的喪失，而且是貴族身份和權力的顛覆。一切都在變動中，没有永久的富貴。

［4］室，先秦貴族第宅皆爲堂室結構。堂與室同建於一夯土臺基上，同覆一屋頂。堂在前，室在後，中隔以墻。分爲堂上和室内，宗廟亦然。堂上爲議事、行禮、宴享之所在；室即爲内寢。室與主人生活最密切，亦最隱蔽，故金玉之屬，即藏於是。莫之能守，《孟子·盡心》下："孟子曰：諸侯之寶三，土地、人民、政事。寶珠玉者，殃必及身。"

［5］貴富而驕，驕，傲慢。《左傳·隱》三年："驕奢淫佚，所自邪也。"孔疏："驕謂恃己陵物。"《左傳·定》十三年："戍也驕，其亡乎。富而不驕者鮮，吾唯子之見。驕而不亡者，未之有也。"戒驕在古代有很具體的治國從政的内容。《國語·晋語》六："古之王者，政德既成，又聽於民，於是乎使工誦諫於朝，在列者獻詩使勿兜，風聽臚言於市，辨祅祥於謡，考百事於朝，問謗譽於路，有邪而正之，盡戒之術也。先王疾是驕也。"《史記·魏世家》："夫諸侯而驕人則失其國，大夫而驕人則失其家。"

［6］咎，罪過，過失。《書·畢命》："驕淫矜侉，將由惡終。"孔傳："言殷衆士，驕恣過制，矜其所能，以自侉大。"《楚辭·離騷》："啓九辯與九歌兮，夏康娱以自縱。不顧難以圖後兮，五子用失乎家巷。羿淫遊以佚畋兮，又好射夫封孤。固亂流其鮮終兮，浞又貪夫厥家。澆身被服强圉兮，縱欲而不忍。日康娱以自忘兮，厥首用夫顛隕。"這些史實正是"貴富而驕，自遺咎也"的形象説明。

［7］遂，《廣韻》："遂，成也。"《新書·道術》："功遂自却謂之退。"王弼注："四時更運，功成則移。"

［義述］

本篇所云"揰盈"、"揣允"、"金玉"、"貴富"等等，在春秋社會是新的權勢者們的普遍狀況。老子看到,這些得意於一時的人們,最後都無可挽回地走向反面,從而得出了"功遂身退,天之道也"的結論。《左傳·昭》三十二年:"社稷無常奉,君臣無常位,自古以然。故《詩》曰:'高岸爲谷,深谷爲陵。'三后之姓,於今爲庶,主所知也。在《易》卦,雷乘乾曰大壯☳,天之道也。"杜預注:"乾上震下,大壯。震在乾上,故曰雷乘乾。乾爲天子,震爲諸侯,而在乾上。君臣易位,猶大臣强壯,若天下有雷。"這段話是晉國的史墨所說的,與老子所言甚是一致。在自然和社會的運動中,事物的興衰是必然的,事物的自我否定是辯證法的核心,依次扮演了中間環節的角色。黑格爾說:

> 花朵開放的時候花蕾消逝,人們會說花蕾是被花朵否定了的;同樣的,當結果的時候花朵又被解釋爲植物的一種虛假的存在形式,而果實是作爲植物的真實形式而代替花朵的。這些形式不但彼此不同,並且互相排斥互不相容。但是,它們的流動性却使它們同時成爲有機統一體的環節,它們在有機統一體中不但互相抵觸,而且彼此都同樣是必要的;而正是這種同樣的必要性纔構成整體的生命。(《精神現象學·序言》2頁)

事物的自我否定並被更迭是不斷進行的,這就是老子所說的"功遂身退,天之道也"。其中包含着老子的樸素辯證法思想。這是自然的法則,無論就社會或個人而言都是相同的。正如馬克思在《資本論》第二版的跋中所說:

> 辯證法在對現存事物的肯定的理解中同時包含對現

存事物的否定的理解,即對現存事物的必然滅亡的理解;辯證法對每一種既成的形式都是不斷的運動中,因而也是從它的暫時性方面去理解;辯證法不崇拜任何東西,按其本質來説,它是批判的和革命的。(《馬克斯、恩格斯全集》第23卷24頁)

原始社會的首領更替,曾采取"功遂身退"的極端形式。吉田禎吾説:"居住於非洲蘇丹共和國南部的希廬克族的酋長同時也是祭司,主持宗教儀禮。酋長身體衰弱被認爲將導致部族的衰微,因此,爲了拯救部族必須將酋長處死。這種'殺王'的習俗,亦見於其他非洲諸王國,盧旺達王國的國王一旦衰老,必須服毒自盡。"(《宗教人類學》2頁)朱庫人是尼日爾河大支流貝努埃河上的一個未開化的部落。也有殺死統治了相當時間國王的風俗。弗雷澤説:"祖魯人似乎也有這麼一個風俗,國王一有了皺紋或灰髮就被處死。"(《金枝》400頁)這種風俗在歐洲古希臘文學中也有所反映。"族長衰老,不能從事生産,子殺父而代之,是合乎初民社會的要求的。因此我們可以斷定俄狄浦斯殺父一事在那個遥遠的時代,是具有普遍性的。"(羅念生《索福克勒斯悲劇二種・序》18頁)這種民俗被中國學者稱爲"殺耄君"的典禮,是"功遂身退"野蠻形式的體現。在中國古代的史書中也透露了相同的内容。劉知幾《史通》引《竹書紀年》:"舜放堯於平陽。"司馬遷也説:"昔堯德良,爲舜所囚。"禹也放逐舜到"蒼梧之野"。《史通》説:"何以垂殁之年,更踐不毛之地?"最後"萬里無依,孤魂溘盡"。所以韓非説:"舜逐堯,禹逼舜,湯放桀,武王伐紂。此四王者,人臣弑其君也,而天下譽之。"他們因不能理解這個原始野蠻風俗是合乎當時社會的習慣和道德規範而感到驚奇。李玄伯認爲:“我疑心堯之舉舜,舜之舉禹,禹之舉益,皆與此有關。堯舜禹何以皆生前舉舜禹益呢? 這似即爲的避免殺毫君之舉。最初或曾有過這典禮,後減爲在首領既達某年齡時,須改舉年青人以自代,若此則不再殺耄君,只改由較青年的人執政。舜禹益之薦似即因此。”(《中國古代社會新研》234頁)老子所云:“物壯則老,胃之不道,不道蚤已。”正是“功遂身退,天之道也”在社會意義上的最好説明。

黑格爾説:“凡是合乎理性的東西都是現實的,凡是現實的東西都是合乎理性的。”(《法哲學原理·序言》11頁)

> 但是,在黑格爾看來,凡是現存的決非無條件地是現實的。在他看來,現實的屬性僅僅屬於那同時是必然的東西。(恩格斯《路德維希·費爾巴哈和德國古典哲學的終結》6頁)
>
> 同樣,在發展的進程中,以前的一切現實的東西都會成爲不現實的,都會喪失自己的必然性,自己存在的權利,自己的合理性;一種新的,富有生命力的現實的東西就會起來代替正在衰亡的現實的東西,——如果舊的東西足夠理智,不加抵抗即行死亡,那就和平地代替;如果舊的東西抵抗這種必然性,那就通過暴力來代替。這樣一來,黑格爾的這個命題,由於黑格爾的辯證法本身,就轉化爲自己的反面:凡在人類歷史領域中是現實的,隨着時間的推移,都會成爲不合理的,因而按其本性來説已經是不合理的,一開始就包含着不合理性;凡在人們頭腦中是合理的,都注定要成爲現實的,不管它和現存的,表面

的現實多麼矛盾。按照黑格爾的思維方法的一切規則，凡是現實的都是合理的這個命題，就變爲另一個命題：凡是現存的，都是應當滅亡的。（恩格斯《路德維希·費爾巴哈和德國古典哲學的終結》7 頁）

一切具體的東西、存在物都限制不住自身，一切有限的東西都要走向毀滅，一切存在的東西都要走向非存在。（葉秀山《哲學要義》114 頁）

通過現代哲學的闡述，就可以在更高的辯證意義上來理解“功遂身退，天之道也”這個老子以樸素形式説出來的哲理。

老子從自然和社會的變化中認識事物。這種認識本身所具備的真理性是明顯的。“功遂身退，天之道也”是樸素的自我否定，是變。它存在於時間的每一個時段中，因而是連續的，在這個意義上，具有否定之否定的特徵，正是在這一點上，老子説出了樸素的辯證法。古希臘赫拉克利特説：“萬物方然而亦不然，因爲萬物流徙故。萬物在不斷地變化中，不斷地生成中，不斷地消息中。”“功遂身退”從本質上講是革新，是除舊布新，生物的進化，社會的進步，無不因此而實現。所以是自有其積極意義的。

五十四

戴[1]營袙[2]抱一[3]，能毋离[4]乎？槫氣[5]至柔，能嬰兒乎？脩[6]除玄監[7]，能毋有疵[8]乎？愛民栝國[9]，能毋以知乎[10]？天門[11]啓闔[12]，能爲雌[13]乎？明白四達，能毋以知乎[14]？生之畜之，生而弗有，長而弗宰也，是胃玄德[15]。

[校注]

[1] 戴，西漢竹簡本、王弼本《老子》作載。《釋名·釋姿容》："戴，載也，載之於頭也。"《墨子·修身》："君子以身戴行者也。"孫詒讓閒詁："戴、載古通。"《詞詮》卷六："載，假設連詞，設也。"《法言·先知》："載使子草律。曰：吾不如弘恭。"李注："載，設也。"戴、載既古通用，"戴"不但爲第一句之設詞，亦爲整篇之領詞，自"營袙抱一"至"明白四達"，戴亦用於每一句前，義爲"如果"。

[2] 營袙，王弼本、河上本、傅奕本作"營魄"。袙、魄均從白聲。示即鬼。鬼又作䰟。示，甲骨文義爲神祖之木主，祖爲已故之先輩。《説文》："人所歸爲鬼。"《禮記·祭義》："衆生必死，死必歸土，此之謂鬼。"是祖即鬼，即"示"亦鬼。朱駿聲通訓：示、鬼同於履部十二，釋鬼："陰氣賊害，從厶，厶音從古文示。"《説文》："魋，神也，從鬼，申聲。"是鬼、示同爲形旁之例。故袙即魄，䰟即魂。營袙即營魄。

營，《説文》：“營，帀居也。”桂馥義證：“營謂周垣。”《廣韻》：“營，帀居也。”營爲魂靈之所居，乃人之肉體軀殼。猶後世所稱“屋舍”。營爲肉體，魂、魄或魂魄皆屬於精神。所以，營魂或營魄不能解釋爲魂魄，這樣就只有精神一個方面了。營魄應該屬於肉體和精神兩個方面。營爲物質，而魂或魄爲精神。《説文》：“魄，陰神也。”段注：“魂、魄皆生而有之而字皆從鬼者，魂魄不離形質而非形質也。形質亡而魂魄存，是人所歸也。”

［3］抱一，合而爲一。《論衡·無形》：“體氣與形骸相抱。”

［4］离，《篇海類編》：“离，亦作離。”帛書乙本離作离，與今之簡體相同，其義無别。指精神與肉體分離。盧重玄《列子叙論》：“論曰：夫生者何耶？神與形會也。死者何耶？神與形離也。”《史記·太史公自序》：“凡人所生者神也，所託者形也。神大用則竭，形大勞則敝，形神離則死。死者不可復生，離者不可復反，故聖人重之。由是觀之，神者生之本也，形者生之具也。不先定其神，而曰我有以治天下，何由哉。”這些可看作對本篇首句的確切解釋。

“戴營袙抱一，能毋离乎？”猶言：如果肉體與精神合而爲一，能做到不分離嗎？回答顯然是否定的。因爲人總有死的一天，届時肉體與精神就分離了。《淮南子·精神訓》：“是故精神，天之有也。而骨骸者，地之有也。精神入其門，而骨骸反其根。我尚何存？”高誘注：“精神無形，故能入天門。骨骸有形，故反其根，歸土也。言人死各有所歸，我何猶尚存？”本篇下文所説“天門啓闔”，即是指生死也。本篇每一問句皆爲反問，不答之答，皆是否定。

［5］榑，通摶。《管子·内業》：“摶氣如神，萬物備存。”尹知章注：“摶，謂結聚也。”《廣雅·釋詁》三：“摶，著也。”王念孫疏證：“摶者，聚之著也。”榑氣，凝聚内氣，使體氣充盈，然而不使賁脹，導引竟體，滿容生機，惠和柔暢，氣血嫻静，嗜欲單純。榑氣至柔，最高境界乃猶嬰兒，從内心至體表皆處於自然之狀態。故下文云：“能嬰

兒乎?"

[6] 脩,洗滌。朱駿聲通訓:"脩,叚借爲滌。"《周禮・春官・司尊彝》:"凡酒脩酌。"鄭玄注:"脩酌者,以水洗勺而酌也。脩,讀如滌濯之滌。"脩,滌古通。傳世本作滌。

[7] 玄,幽遠,微妙,超越時空。監,甲骨文象形字作人張目臨水盆之上照看狀,此即爲監之初文本義。《書・酒誥》:"古人有言,曰,人無於水監,當於民監。"監即是觀照,借鑑,引伸爲照人之物。《廣韻》:"鑑,鏡也。亦作監。"《淮南子・脩務訓》:"誠得清明之士,執玄鑑於心,照物明白,不爲古今易意,攄書明指以示之,雖闔棺亦不恨矣。"《莊子・天道》:"水静猶明,而況精神。聖人之心,静乎天地之鑑也,萬物之鏡也。夫虚静恬淡,寂寞无爲者,天地之平而道德之至,故帝王聖人休焉。"王先謙集解:"雖天地之精,萬物之理,皆莫能遁。"玄監,王弼本作玄覽,監即鑑,鑑與覽古通。《楚辭・離騷》:"皇覽揆余初度兮",王逸章句:"覽一作鑑。"老子玄監的超驗,其本無疵。然一落人心,即未免疵矣。後之佛家禪宗,頗悟此意。乃息妄修心之所謂。"背境觀心,息滅妄念,念盡即覺悟,無所不知。如鏡昏塵,須勤勤拂拭,塵盡明現,即無所不照。"(轉引陳寅恪《金明館叢稿二集》190 頁)

[8] 疵,瘢痕。

[9] 栝國,此處之"栝",音義從"恬"。恬,安静,澹然。陸德明釋文:"恬,本或作栝。"栝國即恬國,安定其國,平和安居。《書・梓材》:"引養引恬。"孔傳:"能長養民,長安民。"以"愛民恬國"爲是。

[10] "愛民栝國,能毋以知乎?"王弼本作:"愛民治國,能無知乎?"河上本作:"愛民治國,能無爲?"傅奕本作:"愛民治國,能無以知乎?"范應元本同。俞樾云:"唐景龍碑作:愛民治國,能無爲? 天門開闔,能爲雌? 明白四達,能無知? 其義並勝,當從之。愛民治國,能無爲? 即老子無爲而治之旨。……王弼本誤倒之。"(《老子平

議》)俞氏並未讀懂老子文義,對老子思想甚是隔膜。《老子·二十八》:“古之爲道者,非叺明民也,將叺愚之也。夫民之難治也,叺亓知也。故叺知知國,國之賊也;叺不知知國,國之德也。”老子反覆强調治國與“不知”的關係。本篇“愛民栝國,能毋叺知乎”與老子思想一致,没有錯。“不知”即是“毋叺知”,然而俞氏見不及此。王弼本的“愛民治國,能無知乎”與老子固有思想甚是合轍,何錯之有?所以帛書本“愛民栝國,能毋叺知乎”本身不錯。問題出在本篇“明白四達,能毋叺知乎”正是這第二個“能毋叺知乎”的出現帶來了混亂。這是抄寫者的筆誤造成的。這裏應該是“明白四達,能无爲乎”?詳見本篇[14]注。

[11] 天門,《莊子·庚桑楚》:“有實而无乎處者,宇也;有長而无本剽者,宙也。有乎生,有乎死;有乎出,有乎入。入出而无見其形,是謂天門。天門者,无有也,萬物出乎无有。有不能以有爲有,必出乎无有,而无有一无有。”從莊子的解釋,時間空間組成宇宙,“无有”即天門。莊子這裏所説的“无有”,其實只有“无”義。所以“无”就是天門。郭象注:“以無爲門。”“萬物出乎无有”亦即是萬物産生於“无”這個天門。而天門的啓闔,即是萬物“有乎生,有乎死;有乎出,有乎入”之途徑。天門乃自然變化之本源,也是人生死之由。《楚辭·九歌·大司命》:“廣開兮天門,紛吾乘兮玄雲。”王逸章句:“吾,謂大司命也。”大司命主宰人的壽夭,亦即是生死。他的出場即吟誦天門,可見天門即生死之所由。

[12] 啓,開啓;闔,閉合。《易·繫辭》上:“一闔一辟謂之變。”《淮南子·原道訓》:“是故達於道者,反於清静。究於物者,終於無爲。以恬養性,以漠處神,則入於天門。”此處之啓闔,其實偏於啓義,謂人之生。猶云:天門之啓,人之生也;生而爲人,能甘守雌柔乎?從主觀而言,並非會自覺如此。

[13] 雌,退讓。雌即主静而和柔。《淮南子·原道訓》:“是故聖

人守清道而抱雌節。”高誘注:“雌,柔弱也。”

[14] 明白,《墨子·旗幟》:“建旗其署,令皆明白知之,曰某子旗。”古代使用“明白”一詞與政令關係密切,指政令暢通,普遍知道。達,明達暢通。《禮記·樂記》:“禮樂刑政,四達而不悖,則王道備矣。”《莊子·山木》:“仲尼曰,始用四達,爵禄並至而不窮。”《周禮·地官·遂大夫》:“凡爲邑者,以四達戒其功事而誅賞廢興之。”鄭玄注:“四達者,治民之事。”明白四達乃從政之事,必有所作爲。《漢書·禮樂志》:“禮節民心,樂和民聲,政以行之,刑以防之。禮樂刑政,四達而不誖,則王道備矣。”從《周禮》、《禮記》和《漢書》所言,四達内容具體而穩定。四達所指,正是治國有爲之事。這種説法至唐代仍然如此。陳九言《尚書省郎官石記序》:“禮樂刑政於是乎達,而王道備矣。”在老子看來,這正是與“无爲”相對立的東西。老子在這裏指出,如果實行“明白四達”,還能做到“无爲”嗎? 答案顯然是否定的。禮樂刑政的四達不悖,也就談不上“无爲”了。這裏“能毋以知乎”與上文“愛民栝國,能毋以知乎”相重複,是抄寫者的筆誤。王弼本的“愛民治國,能無知乎”和“明白四達,能無爲乎”保留了正確的文字,體現了老子的思想。河上本此句亦是錯的。有的校注,羅列異文甚夥,然仍不能把握老子之旨,囿於俞氏之陋見,依違曲説,又其下者焉。這句作:“明白四達,能无爲乎?”確無可疑。

[15] 帛書乙本《老子·十四》結尾爲“生而弗有,爲而弗寺,長而弗宰,是胃玄德”。本篇結尾作“生之畜之,生而弗有,長而弗宰也,是胃玄德”。重出而稍有不同。

[義述]

本篇體現了老子修身與治國的哲學思考。“營袙抱一”,“槫氣至柔”,“脩除玄監”所言乃先秦貴族修身之要;“愛民栝國”,“天門啓闔”,“明白四達”所言乃治國之要。這正是老子創立的，流行於先秦及後世從修身至治國的思維模式的體現。本篇在思想内容上也是呼應於《老子・十七》的。老子用提問而不作答的方式表達了一個完整的思想。他問道：假如肉體和精神的結合，能不分離嗎？當然結合是暫時的，人死時最終就分離了。他又問，假如聚氣於内，嫻静少欲，柔順諧和，能至如此境地而像嬰兒嗎？這一條也是不可能的，人情欲望不但是所有人追逐的目標，還是成人的必然，所不同的僅是高尚、卑下、大小的區分罷了。老子問，假如洗拭内心微妙的鏡子，能做到澄明而没有瑕疵嗎？内心的修爲，道德的體現，不可能没有絲毫缺憾。老子所提出的“毋有疵”更是没有人能做到。所以這個修身的模式僅是一個理想，而且是做不到的理想。正是這個無法達到的理想，纔體現了不在時空中的道的本體論的特質。本篇結尾部分的“生之畜之，生而弗有，長而弗宰也，是胃玄德”，正是與前面修身部分的論述相呼應的，指出只有認同自然，不自主地運作於道的模式，即是玄德。這樣也回應了所有的否定回答。在治國部分，老子問道：假如熱愛庶衆，安定邦國，能采取否定智巧的治國理念嗎？當然，在文明社會没有一位統治者會放棄智巧的。老子還問道：假如在自然的運化之中，作爲獲得人的生命部分，能自覺安於柔弱退讓嗎？這其實既不符合動物的本性，也不符合社會中人的本性，所有的柔弱退讓不是出於被迫，就是出於僞裝，没有任何出於自覺本能的。老子然後説道：如果禮樂刑政盛行不衰，還能實行無爲的治國方式嗎？禮樂刑政的確立，正是否定“无爲”的治國模式的結果。最後老子從超驗的深層意藴作了歸納。老子崇尚自然，不主張個人的主觀自由意志，一切順應自然，不加施爲。自然而然地到達玄德的境地。這個老子理想化了的治國人材素質觀,深深刻上了道的本體論哲學的印記。至於後世的好事者以此篇牽爲養生之談的,則“圜鑿而方枘兮,吾固知其鉏鋙而難入”矣。

五十五

卅[1]楅[2]同一轂[3]，當亓无，有車之用也[4]。撚埴[5]而爲器，當亓无，有埴器之用也。鑿户牖[6]，當亓无，有室之用也。故有之以爲利，无之以爲用[7]。

[校注]

[1] 卅，《集韻》："卅，《説文》三十年爲一世，從卉而曳長之。"此借其代作三十，也寫作卅。

[2] 楅，通輻。《三禮名物通釋》："輻凡三十。一端入轂，曰菑；一端入牙，曰蚤。"(135 頁)《説文》："輻，輪轑也。"卅楅，連接軸心與輪圈的直木條，共有三十根。《周禮・考工記》："軫之方也，以象地也。蓋之圜也，以象天也。輪輻三十，以象日月也。蓋弓二十有八，以象星也。"孫詒讓正義："輪象日月者以其運行也，日月三十日而合宿。"三十日爲一月之約數，日月上下，以喻轉動。秦始皇陵陪葬坑出土之銅御馬，前後二車之車輻皆爲三十，符合《周禮・考工記》的車教之道。

[3] 轂，《説文》："轂，輻所湊也。"《六書故》："輪之中爲轂，空其中，軸所貫也。輻湊其外。"轂、輪圈、輻一起組成車輪。《周禮・考工記》："轂也者，以爲利轉也。"轂的空隙部分使轉動成爲可能。故

曰:“當亓无,有車之用也。”

[4]“當亓无,有車之用也”、“當亓无,有埴器之用也”、“當亓无,有室之用也”。近人從清代畢沅之説者,三句皆作“无有”連讀,非也。蔣錫昌云:

> 按《考工記》“無、有”,用爲二名。“無”指車轂内外空間而言,“有”指車轂而言。有車轂而無空間,固不能利轉;有空間而無車轂,亦不能利轉。《老子》此“無”,與《考工記》誼同;但“有”則爲“有無”之“有”,乃常語耳。畢氏誤讀《考工記》,以爲“無有”即同俗語所謂“没有”,而復據誤讀者來誤讀《老子》,非是。《老子》此文,自以“無”字斷句。“當其無,有車之用”,謂車轂以有内外之空間,故可資以利轉而有車之用也。(《老子校詁》)

錢鍾書云:

> 河上公註:“‘無有’謂空處故”;畢沅《〈道德經〉考異》亦主“無有”二字連讀:“當其無有,車之用”云云,引《周禮·考工記》鄭玄註:“以無有爲用”佐證之。“無有”連讀,三者皆不成句,而結句“無”與“有”之對照,亦上失所承。蓋“無有”即“無”,三“有”既皆從“無”而化烏有,不復能出而與“無”平分“利”、“用”。畢氏之流,覩字尚存“有”,而昧其意已成“無”,文理義理,蓋兩失矣。(《管錐編》424 頁)

“无、有”句讀,非關淺鮮,與整篇之哲理理解,實有宏旨在焉。

《淮南子·泰族訓》:“琴不鳴,而二十五絃各以其聲應;軸不連,而三十輻各以其力旋。絃有緩急小大,然後成曲;車有勞逸動静,而後能致遠。使有聲者,乃無聲者也;能致千里者,乃不動者也。”

[5] 撚,甲本作“然”。然乃撚之省寫,其義爲摶土成形而又燒之,乃制陶之必須。河上本“撚”作“埏”。河上公注:“埏,和也。埴,土也。和土以爲飲食之器。”《荀子·性惡》:“故陶人埏埴而爲器。”楊倞注:“埏,擊也,埴,黏土也。擊黏土而成器。”埴,《釋名·釋地》:“土黄而細密曰埴。埴,膱也。黏泥如脂之膱也。”

[6] 王弼本、傅奕本、河上本、范應元本在“鑿户牖”下有“以爲室”三字,帛書本無。《説文》:“牖,穿壁以木爲交窗也。”先秦造屋先用版築泥墻,層層夯實,然後在墻上制作門窗。房屋本身及門、窗所造成的空間正是使居室之用成爲可能。美國創立“有機建築”理論的建築學家賴頓,十分傾心於老子的學説。在美國亞利桑那州菲尼克斯城外的沙漠中,有一座他設計的大型别墅塔里埃森,墻上刻着老子王弼本的文句:“鑿户牖,以爲室,當其無,有室之用。”

[7] 无之以爲用,即無之用,古人辨之特詳。《莊子·徐无鬼》:“故足之於地也踐,雖踐,恃其所不蹍而後善博也;人之於知也少,恃其所不知而後知天之所謂也。”《文子·上德》:“足所踐者少,其不踐者多;心所知者寡,其不知者衆。以不用而能成其用,不知而能全其知也。”人不可能窮盡知識經驗,而哲學的思考,超越經驗而成爲根本性的知識,這就是“不知而能全其知”的含義。這裏又比經驗層面的有無之辨更進一層了。錢鍾書云:

洪邁《容齋續筆》卷一二："莊子論無用之用，本老子：三十輻，共一轂，當其無，有車之用。《學記》：鼓無當於五聲，五聲勿得不和；水無當於五色，五色勿得不章。其理一也。今夫飛者以翼爲用，繫其足則不成飛；走者以足爲用，縛其手則不能走。爲國者其勿以無用待天下之士則善矣。"宛轉闡生，善於解老。（《管錐編》425頁）

《禮記·學記》："鼓無當於五聲，五聲弗得不和；水無當於五色，五色弗得不章；學無當於五官，五官弗得不治；師無當於五服，五服弗得不親。"陳澔集説："總而論之，鼓非與乎五聲，而五聲待之而和。水非與乎五色，而五色待之而章。學非與乎五官，而五官待之而治。師非與乎五服，而五服待之而親。是五聲、五色、五官、五服雖不同，而同於有之以爲利。鼓也、水也、學也、師也，雖不一，而一於無之以爲用。"正是老子本篇所論。

［義述］

古代的中國哲學中，没有嚴格意義上的有關形式邏輯的專門論述。所以在老子思維的同一論述中，概念的界定往往是不穩定的。在老子書中，有時候"无"僅代表與"有"對立的，符合不矛盾律的那個"无"。然而有時同樣一個"无"，却從形式邏輯的那個簡單的"没有"，跳到深層次的，辯證邏輯的那個與"有"辯證同一的"无"。本篇老子所論之"无"已超越了形式邏輯的規定。所以應該從現代哲學的研究成果來解讀。老子之"无"有着豐富的内涵：

> “無”表示一種高於而且先於存在者的視野，是區别於存在者的一種境界。只有超越存在者的範圍，我們纔能到達“無的境界”。無的境界是存在者的基礎。存在者的存在的意義就顯現在無的境界中。因此，研究無的境界同樣是在追問存在的意義。（胡自信《黑格爾與海德格爾》41頁）
>
> 我們應當做好充分準備，到無的境界去體驗那給予一切存在者以存在之根據的東西，……無向我們揭示了存在那深不可測的隱而未彰的本質。（胡自信《黑格爾與海德格爾》45頁）

本篇老子的“无”正可作如是觀。

老子曰：“天下之物生於有，有生於无。”有生於無，不僅可理解成有産生於無，同時還可理解爲有也包含了無。王弼注：“木、埴、壁所以成，三者皆以無爲用也。”老子從與生活密切相關的車子、陶器、房屋出發，從具體個别的“有”，去追索其存在的意義。而車子、陶器、房屋作爲存在者的意義，正是直觀即能明瞭的“无”。在這裏“无”的意義不再是簡單的“没有”，而是一種存在。葉秀山云：

> 無並不是虚無，無恰恰保存了有，是有和存在的一種方式。（《哲學要義》88頁）

老子依託於實有之物展開討論，到最終提出“故有之以爲利，无之以爲用”。他使思想擺脱了具體經驗的束縛而上升到邏輯的合乎理性的言説。“无”和“有”已成爲人與物之間關係的邏輯表述。老子對物的具體突破,表現了他超驗的睿智。現代哲學的任務之一,就是對古代哲學的重新解讀。海德格爾説:“哲學中没有‘古人與來者’的區别。……每一個真正的哲學家都與其他哲學家生活在同一個時代。”(胡自信《黑格爾與海德格爾》42 頁)用現代哲學觀照老子,在理解上可以達到新的深度。在本篇,老子所論列的部分,已體現了有與無的辯證同一。

> 無不再是一個抽象的否定概念,而是具體的肯定的概念,是包含有於自身的無。(胡自信《黑格爾和海德格爾》58 頁)

在這裏,形式邏輯中不矛盾律的有與無的僵硬對立已不復存在。老子的“无”在這裏是物質價值的最高體現。老子從個别的“无”的追索中,也包含了對“无”作爲存在的普遍意義的追索。在老子的精神世界裏,“无”同樣對人類行爲——精神的表現的存在意義進行思考。老子“无知”、“无欲”、“无爲”的提出,正是對精神存在的意義思考的結果。正是這些“无”的勇敢追問,精神的意象在回歸人類行爲的時候,已經懂得了“无”正是它的根基。正如方以智在《東西均·道藝》中所説的:人生以後,一切皆有而無在其中。從這一點來考察“无知”、“无欲”、“无爲”已不僅是字面意義那麽簡單了,它是人類行爲意義抽繹的結果。

“故有之以爲利,无之以爲用。”所言之無仍然是以車子、陶器、房屋的有作爲依托的。“有”作爲存在者本身只是一種利益,而“无”作爲存在纔成爲一種作用,這種作用實現了有的價值。如果没有了“无”所實現的價值，那麽“有”也就不成其爲有而失去其存在者的價值。法國拉・封登説：“使用纔是真正的佔有。”（《拉・封登寓言選》103 頁）而“使用”對於物質本身來説並不能自動實現，必須由人去“使用”，而這“使用”正是屬於“无”的範疇。在原始人那裏，使用從來就比佔有更重要。拉法格説：“使用是個人佔有的主要條件。即使是某人所生産的東西也只有在他本人使用和使它們的使用神聖化的場合纔屬於他所有。”（《財産及其起源》37 頁）從這點出發，老子更重視屬於使用範圍的无。正如郎納德・曼海姆説的“人生能在使用中閃閃發光，而不是在棄置中生銹”。對人本身而言，每個人的人生都是一種使用。怎樣使用自己的人生，是放在每個人面前的問題。使用是人生的動態，也是使人生所存在的基礎的“无”得以實現的必須。當一個人的“无”没有了，那他的存在也就結束了。這個“无”就是生命的使用。而這個使用，却必須從使用生命之外的一切纔能體現出來。正是這個對身外之物的使用，對身外之物的態度，決定了對自己生命使用的效應。由此而言，人生的目的不是佔有，而且也不可能是佔有。這意味着，生命的存在本身就包含着非存在。這裏表現出老子“高於而且先於存在者的視野”，看到了“區别於存在者的一種境界”。從而超越了存在者的範圍，老子的智慧很自然地進入了“無的境界”。《莊子・知北遊》：“故行不知所往，處不知所持，食不知所味。”王先謙集解：“一生之中，行則有往，而究不知所往；處則有持，而究不知所持；食則有味，而究不知所味。”人總有歸位爲零的那一刻。這裏把人的非存在清楚地展示了。人類“使用”生命，除了消耗意義上的無，更有創造意義上的無。薩特説人作爲哲學家給這個世界增加“無”，這個無正是創造意義上的。凡是思想情感層面的一切創造，它都超越了生命使用的意義，亦即是對死亡的超越。這裏，非存在中又包含了存在。

錢鍾書云："《淮南子・説山訓》：'鼻之所以息，耳之所以聽，終以其無用者爲用矣。物莫不因其所有，用其所無，以爲不信，視籟與竽。'足爲《老子》本章確箋，'因有用無'，詞意圓該。"（《管錐編》424 頁）在現代經濟中，正確判斷運用經濟結構中的"無"，正是無數商賈成功之道的所在。

五十六

五色[1]使人目盲;馳騁[2]田臘[3]使人心發狂[4];難得之貨,使人之行仿[5];五味[6]使人之口爽[7];五音[8]使人之耳[聾[9]]。是以耶人之治也,爲腹而不爲目,故去彼而取此[10]。

[校注]

[1] 五色,《書·益稷》:"以五采彰施于五色,作服,汝明。"蔡沈注:"采者,青黄赤白黑也。色者,言施之於繒帛也。繪於衣,繡於裳,皆雜施五采以爲五色也。汝明者,汝當明其大小尊卑之差等也。"孔傳:"上得兼下,下不得僭上。以五采明施于五色,作尊卑之服,汝明制之。"

[2] 馳騁,古代稱馳射、田獵爲馳騁。形容在田疇曠野裏縱馬疾奔,追逐野獸。

[3] 田臘,《字彙》:"田,獵也。"《風俗通義·祀典》:"臘者,獵也。言田獵取禽獸,以祭祀其先祖也。"玄應《四分律音義》:"臘,獵也,獵取禽獸,祭先祖也,此歲終祭神之名也。"

[4] 心發狂,春秋貴族,雅好畋獵,於長林豐草之地,追亡逐北之時,每每見獵心喜,縱情而樂,如醉如癡,情緒精神,極爲興奮,所以

稱爲“心發狂”。

［5］“仿”，甲本作“方”。仿，通放。難得之貨必貴重，容易引起貪欲，使人放縱欲望，使人“行仿”，即是“行放”，使人控制不住自己，以致違法犯罪。故老子主張“不貴難得之貨”。

［6］五味，《周禮·天官·疾醫》：“以五味五穀五藥養其病。”鄭玄注：“五味，醯、酒、飴蜜、薑、鹽之屬。”賈公彦疏：“醯則酸也，酒則苦也，飴蜜即甘也。薑即辛也，鹽則鹹也。此即五味酸苦甘辛鹹也。”

［7］爽，《廣雅·釋詁》：“爽，傷也，敗也。”《百喻經·愚鹽》：“愚人無智，便空食鹽，食已口爽，返爲其患。”口乾，舌碎，味覺遲純，略可仿佛口爽之感覺。

［8］五音，古樂五聲音階的五個階名，即宫、商、角、徵、羽。此處泛指樂音。

《莊子·天地》：“且夫失性有五：一曰五色亂目，使目不明；二曰五聲亂耳，使耳不聰；三曰五臭薰鼻，困惾中顙；四曰五味濁口，使口厲爽；五曰趣舍滑心，使性飛揚。此五者，皆生之害也。”魏源云：“視久則眩，聽繁則惑，嘗多則厭，心不定，故發狂。”

［9］“聾”字據甲本補。

［10］爲腹，王弼注：“爲腹者以物養己，爲目者以物役己，故聖人不爲目也。”蔣錫昌云：“腹者，無知無欲，雖外有可欲之境而亦不能見。目者，可見外物，易受外境之誘惑而傷自然。故老子以腹代表一種簡單清静，無知無欲之生活；以目代表一種巧僞多欲之生活。明乎此，則爲腹即無欲之生活，不爲目，即不爲多欲之生活。”

本篇語序與傳世本不同。如王弼本、傅奕本、河上本爲：“五色令人目盲，五音令人耳聾，五味令人口爽，馳騁畋獵令人心發狂，難得之貨令人行妨。是以聖人爲腹不爲目，故去彼取此。”傳世本文字齊整修飾，正是其俗處。帛書本天真自然，更接近原始本真。

［義述］

本篇所言，是老子反對奢糜浮華、主張儉樸清澹的思想。其實他攻擊的並不是五色、五味、五音、田獵等本身。當時的貴族縱情於犬馬聲色，沉溺於歌舞盛宴，比比皆是，不足爲奇。然而任何對超出自己等級的享樂追求，都是對社會傳統賴以生存的禮制的嚴重破壞。這纔是老子所深深憂慮的。因爲五色、五味、五音都並不是孤立存在的，而是禮制的一部分。《左傳·昭》二十五年：

子大叔見趙簡子，簡子問揖讓、周旋之禮焉。對曰："是儀也，非禮也。"簡子曰："敢問，何謂禮？"對曰："吉也聞諸先大夫子産曰：夫禮，天之經也，地之義也，民之行也。天地之經，而民實則之。則天之明，因地之性，生其六氣，用其五行。氣爲五味，發爲五色，章爲五聲。淫則昏亂，民失其性。是故爲禮以奉之：爲六畜、五牲、三犧，以奉五味；爲九文、六采、五章，以奉五色；爲九歌、八風、七音、六律，以奉五聲。爲君臣上下，以則地義；爲夫婦外内，以經二物；爲父子、兄弟、姑姊、甥舅、昏媾、姻亞，以象天明；爲政事、庸力、行務，以從四時；爲刑罰威獄，使民畏忌，以類其震曜殺戮；爲温慈惠和，以效天之生殖長育。民有好惡、喜怒哀樂，生於六氣，是故審則宜類，以制六志。哀有哭泣，樂有歌舞，喜有施舍，怒有戰鬭；喜生於好，怒生於惡。是故審行信令，禍福賞罰，以制死生。生，好物也；死，惡物也。好物，樂也；惡物，哀也。哀樂不失，乃能協於天地之性，是以長久。"簡子曰："甚哉，禮之大

> 也。”對曰：“禮，上下之紀，天地之經緯也，民之所以生也，是以先王尚之。”

《國語·周語》中：

> 服物昭庸，采飾顯明，文章比象，周旋序順，容貌有崇，威儀有則，五味實氣，五色精心，五聲昭德，五義紀宜，飲食可饗，和同可觀，財用可嘉，則順而德建。

據韋昭所注：這裏提到的采飾五采、五味、五色、五聲、五義，都與禮制的各種儀規和等級順序有關，所以也與統治者的威信和權力的穩固有關。這與《左傳》所記是一致的。禮在古時常與樂並稱，爲禮樂。以五音爲標志的樂有極高的禮制級別。《風俗通義·聲音》：

> 先王作樂崇德，殷薦之上帝，以配祖考。詩云，鐘鼓鍠鍠，磬管鎗鎗。降福穰穰。書曰，擊石拊石，百獸率舞。鳥獸且猶感應，而況於人乎？況於鬼神乎？夫樂者，聖人所以動天地，感鬼神，按萬民，成性類者也。
>
> 春秋，師曠爲晋平公奏清徵之音。有玄鶴二八從南方來，進於廊門之扈；再奏之而成列；三奏之則延鶚而鳴，舒翼而舞，音中宫商，聲聞於天。平公大説，坐者皆喜。平公提觴而起，爲師曠壽。反坐而問曰：音莫悲於清徵乎？師曠曰：不如清角。平公曰：清角可得聞乎？師曠曰：不可。昔黄帝駕象車，交龍畢方並轄。蚩尤居前，風伯進掃，雨師灑道，虎狼在後，虫蛇伏地，大合鬼神於太山

之上，作爲清角。今主君德薄，不足以聽之，聽之將恐有敗。平公曰：寡人老矣，所好者音也，願遂聞之。師曠不得已而鼓之。一奏之，有雲從西北起；再奏之，暴風亟至，大雨灃沛，裂帷幕，破俎豆，墮廊瓦，凡坐者散走。平公恐懼，伏於室側，身遂疾痛。晋國大旱，赤地三年。故曰：不務德治，而好五音，則窮身之事也。

這裏五音體現了上天的意志，是考量君德的標尺。重視聽治，君德爲重。可見五音表示的不僅是音樂本身，而是禮制所承載的社會評價。這個故事的内容也見於《韓非子·十過》。老子看到了社會的發展，物質文明的提高，改變了人們的生活方式，不可避免地給禮制帶來嚴重的挑戰，在朦朧中他明白了一切不幸的根源。他指出如果不是在禮制允許的範圍之内的五色、五味、五音、田獵等等，都必然要走向享樂的反面——由社會的失序而引起的統治基礎穩定性的缺失，最終導致覆滅。《禮記·樂記》：

是故樂之隆，非極音也。食饗之禮，非致味也。清廟之瑟，朱弦而疏越，壹倡而三歎，有遺音者矣。大饗之禮，尚玄酒而俎腥魚。大羹不和，有遺味者矣。是故先王之制禮樂也，非以極口腹耳目之欲也，將以教民平好惡而反人道之正也。

老子在本篇所表達的内容，與《禮記》所述也没有什麽兩樣。爲了保全日漸淪喪的禮制，老子向原始社會的生活模式去尋找思想武器，提出了爲腹不爲目的生活方式。從這裏可以看到中國人喜歡讓人回憶先祖艱苦生活，是有着悠久的傳統的。正如海涅所説："人們總是不願意拋棄自己和自己祖先所珍惜過的東西。儘管這些東西受到糟蹋，受到歪曲，他的感情暗地裏和他們仍是緊密地聯繫在一起的。"（《論德國宗教和哲學的歷史》28 頁）在中國古代，禮制籠罩一切，而老子的思想支點就建立在禮制之上。禮制代表了原始古老回憶的出發點，同時也是傳統教化的既定模式。然而這種教化模式，常常盛行於社會生活相當貧困的時期，目的是讓人安於貧困。老子的這種思想的社會效應，就他自己而言，是始料未及的。

到了封建社會，他的爲腹不爲目的思想完全被小農爲基礎的專制社會所接受，成爲封建統治階級的統治思想。五音等等的享受由統治者按等級之限度享用。至於民衆之治，則爲腹已足。禁欲向來是封建專制統治的手段，西歐中世紀時代也是這樣。海涅説："因此，必須謝絶人生中一切感性快樂，對我們的肉體，這個撒旦的采邑，加以折磨，這樣纔使靈魂越加莊嚴地升到光明的天國，升到基督光輝燦爛的國度。"（《論德國宗教和哲學的歷史》16 頁）肉體的摧殘成爲觸及靈魂使之净化的手段，無論在古代，還是現代，這個古訓是常常被使用的。這一思想總是被專制主義的魁首奉爲圭臬。凡是專制統治嚴厲的地方，精神統治更嚴厲，腦袋幾乎失去了思考的功能，要想活命，必須停止思考，爲腹已足夠。當然物質生活其實也是極度貧困的。專制統治者即認爲這樣就達到了"天下大治"。當然這一切並不妨害專制統治者自己卑鄙地奢侈和淫樂。從本篇可見老子對禮的崇信和法家思想上自所承的邏輯源淵。

五十七

弄辱[1]若驚，貴大患[2]若身[3]。何胃弄辱若驚？弄之爲下[4]也，得之若驚，失之若驚，是胃弄辱若驚。何胃貴大患若身？吾所以有大患者，爲吾有身也。及[5]吾無身[6]，有何患？故貴爲身於爲天下，若[7]可以橐[8]天下[矣[9]]；愛以身[10]爲天下，女[11]可以寄[12]天下矣[13]。

[校注]

[1] 弄，含有榮耀之義。“弄字金文爲兩手奉玉之形。”（陳初生《金文常用字典》280 頁）玉爲禮器，弄之奉玉意味着受賞賜和得尊位，正是榮耀之形象。金文《智君子鑑》：“智君子之弄鑑。”弄鑑即是心愛之鑑，即愛物。故弄、寵音義兼通。“弄”，甲本作“龍”，弄、龍古通。又龍、寵古通。甲骨文、金文所書之龍即是寵。金文《遲父鐘》：“不（丕）顯龍（寵）光。”寵古時亦讀若龍。《字彙》：“寵，尊榮也。”《廣雅・釋言》：“龍、寵也。”王念孫疏證：“龍、寵聲相近，故古人以二字通用。”

弄辱即寵辱，亦即榮辱，榮耀和恥辱。寵之爲得，辱之爲失，猶言得失。《莊子・繕性》：“今之所謂得志者，軒冕之謂也。軒冕在身，非性命也。物之儻來，寄者也。寄之，其來不可圉，其去不可止。”其義通“弄辱若驚”。

［2］大患，猶言極重之憂慮，不可抗拒之災眚。

［3］若身，《詞詮》卷五：“若，及也。”《爾雅·釋詁》下：“身，我也。”邢昺疏：“今人亦自呼爲身。”若身，降臨到自己頭上。

“弄辱若驚，貴大患若身。”這句話，有着深刻的原始社會的人文背景，脱離這個背景就無法合乎邏輯地解釋。在後來的文明社會中，不可能有這樣的思維方式。無論榮辱，都如禍患臨身而吃驚。後文所云“吾所以有大患者，爲有吾身也”。大患與身有密切聯繫，這就不是一般人的軀體，而是特殊對象。在遠古，只有被選爲人王的人，纔會“弄辱若驚”。弗雷澤説：“西非有些地區，國王死後，王室總要開一個秘密會議決定王位繼承人，選中了誰，就突然把誰抓了起來，捆綁着送入神屋内監禁起來，直到他同意接任王位纔放出來。有時，王位繼承人也找到逃避這種强加於他的榮譽的方法。”（《金枝》265 頁）用這個事實來解釋“弄辱若驚，貴大患若身”。各個必需的解釋元素都有了。“人主受命於天，原非得已。故許由、務光之流，實見其以天下爲桎梏而掉臂去之。”（黄宗羲《明夷待訪録》）進一步的解釋可參閲本篇義述。

［4］下，不好，劣。寵作爲榮耀而言並不是好的境遇。遠古人王於榮耀的臨身，決非後人所想象的尊榮富貴。聯繫人王去職時的悲慘下場，與“是胃弄辱若驚”十分貼切。舊時庸人説事妄忖老子文爲“寵爲上，辱爲下”，識見甚陋，不可信。老子帛書甲、乙本無此種句子；《郭店楚墓竹簡·老子》乙亦無，即王弼本、傅奕本亦無。老子帛書文本之優，確無疑問。

［5］及，王念孫《讀書雜志》：“及猶若也。老子曰：吾所以有大患者，爲有吾身。及吾無身，吾有何患。言若吾無身也。”及，猶言如果。

［6］無身，無，帛書照片此處如此寫。與“无”同義。吾之所以有

大患，就是因爲有了自己的軀體。蓋此一身，寵辱之來，集是依是，乃大患之載體。如果我没有軀體，寵辱無所依傍，吾有何患？是知有身，即有大患。方以智云："在世出世，忘身以適。遊心無心，明而不恃，繫而不纏。方步康莊，踐櫟荆棘，唱平水調，裂石遏雲。"(《東西均·盡心》)此即潔身遠引而比於無身之謂也。

［7］若，《小爾雅·廣詁》："若，乃也。"

［8］橐，朱駿聲通訓："橐，《童子逢盛碑》：'才亞后橐，即項託也。"項託，《漢書》注：託作橐。橐、託古通，信任而託付。

［9］"矣"字據甲本補。

［10］"貴爲身於爲天下"，"愛以身爲天下"所言把個人等同於天下。它反映了當時還分不清作爲人王的個人與自然之間的區别。在人們的思想中，人王與自然是混爲一體的。《禮記·哀公問》："孔子遂言曰：古之爲政，愛人爲大。不能愛人，不能有其身；不能有其身，不能安土；不能安土，不能樂天；不能樂天，不能成其身。公曰：敢問何謂成身？孔子對曰：不過乎物。"孫希旦集解："安土者，無適而不自得之謂。樂天者，以禍福得喪一歸之於天，而順之之謂也。""無適不自得"即是同於自然。這可以幫助我們理解老子的話。它反映了遠古之時爲政爲什麽要愛人的原因。所愛之人乃人王，就是要把人王的健康放在第一位。從"有其身"決定了"安土"，"安土"決定了"樂天"，"樂天"決定了"成其身"，即成爲合格的人王。至於"安土"，"樂天"，正是人王健康的身體對大自然所産生的風調雨順的影響。孔子的回答"不過乎物"，在《孔子家語》裏是這樣的："夫其行己也不過乎物，謂之成身。不過乎物，是天道也。"孫希旦集解《禮記》中的這四個字："夫物有定理，理有定體，雖聖人豈能加毫末於是哉，亦循循然而不過耳。"一切是那麽自然，不附加有任何個人意志。當人王成爲一種完美的氏族意志的體現時，不再有任何榮辱恩患降臨其身，正可以"貴爲身於爲天下，若可以橐天下矣；愛以身爲天下，女

可以寄天下矣。”詳義述。

［11］“女”,甲本同。女乃安之省寫。安猶於是。

［12］寄,《説文》:“寄,託也。”

［13］“故貴爲身於爲天下,若可以橐天下矣;愛以身爲天下,女可以寄天下矣。”甲本同。傳世本文字每多出入,古時傳寫,皆因不解其意而爲之。《郭店楚墓竹簡・老子》乙本作“□□□□□□爲天下,若可以厇(託)天下矣;炁(愛)以身爲天下,若可以迲(寄)天下矣”。與帛書本完全相同。有此佳本,只要能解釋準確就可以了,至於傳世本文字不管有多大歧異,皆可置之勿論,免得廢話連篇。本書所用校對之書,王弼本之句序與帛書本相反,而注文句序却與帛書本相同,證明了王弼注老子時所見到的文本,句序尚與帛書本相同。以竹簡本、帛書本文字而言,最爲順遂,最爲善本,所有其他之本,亦可自鄶無譏了。

［義述］

本篇語句層次非常清晰。首先提出古語:“弄辱若驚,貴大患若身。”接着二小節,先解釋什麽是“弄辱若驚”。榮耀並非上乘之事,而是等而下之的東西,所以不管得到或失去,帶來的都是驚悚和失措。講透徹一點,即是膺受和卸去人王之位都是“弄辱若驚”。然後解釋什麽是“貴大患若身”。榮耀和羞辱,皆因身而集,假如無“身”,那麽大患即無所依傍而不存在,所以“身”是“弄辱”的載體。最後兩句得出結論:貴身、愛身乃是選擇人王的必要條件。帛書文字簡練恰當,層次分明,語意井然。

《吕氏春秋・貴生》:“聖人深慮天下,莫貴於生。”又説:“堯以天下讓於子州支父。子州支父對曰,以我爲天子猶可也。雖然,我適有幽憂之病,方將治之,未暇在天下也。天下,重物也。而不以害其生,又況於它物乎。惟不以天下害其生者也,可以託天下。"《莊子·讓王》中講到越國王子搜不願爲王,但越人認爲他"不以國傷生矣,此固越人之所欲得以爲君也"。《莊子·在宥》:"故君子不得已而臨莅天下,莫若无爲。无爲也,而後安其性命之情。故貴以身於爲天下,則可以託天下;愛以身於爲天下,則可以寄天下。故君子苟能无解其五藏,无擢其聰明,尸居而龍見,淵默而雷聲,神動而天隨,從容无爲而萬物炊累焉。吾又何暇治天下哉。"在先秦古籍中類似記載還有不少。這些記載有一個共同點:個人完美健康的生命是膺受王位的先決條件。這中間有着重要的原始信仰。

> 在早期社會的一定階段,人們以爲國王或祭司有天賦的超自然力量,或是神的化身。與這種信念相一致,他們還認爲自然的過程也或多或少在他的控制之下,如果氣候不好,莊稼歉收,以及其他類似的災難,他都要負責。在某種程度上,似乎認定國王對於自然的權力,也像對於臣民和奴隸一樣,是通過他的意志的作用來行使的。……他是世界平衡的支點,他身上任何極微小的不合常規的地方,都會打破這種微妙的平衡。所以,對於他,以及他的人身都要極其注意愛護,他的整個生命,哪怕極小的細節,都必須很好地安排,以免他的任何行動,自覺或不自覺地,擾亂或破壞了自然的既定秩序。(弗雷澤《金枝》254 頁)

這個原始信仰,是關於國王的禁忌。國王或首領,他的完美不僅表現在精神和思維,更表現在他本人肉體的健康上。他的强健的體魄是自然和諧的保證。而自然的和諧是整個人類社會生活安定,特别是没有災害及食物豐收的保證。原始人把國王的健康看作整個社會的生存保證,把他看作大自然的化身。《文子·下德》:"天地之間,一人之身也。六合之内,一人之形也。"徐靈府注:"一人,天子也。"《吕氏春秋·先己》:"昔者,先聖王成其身而天下成,治其身而天下治。"堯舜的時代正是中國的原始時代。堯舜以人王的身份而成爲整個自然的體現,在古書中有着明確的記載。《淮南子·原道訓》:"夫許由小天下而不以己易堯者,志遺於天下也。所以然者,何也?因天下而爲天下也。天下之要,不在於彼而在於我,不在於人而在於我身,身得則萬物備矣。"《莊子·知北遊》:"舜曰:吾身非吾有也。孰有之哉?曰是天地之委形也;生非汝有,是天地之委和也;性命非汝有,是天地之委順也。"先秦古籍中有關聖人的記載,它的定位,相當於最高統治者。當時的中國也曾有過人王的健康可以調控自然的思想。《淮南子·本經訓》:"天地宇宙,一人之身也。六合之内,一人之制也。是故明於性者,天地不能脅也。審於符者,怪物不能惑也。故聖人者,由近知遠,而萬殊爲一。古之人同氣於天地,與一氣而優遊。當此之時,無慶賀之利,刑罰之威,禮義廉恥不設,毁譽仁鄙不立,而萬民莫相侵欺暴虐,猶在於混冥之中。"這裹的聖人就是原始社會的人王。這種思想即是後世天人合一思想的來源:《韓詩外傳》卷七:"傳曰:善爲政者,循情性之宜,順陰陽之序,通本末之理,合天人之際。如是則天氣奉養而生物豐美矣。不知爲政者,使情厭性,使陰乘陽。使末逆本,使人詭天,氣鞠而不信,鬱而不宣,如是則災害生,怪異起,群生皆傷而年穀不熟。"

隨着時間的推移，社會的發展，這個原始信仰已漸漸被遺忘，遺留下的語言表述也變得難以理解了。當然"故貴爲身於爲天下，若可以橐天下矣；愛以身爲天下，女可以寄天下矣"。老子的表述仍是原始時代的本意。這從王弼的注可以看出。"故貴爲身於爲天下，若可以橐天下矣"，王注："無物可以易其身，故曰貴也。如此乃可以託天下也。"另一句："愛以身爲天下，女可以寄天下矣。"王注："無物可以損其身，故曰愛也。如此乃可以寄天下也。"這個注釋完全符合原始信仰的内容。王弼所注的古文獻依據，今天已無從知道。由於原始背景材料的佚失，後人的誤解，這一原始思想已從遠古選王演變爲個人對生命的崇拜。《莊子·讓王》：

> 故曰：道之真以治身，其餘緒以爲國家，其土苴以治天下。由此觀之，帝王之功，聖人之餘事也，非所以完身養生也。今世俗之君子，多爲身棄生以殉物，豈不悲哉。凡聖人之動作也，必察其所以之與其所以爲。今且有人於此，以隨侯之珠彈千仞之雀，世必笑之。是何也？則其所用者重而所要者輕也。夫生者，豈特隨侯之重哉？

同樣是看重生命健康，但已不是從人王的健康將影響大自然這個角度來看了。隨着原始社會的解體，人王與自然的關係逐漸淡化而消失。個人與社會的關係在認識上與原來相比已完全顛倒。有思想的人已取代了原始人王對自然和社會的影響地位。這時的至道，已成爲個人對精神境界的追求。所表現的是個人與社會的對立。這正是進入文明社會的結果。《莊子·讓王》：

> 曾子居衛，緼袍无表，顔色腫噲，手足胼胝。三日不舉火，十年不制衣，正冠而纓絶，捉衿而肘見，納履而踵決。曳縱而歌商頌，聲滿天地，若出金石。天子不得臣，諸侯不得友。故養志者忘形，養形者忘利，致道者忘心矣。

這個思想的繼續發展，就到了“雖貴富不以養傷身，雖貧賤不以利累形”(《淮南子·道應訓》)。這樣層層遞降，就産生了寵辱問題。寵辱觀念是文明社會的産物。老子認爲寵辱即是大患。“吾所以有大患者，爲吾有身也。及吾无身，有何患?”從表面上看人如果没有了“肉體”，即“无身”之後，寵辱也就不存在，大患也就不存在。但既已爲人，不能没有肉體。在這裏，老子的“及吾无身”表達了哲學思考對人類肉體本身的超越。在文明社會的條件下，在老子看來，只有超越了人肉體本身，纔能實現“故貴爲身於天下，若可以槖天下矣；愛以身爲天下，女可以寄天下矣”。

具有了超越肉體的思想的人，對文明世界的榮華富貴就會採取鄙視的態度，他們追求的是至道的玄理，雖然借助於原始思想作爲出發點，但爲之付出生命的代價也在所不惜。他們所表現的是對文明社會的一種反叛。《莊子·讓王》中的寓言，所説的就是這個道理:

> 昔周之興，有士二人處於孤竹，曰伯夷、叔齊。二人相謂曰:“吾聞西方有人，似有道者，試往觀焉。”至於岐陽，武王聞之，使叔旦往見之，與盟曰:“加富二等，就官一列。”血牲而埋之。二人相視而笑，曰:“嘻，異哉，此非吾所謂道也。昔者神農之有天下也，時祀盡敬而不祈喜。

其於人也，忠信盡治而无求焉。樂與政爲政，樂與治爲治，不以人之壞自成也，不以人之卑自高也，不以遭時自利也。今周見殷之亂而遽爲政，上謀而行貨，阻兵而保威，割牲而盟以爲信，揚行以説衆，殺伐以要利，是推亂以易暴也。吾聞古之士遭治世不避其任，遇亂世不爲苟存。今天下闇，周德衰，其竝乎周以塗吾身也，不如避之以絜吾行。"二子北至於首陽之山，遂餓而死焉。若伯夷、叔齊者，其於富貴也，苟可得已，則必不賴。高節戾行，獨樂其志，不事於世，此二士之節也。

二士對富貴的理解與社會的主流意識的價值判斷是完全不同的。對榮辱的看法也正好相反。作爲對主流意識的否定，高唱"知足者不以利自累也，審自得者失之而不懼，行修於内者无位而不怍"。所以《莊子·逍遥遊》的價值觀遠在國君之上：

故夫知效一官，行比一鄉，德合一君而徵一國者，其自視也亦若此矣。而宋榮子猶然笑之。且舉世譽之而不加勸，舉世非之而不加沮，定乎内外之分，辨乎榮辱之境，斯已矣。彼其於世，未數數然也。雖然，猶有未樹也。

《書》、《莊子》、《吕氏春秋》、《論語》中所講到的不願爲君的例子，實際上都已是用後起的思想去理解原始信仰了。老子的話反映了原始推舉人王情況的遺痕。作爲新的思想，老子稱引和闡發了古語"弄辱若驚，貴大患若身"。寵與辱皆爲人類自身外化之産物，其中任何一件，都違反自然與人類本性。原始社會進入文明社會後，自然之人變爲社會之人，始終在寵與辱這兩個極端往復，不斷地“弄辱若驚”。老子於此從而得出，人生而憂患，所以要“貴大患若身”。無論寵辱，皆是大患。只有天真返樸，回歸自然，從本質上對個人肉體加以超越，這個超越包括了對寵辱的否定，只有這樣，纔能“知大己而小天下，則幾於道矣”(《淮南子·原道訓》)。表達了老子對原始信仰的深深懷戀和哲學的理解。

最後附帶説一下先秦曾盛行一時的楊朱的思想。《孟子·盡心》上：“楊子取爲我，拔一毛而利天下不爲也。”《吕氏春秋·不二》：“楊生貴己。”《淮南子·氾論》：“全性保真，不以物累形，楊子之所立也。”楊朱學説的要義，即是來源於遠古關於人王自身的健康會影響到自然運化的觀念。所以他主張看重身體，不能有絲毫損傷，哪怕只拔一根毛。從遠古風俗來觀察《列子·楊朱》，可以明晰地感到其立論基礎正是來源於人王時代。楊朱講的是哲學，而且聯繫着文化人類學。從遠古史實背景和語境出發，《列子》一書是能理解的。它是一部真正的先秦古籍，在《列子》書中，一些古字的使用竟與《郭店楚墓竹簡》上的古字用法相同，這是與竹簡對讀之前所不知道的。没有讀懂，僅以耳食侈言僞書的，就不夠嚴謹。

五十八

視之而弗見，[命[1]] 之曰微；聽之而弗聞，命之曰希[2]；播[3]之而弗得，命之曰夷[4]。三者不可至計[5]，故緒[6]而爲一。一者[7]，亓上不謬[8]，亓下不物[9]；尋尋[10]呵不可命也，復歸[11]於无物。是胃无狀之狀，无物之象，是胃沕望[12]。隋而不見亓後，迎而不見亓首。執今[13]之道，以御[14]今之有[15]，以知古始[16]，是胃道紀。[17]

［校注］

［1］“命”字乙本已毀，甲本作“名”，同於傳世本。檢乙本下文作“命”，據補。

［2］希，猶言無聲。陸德明釋文：“希，静也。”

［3］播，猶言用手撫摸。《説文》：“播，撫也。一曰摹也。”

［4］夷，《説文》：“夷，平也。”

以上三句，王弼本、傅奕本、河上本作：“視之不見名曰夷，聽之不聞名曰希，摶之不得名曰微。”從帛書本看：微小，故視而弗見；静寂，故聽而不聞；平坦，故播而弗得。視與微，聽與希，播與夷，所言動作與狀況相應。後之傳世本狀況與動作不相應，以至不通。張松如所謂"惟視、聽、搏之與夷、希、微,諸本交錯,似無固誼"(《老子校讀》81 頁)。實乃未讀懂文義,錯誤得很。帛書本言準詞切,且能糾今人之謬。

[5] 至計,《玉篇》:"至,極也。"《廣韻》:"計,籌計。"《戰國策·楚》一:"故爲王至計……"猶極致之思慮。三者難以想象和驗測,因爲視之弗見,聽之弗聞,捪之弗得。

[6] 緒,字書不載,疑即紲。《說文》:"紲,犬系也,从系,世聲。"段注:"犬字各本無,今補。《少儀》:犬則執緤,牛則執紖,馬則執靮。注曰:緤、紖、靮皆所以繫制之者。"引伸爲牽就綜合。"視之"、"聽之"、"捪之"都不能感覺到,只能命之爲"微"、"希"、"夷",即使這三個加在一起,合而爲"一",其實仍然是很難感覺到。

[7] "一者",甲本同。王弼本、河上本無,傅奕本有。上承"三者緒而爲一"。二字加强了語氣,使下面幾句皆有所着落。

[8] "謬",甲本作"攸",即"攸"。謬,謬悠。《莊子·天下》:"莊周聞其風而悅之,以謬悠之說……"成玄英疏:"謬,虛也。悠,遠也。"朱駿聲通訓:"攸,叚借爲悠。"攸,久遠。漢《張表碑》:"令德攸兮。"謬,猶言虛遠。

[9] 忽,乃忽怳之簡稱。義爲模糊不清。《字彙補》:"忽,與忽同。"雖云不謬不忽,其實乃既謬又忽,故曰不可命。

[10] 尋尋,《正字通》:"尋,探求也。"《說文》:"尋,繹理也。"朱駿聲通訓:"尋所以度物,故揣度以求物謂之尋。"尋尋,不停地探求。

[11] 歸,歸結。上下虛渺無形,求索而不知其名,回復而歸結於無物。

[12] 象,有形可見爲象。"无物之象",隱約,似有而虛。蘇轍云:"狀,其著也;象,其微也。無狀之狀,無物之象,皆非無也。"吕惠卿云:"象者疑於有物而非物也,物者疑於無物而有物也。"沕,潛藏。塱,同望。沕塱,若隱若現,迷離隱約,遠遠近近,似有若無之象。

《淮南子·原道訓》:"忽兮怳兮,不可爲象兮。怳兮忽兮,用不屈兮。"高誘注:"忽怳,無形貌也。故曰不可爲象也。屈,竭也。"

[13]"今",甲本同。王弼本、河上本、傅奕本作"古"。今之之道,方能御今之有,作"今"是。《説文》:"今,是時也。"猶老子時代之"現在"。今之道,今天的治國方略。

[14]御,治理,駕馭。

[15]有,朱駿聲通訓:"有,叚借爲或,即域字。"劉師培《老子斠補》:"有即域之叚字也,有通作或,或即古域字。"御今之有,猶言治理今之天下國家也。

[16]古始,年代久遠的從前。《玉篇》:"古,久之言也。古,始也。"《吕氏春秋·察今》:"故察己則可以知人,察今則可以知古。古今一也,人與我同耳。有道之士,貴以近知遠,以今知古,以益所見知所不見。"

[17]道紀,《説文》:"紀,别絲也。"段注:"别絲者,一絲必有其首,别之是爲紀。衆絲皆得其首是爲統。統與紀義互相足也。"紀之本義,即是整理而使之有頭緒。道紀,猶言"治國的要領"。《馬王堆漢墓帛書古佚書·四度》:"逆順同道而異理,審知逆順,是胃道紀。"

[義述]

老子河上本和王弼本的注是時代較早的,它們的注文中都没有明確把"視之而不見"云云説成是道。到宋代,范應元在對本篇前三句作注時,直接説是對道的描寫。今之注家多數採用了范氏之説。然而這就通篇而言,在邏輯上是説不通的。本篇最後四句:

執今之道,以御今之有,以知古始,是胃道紀。

如果前面所説的也是“道”，那麽這個看不見，聽不到，摸不着，一再强調迷離恍忽的某物，突然變得可“執”了。不但可以執，還可以御天下。而“執今之道”的“道”，僅指治國方略，它是看得見摸得到的。這樣與前面的描述産生了矛盾，令人困惑。其實老子除了最後四句中出現了“道”這字之外，前面談的並不是道，而是鬼神。《淮南子·説山訓》：“視之無形，聽之無聲，謂之幽冥。幽冥者，所以喻道，而非道也。”在先秦古籍中用視之不見，聽之不聞等既有形容鬼神的，也有形容道的。因爲這兩者都不在時空中，同樣是屬於超驗世界的。而本篇所述，僅是鬼神。在老子書中，在中國古代的論述方式中，並不存在像西方哲學中所有的通過邏輯的論述來研究形而上學。老子在本篇中談論了感覺與物的關係。老子在這裏遇到了構成哲學的最基本的問題，這就是感覺與實在。這不是一個容易解決的問題，老子也有其困惑。“在某種意義上説，必須承認，我們永遠都不能證明在我們自身之外和我們經驗之外的那些事物的存在。世界是由我自己、我的思想、感情和感覺所組成的，其餘一切都純屬玄想，——這種假設没有什麽邏輯上的謬誤。”（羅素《哲學問題》15 頁）正如老子所説的“視之”、“聽之”、“捪之”，即視覺、聽覺、觸覺。通過這些感覺獲得印象和形成觀念，以確定人關於物的概念。凡是感覺器官感覺而不得的，只能是“復歸於无物”。老子所言，無論是道還是鬼神，都是看不到，聽不到，摸不到的。在《淮南子》、《文子》中都有相似的描述，實際上都只是玄想。“倘使有任何東西可以獨立於我們之外而存在的話，那麽，它們就不可能是我們感覺的直接客體。”（羅素《哲學問題》7 頁）老子雖然没有通過邏輯的方式進行嚴密的論證，但同樣指出感覺不存在的地方，物不存在。老子講到了“无狀之狀，无物之象，是胃沕望”，而且“隋而不見亓後，迎而不見亓首”，這説明了老子認爲除了我們自身和我們的感覺材料之外，還有不依賴人和萬物的超驗的客體。其中之一就是鬼神。鬼神既然無法通過視覺、聽覺、觸覺來感知它，所以只能通過自然運化的現象，對人類思維的投射，通過玄想來“感覺”它。這個感覺就是“无狀之狀，无物之象，是胃沕望”。人類早期的哲學中包含了鬼神思想是必然的，老子思想是早期人類思想的延續，而早期人類對無法解釋的許多現象是委之於鬼神觀念的。本篇除最後四句之外，前面所描述的只是鬼神。

孔子也有這方面的説明。《禮記·中庸》：“子曰：鬼神之爲德，其盛矣乎。視之而弗見，聽之而弗聞，體物而不可遺。使天下之人，齊明盛服，以承祭祀，洋洋乎如在其上，如在其左右。”朱熹集註：“鬼神無形與體。然物之終始，莫非陰陽合散之所爲，是其爲物之體，而物所不能遺也。”顧炎武在《日知録》中引了《禮記》這段話後寫道：“聖人所以知鬼神之情狀者如此。”

> 夫鬼神，視之無形，聽之無聲。然而郊天望山川，禱祠而求福，雩兑而請雨，卜筮而決事。詩云：神之格思，不可度思，矧可射思，此之謂也。（《淮南子·泰族訓》）
>
> 神者，不可得而視也，不可得而聽也。是故視而不見其形，聽而不聞其聲。聲之不聞，故莫得其響；不見其形，故莫得其影。莫得其影，則無以曲直也；莫得其響，則無以清濁也。（董仲舒《春秋繁露·立元神》）
>
> 自無而之有者神，未嘗有而可以有；自有而之無者

鬼,當其無而固嘗無。特人視之不能見,聽之不能聞耳。(王夫之《俟解》)

各家對鬼神的描寫,與老子是一樣的。《老子·二十三》:"以道立天下,亓鬼不神。"在本體論的道的面前,鬼神是不靈驗的。而本體論的道,它必然要體現爲一種治國之"道"。在詞義上,這個"道"字僅解釋爲治國的方略。它是現實的,明朗的,可以把握的。即是:今之道,方能治今之域。一句話就把鬼神置於邊緣的地位了。"一個人只擁有現在。"(馬可·安東尼《沉思録》15頁)"執今之道,以御今之有,以知古始,是胃道紀。"把握今之道,以治理現在的天下。知,深自內心。這個"古始"就是老子深執的古禮。以深自內心的古禮回應了今之道的規範。這就是最後四句的含義。鬼神們無論何等地無往而不在,何等地看不見摸不着,但在本體論的道的面前,必然被納入了道的運作範疇。老子的以今律古之談,對人們的深層啓發就是,要把握住由本體論的道的哲學規定下的治國方略,就會把握住了現在,那麼連同過去和未來也就都把握住了。

五十九

古之[善[1]]爲道[2]者,微眇玄達[3],深不可志。夫唯不可志,故强爲之容[4]曰:與[5]呵亓若冬涉水,猷[6]呵亓若畏四哭[7],嚴呵亓若客[8],涣[9]呵亓若凌澤[10],沌[11]呵亓若樸[12],湷[13]呵亓若濁[14],莊[15]呵亓若浴[16]。濁而緰之,徐清[17],女[18]以重[19]之,徐生[20]。葆此道[者不[21]]欲盈[22],[夫唯不欲盈],是以能敝[23]而不成[24]。

[校注]

[1]"善"字據《郭店楚墓竹簡·老子》甲本補。

[2]"道",《郭店楚墓竹簡·老子》甲及王弼本、河上本、范應元本皆作"士",全句爲"古之善爲士者"。帛書甲本此句已毁,乙本作"道",可見遠在先秦,即已傳本有異。傳世本中只有傅奕本、樓觀臺石刻本作"道",其他所有的傳世本皆作"士"。無論作"爲士者"還是"爲道者"都是描寫向道之人。文中用"士",是對爲士者合乎道的品行的界定;用"道",是對體道者行爲的描述。所説的都是人,而且都是"葆此道者不欲盈"的人。所以文本雖異,含義趨近。無論言"道"説"士",三句後即導入"夫唯不可志,故强爲之容"。這個容,雖爲人

之容,然而表達的是道。因爲道不可言,言而非道;道不可聞,聞而非道。所以在“爲道者”身上約略得其髣髴,從寫人而體道。“古之善爲道者”或“古之善爲士者”,皆爲寫人,此意甚明。如果認爲後面的種種是對道的直接描寫,那是不可能的,因爲道不在時空中。老子通過對這個人的描寫,所要告訴人們的,即是無法直觀的道。

[3] 微眇,精微深奥。《管子・水地》:“心之所慮,非特知於麤粗也,察於微眇,故修要之精。”

[4] 志,《廣雅・釋詁》二:“志,識也。”王念孫疏證:“鄭注云:志,古文識。識,記也。”《集韻》:“識,記也。或作志。”志,引伸爲記述。容,《玉篇》:“容,容儀也。”容爲象式,面貌,原爲名詞,這裏作動詞用,義爲形容描繪。

[5] 與,通豫,遲疑不決。《楚辭・九章・惜誦》:“壹心而不豫兮,羌不可保也。”王逸章句:“豫,猶豫也。”《文子・上仁》:“豫兮其若冬涉大川者,不敢行也。”

[6] 猷,即猶。《史記・吕太后本紀》:“猶與未決。”猶豫爲雙聲字,以聲取義,故亦可寫作“猷與”。與呵,猷呵,形容冬涉水,畏四鄰,小心謹慎,是善爲道者之容。《廣雅疏證》卷六:“單言之曰猶,曰豫。合言之則曰猶豫。”猶豫乃連語,僅爲標音之字,因聲以寄義,不拘於形體。猶豫即猷與。

[7] 四哭,四方鄰國。《左傳・昭》二十三年:“古者,天子守在四夷。天子卑,守在諸侯。諸侯守在四鄰。諸侯卑,守在四竟。”《國語・魯語》上:“夫爲四鄰之援,結諸侯之信,重之以婚姻,申之以盟誓,固國之艱急是爲。”諸侯於四鄰之守,須恪守禮制,畏其有失而以致有難而無援,固須小心翼翼。此乃老子“畏四哭”之含義。借以形容一種敬畏之心。

[8] 嚴若客,謙而恭敬之狀。客容必然肅整,故云。

[9] 渙,《説文》:“渙,流散也。”

［10］凌，淩之叚借。《集韻》："淩，冰也。"澤，與釋通。《集韻》："釋，《説文》：'解也，从釆。釆，取其分別物也。'或作澤。"《説文》："澤，光潤也。"段注："又借爲釋字。"《詩·周頌·載芟》："其耕澤澤。"鄭玄箋："澤澤然，解散。"凌澤，猶言如冰之消融。古人云：涣然冰釋。《周禮·考工記》："水有時以凝，有時以澤。"

［11］沌，《玉篇》："沌，混沌也。"《集韻》："沌，混沌，元氣未判。"《莊子·在宥》："渾渾沌沌，終身不離。"郭象注："渾沌無知而任其自復，乃能終身不離其本也。"成玄英疏："渾沌無知而任獨，千變萬化，不離自然。"沌，即敦樸，不敢稍失自然狀態也。

［12］樸，自然，原始，本真。見本書《七十二》注。

［13］湷，《字彙補》："湷，水深聲也。"

［14］濁，《釋名·釋言語》："濁，瀆也。汁滓演瀆也。"王先謙疏證補："王啓原曰：瀆即川瀆之瀆。海瀆俱以承流惡濁爲義。前云海，晦也。主承穢濁。"濁，汛潮水漲，泥水混濁不清。

［15］莊，端莊而開闊。

［16］浴，谷本字，山谷。王弼本云："曠兮，其若谷。"《文字·上仁》："廣兮其若谷者，不敢盛盈也。"

［17］徐，《廣韻》："徐，緩也。"《説文》："徐，安行也。"《左傳·昭》二十年："清濁、大小、短長、疾徐、哀樂……以相濟也。"《文子·道原》："濁以静之，徐清。"徐靈府注："如動而静，以濁而清。"以，似也。

［18］女，安之省寫。《説文》："安，静也。"《增韻》："静，無爲也。"

［19］重，范應元本作"動"。朱駿聲通訓："重，叚借爲動。"《左傳·僖》十五年："且晋人慼憂以重我，天地以要我。"王引之《經義述聞》："重字義不可通。重疑當作動。謂晋大夫反首拔舍以感動我也。"《管子·侈靡》："候人不可重也。"郭沫若集校："重亦動字，古金文以童或重爲動。'候人不可動'者言斥候之人不可擅離其崗位。"動乃行動，静之對也。

《易·繫辭》下："君子安其身而後動。"孔穎達疏："故先須安静其身而後動。"

［20］濁而䇕之，徐清；女以重之，徐生。《淮南子·原道訓》："夫道者，覆天載地，廓四方，柝八極，高不可際，深不可測，包裹天地，稟受無形。原源泉浡，沖而徐盈；混混滑滑，濁而徐清。"高誘注："原，泉之所自出也。浡，湧也。沖，虚也。始出虚徐，流不止，能漸盈滿，以喻於道亦然也。滑，讀曰骨也。"

［21］"者不"二字據甲本補。

［22］甲本及傅奕本於此句下有"夫唯不欲盈"五字，此脱。傳世本亦有類似語句。據甲本並參酌傅奕本補。

［23］斃，同敝。《老子·六十七》甲本"敝則新"，乙本作"斃則新"。《玉篇》："敝，壞也。"斃猶言破敗。

［24］不成，成也。"不"爲發語虚詞，無義。王引之釋詞："《玉篇》曰：不，詞也。經傳所用，或作丕，或作否，其實一也。有發聲者，《書·西伯戡黎》曰：我生不有命在天。不有，有也。與他處不訓爲弗者不同。""果不其然"即果然，"不"字無義，用法相同。

《淮南子·道應訓》："夫物盛而衰，樂極則悲，日中而移，月盈而虧。是故聰明睿智，守之以愚；多問博辯，守之以陋；代力毅勇，守之以畏；富貴廣大，守之以儉；德施天下，守之以讓。此五者，先王所以守天下而弗失也。反此五者，未嘗不危也。故老子曰：服此道者不欲盈，夫唯不欲盈，故能弊而不新成。"不新成，即新成。

［義述］

本篇力圖通過"古之善爲道者"的體道行爲來説明無法説明的道應該是怎樣的。所以，先説明"微眇玄達，深不可志"，接着説因爲不可志，所以勉强加以形容，讓人在趨道之人的行爲中去體味道的境界。這些行爲僅是日常生活中的普通經歷,然而它所表現的是想象中的道的感受。只有超越了常識經驗的意義,纔能對道有理解上的髣髴。冬涉水,畏四鄰,嚴若客,渙若釋,沌若樸,湷若濁,莊若浴,這七件事包含着一個順序,它代表了感受道的境界的漸次而進的歷程。魏源《老子本義》云:

> 是專示人入道之要而强爲之容也。麤盡而微,微至而妙,妙極而玄,則無所不通而深不可識矣。戒而後動曰豫,其所欲行,迫而後動,不得已也。疑而不行曰猶,其所不欲,遲而難之,如有所畏也。儼若客,不敢肆也。此三者,皆有道者不敢爲天下先,其容若此。然其豫猶儼恪者,初非有所執而不化也。渙若冰之將釋,油然無形而物莫之覺矣。夫奚滯之有乎,故又以下三者形容之。爲道至於融釋,則反本完真,乃能存天性之全而不雕於人僞,故若樸也。性全而不自有其全,無所不受,故若谷。水性本清而不自潔於物,故若濁。夫七者,有道之容而即求道之要,豫猶儼恪者,所以入德也。既渙然冰釋,乃能希夫敦樸曠渾之全,所以成德也。道至於濁,則和光同塵,與物一體,此忘我之極而最難者也。
>
> 蓋敦樸曠渾者,濁之容;豫猶儼恪者,安之容。皆以沖得之,以盈失之者。老子之大成若缺,其用不敝;大盈若沖,其用不窮,保此道之謂也。

它的中心思想即是"葆此道者不欲盈",在心之道大盈若沖,虚懷若谷。老子把所描寫的日常之事,最後引向道的境界,明示着對日常事物的超越,所以最終説明的是對道的感受,不能糾纏於這些日常描寫。因爲“道可道也,非恒道也”。

> 道者,一立而萬物生矣,是故一之理,施四海;一之解,際天地。其全也純兮若樸;其散也,混兮若濁。濁而徐清,沖而徐盈,澹兮其若深淵,汎兮其若浮雲,若無而有,若亡而存。(《淮南子·原道訓》)

從以上的描述看,一個超驗的道,一個不在時空中的道,就在哲學的層面上向人們展示了。而這個道“其動無形,變化若神;其行無迹,常後而先”。“隱匿形容,絶滅端緒,作事由反,不可識知。”正所謂“大道坦坦,去身不遠;求之近者,往而復反”。《馬王堆漢墓帛書古佚書·順道》:“黄帝問力黑曰:大茥(庭)氏之有天下也,不辨陰陽,不數日月,不志四時,而天開以時,地成以財。其爲之若何?力黑曰:大茥(庭)之有天下也,安徐正静,柔節先定。”大庭氏的時代,正是渾樸無爲的時代。到安徐正静之時,就“能禦而不成”了。

六十

至虛[1]極也，守䈂督[2]也。萬物旁作[3]，吾以觀亓復也。天物[4]䒭䒭[5]，各復歸於亓根。[歸根]曰䈂[6]，䈂是胃復命[7]，復命常[8]也，知常明也。不知常芒[9]，芒作凶。知常容[10]，容乃[11]公[12]，公乃王，[王乃[13]]天[14]，天乃道，道乃[久][15]。没身不殆。

[校注]

[1] 至虛，猶清静無爲。魏源云："虛者無欲也，無欲則静，蓋外物不入，則内心不出也。"《韓非子・解老》："所以貴無爲無思爲虛者，謂其意無制也。"陳奇猷集釋："荀子：人生而有知，知而有志，志也者，藏也。然而有所謂虛，不以所以藏害所將受謂之虛。"

[2] 督，猶言敦厚。守静務本，持守本真。朱駿聲通訓："督叚借爲篤。"王念孫云："篤與督同。"《爾雅・釋詁》下："篤，厚也。"《史記・五帝本紀》："堯九男，皆益篤。"張守節正義："篤，惇也。"

[3] 旁作，普遍繁榮滋長。《説文》："旁，溥也。"《廣雅・釋詁》："旁，大也，廣也。"王力云："旁與溥、普同源，則知旁的本義是普遍。"(《同源字典》44 頁)作，興起。

[4] "天物"，甲本同。《郭店楚墓竹簡・老子》甲作"天道"。傳

世本作“夫物”、“凡物”。但“夫物芸芸”,“凡物䞇䞇”乃不通之語。天物謂自然生長之物。《書·武成》:“今商王受無道,暴殄天物,害虐烝民。”孔穎達疏:“天物之言,除人外,普謂天下百物鳥獸草木。”《禮記·王制》:“田不以禮曰暴天物。”田,狩獵。天物與上文“萬物旁作”相呼應。《莊子·在宥》:“萬物芸芸,各復其根”可證,天物乃萬物。不言物而言天道,猶爲一事。竹簡全句作:“天道員員,各復其堇。”“員”乃“云”,與袪袪通。

[5]“袪袪”,通“魂魂”。甲本作“雲雲”,傅奕本作“䞇䞇”,要皆取義於“云”。《吕氏春秋·圜道》:“雲氣西行,云云然。”高誘注:“云,運也。”《大戴禮記·夏小正》:“由魂魂也者,動也,小蟲動也。”《白虎通德論·情性》:“魂魂猶伝伝也,行不休也。”《太玄·玄告》:“魂魂萬物,動而常冲。”天物袪袪,猶言自然萬物生長運動。

[6]“曰靜”,甲本此句殘失。王弼本作“歸根曰静”,此處帛書抄寫者未抄“歸根”二字,據補。

[7]“靜是胃復命”,傳世本作“静曰復命”。復命,返回天命所給予的位置。命,窮達之分。《詩·周頌·維天之命》:“維天之命,於穆不已。”孔穎達疏:“言天道轉運,無極止時也。”《莊子·則陽》:“復命摇作,而以天爲師,人則從而命之也。”成玄英疏:“反乎真根,復於本命,雖復動摇,順物而作,動静無心,合於天地,故師於二儀也。”

[8]常,《荀子·天論》:“天行有常。”《易·繫辭》上:“動静有常,剛柔斷矣。”常,猶言穩定的程式。方以智云:“老子曰:‘萬物並作,吾以觀其復。’有生必有死,則下地呱呱即蒿里胔骼矣;有成必壞,則輪奐駁娑即荆棘麋鹿矣。”(《東西均·三徵》)復即常。

[9]芒,《莊子·齊物論》:“人之生也,固若是芒乎。其我獨芒,而人亦有不芒者乎。”郭象注:“不知所以然而然,故曰芒也。”成玄英疏:“芒,闇昧也。”

[10]知常容,猶言懂得程式規範就會采取寬泛的態度。《釋

名·釋姿容》:"容,用也,合事宜之用也。"王先謙疏證補:"事各有容,容各有宜,故曰合事宜之用。"《説苑·君道》:"大道容衆,大德容下,聖人寡爲而天下治矣。《書》曰:'容作聖。'"錢大昕云:"思曰容,容者言無所不容。又云,容作聖。聖者設也。王者心寬大,無所不容,則聖能施設,事各得其宜也。"(《十駕齋養新録》卷一)

[11] 乃,然後,就會。

[12] 容乃公,合理的態度就會公正無私,而公正無私就必然走近無爲。《説文》:"公,平分也。"《廣韻》:"公,共也。"《書·周官》:"以公滅私,民其允懷。"蔡沈注:"以天下之公理,滅一己之私情,則令行而民莫不敬信懷服也。"《吕氏春秋·貴公》:"昔先聖王之治天下也,必先公。公則天下平矣。平得於公,嘗試觀於上志,有得天下者衆矣,其得之以公,其失之必以偏。凡主之立也,生於公。故《鴻範》曰:'無偏無黨,王道蕩蕩。無偏無頗,遵王之義。無或作好,遵王之道。無或作惡,遵王之路。'天下非一人之天下也,天下之天下也。陰陽之和,不長一類;甘露時雨,不私一物;萬民之主,不阿一人。"從治國角度而言,它就是無爲。《淮南子·脩務訓》:"若吾所謂無爲者,私志不得入公道,嗜欲不得枉正術,循理而舉事,因資而立功,權自然之勢,而曲故不得容者,事成而身不伐,功立而名弗有。"高誘注:"曲故,巧詐也。"

[13] "王乃"二字據甲本補。

[14] 天,《書·泰誓》中:"天視自我民視,天聽自我民聽。"孔傳:"言天因民以視聽民所惡者,天誅之。"《新書·大政》上:"故受天之福者,天不功焉。被天之菑,則亦無怨天矣。……天有常福,必與有德。天有常菑,必與奪民時。故夫民者,至賤而不可簡也,至愚而不可欺也。故自古至於今,與民爲讐者,有遲有速,而民必勝之。"

[15] "道乃",傳世本作"道乃久"。漏抄"久"字,據傅奕本補。高延第《老子證義》云:"知常之人,兼善萬物,故能容;能容則無偏

頗,故能公;容且公,然後能主持天下。王乃天以下,即人法地,地法天,天法道,道法自然之義。”

［義述］

“至虚極也,守輤督也。”老子哲學作爲智慧,它不同於具體的常識。哲學是玄想,是高度抽象的思維。玄想是對世界根本存在原理的思考,它既是抽象的,又是充實的。它不與任何具體之物有關聯,然而又是任何具體之物的規定。科學研究時空中的一切,是有限的經驗。而哲學是無限的,超越的,抽象的。科學研究注重實證,哲學關乎想象。有如聲振林木,其聲濤濤。但儀器記録下來的波長和頻率,是可見的數據。但人心聆聽到的是各種聲響和感受。而感受只存在於内心,是儀器的讀數不能反映的。現代科學所勝過的是人的感覺器官的能力,但從未勝過人的感受。因爲人能感知内心,感知人在自然中的回應,感知自然之物所没有的感情。人的思維永遠是看不見的文字,聽不到的語言。然而在感知中,在心的理解中,却能含詠這一切。金岳霖説:“確實存在着不可表達的東西,但理智的精巧却可以使它們成功地呈現在人類的沉思之中。”(《道,自然與人》70 頁)老子説:“至虚極也。”這是人感覺的極致。“守輤督也”,正是在思維中,在那默然的思維中,静享着發自自己内心的聽不見的聲音的實有。感知能力是先驗的,只有寧静纔能致虚。在静謐中,玄機達到與大自然的融會,泯滅了主客之間的差異。老子本篇所説的:至虚,守静,復歸,復命,這些與西方哲學是完全不同的。海德格爾説:“人是在回應語言的意義上講話。這一回應就是聆聽。人聽是因爲他聆聽那寂静的命令。每一種本真的聆聽,都在自身中包含了言説。”然而在老子哲學中並未在自身中包含了言説,更不會在語言的意義上去回應。因爲老子哲學並未從語言的邏輯出發去建立自己的哲學。它所提出的道,從本質上就是不能言説的。“道不可言,言而非道也。”(《淮南子·道應訓》)這裏明確地表明了中西哲學的生存差異。老子所説的不是在名實關係中語言意義上的回歸,恰恰是對不可言説的道的回歸。這樣所確定的人在自然中的位置,也是完全不同的。“夫虛静恬淡,寂寞无爲者,萬物之本也。”(《莊子·天道》)本篇的最終含義即在於此。《禮記·樂記》:“人生而静,天之性也。”静乃是思維存在的狀態,是那無法看到的思想的外部表象。“萬物旁作,吾以觀亓復也。天物芸芸,各復歸於亓根。歸根曰犕,犕是胃復命。”這就是對自然思考的結果。范應元云:“命猶令也。天所賦爲命,萬物受之而生也。常者,久也。在人言之,根者本心也。歸根者,反本心之虛静也。吾心之初,本來虛静。不能静則是牽於物欲,不能復道虛通之令而常久也。故致虛之極,在乎守静之篤也。”反,即返,就是回復。本篇説到:合理的態度,公正而無私,王者就會受到天命的眷顧,天命即是道。道就是自然。自然成爲人生活動的終端。然而這是一個被動的人生狀態。人以回歸自然爲終極,老子認爲只有這樣纔會“没身不殆”。最終服從於自然的安排,這就是本篇所包含的基本理念。古人對於老子的釋讀確已觸及老子思想的本真。然而他們不具備西方哲學的視角,不可能對老子哲學的邏輯延伸有所解析。静是存在於心中的與大自然的和諧,然而僅這樣也就把人消融在自然中了。特别是它的最後回歸是等同於自然的道。這樣消融在自然中的人也就喪失了自我。人與自然和諧的邏輯發展必然是“天人合一”。由於在老子哲學的語境中缺乏對人的自由意志的思考,這樣的"天人合一"就陷於一種消極狀態,使得人成爲自然的一部分而不是人本身的確立。這種"天人合一"的演變很順利地成爲"君權神授"及其現代的變種。然而在西方哲學中,"自然界是爲了人的,並不是人爲了自然界的,有這麼一種結構關係,這個是完全不一樣的。……在康德那裏,上帝把自然界安排得適合於人,特别是適合於人的道德,這樣一種天人合一。"(鄧曉芒《哲學史方法論十四講》165 頁)完全是與老子不同的。

老子本篇中所提出的静這個哲學概念,在後來的程朱理學中繼續發展。明代高攀龍《爲善説》:"爲善必須明善,善者性也,性者人生而静是也。人生而静,時胸中何曾有一物來?其營營擾擾者,皆有知識以後,日添出來,非其本然也。即是添來,今宜減去,減之又減,以至於減無可減,方始是性,方始是善。何者?人心湛然無一物時,乃是仁義禮智也。"(黄宗羲《明儒學案·東林學案》)這裏高氏的論述從語言形式,邏輯結構,思想内容都與老子有着密切的關係,所謂減之又減,減而至性,就是老子"爲學者日益,爲道者日云(損)"的翻版。所謂"人生而静"的説法也直接來自於老子書。所謂"今宜減去"云云至"人心湛然無一物時",也就與老子的"歸根曰簕,簕是胃復命,復命常也,知常明也"等等相一致了。復歸的終點本該是道,高氏代之以"仁義禮智",以具體代替抽象,以經驗取代超驗,僅此而已。充分體現了理學的特色。現代王力的解釋:"要以原始爲歸,所謂歸根是也。不能歸根,則不能静,不能静而煩擾起矣。"(《老子研究》25 頁)從程朱理學以至明末東林學派,竭力否認老子的思想影響,强調孔孟之道與老氏的區别。其實他們只是把後起的理學思想看作是孔孟真傳,再拿起這後起的思想去否定老子的思想。他們並不真的懂得老子作爲中國哲學初始源頭的影響,是涵蓋了包括理學在内的整個思想傳承的。本篇爲秦漢以下的中國思想範疇中認同王權並回歸服從於道提供了最原始的母本。

六十一

大上[1]，下[2]知又[之[3]]；亓[次[4]]親譽[5]之；亓次畏之；亓下母[6]之。信不足，安有不信[7]。猷[8]呵，亓貴言[9]也，成功遂事[10]而百姓[11]胃我[12]自然[13]。

[校注]

[1] 大上，大，音義同太、泰。《禮記·曲禮》上："大上貴德，其次務施報。"孫希旦集解："大上，上古之時；其次，謂後王也。上古之時，人心淳樸，而禮制未備，惟貴施德於人，而不必相報。"陸德明釋文："大音泰。大上，謂三皇五帝之世。""大上"猶韓非所云"上古競於道德"。有别於後世之文明社會。"其次"猶言後世，愈其次，愈往後，直至其下，乃季世也。

[2] 下，庶衆，平民。《莊子·大宗師》："泉涸，魚相與處於陸，相呴以濕，相濡以沫，不如相忘於江湖。與其譽堯而非桀也，不如兩忘而化其道。""不如兩忘"即"下知又之"之意。

[3] "之"字據甲本補。范應元云："太古在上之君，無爲無欲，道化流行，不見其迹，下民各得其所，但知有君而已。蘇轍曰：以道在宥天下，而未嘗治，民不知其所以然，故亦知有之而已。"

[4] "次"字據甲本補。

［5］親譽，《説文》："親，至也。"段注："情意懇到曰至。"《國語·晋語》二："夫固國者，在親衆而善鄰。"譽，《説文》："譽，稱也。"言庶衆愛戴，親近，稱揚，贊美統治者。蘇轍云："以仁義治天下，其德可懷，其功可見，故民得親譽之。其名雖美，而厚薄自是始矣。"

［6］母，通侮。甲骨文中母、毋爲一字，故母亦得毋聲。"母"乃侮之本字。《馬王堆漢墓帛書·稱》："行曾（憎）而索愛，父弗得子；行母（侮）而索敬，君不得臣。"侮，輕慢。民心既失，庶衆痛恨並鄙視其上。

［7］"信不足，安有不信"，甲本作"信不足，案有不信"，傅奕本作"故信不足，焉有不信"。王引之《經傳釋詞》："安，猶於是也，乃也，則也。字或作案，或作焉，其義一也。"河上公注："君信不足於下，下則應之以不信。"

［8］猷，《方言》卷三："猷，道也。"《詩·小雅·巧言》："秩秩大猷，聖人莫之。"鄭玄箋："猷，道也。大道，治國之禮法。"

［9］言，《大戴禮記·曾子立事》："言者，行之指也。"《廣韻》："言，言語也。"《左傳·襄》九年："信者，言之瑞也。"言即是語言，然而在老子哲學中語言是不重要的，僅是隨用隨棄的工具。貴言，不輕易説話。正是道不可言。道之不可言，因其在時空之外，等同於自然，直接與末之"自然"相聯繫。

［10］"成功遂事"，甲本、西漢竹簡本同。王弼本、傅奕本、河上本作"功成事遂"。《鶡冠子·夜行》："成功遂事，莫知其狀，圖弗能載，名弗能舉。"《晋書·王坦之傳》："成功遂事，百姓皆曰我自然。"古時引文反映了當時《老子》文本面貌，與帛書是一致的。《論語·八佾》："成事不説，遂事不諫，既往不咎。"朱熹集註："遂事謂雖未成而勢不能已者。"遂有行義，故言勢必成之也。遂事，已成之事。

［11］百姓，族姓及貴族。《老子》書中於民、百姓、人各有確定含義，非後世之歧義可比附。詳本書《老子·四十》。

［12］我，本篇“百姓”之自謂，氏族成員，同族之人。

［13］自然，原始狀態。上古無爲而治，無法律，無國家，風俗決定一切，人人知所行所禁，毋煩管理，此即自然之謂。自然在老子哲學中的另一義，又等同於“猷呵，亓貴言也”的道。“百姓胃我自然”即族人自覺認同於道。

［義述］

“自然”在老子哲學中是最高範疇。道等同於自然，也是作爲人的規定的法則。自然就是道所尋求的世界統一性的終極存在和作爲知識統一性的終極解釋。自然並不是超然於人類歷史活動之外的遐想，而是通過對終極存在的確認和解釋的佔有來對人類自身加以定位，使之成爲人類存在的最高支撑點。在中國哲學中，天、帝、王權等都實際上認同於自然。這個哲學的規定，成爲中國社會專制制度的原始出發點。老子在五千言中多次提到的自然，同時也是老子哲學中所包含的“天人合一”的理想。自然作爲哲學的最高範疇規定下的民衆的社會生活就是無爲而治。自古以來被謳歌的“羲皇上人”、“世外桃源”等理想境界即是。但稍加分析，即可看到，所謂無爲的民衆生活，僅是不受管轄的自由。魯迅云：

> 但實際上中國人向來就没有争取到過“人”的價格，至多不過是奴隸，到現在還如此，然而下於奴隸的時候，卻是數見不鮮的。中國的百姓是中立的，戰時連自己也不知道屬於那一面，但又屬於無論那一面。强盗來了，就屬於官，當然該被殺掠；官兵既到，該是自家人了罷，但仍然要被殺掠，髣髴又屬於强盗似的。這時候，百姓就希望

有一個一定的主子，拿他們去做百姓，——不敢，是拿他們去做牛馬，情願自己尋草吃，只求他決定他們怎樣跑。（《魯迅全集·墳·燈下漫筆》212頁）

文中所説的“拿他們去做牛馬，情願自己尋草吃，只求他決定他們怎樣跑”就是老子這裏所説“自然”二字的本質含義，也是“无爲”的本質含義。在這個基礎上產生出專制統治的理論的法家那是必然的事。就哲學而言，這個自由的層次是很低的。只相當於野生動物自然生存狀態的那種。他們依賴着環境而生存，由自然法則所支配，全然没有自主個性。並未意識到人是有思想的動物，明白人之所以爲人。不懂得人有超出周圍世界的精神，有自己的自由意志。然而老子在本篇乃至全書之中從來没有意識到這些。這不能不説是老子哲學的缺憾。正如黑格爾所説：“在東方世界，各民族還不知道精神或者人作爲人本來是自由的。正因爲他們不知道，所以他們不自由。他們只知道一個人是自由的，唯其如此，這樣一種自由只能是情欲的放縱、粗暴和麻木不仁，只能是自然變故或者心血來潮。因此，這個人只能是專制暴君，其本身決不是一個自由的人。”（阿爾森·古留加《黑格爾小傳》120頁）兩千多年來的專制統治，正是冠以“無爲”二字加以實行的。在這裏可以看到從老子到韓非是一脉相通的。

本篇結尾所寫的“自然”二字的本質已如上所説。它也是對民衆生活的一種界定，簡單地講就是一種閉塞的淳樸生活，這確是貼近自然的生活。但在後世道家的思想中，這種自在成爲逃避塵世的遁詞。魯迅云：

惟自知良懦無可爲,乃獨圖脱屣塵埃,惝怳古國,任人群墮於蟲獸,而己身以隱逸終。思士如是,社會善之,或謂之高蹈之人,而自云我蟲獸,我蟲獸也。(《魯迅全集·墳·摩羅詩力説》67 頁)

老子並没有講到到達理想境地的過程,所以後世道家哲學的自然原則,因缺失過程而無法真正回到自然。只有作爲自由的人,我們纔可以認識自然的本質,懂得真正的自然。由於人類從自然崇拜向自由意志的思維演變的覺醒,自然不再是一種無情的主宰,而是一位善意的長者,儘管它仍然是至高無上的。由於人類自身的進步,思維玄想的提高而與之縮短了距離。人類已從對自然的崇拜轉向對自然與自身關係的理解。這樣人類在不斷獲得自爲意識的同時,思維方式、行爲方式、生存方式與自然有了越來越多的一致性。這個一致性就是不因人類知識經驗而破壞自然的原始狀態,自然的一切都有與人類相同的存在權利。人類只能成爲自然的一部分而不是異化於自然。因爲人的自由意志和精神生活體現了自然最深刻的本質屬性。也因爲人本身就是自然發展的産物,人的精神生活是自然界體現自身的一種形式,最終,人的自我意識也就是自然界的自我意識,人就是自然。這就是在最高意義上的人與自然的和諧。而老子這裏的"成功遂事而百姓胃我自然",正是人類對自由思考的初始。

《論衡·寒温篇》:"夫天道自然,自然無爲。"又《擊壤歌》:"日出而作,日入而息,鑿井而飲,耕田而食,帝力何有於我哉。"這是《帝王世紀》所紀帝堯之世,天下太和,民衆安樂,有老人在玩擊壤遊戲時所咏唱的歌詞。這是"大上,下知又之"

和"自然"的寫照。所以"自然"又是中國式的民本自由思想。它成爲數千年來中國民衆向往達到的境地,統治者希望達到的理想。這個由老子哲學所造成的社會基礎,使得歐美式的自由、民主很難在中國土地上生根開花;長期不爲土生土長的被統治者和統治者所接受,它只是專制主義的温牀。隨着中國現代生産方式的建立,這個温牀已失去了賴以生存的經濟基礎。與現代生産方式相適應的民主制度已不再是奢望,而是一種必然了。有識之士曾有過很好的見解。一九二三年胡適爲張慰慈《政治概論》寫的序言中説道:

> 民治制度的最先進的國家也不是生來就有良好公民。英國今日的民治也是制度慢慢地訓練出來的。至於那些采用現成民治制度的國家,他們若等到"人民程度夠得上"的時候纔采用民治制度,那麽,他們就永遠没有民治的希望了。民治制度所以有被他國采用的可能,全靠制度教育的功用。……民治的制度是一種最普遍的教育制度。……凡經過長期民治制度訓練的國家,公民的知識和道德總比别國要高的多。

這裏所言,與魯迅對專制社會的批判,本質上是一致的,都是希望建立合理的現代國家制度及其由此出現的身心健康之國民。不言而喻,啓蒙是教育,學校也是教育,但制度更是一種持久而直接有效的教育。就民治而言,制度的教育作用顯然比洗腦式的思想改造有效得多。因爲民治原不是思想灌輸所能解決的。它一定只能依靠民主制度纔能解決。想借思想來支撑個人的道德規範是靠不住的。《文子·符言》:"使信士分財,不如定分而探籌,何則?有心者之於平,不如無心者也。使廉士守財,不如閉户而全封,以爲有欲者之於廉,不如無欲者也。人舉其疵則怨,鑑見其醜則自善。人能接物而不與己,則免於累矣。"法律和制度不帶感情色彩,至少有了一個可比的標識,而且有目共睹。民主制度本身帶來的移風易俗,重塑民衆的精神是帶有根本性的,決定性的。這些就是對老子"大上,下知有之"的現代解讀和回應。

六十二

故[1]大道[2]廢，安[3]有仁義[4]。知慧出，安有[大僞[5]]。六親[6]不和[7]，安又孝兹[8]。國家[9]閲乚[10]，安有貞臣[11]。

[校注]

[1]"故"字，甲本、郭店楚簡本、西漢竹簡本皆有；王弼本、傅奕本、河上本、范應元本皆無。故，助詞，用於句首，相當於"夫"。《文心雕龍·章句》云："夫、惟、蓋、故者，發端之首唱。"上無所承而在句首之"故"字，無義，僅有興起下文之作用，不能解作"所以"。

[2]大道，淳樸無爲社會狀態之一種稱呼。孔子所稱之大道即指此種社會狀態。《禮記·禮運》："大道之行也。"鄭玄注："大道，謂五帝之時也。"

[3]"安"，甲本作"案"，傅奕本作"焉"。王弼本、河上本皆無。安、案通。安、案、焉皆爲"乃"義，安有即乃有。見本書《六十一》注。

[4]仁義，仁與義的觀念産生之初，是與社會的分裂緊緊連在一起的。它是不同階層的權利和義務的確認。大道廢，然後有了仁義，正是原始社會的瓦解，社會分裂爲不同等級時，出現了與之相應而必須遵循的規範。《莊子·天地》："孔子往見老聃，繙十二經以

説。老聃曰:願聞其詳。孔子曰:要在仁義。"《禮記·表記》:"仁者,天下之表也;義者,天下之制也。"《賈子·道術》:"心兼愛人謂之仁,反仁爲戾。行充其宜謂之義,反義爲懜。"《國語·周語》:"愛人能仁。"《韓詩外傳》引古訓:"愛由情出謂之仁。"上古釋仁爲愛人無異説,皆就貴族宗親族誼而言之。於家奴、庶人、社會下層之人,對他們要求爲義,不但没有仁之施及,而且要他們"以義正我"。所以孟子以仁爲親親,以義爲敬長,急君,從兄。義的核心即是服從於上,做好自己的本份,這就是"宜"。《春秋繁露·仁義法》:"君子求仁義之别,以紀人我之間,然後辨乎内外之分,而著於順逆之處也。"仁義正是分裂後社會的産物和良藥。所以老子説:"故大道廢,安有仁義。"安,乃也。

[5]"大僞"二字據甲本補。《易·繫辭》下:"情僞相感利害生。"大僞乃戕害自然,以人智達其目的。

[6]六親,古人稱父子等六種親屬關係爲六親。《左傳·昭》二十五年:"爲父子,兄弟,姑姊,甥舅,昏媾,姻亞,以象天明。"杜預注:"六親和睦,以事嚴父,若衆星之共辰極也。"昏媾即夫妻,姻亞指女婿及其連襟。

[7]不和,不能和睦同心。《墨子·尚同》中:"内之父子兄弟作怨讎,皆有離散之心,不能相和同。"

[8]又,即有。孝兹,《説文》:"孝,善事父母者。"兹,通慈。《管子·形勢》:"慈者,父母之高行也。"《新書·道術》:"親愛利子謂之慈。"

[9]"國家",甲本作"邦家",邦更近古。先秦諸侯稱國,大夫稱家。《孟子·離婁》上:"人有恒言,皆曰天下國家,天下之本在國,國之本在家,家之本在身。"趙岐注:"國謂諸侯之國,家謂卿大夫也。"古卿大夫皆有采邑,《論語·季氏》"有國有家"是也。

[10]閲乣,昏亂。政治黑暗爲昏,盗賊横行爲亂。《左傳·昭》

十四年："己惡而掠美爲昏。"《韓非子・八説》："人主肆意陳欲曰亂。"

［11］貞臣，國家雖有災變，然而忠心不二，堅持固有之信仰，即是貞臣。《史記・趙世家》："且夫貞臣也，難至而節見；忠臣也，累至而行明。"王弼注："甚美之名生於大惡，所謂美惡同門。六親自和，國家自治，則孝慈忠臣不知其所在矣。魚相忘於江湖之道，則相濡之德生也。"

《郭店楚墓竹簡・老子》丙此篇作："古(故)大道叀(廢)，安有悬(仁)義。六新(親)不和，安有孝孳(慈)。邦豙(家)緍(昏)□，安又(有)正臣。"竹簡本中没有"知慧出，安有大僞"句。有人認爲："其中並無與今本'智慧出，有大僞'相當之句。此句應是在簡本之後的時代添加進去的，並非《老子》原本所有。老子並未以仁義與大僞相提並論。"(《道家文化研究》十七輯 43 頁)此論可商。一、老子竹簡本雖無，但帛書本及傳世本皆有，流傳有緒，不能竹簡本未抄即斷爲後人所加。照如此邏輯，竹簡本文字僅爲今本之五分之二，難道今本之五分之三皆爲後人所添加？竹簡本不但本身不是完整的本子，且出於考古之偶然發現，不應把它視作標準本，從而可以得出後人添加之説。二、老子本篇文義的理解，"故大道廢，安有仁義"是全篇的總綱。後面的纔是對社會狀況的分析。大道廢後出現的是智慧。《郭店楚墓竹簡・語叢》一："有生有智而後好惡生。"正是這樣，智慧産生大僞；大僞造成六親不和、國家昏亂；這後兩者又衍生了孝慈、忠臣。而孝慈、忠臣正是仁義的具體實現，也是對大道廢的補救。大道乃自然狀態，智慧乃人工狀態。智慧之後的大僞、孝慈、忠臣，乃至仁義，無一不是人之所爲。都是自然狀態喪失後的産物。而這裏"知慧出，安有大僞"放在第二句，這不是隨意寫下的，包含了老子思維邏輯的推進：

大道廢→智慧出→有大僞{六親不和—孝慈 / 國家昏亂—忠臣}仁義

從這個邏輯結構,可以看到不但大僞,連仁義也是智慧的產物,所以"知慧出,安有大僞"放在緊接大道廢之後,實是大有深意。智慧成爲大道廢後不可缺少的一環。所以竹簡本缺了這一句,其實是不通的。學者囿於二十世紀二十年代疑古而否定老子有仁義思想之説,把仁義與大僞簡單類比,没有想到這裏丟失的不僅是大僞,更有智慧,丟失造成全篇不能貫通。老子爲什麽不可以説出仁義二字?須知傳世至今的所有文獻,絶不是古代全部文獻,憑什麽定仁義爲某時某人之首言?然後又以這條臆説來否定老子的仁義二字?這中間多的是武斷,謬種流傳,陰魂不散。西方一些學者,拾疑古之唾餘;國人應把已進步了的學術讓西方了解,而不是繼續在疑古的脚印裏爬行。老子在本篇中的辯證思想,簡單明瞭,千百年來,並無疑義,表達了老子對社會變化的理解和分析。三、簡單地講,竹簡本中没有"智慧出,有大僞"類似的句子,僅是未抄或漏抄而已,毫無他意。這裏用得上奥卡姆剃刀格言:"如無必要,勿增實體。"(見洪漢鼎《斯賓諾莎哲學研究》737 頁)

[義述]

吕思勉云:"老子之所慨想者,亦爲農業共産之小社會。與孔子所謂大同者,正系同物。"(《先秦學術概論》31 頁)《禮記·禮運》孔子云:

> 大道之行也,天下爲公,選賢與能,講信脩睦。故人不獨親其親,不獨子其子,使老有所終,壯有所用,幼有所長,矜寡孤獨廢疾者皆有所養。男有分,女有歸。貨惡其

棄於地也，不必藏於己；力惡其不出於身也，不必爲己。是故謀閉而不興，盗竊亂賊而不作，故外户而不閉，是謂大同。

今大道既隱，天下爲家。各親其親，各子其子，貨力爲己。大人世及以爲禮，城郭溝池以爲固，禮義以爲紀，以正君臣，以篤父子，以睦兄弟，以和夫婦，以設制度，以立田里，以賢勇知，以功爲己。故謀用是作，而兵由此起。禹湯文武成王周公，由此其選也。此六君子者，未有不謹於禮者也。以著其義，以考其信。著有過，刑仁講讓，示民有常，如有不由此者，在埶者去，衆以爲殃，是謂小康。

此乃《禮記》所言大道行時及大道廢後的社會情狀之概述。大道，即太古原始社會之風俗及當時人們之社會觀；絶無後世的私有觀念。大道廢，即是原始風俗被拋棄，不再實行。此乃進入文明社會之必然。《禮運》中的描述，很早就有人認爲與老子有關。明代薛應旂《楊氏重修嵩山寺祠碑文》云："傳有之：貨惡其棄於地也，不必藏諸己，力惡其不出於身也，不必爲己。論者嘗擬其出於老氏而非聖人之言。"

綜觀仁義之義，皆爲文明社會所崇尚的優良德行。而這種德行是原始社會所没有的，也是不需要的。但這種崇高的德行正是文明的産物。文明社會代替原始社會，儀禮也就代替了淳美風俗。仁義的道德標準也就界定了蒙昧無知的人際關係。《淮南子・本經訓》："立仁義，脩禮樂，則德遷而爲僞矣。及僞之生也，飾智以驚愚，設詐以巧上，天下有能持之者，未有能治之者也。"恩格斯説：

文明時代愈是向前進展，它就愈是不得不給它所必然産生的壞事披上愛的外衣，不得不粉飾它們，或者否認它們。一句話，實行習慣性的僞善。這種僞善，無論較早的那些社會形式下還是在文明時代第一階段都是没有的。（《家庭、私有制和國家的起源》175頁）

《莊子·天地》：

至治之世，不尚賢，不使能，上如標枝，民如野鹿，端正而不知以爲義，相愛而不知以爲仁，實而不知以爲忠，當而不知以爲信，蠢動而相使，不以爲賜。是故行而无迹，事而无傳。

《淮南子·齊俗訓》：

古者，民童蒙不知東西，貌不羨乎情，而言不溢乎行，其衣致煖而無文，其兵戈銖而無刃，其歌樂而無轉，其哭哀而無聲。鑿井而飲，耕田而食，無所施其美，亦不求得。親戚不相毁譽，朋友不相怨德。及至禮義之生，貨財之貴，而詐僞萌興，非譽相紛，怨德竝行。於是乃有曾參孝己之美，而生盗跖莊蹻之邪。故有大路龍旂，羽蓋垂緌，結駟連騎；則必有穿窬拊楗，抽箕踰備之姦。有詭文繁繡，弱緆羅紈，必有菅屩跐踦，短褐不完者。

孔子所講的大道，是對老子所論的延伸和發揮。孝慈，敬於上而愛於下。淳樸之社會無所謂"不和"、"孝慈"。至提倡孝慈時,必有離散之情,骨肉相殘之事。正如生活中竭力提倡的德行,往往正是最缺乏的。到已成爲普遍的德行時,社會也就不再提倡它了。

老子認爲只有原始的淳樸社會圖景,纔能符合大道。而文明社會所頌揚的仁義、智慧、孝慈、忠貞却是社會陷入痛苦時期的産物。高延第云:“此即失道而後德,失德而後仁之意。六親咸和,孝慈之行不顯。國家郅治,忠臣之節不彰。今不治其本原,而争其末流,雖有仁義孝慈忠臣,而無救於亂亡。”(《老子證義》)《莊子・天運》:“夫孝悌仁義,忠信貞廉,此皆自勉以役其德也,不足多也。”多,就是贊揚。所謂孝悌忠信,並不值得贊揚。《左傳・文》二年:“孝,禮之始也。”老子在德經之首篇稱:“夫禮,忠信之泊也,而爪之首也。”“忠信”的觀念是爾虞我詐社會土壤的産物,亦即“亂”的産物,因爲“忠信”是用以治亂的。在邏輯上,正與“六親不和,安有孝兹”爲同誼。六親不和爲亂,孝爲禮始,亦即爲亂首。這裏可看到老子所反對的禮的具體内容。老子並不反對以原始風俗爲内容的禮。但凡爲醫治文明社會弊病的“禮”,老子從來没有予以肯定,而是從辯證的角度加以否定,指出其本質屬性。持庸俗社會學觀點的人總是對老子否定仁義津津樂道。他們對文明社會肯定的積極的事物加潑髒水,以顯示自己的高明。必須看到,即使是罪惡,也仍是社會進步的産物,更不用説美德了。持此之見的人不但不懂得這些,也根本不懂得老子向往的是用不到仁義、智慧、孝慈、忠貞的史前社會。在對往古的深沉的回憶中,老子的思想迸發出辯證的火花。

六十三

絶耶棄知[1]而民利百倍[2]。絶仁棄義而民復孝兹[3]。絶巧棄利[4]盗賊无有。此三言也，以爲文未足[5]，故令之有所屬[6]，見素[7]抱樸[8]，少私而寡欲[9]。

[校注]

[1]絶耶，言即便如此之優亦抛鄙而却之。絶猶抛棄。《抱朴子·辨問》："世人以人所尤長，衆人不及者，便謂之聖。"耶等於知識經驗豐富。棄知，亦猶抛棄知識經驗。老子在闡述自己的哲學時，明確向世人昭示：他的哲學是超驗的。經驗的東西只是人的感官與外部世界交流的結果。它很直觀，也很質感，有着對人的感覺器官的依賴。然而所有的知識經驗並不是哲學的睿智。知識經驗的强調，妨礙哲學超驗思維的實現。所以老子主張"絶耶棄知"是在哲學層面上説的。

[2]"百倍"，甲本作"百負"。負、倍古通。"絶耶棄知，而民利百倍"還包含着另一個隱喻，這就是《四十七》所説的"是以耶人之治也，虚亓心，實亓腹；弱亓志、强亓骨。恒使民无知无欲也，使夫知不敢，弗爲而已，則无不治矣"。統治者的意圖常常是以"民利百倍"的姿態出現的。

［3］“絶仁棄義而民復孝兹”，此句《郭店楚墓竹簡·老子》甲作“𢇍𢘅弃慮（以下一律轉寫爲‘絶僞棄慮’）民復季子”。裘錫圭在釋讀郭店楚簡論及此句時説：竹簡此句文本明顯與帛書本文句有異。從表面的字面上看，“絶僞棄慮”是一種普遍認同的思想，作爲智慧提出來並無多大價值。所以這句話的釋讀在於對“僞”字的正確辨析。“僞”在戰國時並非如後世那樣僅僅是貶義字。這在《荀子》書中的使用很清楚，僞的含義是非天然的人爲。《荀子·性惡》：“人之性惡，其善者僞也。”楊倞注：“僞，爲也。凡非天性而人作爲之者，皆謂之僞。故僞字人旁爲，亦會意字也。”《性惡》又云：“凡性者，天之就也，不可學，不可事。禮義者，聖人之所生也，人之所學而能，所事而成者也。不可學不可事而在人事，謂之性；可學而能可事而成之在人者，謂之僞。是性、僞之分也。”《荀子·正名》：“心慮而能爲之動謂之僞，慮積焉能習焉而後成謂之僞。”包遵信札記：“上僞字指人爲之事，下僞字指人爲之果。”（《文史》第六輯228頁）從《荀子》的説明，僞乃人工非自然之謂。荀子並不崇尚自然，主張大天而思之，不如制天命而用之。所以人爲、有爲都是荀子肯定的主張。“如果在荀子之前，‘僞’字只有僞詐一類意義，他斷不會用這樣一個壞字眼，來表示一個他對其價值十分肯定的概念。”（裘錫圭《中國出土古文獻十講》237頁）所以僞即是人爲，人的主觀作爲而非天然。而人工之物，爲學之益，正是老子所否定的東西。《淮南子·原道訓》：“所謂天者，純粹樸素，質直皓白，未始有與雜糅者也。所謂人者，偶嗟智故，曲巧僞詐，所以俛仰於世人而與俗交者也。”所以説，“絶僞”即是拋棄人爲崇尚自然。“棄慮”就是廢棄學習與思考，排斥人的主觀能動，也就是“不慮而得，不爲而爲”（《淮南子·原道訓》）。季子，《説文》：“季，少偁也。从子稚省，稚亦聲。”《白虎通德論·姓名》：“季者，幼也。”“民復季子”正是老子“復歸於嬰兒”之義。這樣“絶僞棄慮，民復季子”的含義就是杜絶人爲之物，拋却爲學之事，讓人們

回到嬰兒狀態。這個文句完全顛覆了“絶仁棄義而民復孝兹”這個病句。郭店楚簡的這句纔符合老子的原意。

特别要説明的是,老子在《六十二》中對仁義、孝慈的看法並没有被顛覆。“仁義”和“孝兹”是“大道”與“六親”發生瓦解破壞時的產物。而“絶仁棄義而民復孝兹”是不通的。“仁義”與“孝兹”之間不存在因果關係。丢棄仁義不可能成就孝慈,兩者無必然聯繫。所以“絶仁棄義而民復孝兹”是直接違背了《老子·六十二》的。竹簡本文句“絶僞棄慮民復季子”否定人爲,回復天真,上下之間有因果關係。所以應以竹簡本文句校正帛書本文句。本篇的其他兩句,上下之間也同樣有着因果關係的。

［4］利,在德行缺失情形下之財貨增益。《廣雅·釋詁》二:“利,貪也。”《史記·孟子荀卿列傳》:“太史公曰:余讀孟子書至梁惠王問‘何以利吾國’未嘗不廢書而歎也。曰:嗟乎,利誠亂之始也。夫子罕言利者,常防其原也。故曰‘放於利而行,多怨。’自天子至於庶人好利之弊何以異哉。”夫子之罕言,即是否定“利”,這個否定正來自於老子之“絶巧棄利”。

［5］“此三言也”,指上文“絶耶棄知”、“絶僞棄慮”、“絶巧棄利”三句話。“以爲文未足”,文猶理,即作爲道理還不夠充分完備。

［6］屬,續。使有所連續補充解釋。故下文又説“見素抱樸,少私而寡欲”。

［7］見素,顯示的是自己的本色。見,顯露;素,物不加飾,不離自然狀態。《鶡冠子·學問》:“道德者,操行所以爲素也。”

［8］抱樸,守其本真,不爲物欲所誘惑。見素抱樸即是不事華飾,生活簡樸,合乎上古風俗。《漢書·禮樂志》:“兆民反本,抱素懷樸。”

［9］本句中王弼本、傅奕本、河上本、范應元本無“而”字。乙本“少私而寡欲”表明整段語意之停頓,此乃帛書本之優勝處。早在唐代即有道士將下篇首句“絶學无憂”置於本篇之末,清姚鼐亦從之,

此説後有繼者,實皆耳食也。“絶學”纔能“无憂”,所以兩者之間爲因果關係。“見素”與“抱樸”,“少私”與“寡欲”都是並列關係。結構之不相類,文義亦當有别。羅運賢《老子餘義》:“見素與抱樸,少私與寡欲,其誼一也。”這二句説明所屬三言已足夠,而“絶學无憂”所説的是下一篇的“我愚人之心也,湷湷呵”。

二十世紀九十年代新出土的郭店楚簡,其中《老子》甲的文本中有關於老子分篇的證據。竹簡本《老子》的分篇次序完全不同於傳世本,也不同於帛書本。帛書本的《六十三》、《六十四》,即是傳世本的《十九章》、《二十章》。而在竹簡本中,這兩篇恰恰分在兩個地方,各有别的篇章隔開。而文句歸屬“見素抱樸,少私而寡欲”爲《六十三》篇(傳世本《十九章》)的結尾。“絶學无憂”爲《六十四》篇(傳世本《二十章》)的首句。這些與王弼本、河上本完全一樣。也與老子帛書的分篇相一致。郭店楚簡老子甲第一簡、第二簡文字:“㡭(絶)智弃卞(辯)民利百伓(倍)。㡭(絶)攷(巧)弃利頫(盜)惻(賊)亡又(有)。㡭(絶)憍(僞)弃慮(慮)民復季子。三言以/爲叓(辨)不足,或命(令)之或虐(乎)豆(屬)。視索(素)保僕(樸),少厶(私)須(寡)欲。江海(海)所以爲百浴王,以其/”可以看到竹簡本的本篇文字結束時,並無“絶學无憂”四字。在同一支簡上緊接着的是帛書《二十九》篇(傳世本《六十六章》)之文字。再看郭店楚簡老子乙第四簡文字:“也,亡爲而亡不爲。㡭(絶)學亡惪(憂),唯與可(呵),相去幾可(何),完(美)與亞(惡),相去可(何)若?”屬於帛書本《十一》篇(傳世本《四十八章》)上段的文字之後,在同一支簡上緊接着的是帛書本《六十四》篇(傳世本《二十章》)的第一句“絶學无憂”及其相續的《六十四》篇文句。這證明了早在戰國中期之前,《老子》之分篇已有定讞。古人劃分篇次皆有傳承,並非如信口遊談所説爲漢朝學者所分,清代姚鼐之流,以立異妄新爲時尚,昧老氏之意遠矣。

《莊子·山木》:“其民愚而樸,少私而寡欲。”《吕氏春秋·去私》:“堯有子十人,不與其子而授舜;舜有子九人,不與其子而授禹,至公也。”這就是“少私”。又云:“黄帝言曰:聲禁重,色禁重,衣禁重,香禁重,室禁重。”這就是“寡欲”。聖智、人爲、巧利三者,即所謂“三言”,皆屬文飾之事,反乎素樸之道,不足資以爲治。有所屬,即是拋棄文飾,歸於素樸。

[義述]

老子文有成組出現的。一爲正面述説,一爲反面論述。如《老子·六十六》與《老子·六十七》;本篇與上一篇亦如此。實爲同一主題之重複。既然社會在發展的同時産生了痛苦,而又由痛苦産生了仁義、智慧、孝慈、忠臣,於是老子在本篇提出了“絶耶棄知”,“絶僞棄慮”,“絶巧棄利”的解決辦法。並且進一步提出了“見素抱樸”、“少私而寡欲”。在這裏老子反對聖智、人爲、巧利不但涵蓋了社會進步所帶來的物質文明,同時也包含了對道德上的失望。老子很明確地把文明進步與民衆原來的淳樸生活對立起來了。説到底,這是一個幸福與道德的關係問題。古希臘蘇格拉底認爲:道德是幸福的基礎。老子顯然也是這樣認爲的。老子認爲聖智、人爲、巧利與春秋時代人們追求物質享受有關,而物質享受是當時人們幸福觀的核心。在物質享受不斷提升的同時,原先的社會淳樸風俗被廢棄,人們聯繫的天然紐帶被割斷。在老子眼裏,幸福的追求正好成了扼殺道德的前提條件。而淳樸的社會風尚在老子心目中即是道德的體現。所以道德纔是幸福的基礎。只要這個基礎被毁了,隨便什麽物質享受都算不上是幸福。在社會物質文明獲得較大進步的歷史時期,這個問題不斷被提出來。即使在今天,這個問題的研討也不是没有意義的。“自培根、笛卡爾以來,近代哲學家都把認識自然看作是征服自然,增進人類福利和幸福的前提,而在啓蒙思想家特别是法國唯物論者那裏,追求幸福是一切道德的基礎。所以科學、幸福和道德是一致的。"(楊祖陶、鄧曉芒《康德〈純粹理性批判〉指要》11頁)這是個人主義的哲學基礎。"只有盧梭是一個例外,他不僅不把物質生活的幸福看做道德的基礎,反而把科學及其導致的技術進步,工藝的發展,生活的舒適,都看做是敗壞道德因而是應當根本否定的東西,認爲只有'無知、無辜、貧窮'的'自然狀態'纔有利風尚、節操和德行。"(楊祖陶、鄧曉芒《康德〈純粹理性批判〉指要》11頁)這與兩千年前的老子有驚人的相似之處。其實無論是法國的唯物論者,還是老子和盧梭,他們都有對的一面。那種指責老子"反對新事物"、"守舊"的論者,其實根本未讀懂老子。老子和盧梭所指出的,正是屬於人類社會"成長的煩惱"的問題,是值得引起注意的。老子對聖智、人爲、巧利的批評,所指出的是以幸福爲動機的行爲不可能達到真正的道德境界。自從工業革命以來,整個社會圍繞着金錢展開,"有形的上帝"成爲被瘋狂追逐的目標,與之同時的是把一切,包括人的感情都商品化,連純潔的自然界也未能幸免。"一切固定的古老的關係以及與之相適應的素被尊崇的觀念和見解都被消除了。一切新形成的關係等不到固定下來就陳舊了。一切固定的東西都煙消雲散了,一切神聖的東西都被褻瀆了。人們終於不得不用冷静的眼光來看他們的生活地位、他們的相互關係。"(馬克思、恩格斯《共産黨宣言》27頁)這樣,"幸福原則向道德提供的動機不但不能培養道德,完全摧毁了道德的崇高,褻瀆了道德的尊嚴"(苗力田《道德形而上學原理・代序》1頁)。最後在幸福的得到成爲問題的同時而道德早已淪喪。人類必然會提出什麽是真正的道德的議題。儘管幸福是一個完善的道德所不可缺少的因素,但幸福不應該是唯一的目的。道德的純潔性和嚴肅性的首要地位是不容置疑的。在這裏必須借助於康德哲學所指出的思維方向,用哲學的進步來對人類的道德認識重新定位。"'人們是爲了另外更高的理想而生存,理性所固有使命就是實現這一理想,而不是幸福。這一理想作爲最高條件,當然遠在個人意圖之上。'(《道德形而上學原理》,《康德全集》第 4 卷 396 頁)這樣,他就把道德的純潔性和嚴肅性提到了首要的地位。康德反對那種把個人幸福作爲最高原則的倫理學説,認爲使一個人成爲幸福的人,和使一個人成爲善良的人,決不是一回事。"(苗力田《道德形而上學原理・代序》1 頁)只有理解了康德對道德的崇高探究之後,纔能懂得他對幸福的理解。"康德同盧梭一樣,也反對把追求幸福作爲道德的基礎,但與盧梭不同的是,他認爲幸福是人類實踐理性所必然要期望的東西,問題不在於完全否定人的幸福,而在於要顛倒幸福與道德的關係,不是以幸福作爲道德的基礎,而要以道德作爲配享幸福的條件,以便重新把道德和幸福統一起來。"(楊祖陶、鄧曉芒《康德〈純粹理性批判〉指要》11 頁)通過近代哲學的推進,回過頭來看老子的話,使我們看到的是在社會的變動和進步的背景上,人們並未因了物質的進步而同時取得道德的進步。從這一點看,老子的話就能理解了。至少已經能理解老子爲什麽這樣説。相似的境遇,不相同的答案。由於老子僅僅歸咎於社會的進步,這樣就使他相距於近代哲學給出的答案還很遠。必須認識到的是,人類必須用道德的手段去追求幸福,無論面對自然界和人類社會,都應該如此。

六十四

絶學无憂[1]。唯與呵[2],亓相去幾何?美與亞[3],亓相去何若[4]?人之所畏,亦不可以不畏人[5]。朢[6]呵,亓未央[7]才[8],衆人巸巸[9],若鄉[10][於[11]]大牢[12]而[13]春登臺[14]。我博[15]焉未垗[16],若嬰兒未咳[17]。纍[18]呵,佁[19]无所歸。衆人皆又余[20],[而我獨遺[21]]。我愚人[22]之心也,湷湷[23]呵。鬻人[24]昭昭[25],我獨若閲呵。鬻人察察,我獨閩閩[26]呵。沕[27]呵,亓若海;朢呵,若无所止[28]。衆人皆有以[29];我獨門頑[30]以鄙。吾欲獨異於人,而貴食母[31]。

[校注]

[1] 絶學无憂,絶學即無學,無所知,爲嬰兒狀態,乃能無憂。猶《聖經》所云:頭腦簡單的人多麼幸福。此句屬本篇首句,有郭店楚簡爲證,碻然可信。見本書《老子·六十三》注。西漢竹簡本、王弼本、河上本、傅奕本之分篇,"絶學無憂"句亦皆爲本篇之首句,並無疑問。

[2] 唯與呵,猶語言應答之服從或違拗。唯,應答之聲,用於尊

長，示恭敬。《禮記·曲禮》上："父召無諾，先生召無諾，唯而起。"孫希旦集解："鄭氏曰，應辭唯恭於諾。"呵，大聲叱喝。《廣韻》："呵，責也，怒也。"

[3] 亞，通"惡"，醜陋。

[4] 何若，何似，猶言相像多少。《漢書·龔勝傳》："我視君何若？"

[5] 人之所畏，亦不可以不畏人。言爲人所畏懼者，亦不可不怕畏懼他的人。《淮南子·道應訓》："尹佚曰：天地之間，四海之内，善之則吾畜也，不善則吾讎也。昔夏、商之臣反讎桀、紂而臣湯、武；宿沙之民皆自攻其君而歸神農，此世之所明知也。如何其無懼也？故老子曰：人之所畏，不可以不畏人也。"錢大昕云："《吕氏春秋》引《周書》曰，民善之則畜也，不善則讎也。高誘注：畜，好也。"（《十駕齋養新録》卷四）

[6] 朢，即望。商承祚《古文考》："（朢）象人登高舉目遠望。"《釋名·釋姿容》："望，茫也，遠視茫茫也。"遠望所見茫茫然漸遠漸模糊。

[7] 未央，未盡。"朢呵，亓未央才"，看不到盡頭。

[8] 才，哉。見《老子·二十》注。

[9] 配配，和樂。桂馥《説文解字義證》："配，又通作熙。"《類篇》："熙，樂也。"《左傳·襄》二十九年："熙熙乎。"楊伯峻注："熙熙，和樂貌。"金文《夆叔匜》："它它配配。"金文《齊侯盤》："用旂（祈）釁壽（禱）萬年無疆，它它配配，男女無期。子子孫孫，永保用之。"配配即後世之熙熙，形容人多，熱鬧，充滿歡樂氣氛。

[10] 鄉，通享，饗。金文《乙亥鼎》："王鄉酒。"金文《麥鼎》："用鄉多者（諸）友。"《墨子·尚賢》中："以上天事，則天鄉其德。"孫詒讓閒詁："鄉當讀爲享。"鄉即享用。

[11] "於"字據甲本補。

［12］大牢，春秋時宴會或祭祀時三牲並用即稱太牢，最爲隆重。盛牲食器曰牢。太牢盛牛、羊、豕三牲。《國語·楚語》下："天子舉以大牢，祀以會。"韋昭注："大牢，牛羊豕也。會，會三大牢。"《左傳·桓》六年："以大子生之禮舉之，接以大牢。卜士負之，士妻食之。"大音泰。

［13］而，王引之《經傳釋詞》卷七："而，猶與也，及也。""若鄉於大牢而春登臺"，言如享用太牢及春天登臺遊觀，所以衆人熙熙和樂快活。

［14］春登臺，《説文》："臺，觀四方而高者。"臺爲建築物，無論冬春，皆是臺也。後世傳本多有傳寫誤倒作"登春臺"，"春臺"不知爲何物，如何可登？根本不通。王弼本及宋版河上本亦作"春登臺"（影印常熟鐵琴銅劍樓藏南宋建安虞氏刊本《老子》）。河上本注："春陰陽交通，萬物感動，登臺觀之，意志淫淫然。"春天登臺遊觀爲春秋時代風俗。《論語·先進》："莫春者，春服既成，冠者五六人，童子六七人，浴乎沂，風乎舞雩，詠而歸。"舞雩臺今尚存。老子此處所言，亦可髣髴得之。

［15］"博"，甲本作"泊"。博、泊音近通假。《正字通》："泊，澹泊，恬静無爲貌。"

［16］垗，即兆，音近通假。本義爲事前之迹象，此處引伸爲"感到……"

［17］我博焉未垗，若嬰兒未咳。《説文》："咳，小兒笑也，从口亥聲。孩，古文咳从子。"古咳、孩通。王弼本作："如嬰兒之未孩。"嬰兒會笑稱咳，未咳，尚不會笑，離初生之時極近，形容"我""博焉未垗"的狀態，混沌無知，"若嬰兒未咳"。王弼注："言我廓然無形之可名，無兆之可舉，如嬰兒之未能孩也。"《禮記·内則》："父執子之右手，咳而名之。"至嬰兒會笑時，即舉行命名儀式，確定其名份。《白虎通德論·姓名》："三月名之何？天道一時物有變。人生三月，目

煦亦能笑，與人更相答，故因其始有知而名之。故禮服傳曰：子生三月，則父名之於祖廟者，謂子之親廟也，明當爲宗祖主也。”這裏説得很清楚，嬰兒之得名不是簡單地取個名，而是身份權利社會地位的確定，與生俱來，只有貴族纔有。老子這裏所説“未咳”，即是指初生的那一段自然狀態。

［18］“纍”，甲本作“累”，古通。纍，心中喪然若失的樣子。“纍呵，佁无所歸。”猶孔子之“纍纍若喪家之狗”。言不知何處是歸宿。

［19］佁，似也。蘇轍云：“乘萬物之理而不自私，故若無所歸。”

［20］余，通餘。見本書《老子·四十三》校注。

［21］“而我獨遺”四字，乙本未抄，今據西漢竹簡本補。傅奕本、范應元本作“我獨若遺”。《六書故》：“遺，行有所亡失也。”猶言心中喪然若失，衆人皆尋歡作樂，已獨向隅獨處，無動於衷。

［22］愚人，質直淳樸之人。《論語·陽貨》：“古之愚也直，今之愚也詐而已矣。”

［23］“湷湷”，甲本作“惷惷”，義同。《説文》：“惷，亂也。《春秋傳》曰：王室曰惷惷焉。”《玉篇》：“惷，擾動也，亂也。”言“愚人”之心擾動不安。

［24］鬻人，俗、鬻音近通假。俗人，平庸之人。《荀子·儒效》：“不學問，無正義，以富利爲隆，是俗人者也。”

［25］昭昭，顯揚得意之狀。

［26］閩閩，《楚辭·漁夫》：“吾聞之，新沐者必彈冠，新浴者必振衣。安能以身之察察受物之汶汶者乎。”王逸章句：“察察潔白也。汶音門，汶濛，沾辱也。”帛書本之閩閩，猶傳世本之悶悶。湯炳正云：“在這些異文中，不僅‘悶’，‘閩’是同音借字，並非本字；即‘悶’（悶）亦非本字。因爲《説文》云：‘悶，懣也。’‘懣，煩也。’故從本義來講，‘悶悶’跟上文‘察察’義不相應。在這個問題上，上節述及唐楊倞《荀子》注引《漁夫》‘汶汶’作‘惛惛’。‘惛’當即《老子》書閩、悶、

悶之本字。《説文》云:'惛,不憭也,從心昏聲。'《廣韻·慁》:'惛,迷忘也。''不憭'與'察審'正相反爲義。"(《釋蝠蠖》見《文史》第九輯167頁)據此,閩閩猶惛惛,思慮凝滯,於外物無所辨别和感受。

[27] 沕,渺茫,不分明。

[28] 止,盡頭。"无所止",形容"我"幽深的思慮,鬆弛的心情,像平静的大海,像茫茫的風向無盡的遠方飄去。正所謂"縱一葦之所如,凌萬頃之茫然,浩浩乎如馮虚御風而不知其所止,飄飄乎如遺世獨立,羽化而登僊。"(蘇軾《前赤壁賦》)

[29] 㠯,以。《玉篇》:"以,用也。"《論語·微子》:"不使大臣怨乎不以。"何晏集解:"孔曰,以,用也。"以有用義。言衆人皆有所爲,興致很濃地在玩樂。而"我"却"𩠐㠯鄙",形成鮮明的對照。高延第《老子證義》云:"衆皆馳逐若有所得,我獨遺落世事如顓蒙之人。沌沌即悶悶,形容愚人之心之狀,與下察察相對。謂衆人於世故利害,祈若秋毫,而我獨無所訾省。若海,言其寬博無涯涘。無所止,言不凝滯於物。謂世人各逞才智有所建立,而我粥粥若無能。"

[30] "門𩠐",門字衍,當删。𩠐,帛書乙本此字左半已殘,似尚有偏旁,王弼本作"頑"。甲本"我獨頑"三字毁失。疑原作"𩠐",乃"頑"之反書,今訂爲"𩠐"。北京大學所藏西漢竹簡本《老子》此句作:"衆人皆有㠯,而我獨抏㠯鄙。"抏猶𩠐。𩠐㠯鄙,《廣雅·釋詁》:"頑,愚也。"《玉篇》:"鄙,鄙陋,不慧也。"《正字通》:"鄙,人物樸野者皆曰鄙。"㠯,以,而也。王引之《經傳釋詞》卷一:"以猶而也。""𩠐㠯鄙"猶"𩠐而鄙"也。王弼注:"無所欲爲,悶悶昏昏,若無所識,故曰頑且鄙也。"

[31] 食母,乳母。"食"音飼。《禮記·内則》:"大夫之子有食母。"陳澔集説:"食母,乳母也。"大夫、卿、諸侯生子,皆"卜士之妻,大夫之妾,使食之。"此乃當時貴族生子乳養之通誼,老子借而言之。王弼注:"食母,生之本也。人皆棄生民之本,貴末飾之華,故曰:我

獨欲異於人。”

[義述]

“絶學无憂”與本篇有緊密的内在邏輯。“絶學”並非形式上廢棄知識經驗;加上“无憂”二字,更不是針對知識智慧。絶學即是聞道日損,即是對常識經驗的超越,就是世界根本原理的境界。在哲學的思維中,當然就無憂了。把握哲學思維即是嬰兒的自然狀態,至高至上之道的境界,天真返樸,乃能無憂。“道家常以‘赤子——嬰兒’來比喻人之‘無’的意識,以此强調人的自由意識的重要性。”(葉秀山《哲學要義》207 頁)“絶學无憂”乃籠罩全篇,爲“嬰兒”之總綱。《吕氏春秋·具備》:“三月嬰兒,軒冕在前,弗知欲也。斧鉞在後,弗知惡也。慈母之愛諭焉,誠也。”此正首句“絶學无憂”至“而貴食母”之全篇要領。這些不爲常人所企及,不爲庸人所理解。而嬰兒的無知無憂狀態正是絶學之人的氣質。與“衆人熙熙,若鄉於大牢,而春登臺”相比,適足以説明兩者之間差距之遠。

老子把具有道的品質的人比作嬰兒。正如梅特林克所説:“天才即是無意識。即,一切的生命,萬物的生命,瞬間便浮現在意識外表的宇宙生命。”(《沙漏》19 頁)先秦時代貴族生子時要舉行各種儀式。老子把“我”比作嬰兒,與衆人在慶賀生子時的種種表現進行比照,鮮明地指出俗人與嬰兒的區别。寓意深刻的底藴用抽繹社會生活的方式加以實現。

《左傳·桓》六年:“子同生,以大子生之禮舉之:接以大牢,卜士負之,士妻食之。”《禮記·内則》:“國君世子生,告于君,接以大牢,宰掌具。”孫希旦集解:“就子生之室,陳設饌具,以禮接待之也。”用太牢的大禮接待降臨於世的孩子,但剛生的孩子爲嬰兒，不能食太牢，故以太牢享其母。有衆人參加慶祝，“若鄉於大牢”，不僅對人們娱樂的描寫，更重要的是以“衆人”與“嬰兒”相對照。“嬰兒”的狀態成爲“我”的自然狀態。“我博焉未垗，若嬰兒未咳。”未咳，還不會笑。孩子出生三個月後纔舉行命名之禮，這時嬰兒已經會笑了。《禮記・内則》：“世子生，則君沐浴朝服，夫人亦如之，皆立于阼階，西鄉。世婦抱子升自西階，君命之，乃降。”“父執子之右手，咳而名之。妻對曰：記有成。遂左還授師。子師辯告諸婦諸母名。”辯告，即徧告。没有命名的嬰兒是自然的，春秋時代對世子的命名即是對其名份的確定。命名即是從自然之人進爲社會之人。

老子説表面相去甚遠的現象，諸如美醜，唯呵，畏人與人畏，都没有“嬰兒”與“衆人”之間的差距大。老子對此作了詳細對比。以此説明具有自然品質的嬰兒與具有社會品質的衆人是何等地不同。嬰兒的心理即是自然狀態，盧梭所説可以髣髴其意。

> 我在這裏永遠也達不到我的心所祈求的境界。我那熱烈的想象力不再在人間尋找我感到無法在那裏找到的幸福，它超越了我那剛開始不久的生命，飛向一個陌生的領域，在那裏定居下來，安享寧静。（《漫步遐想録》24頁）

借嬰兒之心理，來對道的認同體現加以闡發。這境界近似錢鍾書在《管錐編》第三册所論之“衆裏單身”的境界。他在書中引《全唐文》卷七五三杜牧《上宰相求湖州第二啓》云：“在群衆歡笑之中，常如登高四望，但見蒼莽大野，荒墟廢壟，悵坐寂默，不能自解。”對歡樂場面的漠視，正是“我愚人之心也，湷湷呵”。這種描寫,與這裏嬰兒的心理狀態是一致的。嬰兒的渾沌,正如自然之體現。道即自然,嬰兒即人之自然。最後,借嬰兒離不開乳母,以喻人之不能離道。故老子說要不同於泯然的衆人,獨自崇信育養“我”的食母——道。

嬰兒無憂無慮,無思無爲,静穆渾樸,天真自然。從這裏可以看到老子的哲學不但借助了嬰兒的比喻,而且超越了經驗。表現出了當時去古未遠,淳樸的原始社會對老子的思想影響至深。馬克思說:

> 一個大人是不能再變成一個小孩子的,除非他變得稚氣了。但是,難道小孩的天真不能令他高興嗎?難道他自己不應當企圖在更高階段上再造自己的真實的本質嗎?難道每個時代的本有的特質不是在兒童的天性中毫不矯飾地復活着嗎?爲什麽人類社會的童年,在它發展得最美好的地方,不應該作爲一個永不復返的階段,對於我們顯示着不朽的魅力呢?

這正是理解老子本篇以嬰兒作喻的鑰匙。無論從老子的整體思想還是對嬰兒的個別描寫,都反映了老子對那“不朽的魅力”的向往。

六十五

孔德[1]之容[2],唯道是從。道之物[3],唯朢唯沕[4],沕呵朢呵,中又象[5]呵;朢呵沕呵,中有物呵[6]。幼呵冥呵[7],亓中有請[8]呵。亓請甚真[9],亓中有信。自今及古,亓名不去[10],以順[11]衆父[12]。吾何以知衆父之然[13]也?以此[14]。

[校注]

[1] 孔德,大德也。河上公注:“孔,大也。”

[2] 容,言德與道同一。道無形,則德無容也。下文言道,亦即兼言德也。

[3] “道之物”,甲本同,意爲“道這個東西”。它只是一個概念,不在時空之中,所以並非實有其物。而王弼本作“道之爲物”則明確把道當成物了。這是違背老旨的。

[4] 唯朢唯沕,唯,發語詞。“朢”、“沕”甲本作“朢”、“忽”。傳世本作“恍”、“惚”;“芒”、“芴”;“怳”、“惚”;“怳”、“忽”等,皆通。見《老子·五十八》注。

[5] 象,迷離恍忽,似有若無,隱約之中可見而又不可見,飄忽不定無從捉摸。它是一種非具體的超感覺存在。

［6］王弼本這幾句作“道之爲物，惟恍惟惚。惚兮恍兮，其中有象；恍兮惚兮，其中有物。”俞樾云：“惚兮恍兮二句，當在恍兮惚兮二句之下，蓋承上惟恍惟惚之文。”檢之帛書甲、乙本，語序與王弼本一致，俞樾之説不對。王弼注：“以無形始物，不繫成物，萬物以始以成，而不知其所以然。”

［7］幼呵冥呵，王弼本作“窈兮冥兮”。幼通窈。《説文》：“冥，幽也。”王弼注：“窈冥，深遠之歎。深遠不可得而見，然而萬物由之。其可得見以定其真，故曰：窈兮冥兮，其中有精也。”

［8］請，朱駿聲通訓：“精，又爲請。”王弼本作“精”。請、精通假。《字彙》：“凡物之純，至者皆曰精。”本篇“中又象呵”，“中有物呵”，“亓中有請呵”，“亓中有信”。象、物、請、信，這是一組連續而有序的論述。所言正是“唯道是從”的“孔德之容”。而請、信指精、神。于省吾云：信、伸、申古通，古書中例子不勝枚舉。又云：“古神字每作伸作申。《鶡冠子・近迭》：‘國破伸創’。陸注：‘伸或作神’。《説文》：‘申，神也。’《風俗通・怪神》：‘神者，申也。’《皇霸》：‘神者，信也。’……精神二字乃古人謰語。《禮記・聘義》：‘精神見於山川。’《韓非子・解老》：‘精神亂則無德。’《淮南子・精神》：‘是故精神天之有也。’按：神者精之極。《易・繫辭傳》：‘精義入神’。《大戴禮・曾子天圓》：‘陽之精氣曰神。’《莊子・天下》：‘不離於精謂之神人。’《左昭七年傳》：‘是以有精爽至於神明。’《韓非子・解老》：‘聖人愛寶其神則精盛。’此言其精甚真，其中有神。言真精之中有神也。《淮南子・本經》：‘精神反於至真。’上言惚兮恍兮，其中有象；恍兮惚兮，其中有物。窈兮冥兮，其中有精。是象與物與精並列。至其精甚真，其中有神，專承精字而伸述之。言精既甚真，故精之中有神也。自信神之通假不明，世人遂不知老子言精言神之義矣。”（《雙劍誃老子新證》）從這裏的考證看，“亓中有請呵”、“亓中有信”，就是“亓中有精呵”、“亓中有神”。就精與神之關係而言，精神乃古人對

道的描述，體現了超驗的特點，正是思維玄想的産物。由信而神，由神而精。至此“請”之爲“精”字之假借，確定無疑。精説明道的純粹，神説明道的萬能。《莊子》中言精必及神者，正承老子之意。《莊子・在宥》：“至道之精，窈窈冥冥。至道至極，昏昏默默。抱神以静，形將自正。必静必清，無勞女形，無摇女精，乃可以長生。”這一段話與本篇之意十分相近。謂至道精微，執簡御煩，以静制動，正是本體的作用。《吕氏春秋・大樂》：“道也者，精也。不可爲形，不可爲名，强爲之名，謂之太一。”其中有精，其精甚真，其中有信，與上文“道之物”相呼應。《淮南子・天文訓》：“道始於虚霩，虚霩生宇宙，宇宙生氣，氣有涯垠。清陽者，薄靡而爲天；重濁者，凝滯而爲地。清妙之合專易，重濁之凝竭難。故天先成，而地後定。天地之襲精爲陰陽，陰陽之專精爲四時，四時之散精爲萬物。”

［9］真，《莊子・漁父》：“真者，精誠之至也，真在内者，神動於外，是所以貴真也。”又“真者，所以受於天也，自然不可易也。故聖人法天貴真，不拘於俗”。猶《莊子・天下》：“以本爲精，以物爲粗。”

［10］“自今及古”，甲本同。王弼本、河上本作“自古及今”。馬叙倫云：“各本作‘自古及今’，非是。”帛書本確證馬説。傅奕本、范應元本亦作“自今及古”，同於帛書本。老子之文，懷想遠古，皆從今出發。《五十八》：“執今之道，以御今之有。以知古始，是胃道紀。”這正是老子的思想。“亓名不去”，蔣錫昌云：“此其字爲上文道之代名詞。名非空名，乃指其所以名之爲道之功用而言。道名不去，猶言道之功用不絶，四十五章（帛書本《八》）所謂‘其用不窮’也。‘自今及古，其名不去’，言道雖無形，然今古一切，莫不由之而成，故道之一名，可謂常在不去也。”

［11］順，遵循之謂，猶言旁觀。

［12］“以順衆父”，甲本作“以順衆仪”。王弼本作“以閲衆甫”。《釋名・釋親屬》：“父，甫也。甫，始也。始生已也。”父、仪、甫古通。

王弼注:“衆甫,物之始也。”范應元云:“以閱衆始也,衆始則有終。道則無始無終,所以能閱衆始也。”

[13] 然,《玉篇》:“然,如是也。”王弼注:“言吾何以知萬物之始於無哉,以此知之也。”

[14] 以此,洪邁《容齋隨筆》卷九:“老子道經‘孔德之容’一章,其末云:‘吾何以知衆甫之然哉? 以此。’蓋用二字結之。”洪邁作爲結尾文字簡妙之例。“以此”二字總概全篇。

[義述]

本篇是老子書中純粹從思維角度來談他的道的一篇。從這裏可以看到兩千五百多年前的哲人所描述的哲學觀念。“孔德之容,唯道是從。”孔德的孔字與《詩》“我朱孔陽”,《書》“六府孔修”中的孔字用法含義一致。孔德乃盛德之謂。《孟子·盡心》下:“動容周旋中禮者,盛德之至也。”《莊子·天下》:“語心之容,命之曰心之行;心之容,謂心之動也。”由孔德化育而成的萬物無不源自於道。換言之,萬物由德化育,德由道衍化。道乃天下之根本。蘇轍云:“道無形也。及其運而爲德,則有容矣。皆道中出也。”王道云:“孔德之容,即前章泊兮未兆以下是也。盛德之容皆從道出,聖人所以貴食母也。”把老子前後數篇聯繫起來讀,有利於從整體上把握對老子的解讀,《牟子理惑論》把這兩句説成是信道之人的神態:“威儀進止,與古之典禮無異;終日竟家講道誦經,不預世事。老子曰:孔德之容,唯道是從。其斯之謂乎。”此種經解,在南朝時頗爲流行。它不從經文的本義出發,只從字面上求得與解説者認同的滿足,是十足郢書燕説的東西。清代解説的《老子衍》也是這種東西。他的衍説只是搬演眼前具體事物,摘取老子文中一二字眼，然後加以歪曲，背離老子的原義。他用小農的狹隘目光否定老子的辯證之説。在他眼裏，世界等同於有窮範圍裏的一個小村莊，看得見，摸得着，"唯物"得很。作者根本不理會老子哲學的含義，也許是他真的不懂。老子説的"道之物，唯朢唯沕，沕呵朢呵，中又象呵；朢呵沕呵，中有物呵。幼呵冥呵，亓中有請呵。亓請甚真，亓中有信"這一段所寫的是玄想中的道，思維世界中對道的感覺。自然界不存在迷離恍忽，但存在於人的思維中。這種"沕朢"表明了人的思維獨立於自然，是人創造出的新的，原來世界上所没有的精神。這決不是"反映"，而是超越。它是人的與生俱來的邏輯與語言功能對自然的重組。它表明了思維作爲存在具有獨立性。"沕朢幼冥"乃是它的應有之象，應有之見。《老子衍》不懂這些，只會用生活中的例子來坐實。如果不具備哲學的超驗思維，一味用社會的常識，那些具體事物的常理，去比附批評，那必然是對老子哲學的歪曲和庸俗化，或者就會傲慢地加以否定。也就得不到老子本身的哲理所在，當然也就根本看不懂。王夫之用常識去批評哲學，必然是這個結果。因爲王夫之深契朱熹"道者，日用事物當行之理"的説法。它是思想的倒退和劣化，只能是糟粕。王夫之説："雖有堅金，可鍛而液；雖有積土，可漂而移。然則金土不能保其性矣。既有温泉，亦有寒火，然則水火不能守其真矣。"經驗世界的金土水火，與超驗世界的道，根本不能相提並論。金而鍛液，土而漂移，仍還是金，還是土。温泉寒火，也仍是水，仍是火。寫這些東西與老子所言毫無共同之處。僅是爲了"不能保其性矣"、"不能守其真矣"這話的拈出，用來反對老子所説的其精甚真。把哲理的抽象通過偷換概念，把前提化爲具體之物的比附，以此否定老子哲理的抽象。黑格爾說：

> 這種精神上情緒上深刻的認真態度也是哲學的真正基礎。哲學所要反對的，一方面是精神沉陷在日常急迫的興趣中，一方面是意見的空疎淺薄。精神一旦爲這些空疏淺薄的意見所佔據，理性便不能追尋它自身的目的，因而没有活動的餘地。（《小邏輯》32頁）

王夫之所缺乏的，正是哲學所必然的精神上的超驗。他是以一把既定的尺來衡量思想的東西，用常識經驗取代哲學，所以就顯得不可理喻的迂腐。

德來自道。道的描述，上引"道之物"一段老子已寫下了。古今注家不少都忠實地加以演繹，這裏引述幾條，以助玄思。

> 恍忽似有似無，窈冥則全不可見，此皆言道之無也。（魏源《老子本義》）
>
> 反復形容道體之妙。物即象也，真即精也，信即真也，變文協韻耳。（王道《老子億》）
>
> 有中之有，衆皆以爲有，而不知盡妄也。無中之有，人所不知，而不知其有至真也。惟其真而不假，故不以有而存，不以無而亡，是謂有信，終古不變不易，聖人所以能觀群有之始，而知群有之所由然。以其體於至無，故能觀衆有也。（李嘉謀《道德真經義解》）
>
> 道，非可以直言者也。道固存於言，然盡天下之言，不足以言道。唯可於宇宙萬象中，心得其至精至信者，於窈冥恍惚中，竟亦無可直指。然非無有其物也。曰'自今

及古，其名不去'，道固常在，而推至往古，所説亦唯其名。由是而理萬事萬物，故常言道理。（徐梵澄《老子臆解》30頁）

以上注家，皆能循老子之思想進行解讀。使後人讀老子時，庶幾有所取資。時間不停地流逝，萬事萬物不斷地成爲過去，然而道始終存在。道的形象恍惚迷離，似有若無而玄眇莫測。正是在這幽暗深遠之中，就像古人凝視星空而感受宇宙的浩瀚無窮。真正的哲學家面對無盡的蒼穹，也許真能感受到一種道的啓示吧。自然在人類的幼年時代，在人類的心靈上自有投影。在道的玄想中，道之不可見，正是精神上的可見，道不在時空中。道的存在，正如原始先民認爲在大自然中有一隻巨大而看不見的手在推動着世界，而且由於與萬事萬物聯繫着，是可以驗證的。先民如此認爲，老子如此認爲。

六十六[1]

炊[2]者不立。自視[3]者不章[4]，自見者不明[5]，自伐[6]者无功，自矜者不長[7]。亓[8]在道也，曰粽食[9]贅行[10]。物[11]或亞之，故有欲者弗居[12]。

[校注]

[1] 本篇在王弼本第二十四章。其經文"自視者不章，自見者不明，自伐者无功，自矜者不長"，與《六十七》"不自視，故章；不自見也，故明；不自伐，故有功；弗矜，故能長"，在内容上相互有聯繫，一從正面，一從反面，加以論述。王弼本此兩篇分置於二十二章、二十四章，以致内容違隔。帛書之篇序勝於王弼本。

[2] "炊"，甲本同，河上本作"跂"，傅奕本、王弼本作"企"。以上三本此句下有"跨者不行"一句，帛書甲、乙本皆無。炊，從欠，傾身曰欠，炊義傾側。徐梵澄云："'炊者'，諸本或作'跂者'，'企者'，'喘者'。竊意作'炊者'是。作喘者，炊之聲變；作跂者，炊之形變；作企，又從跂而來者。炊爨之事，必俛身爲之，故云'不立'。此亦與下文'餘食'隱相應。"(《老子臆解》31 頁)

[3] 視，通示。朱駿聲通訓："視，叚借爲示。《漢書》多以視爲示，古通用字。"《詩・小雅・鹿鳴》："視民不恌。"鄭玄注："視，古示

字也。”引伸爲以事或物炫耀於人。

［4］章,《左傳·宣》十二年:“使子孫無忘其章。”楊伯峻注:“王念孫云:凡功之顯著者謂之章。”“自視者不章”,言自我炫耀反使功勞不顯著,甚至被看作無功。

［5］“自視者不章,自見者不明”,甲本同。王弼本作“自見者不明,自視者不彰”。

［6］伐,《玉篇》:“伐,自矜曰伐。”《左傳·襄》十三年:“小人伐其技以馮君子。”杜預注:“自稱其能曰伐。”

［7］矜,《正字通》:“矜,驕矜自負貌。”《書·大禹謨》:“汝惟不矜,天下莫與汝争能。汝惟不伐,天下莫與汝争功。”孔傳:“自賢曰矜,自伐曰功。”不長,不會成爲頭領。《吕氏春秋·必己》:“君子之自行也,敬人而不必見敬,愛人而不必見愛。敬愛人者,己也;見敬愛者,人也。君子必在己者,不必在人者也。必在己,無不遇矣。”

［8］亓,其。指炊、自視、自見、自伐、自矜之類。

［9］粽食,即餘食。粽,音餘。米旁同於食旁,皆爲食物之義符。米、食古互通用。王弼本作“餘食贅行”。王弼注:“其唯於道而論之,若郤至之行,盛饌之餘也,本雖美,更可穢也。”《左傳·莊》六年:“鄧侯曰:人將不食吾餘。”楊伯峻注:“不食餘,古代俗語,賤視唾棄之餘。”餘食乃食後剩殘唾餘之物,爲人所棄者。《禮記·曲禮》上:“毋反魚肉。”陳澔集説:“毋反魚肉,不以所餘反於器,鄭云:謂已歷口,人所穢也。”“不食吾餘”猶人將視吾爲棄餘之殘食也。古代與人食殘之餘,即被看作奇耻大辱。《吴越春秋》卷四:“吴王有女滕玉,因謀伐楚,與夫人及女會蒸魚,王前嘗半而與女,女怒曰:‘王食魚辱我,不忘久生。’乃自殺。”

［10］贅行,贅形。《釋名·釋疾病》:“贅,屬也。横生一肉,屬著體也。”《莊子·駢拇》:“附贅縣疣,出乎形哉,而侈於性。”王先謙集解:“形既成而後附,故曰出乎形,然過於自然之性。”行,通形。《列

子·湯問》:“太形,王屋二山。”張湛注:“形,當作行。”司馬光云:“行、形,古字通用。棄食之餘,適使人厭;附贅之形,適使人醜。”正如海涅所言:“因爲凡是多餘的東西都是有害的。”(《論德國宗教和哲學的歷史》89 頁)

[11] 物,指人,含有貶義。《左傳·昭》十一年:“物以無親。”顧炎武注:“物,人也。”《世説新語·方正》:“預少賤,好豪俠,不爲物所許。”物,人也。“物或亞之”猶言也有人厭惡上面這個説法。

[12] “故有欲者弗居”,甲本、西漢竹簡本同。王弼本“欲”作“道”。《禮記·樂記》:“人生而静,天之性也。感於物而動,性之欲也。物至知知,然後好惡形焉。好惡無節於内,知誘於外,不能反躬,天理滅矣。”朱熹注:“好惡本有自然之節,唯其不自覺知,無所涵養,而大本不立,是以天則不明於内,外物又從而誘之,此所以流濫放逸而不自知也。”有欲者,指充滿欲望,有着自由意志之人,這樣的人,不爲道所認同。道在這裏即是自然。王文修云:“羅文莊論欲云,《樂記》‘人生而静,天之性也。感於物而動,性之欲也’一段,義理精粹,要非聖人不能言。陸象山乃從而疑之,過矣。彼蓋專以欲爲惡也。夫人之有欲,固出於天,蓋有必然而不容已,且有當然而不可易者。於其所不容已者,而皆合乎當然之則,夫安往而非善乎?”(《山志》)

[義述]

本篇的“亓在道也,曰粽食贅行”是全篇的主旨。老子哲學的道,即是自然。自然排斥一切人爲的因素,人的行爲也要符合自然,樂天知命。既然生命的本質即是自然,因此人所有的欲望,凡是超出自然的都屬於多餘的東西。老子列舉炊者、自視、自見、自伐、自矜等負面行爲,指出其不良後果,表面上似乎是爲了避免不立、不章、不明、無功、不長的結果，難道其意義就在於立、章、明、功、長嗎？那不是太淺薄了嗎？老子不過是舉例加以比喻而已。要緊的是自然狀態的人本身之外的一切，都應該唾棄。《莊子·駢拇》：

> 故嘗試論之，自三代以下者，天下莫不以物易其性矣。小人則以身殉利，士則以身殉名，大夫則以身殉家，聖人則以身殉天下。故此數子者，事業不同，名聲異號，其於傷性以身爲殉，一也。

老子所認同於自然的生命，並不是空泛的，而是有着具體的内容。在等級社會中，人的與生俱來的社會地位，也被看作自然生命的一部分。《左傳·昭》七年："天有十日，人有十等。下所以事上，上所以共神也。故王臣公，公臣大夫，大夫臣士，士臣皁，皁臣輿，輿臣隸，隸臣僚，僚臣僕，僕臣臺。馬有圉，牛有牧，以待百事。"社會要求人們安於自己的社會角色，確認自己的定位，安於天命。這就是不能有個人的自由意志、主觀能動，否則就要得到相反的後果。吴澄云："彼内挾其自見自是之心，而外奮其自矜自伐之習者，若律諸自然之道，何異食之餘，形之贅，同爲加多於當分之外哉。"總之，生命是自然的，身外的一切是多餘的，這就是老子在本篇所要説的。而且本篇與下一篇的内容是相輔而行的。老子對生命的看法是有欠缺的，因爲他否認生命是自由的。特别是人，生命的自由正體現在有欲。

本篇的"有欲者"，王弼本作"有道者"。除本篇外，《七十五》的"有欲者"王弼本也作"有道者"。《四十五》有"恒有欲也”,“有欲”是老子的一個概念,後世以“有欲”爲忌諱,忽略了它的哲學内涵。“有欲者”是老子所指的不認同於自然的一種人。照本篇的語義層次,最後一句“物或亞之”,世上自有反對老子觀點之人,那就是“有欲者”。“故有欲者弗居”,即反其道而行之。以自視,自見,自伐,自矜之爲餘食贅形者,有欲者不以爲然,以自由意志爲行爲準則而“弗居”。後世傳抄之本已作“有道者”,造成了邏輯上的混亂。

中國歷來的看法認爲“有欲”是應該否定的。因爲老子哲學主張認同自然,遵從自然,反對人的有爲,否定人的自由意志。而這裏的“有欲者”即是具有自由意志的人,本篇是加以貶斥的。作爲老子的整體哲學的生存語境,否定有自由意志的人是一種當然的做法。傳世本爲“有道者”,“有道”本身不符合老子對道的界定,道即自然,是無法也不能“有”的。“有道之士”是後起的説法,“有道”之“道”乃是道術,在老子的語境中並不存在。在本篇及《七十五》中,“有欲者”除帛書甲、乙本相同之外,後於帛書百餘年的西漢竹簡本《老子》亦作“有欲者”。這一現象説明傳世本有傳抄誤改之嫌。“物或亞之”這個厭惡是對整個的“亓在道也,曰粽食贅行”的説法説的。所認爲的不章、不明、無功、不長,“有欲者”並不認同。國人的生存環境,即是老子的故鄉,歷世相傳的價值觀念也是不認同這種“有欲者”的。其實人的自由意志,主觀行動,顯功於世,揚名於時,推銷自己,服務大衆,維護真理,堅持權益等等,不必用否定自視,自見,自伐,自矜等來實現的。坊間注本都習慣於“有道者”,其實這是不通的。

六十七

曲[1]則全[2]，汪[3]則正[4]，洼[5]則盈，㡚則新，少則得，多則惑[6]。是以耶人執一[7]以爲天下牧[8]。不自視，故章；不自見也，故明；不自伐，故有功[9]；弗矜，故能長。夫唯不争[10]，故莫能與之争。古之所胃曲全[11]者，幾語[12]才[13]，誠全歸[14]之[15]。

[校注]

[1] 曲，曲乃叢雜殘缺之義。朱彬《禮記訓纂·曲禮》上注："吴幼清曰，曲者，一偏一曲之謂。蓋謂禮之小節雜事而非大體全文，故曰曲。"《莊子·天下》："不該不徧，一曲之士也。"一曲之士，所知不全之人。《淮南子·謬稱訓》："察一曲者，不可與言化。"嚴復云："曲，一部分也。舉一部分，則全體見矣。故《中庸》曰：'其次致曲。'天下惟知曲之爲全者，乃可以有得。"

[2] 全，整個。方以智云："凡學非專門不精，而專必偏，然不偏即不專。惟全乃能偏。"（《東西均·全偏》）全偏之論，必須對全偏之見超越，全即是偏，偏亦猶全，不能死摳。

[3] 汪，同枉，彎曲。《説文》："枉，衺曲也。"段注："本爲木衺曲，因以爲凡衺曲之稱。"《荀子·臣道》："傳曰：斬而齊，枉而順，不同

而一。”

［4］正，直。《書·説命》上：“惟木從繩則正，后從諫則聖。”汪則正，猶《易·繫辭》下：“往者屈也，來者信也。屈信相感，而利生焉。尺蠖之屈，以求信也。”屈，彎。信，伸。伸猶直。

［5］洼，《説文》：“洼，深池也。”桂馥義證：“《莊子·齊物論》‘似洼者’注訓深。”洼者看似如損，然低陷之處易積水積物，故曰盈。

［6］惑，迷亂，多而不知適從。奚侗云：“事以專而易守，心以紛而致亂。”

［7］執一，持守原則。“執一”，甲本、西漢竹簡本同。王弼本、河上本作“抱一”。《廣韻》：“執，守也。”《書·大禹謨》：“惟精惟一，允執厥中。”王弼注：“一者，數之始也，物之極也。”《老子·二》：“昔得一者，天得一以清，地得一以寧，神得一以靁，浴得一以盈，侯王得一以爲天下正。”《管子·心術》：“君子執一而不失，能君萬物。”《韓非子·揚權》：“故聖人執一以静，使名自命，令事自定。”《文子·道德》：“老子曰：執一无爲，因天地與之變化。”《荀子·堯問》：“執一無失。”《吕氏春秋·有度》：“先王不能盡知，執一而萬物治。使人不能執一者，物感之也。”執一之説，發端於老子，於先秦思想中甚是流行。

［8］牧，甲本同。王弼本、河上本、傅奕本皆作“式”。《莊子·天道》：“夫子若欲天下无失其牧乎？”成玄英疏：“牧，養也。”《禮記·曲禮》下：“九州之長，入天子之國曰牧。”陳澔集説：“天下九州，天子於每州之中，擇諸侯之賢者一人，加之一命，使主一州内之列國。取牧養下民之義，故曰牧。”孫希旦集解：“《周禮》曰：乃施典於邦國而建其牧。”《禮記·王制》：“州有伯。”鄭玄注：“殷之州長曰伯，虞、夏及周皆曰牧。”古代對天下之統治，皆視之爲牧。“无爲”之治，猶放牧牛羊，容其自由吃草，走動。“无爲”的本質即是牧民。

［9］不自伐，故有功。《荀子·子道》：“慎於言者不華，慎於行者

不伐。”華，譁也。《墨子·修身》：“多力而伐功，雖勞必不圖。”

［10］不争，即上文所言“不自視”、“不自見”、“不自伐”、“弗矜”等。

［11］曲全，西漢竹簡本同。王弼本、河上本、傅奕本作“曲則全”。“曲全”即“曲則全”。有“則”語義更暢。

［12］幾語，《説文》：“幾，微也。”《易·繫辭》下：“幾者，動之微，吉之先見者也。”方以智云：“幾者，微也，危也，權之始也，變之端也。”（《東西均·三微》）《管子·水地》：“萬物莫不盡其幾。”郭沫若集校：“幾，精微之意。”幾語，由哲學的思考而得到的精微之見。王弼本、河上本作“豈虚言哉”。

［13］才，哉。

［14］歸，歸屬。謂聖人所執，唯一而已，君臨天下，爲天下之長。此正合曲則全的古訓，故天下歸之。

［15］本篇有兩個理解層面。“是以耶人執一以爲天下牧。不自視，故章；不自見也，故明；不自伐，故有功；弗矜，故能長。”由後面“夫唯不争，故莫能與之争”一句給予歸納。而“古之所胃曲全者，幾語才，誠全而歸之”正是對“曲則全，汪則正，洼則盈，斃則新，少則得，多則惑”的解釋。而全、正、盈、新、得即是不完整的完整。只有如此纔會莫能與之争。

［義述］

在老子書中，本篇談到樸素的辯證思想。老子所説的曲與全、汪與正、洼與盈、斃與新、少與多等只是同一概念中的對立和關聯，以自我否定的方式實現。曲是部分，全是整個；汪是彎曲，正是端直；洼爲低陷，盈是滿溢；等等。老子指出這些概念中的對立，它們互爲前提，相反而相成。“在絶對不相容的對立中思維。”世上全、正、盈、新、多的狀態難成難持，而曲、汪、洼、斃、少的情況在在皆是，然而這僅是人的主觀認爲，無論何種情況，在自然而言，它們並無如此之分别。在人的意識之外，全即曲，正即汪，盈即洼，新即斃，多即少，它們是同一的。老子所舉的這些對立反映的是人爲的界定，與自然本身無涉。徐梵澄云：“老子蓋深於易理者也。大化遷流，無瞬間不變；變易，亦道也。此言曲全、枉正、敝新、少得、多惑，皆自然之理，變易之道也。”（《老子臆解》32 頁）正如黑格爾所説，世界上只有一件事是不變的，那就是變。爲了適應變動的世界，老子提出了“執一”。徐梵澄云：“執一者，一與多對，道至大而無外謂之一，數至簡而爲元亦謂之一。則執一者，守道之謂也。守此道以‘爲天下牧’，即‘易簡而天下之理得’。”（《老子臆解》33 頁）一，即道之體現。這在本書《老子・二》校注中已解釋。無論天下之曲全、汪正、洼盈、斃新、少多，皆包容於一。故執一勿失，爲天下牧。“執一”是超越經驗的，乃道之法則。道不在時空中，所以“執一”即是“无爲”。聖人由此回歸到經驗世界時，表現爲不自我標榜，不自我顯揚，不自我表彰，不自我尊大。這樣的“執一”，作爲統治者的名權利好是不會缺失的。“故必貴以賤爲本，必高矣而以下爲𡊆。夫是以侯王自胃孤、寡、不槖，此亓賤之本與？非也。”這段話與本篇正相一致。所以老子在本篇結尾處强調曲全是古代的精微之語，明白這些，就會“全”歸之。這個“全”就是“一”的體現。

馬其昶云：“莊子論老子之學曰：‘人皆求福，己獨曲全，曰苟免於咎。’苟免，即曲之意。曲者，不求全而自能全。由是推之，雖枉而直，雖窪而盈，雖敝而新，以其有抱一之道，無人我之分也。無人我之分，則不争。不争，則自處於一曲，而留其餘以處人。人與己，各有所處，則各免於爭。非惟不争也，我有讓於人，人亦且奉於我，是之謂全。'曲則全'，古有此語，老子引之，而深有味乎其言也。"(《老子故》)從社會的普遍而推及於個人自身，相當於曲、汪、洼、褩、少的個人行爲方式應該是不自視，不自見，不自伐，弗矜，不争。徐梵澄云："皆爲之而無以爲之道。"

> 陽子之宋，宿於逆旅。逆旅主人有妾二人，其一人美，其一人惡。惡者貴而美者賤。陽子問其故，逆旅小子對曰："其美者自美，吾不知其美也；其惡者自惡，吾不知其惡也。"陽子曰："弟子記之，行賢而去自賢之行，安往而不愛哉?"(《莊子·山木》)

這些在社會生活中即是自甘寂寞，不慕榮利，也是老子爲静之道的一部分，作爲個人的修爲是很重要的。一個具有哲學頭腦的人，他必然會采取低調的生活方式，平淡天真，自然和諧，好學深思，樸素務實，易於自處。它帶來輕鬆和安全。

老子的思想在歷史上並不一定被人們所正確理解。據傳六朝時署名劉邵的《人物志》中，它的《釋争篇》是這樣説的：

> 是故君子之求勝也，以推讓爲利鋭，以自修爲棚櫓；静則閉嘿泯之玄門，動則由恭順之通路。是以戰勝而争不形，敵服而怨不構。若然者，悔悋不存於聲色，夫何顯争之有哉？彼顯争者必自以爲賢人，而人以爲險詖者。實無險德，則無可毁之義；若信有險德，又何可與訟乎？險而與之訟，是柙兕而攖虎，其可乎？怒而害人亦必矣。

> 易曰：險而違者訟，訟必有衆起。老子曰：夫惟不爭，故天下莫能與之爭。

這一段話，“是故君子之求勝也”云云，爲什麽要求勝呢？求勝不就是爭嗎？“求勝”之説不但不符合老子思想，而且在某些人身上表現爲“勝心”，一種極爲下劣的品性。王守仁云：“謙虚之功與勝心正相反。人有勝心，爲子則不能孝；爲臣則不能敬；爲弟則不能恭；與朋友則不能相信相下。至於爲君亦未仁；爲父亦未慈；爲兄亦不能友。人之惡行，雖有大小，皆由勝心出。勝心一堅，則不復有改過徙義之功矣。”（見《戒庵老人漫筆》卷七）真正的不爭，是對“求勝”的抛棄，只持守一己之自身。哲學態度首先是思維方式，不是行爲方式，更不是具體的行爲，不能混爲一談。《人物志・釋爭篇》所説的“釋爭”，其實講的是如何能做到表面不爭而有爭勝之實，十足的市儈意識。這徹底違背了老子在這裏所講的辯證思想。如此釋老即是把《老子》庸俗化。《人物志》是較古老的，開後人庸俗解釋老子的先河。後世如他説之流，又其下者也。

六十八

希言自然[1]，勳風[2]不冬朝[3]，暴雨不冬日，孰[4]爲此？天地而弗能久，有兄[5]於人[6]乎？故從事而[7]道者，同於道，德者同於德[8]，失者同於失[9]。同於德者，道亦德之[10]。同於失者，道亦失之[11]。

[校注]

[1] 希言，即是無言。希，無聲。《老子·五十八》："聽之而弗聞，命之曰希。"道是無言的，道法自然。自然，道之最高境界。故曰：希言自然。

[2] 勳風即飄風，突然而起的短暫的暴風。勳，甲本作"飃"，傳世本作"飄"。勳通飄。《楚辭·離騷》"飄風屯其相離兮"，王逸章句："飄風，無常之風。"

[3] 冬朝，終朝。《左傳·僖》二十七年杜預注："終朝，自旦及食時。"猶言整個早上。食時，因春秋時代之人一天只吃兩頓，食時相當於上午十時左右。後文之"冬日"，即終日。郭沫若《卜辭通纂·別録》之二："冬日雨。"考釋爲"終日雨"，猶言一整天。言疾風不會長，暴雨不會久。

[4] 孰，河上公注："孰，誰也。誰爲此飄風暴雨者乎？天地

所爲。”

［5］有兄，即又況。兄，金文作，古代巫侀之形。《左傳·僖》二十一年：“夏大旱，公欲焚巫侀。”杜預注：“巫侀，女巫也，祈禱請雨者。”巫侀請雨之形象，張口祝貺之狀。郭沫若《安陽新出土的牛胛骨及其刻辭·追記》：“兄字古可假爲況或貺。故知古音讀如匡，即侀之初文，象形。此種人，口鼻向上，古人以爲巫祝，故祝字從之。”（《考古》1972 年第二期）古人“兄”字音義爲況，“兄”被假爲兄弟之兄後，又别造一侀字，形聲。在先秦兩漢文獻中，“況”多寫作“兄”。《廣雅》：“兄，況也。”《困學紀聞·諸子類》引張嵲《讀管子》：“兄，古況字。”朱駿聲通訓：“今浙江杭州人評兄爲阿況，亦曰況老，蓋古之遺語。”兄，音義作況之用法在先秦古書中可見。《管子·大匡》：“雖得天下，吾不生也，兄與我齊國之政也。”《莊子·天地》：“豈兄堯舜之教民。”亦是如此用法。

［6］人，《説文》：“人，天地之性，最貴者也。”段注：“性，古文以爲生字。禽獸草木皆天地所生而不得爲天地之心，惟人爲天地之心，故天地之生此爲極貴。天地之心謂之人，能與天地合德。”人雖合德乎天地，然天地尚不能長風調雨順，亦不能長飄風驟雨，何況人乎？

［7］而，用法同“於”。從事而道，猶從事於道，即致力於道也。王弼注：“從事，謂舉動從事於道者也。道以無形無爲成濟萬物，故從事於道者以無爲爲君，不言爲教，緜緜若存，而物得其真。與道同體，故曰同於道。”《論語·泰伯》：“昔者吾友嘗從事於斯矣。”《國語·齊語》：“以旦暮從事於田野。”

［8］德者同於德，追隨侍奉於德的人，即與德同一。德從道來，由德而見道。

［9］“故從事而道者同於道，德者同於德，失者同於失。”這幾句王弼本、河上本作“故從事於道者，道者同於道，德者同於德，失者同於失”。帛書甲、乙本皆作“從事而道者同於道”。不衍不簡，文誼合

度。今王弼本不但衍“道者”二字，它的後面文字作“同於道者，道亦樂得之；同於德者，德亦樂得之，同於失者，失亦樂得之”。其中“同於道者，道亦樂得之”九字全衍。“德亦樂得之”，帛書本作“道亦失之”。再觀王弼注文，意爲言隨其所行，故同而應之。因王弼本文句已誤，注文顯得與經文有距離。然而把王弼的注文放到帛書本文字之後，則兩相契合。足見王弼時代的老子文本與帛書本是一致的。正是帛書本的出現，破解了王弼本的文本錯誤。其他如河上本、傅奕本的這一段文字也有不同樣式的錯誤，在帛書本文字面前，這些錯誤也能破解。

[10] 德之，《玉篇》：“德，惠也。”猶言能同一於德者，道亦加以恩惠。高延第《老子證義》云：“同，濟也，合也。失謂無道德。言在上有道德之人，則所行莫不合於道德。上無道德之人，則所行者皆反道敗德。上出於道德，人亦以道德歸之；上出於不道不德，人亦以不道不德應之。”

[11] 王弼本、河上本、傅奕本於本篇之末衍“信不足焉，有不信焉”二句。重見於上述諸本之第十七章。帛書本此二句僅《老子·六十一》一見。帛書本出土前，奚侗云：“二句與上下文不相應，已見第十七章，此重出。”馬叙倫云：“此二句疑一本十七章錯簡在此，校者不敢删，因復記之，今成文矣。”今帛書甲、乙本無此二句，足見二位前脩之卓識，並見帛書文本之佳。“同於失者，道亦失之。”《禮記·大學》引《書·康誥》：“惟命不于常。”並釋之云：“道善則得之，不善則失之。”道，導也。《大學》所釋亦可釋本篇末二句。

[義述]

言既是語言，亦可理解爲聲教法令；希言，即是不言之教，猶聲教法令之施於人間，雖能奏效於一時，但並不能持久。老子在本篇中强調的同於道，同於德，同於失，一句話，就是認同於自然。因爲自然是長久的。聲教法令之不能持久,但無爲是持久的,而自然是無爲的。老子就這樣把無爲作爲理想放到了人們面前。社會愈進步,聲教法令愈益繁復周詳,人之離自然也愈遠。然而,社會的進步,不但體現在法律的進步,也體現在對人本身認識的進步,更體現在人與自然關係的進步上。當然這些進步必然會對人類帶來更大的自由。盧梭《論政治機構》:

> 不要任何高居其上者發號施令,而人們却能服從;毋需主子,而人們却能隨順;大家都是自由人,却又在一種表面上的强制下共同喪失傷害他人的自由;——這究竟怎樣纔能達到呢? 這些奇迹是法律的成果。唯有法律纔賦予人們正義和自由;正是這種全民意志的有益機構使得人與人之間的相互平等成爲應盡的責任;正是這種神聖的聲音向每一位公民提出了公衆理性的戒令,却又告誡人們按照他自己判斷的準則行事,而又不自相矛盾。(轉引自卡西爾《盧梭·康德·歌德》37 頁)

盧梭寫下這些話的時候,法國還是一個封建專制的國家,社會上等級森嚴,平民與貴族之間的差距有如鴻溝。經過多次的政治、經濟的改革,議會制的逐步演進,民主的完善,社會的進步,盧梭的理想漸漸地成爲現實。現代社會人與人關係的改善,完全體現在民主制度和法律制訂的進步上。法律的完備與執行的嚴格,可以看作在現代意義上所實現的無爲而治。盧梭理論的實現正是西方哲學"倒名爲實"的典範。尊重法律不是一句空話,它有尊重語言的哲學基礎。本篇老子强調自然,主張"希言",表現了老子哲學否定語言的特點。在中國,老子哲學的反語言傾向,使得國人有一種不重視文本條文的傳統。在反語言傾向的影響下,遇到法律問題,總會用"人"的辦法去加以規避。法律常常遭到權力的强姦。這是産生腐敗的胎裏毛病。老子所缺乏的是一個過程,這個過程就是有爲,建立民主制度的有爲。有爲是爲了無爲。有爲的努力,就是法律治理下的社會階段,它體現在盧梭的理想中,有爲的努力最終的結局必然是無爲。盧梭的思想,正是實現老子無爲思想所必須經過的有爲階段的現代版。老子思想不但缺乏實現無爲社會的過程描述,還有他的反語言傾向使無爲成爲一句空話。盧梭的思想是對老子無爲的否定之否定,是回歸,是辯證,是螺旋形上升又似乎回到原地,但並不是原地。老子的無爲是原始人類的思想遺産,依然是寶貴的。它記録了人類社會進步的脚印,也是後人思想的源頭。老子的崇尚自然,質言之,人類亦是自然的一部分。人類的進步使人類從自然中異化,然而進步又終究促使人類回歸自然。認識到如果不與自然和諧相處,將是人類的災難。無論東方與西方,古代與現代,每至社會進步之日,即有回歸自然之呼聲。社會發展愈益文明,則愈益以自然爲可寶可貴。在這個層面上,老子是偉大的。

六十九

有物昆成[1]，先天地生，蕭[2]呵漻[3]呵，獨立而不琢[4]。可以爲天地母，吾未知亓名也，字[5]之曰道。吾强爲之名曰大。大曰筮[6]，筮曰遠，遠曰反[7]。道大，天大，地大，王亦大[8]，國[9]中有四大而王居一焉。人法地[10]，地法天[11]，天法道[12]，道法自然[13]。

[校注]

[1] “有物昆成”，郭店楚簡本作“又𤜕䖵成”，《文子·道原》引《老子》作“有物混成”。王弼本、河上本、傅奕本亦作“有物混成”。竹簡本整理者所作釋文：“𤜕，從爿，焜聲，疑作道。”“有道混成”完全説得通，與下文“字之曰道”並不矛盾，因爲“不知亓名”，所以以字相稱，符合古人稱謂慣例。又有釋作“有狀混成”，把𤜕釋作狀。王博云：“狀的意思與象接近，而與物有區別。”（《道家文化研究》第十七輯 7 頁）而物亦可訓爲象。《易略例》注：“物，象也。”象、狀義近，故有狀與有象同，亦與有物相通。人之所能感知皆在時空中，而道在時空之外，“有物昆成”之物即道。吴澄云：“形之可見者曰物，氣之可見者曰象。”無論物或象吴澄皆以爲在時空中可見，即是不明超驗之理。作爲超驗的道，把它稱物，“有物”而已，稱呼而已，概念而已。

其實在時空中是不存在的,不可知的。

昆成,混成,謂混沌之中自然生長。《詩·小雅·采薇序》:"西有昆夷之患。"陸德明釋文:"昆本又作混,古門反。"《太玄·昆》:"昆於黑,不知白。"王弼注:"混然不可得而知,而萬物由之以成,故曰混成也。"

[2] 蕭,冷寂。

[3] 漻,通寥。《韓非子·主道》:"寂乎其無位而處,漻乎莫得其所。"顧廣圻云:"漻讀爲寥,正字作廫,說文云,空虛也。"

[4] 王弼本、河上本、傅奕本在本句下皆有"周行而不殆"一句,帛書甲、乙本俱無。《郭店楚墓竹簡·老子》甲:"蜀(獨)立不亥,可以爲天下母"也没有這句。"玹",以上各本作"改"。玹字字書不見,從竹簡本之亥,可見玹即亥。古文中亥可讀"該"音,與改音近。與"改"音義相近之字爲㚸。有亥之聲符,帛書整理者訂玹爲改,今從之。郭店楚簡《緇衣》:"寺(詩)員(云):其頌(容)不改。"傳本《禮記·緇衣》作:"詩云:彼都人士,狐裘黄黄,其容不改。"《説文》:"改,更也。""不改"二字的連用早在商代甲骨文中即多次出現。在甲骨文中作"弜改","弜是否定詞,義同於勿。"(李學勤語)"不改"這一詞在長期使用中是相對固定的。"不改"就是"不變更","保持原樣"的意思。這裹老子文"獨立而不玹",使用了"不改"這個詞,"改"義引伸爲變化,言道運化萬物而自己本身依舊默然静然,依然故我。

[5] 字,成年時所取用於稱呼的名。《禮記·檀弓》上:"幼名冠字。"孔穎達疏:"名以名質,生若無名,不可分别。故始生三月而加名,故曰幼名。冠字者,人年二十,有爲人父之道,朋友等類,不可復呼其名,故冠而加字。"《禮記·冠義》:"已冠而字之,成人之道也。"鄭玄注:"字,所以相尊也。"徐鍇云:"道者象帝之先,道者始初之爲也,實無也。無則不容立言,故强名曰道。强者非得意而樂受之,言欲明其趣,故强引而名之以爲立言之本。"老子在這裹説:"吾未知亓

名也。”即是説道是不可能直呼其名的，也無法知道它的名稱的。“周人以諱事神，名，終將諱之。”(《左傳·桓》六年)道亦不在時空之中，所以只能用字來稱呼。老子借助名與字的不同用法，説出了道的超驗。詳本書《四十五》義述。

［6］筮，乃噬之省寫。朱駿聲通訓：“噬，叚借爲逝。”《詩·唐風·有杕之杜》：“噬肯適我。”王先謙集疏：“此詩噬即逝之借字。”筮、噬、逝古通。逝，往也，言時間流逝。

［7］反，同返。金文《頌鼎》：“反入堇章。”《論語·子罕》：“吾自衛反魯。”錢鍾書云：“‘大’爲正；‘逝’者，離去也，違大而自異，即‘反’；‘遠’乃去之甚，反之極；而‘反(返)’者，遠而復，即反之反，‘至順’即‘合’於正，故‘反(返)’。於反爲違反，於正爲回反(返)。黑格爾所謂‘否定之否定’理無二致也。”(《管錐編》446頁)蔣錫昌云：“逝者，指道之進行而言，即宇宙歷史自然之演進也；遠者，謂宇宙歷史演進愈久，則民智愈進，奸僞愈多，故去真亦遠也。反爲返之假，謂聖人處此去真愈遠之時，應自有爲返至無爲，自複雜返至簡單，自巧智返至愚樸，自多欲返至寡欲，自文明返至鄙野也。‘大曰逝，逝曰遠，遠曰反’，……此三句可包括《老子》全部之哲學。”

此處之“反”，即《文子·道原》所云：“反者，道之常也。”亦猶“大道坦坦，去身不遠。求之遠者，往而復返”。嚴遵《老子指歸》：“故大道坦坦，不出門户；其出彌遠，其知彌寡。道在於身，不在於野。化自於我，不由於彼。萬物常治，智慧不起。”

［8］王亦大，《説文》：“天大，地大，人亦大，故大象人形。”人即王。《書·洪範》：“天子作民父母，以爲天下王。”王與道、天、地並立，都高居於人類之上。在老子哲學中，道、天、地是自然的體現，順應自然是人的必然。王即天子，是自然的人間代表，爲庶民之父母，庶民無條件服從天子，等於順天行事，順應自然。王亦即是聖上，是老子語境中的聖人。這正是專制政治最原始的出發點。

［9］“國”，甲本同。《郭店楚墓竹簡·老子》甲也作“國”。王弼本、河上本、傅奕本作“域”。《説文》：“國，邦也。从口，从或。”段注：“邦、國互訓，渾言之也。或，邦也，古或、國同用。”國，金文作“或”。《説文》：“或，邦也。”段注：“蓋或、國，在周時爲古今字。古文只有或字。”金文《毛公鼎》：“迺唯是喪我或。”國與封疆之界所稱域，在古文中都以“或”表示。甲本於乙本所書國字處皆用邦，獨此處用國，可見國之取義在或，即域。春秋之世，人之活動範圍有限，往往視所到之境爲天下，爲宇宙。所以“國中有四大而王居一焉”之“國中”即是“域中”，亦即天下宇宙也。

［10］人法地，奚侗《老子集解》云：“地以寧静爲德，人當以寧静爲性。”

［11］地法天，《易·坤》：“至哉坤元，萬物資生，乃順承天。”

［12］天法道，《文子·道德》：“夫道者德之元，天之根。”

［13］道法自然，《文子·道德》：“道主无爲，无爲者順自然也。”道乃自然之體現。人通過地、天、道走向自然，而自然及道在時空之外，故人僅從師法最近之地始。王弼注：“法，謂法則也。人不違地，乃得全安，法地也。地不違天，乃得全載，法天也。天不違道，乃得全覆，法道也。道不違自然，乃得其性。法自然者，在方而法方，在圓而法圓，於自然無所違也。自然者，無稱之言，窮極之辭也。用智不及無知，而形魄不及精象，精象不及無形，有儀不及無儀，故轉相法也。道順自然，天故資焉。天法於道，地故則焉。地法於天，人故象焉。所以爲主，其一之者，主也。”

［義述］

本篇明確地告訴人們，“有物昆成，先天地生，蕭呵漻呵，獨立而不玹。可以爲天地母，吾未知亓名也，字之曰道。”道僅是“有物”所取之字，名是不知道的。再一次表現了《老子》所包含的原始思想(參見本書《四十五》義述)。《儀禮·士冠禮》記載了取字的祝辭:“禮儀既備,令月吉日,昭告爾字。爰字孔嘉,髦士攸宜,宜之於假,永受保之。”在隆重的冠禮儀式上鄭重地取字,作爲對行成年禮的年輕人未來的保護。“宜之於假”,假即是借,借字以掩真名。“字之曰道”,反映了對“有物”的崇敬之情。道的名是不可知的,因此是不可戰勝的。在本篇結尾“道法自然”,明白地表現了原始人“對於生物與非生物的區别永遠糾葛不清。他們把每株樹,每條河流,每一塊岩石,都人格化了,都視作和自己同樣的有思想,有感情的東西”(鄭振鐸《湯禱篇》66 頁)。既然客觀世界的一切都靈魂化了,那麽道的功能,就是有靈魂的自然萬物力量的總和。“道法自然”的真實含義就在這裏。

人與自然相對。然而人法地,地法天,天法道,道法自然。從超然於物我之境的觀點來看,則人亦不過是自然的一部分。但人的思想,常常是自覺地異化於自然。這樣就出現了人的思維對自然的超越,對時空的超越。創造一個“道”來作爲字,正是思維超驗的結果。道具有無可比擬的本體的地位。它不但先天地而生,也爲天地之母,“獨立而不玹”。它的名稱是無法知曉的,大而逝,逝而遠,遠而返,渾然塊然,既無限又無處不在,且無可見無所聞。人所生活的大地,從大地而面向天,天就體現了道,而道恰恰是從自然而來的。老子在本篇中很清楚地説明了道的本體特征。黑格爾對東方哲學的本體論描述中,是這樣説的:“上帝、自在自爲者,永恒者,在東方大體上是在普遍性的意義下被理解;同樣,個體對上帝的關係也是被理解爲掩埋在普遍性裏面的。在東方宗教中主要的情形就是,只有那唯一自在的本體纔是真實的,個體若與自在自爲者對立,則本身既不能有任何價值,也無法護得任何價值。但與本體合而爲一時,個體就停止其爲主體,主體就停止其爲意識,而消逝於無意識之中了。"(《哲學史講演録》117 頁)這就是道等同於自然。它作爲老子哲學的本體論,"那唯一自在的本體纔是真實的"。人的自主意識只能認同於自然,融合於自然,依托這唯一的本體而没有人獨立的意識。

如果按照西方本體論的概念來衡量,老子的道這個本體論是不够的。因爲它未滿足回到人這個主體的需要。人在道這個本體面前並没有建立起思想的自由意志,所以它是不自由的。"真正客觀的思想基礎植根於主體的真實自由之中,普遍性、本體本身必須具有客觀性。因爲思想就是這個普遍性,就是本體的基礎,并且同時也就是'我',——思想是自在的,是作爲自由的主體而存在着——:因此普遍性是有直接的存在的;它不是一個應該達到的目的或境界,它的絶對性是客觀的。"(《哲學史講演録》154 頁)正是老子道的自然本體論不具有"自由的主體而存在着",所以只有道的"唯一自在的本體纔是真實的",作爲人的個體與之既不能對立,也只有在與這個本體合而爲一,在喪失了主體的狀態下以消逝於無意識中的形式屈從於自然。

徐紹楨《道德經述義》:"言道先天地而生,混然一氣而已。寂兮無聲之可聞也,寥兮無形之可見也,獨立於萬物之表而不變也,周行於萬物之中而不怠也。吾初不知其名也,字之曰道,强爲之名曰大,大者言其廣博而無外,然猶似未足以盡之也。則見其流行不息焉,悠久無疆焉,因又名之曰逝,曰遠,至於遠而求其際,不可得焉。又復歸其根而求之,未嘗離於吾身也,故又名之曰反也。"道即自然,這個人的思想開始對道和自然的運化原因及方式進行終極追索和關懷，這就是哲學思考，老子本篇即是如此。

自然成爲人類思想追隨的最高境界，也是老子哲學的最高範疇。自然本身不受任何影響。它是自在之物，在時空之外，超越經驗，由它演化的萬物，從内質到外觀，永遠處於最合理的狀態。《論衡・偶會》："自然之道，適偶之數，非有他氣旁物厭勝感動使之然也。"它是獨立而超然自在，世上人之外的萬物，凡是合乎自然的，必然處於最佳狀態。包括經驗世界的科學，它所有的成就，無不合乎自然，就是普通説的規律。所以科學的産品都是和諧的。道法自然，道以自然爲法，這個法，不是師法，而是被規範。道的存在不是有意識地去遵循自然，而是自然而然，不學而能，不爲而爲，從而體現出自然的規範。道是人創造的概念，代表了人對自然的認同。因爲人類認識世界的基礎先驗邏輯本身就是自然的産物。從這點看"道法自然"，也是順理成章的事。阮籍《達莊論》："乾坤易簡，故雅樂不煩；道德平淡，故無聲無味。不煩則陰陽自通，無味則百物自樂，日遷善成化而不自知，風俗移易而同於是樂。此自然之道，樂之所始也。"樂，就是和諧。

七十

重爲輕根，䴖[1]爲趮君[2]。是以君子冬日行[3]，不遠亓甾重[4]。雖有環官[5]，燕處[6]則昭若[7]，若何[8]萬乘之王[9]，而以身輕於天下。輕則失本，趮則失君[10]。

[校注]

[1] 䴖，即静。静者安閒恬適，從容淡定。《説文》："静，審也。"段注："人心宷度得宜。一言一事，必求理義之必然。則雖繁勞之極而無紛亂，亦曰静。"《韓非子・喻老》："天下有道無急患則曰静。"

[2] "趮"，甲本同。王弼本作"躁"。《管子・心術》上："摇者不定，趮者不静。"言急功浮躁，擾動不安，唯静能制之。所以説："䴖爲趮君。"君，主宰。高延第《老子證義》云："重爲己身，輕爲天下。身治而後天下治，故云重爲輕根。躁者多欲，唯静足以制之，故云静。"

[3] 冬日，終日。行，出巡。《周禮・地官・州長》："若國作民而師、田、行、役之事，則帥而致之。"賈公彦疏："師謂征伐，田謂田獵，行謂巡狩，役謂役作。"

[4] 甾重，載重之車馬。甾，輜之初文。《漢書・韓安國傳》顔師古注："輜，衣車也；重謂載重物車也。故行者之資，總曰輜重。"甾重乃巡行舉兵者所携載之物資軍實，行欲輕而載必重也。《孫子・軍

争篇》:“是故軍無輜重則亡。”

[5]“環官”,甲本同。王弼本作“榮觀”。《左傳·莊》四年:“營軍臨隨。”楊伯峻注:“營亦動詞,營軍,爲軍隊築營壘也。或曰營讀環,謂圍其四周。”環、榮二字古與營同聲通用。王筠《説文釋例》卷三云:“九篇厶部説,引韓非子自營爲厶,今本作自環爲私。環、營皆旋繞之意。”官、觀音近而皆有軍事建筑物含義。榮觀猶環官。環官亦即是營衛。《史記·五帝本紀》:黄帝“遷徙往來無常處,以師兵爲營衛”。張守節正義:“環繞軍兵爲營以自衛,若轅門即其遺象。”周星《營窟與營衛》:“帝王將相之‘營衛’、‘環衛’,均應起於史前黄帝時代之‘營衛’,而黄帝之‘營衛’當即史前遊牧部族的圓形向心聚落,如同在北美大草原印第安人那裏所見到的一樣,故《史記》稱其遷徙往來,居無常處。圓形的‘營衛’聚落,因其便於防守的緣故,遂又從中演出後世的圓形軍陣來。”(陝西《考古與文物》一九九七年第五期56頁)君子之行,不遠輜重,且環築圓陣。圓陣爲防守之陣,乃軍行停宿之措施。下連“萬乘之王”,則環官爲營壘,又引伸爲環衛之軍隊。《荀子·議兵》:“圜居而方止,則若盤石然。”楊倞注:“圜方形容扎營的陣形。”所言圜居與環官同。《左傳·文》元年:“使爲大師,且掌環列之尹。”杜預注:“環列之尹,宫衛之官,列兵而環王宫。”後世人君之護衛稱環衛,“人主以天下爲家,故以府庫之有爲己有,環衛之强者爲己强者,尚然末王之事”(黄宗羲《明夷待訪録》)。古之環官,猶後世之環衛也。

[6]燕處,猶優閒安享之處所。《字彙》:“燕,安也。”《禮記·經解》:“燕處則聽雅頌之音。”燕處,與朝廷相對而言,猶燕居。鄭玄云:“退朝而處曰燕居。”指政事場所之外的生活休息之處。

[7]“昭若”,王弼本作“超然”。《廣雅·釋詁》:“昭,明也。”《易·晋》:“象曰:明出地上。晋,君子以自昭明德。”昭若,彰明之狀。

［8］“若何”，怎麼。甲本同，王弼本作“奈何”。

［9］“萬乘之王”，甲本同。王弼本、河上本、傅奕本、范應元本皆作“萬乘之主”。乘，兵車。由甲士三人，步卒七十二人組成，加上戰車及四匹馬，稱爲一乘。早在春秋時即以萬乘稱天子，天子稱王。所以老子説：“若何萬乘之王，而以身輕於天下。”唯周天子纔能與天下之稱相應。所謂至戰國時纔有萬乘之説純屬想當然而臆造，妄新之徒以臆造之説立論《老子》晚出，實屬荒謬。萬乘之王，雖有環衛之官守護，然而安饗優閒而顯赫招摇；溺於一身之逸樂，雖有護衛，乃是取危之道。《顔氏家訓・風操》：“兵凶戰危，非安全之道。古者，天子喪服以臨師，將軍鑿凶門而出。父祖伯叔，若在軍陣，貶損自居，不宜奏樂讌會及婚冠吉慶事也。若居圍城之中，憔悴容色，除去飾玩，常爲臨深履薄之狀焉。”河上公注：“王者至尊，而以其身行輕躁乎？疾時王奢恣輕淫也。”萬乘之王，應守雌處静，少私寡欲，纔是愛身之理。所以老子説：“我无爲而民自化，我好靜而民自正，我无事而民自富，我欲不欲而民自楃。”

［10］輕則失本，輕，浮躁。本，事物根基。《論語・學而》：“君子務本。”劉寶楠正義：“夫本不正者末必倚，始不盛者終必衰。”《左傳・襄》十八年：“齊侯駕，將走郵棠。大子與郭榮扣馬，曰，師速而疾，略也。將退矣，君何懼焉？且社稷之主不可以輕，輕則失衆，君必待之。”王弼注：“輕不鎮重也。失本，爲喪身也。失君，爲失君位也。”高延第《老子證義》云：“静爲無爲，躁爲有爲。身治而後天下治，無爲而後能有爲。故身爲天下事物之本，無爲又理煩治劇之主，君即主也。輜重所以衛身，言聖人終日所行，不外治身之事，雖有眩惑耳目之事，不關於内念，謂心不役於萬物，超然物表也。後世人主視天下爲重，以一身爲輕，皆不知身爲治本，不治身則失其本；静以御動，不能静則中無主，均不足以治天下。”

[義述]

本篇借言兵之語説明:重、静爲本。君子以輜重爲本,萬乘之王守静爲本。在古代從經驗世界的角度講確是這樣。《左傳·僖》三十三年:"秦師過周北門,左右免冑而下,超乘者三百乘。王孫滿尚幼,觀之,言於王曰:'秦師輕而無禮,必敗。輕則寡謀,無禮則脱。入險而脱,又不能謀,能無敗乎?'"秦軍果然在殽之戰中覆没。這種見解在春秋時代甚爲流行,老子隨手舉證,用以説明自己的哲理。嚴遵云:"言君好輕躁,如樹之根本而摇動。根動摇,則枝木枯而槁矣。人主不静,則百姓摇蕩。宗廟傾危,則失其國君之位也。"(《老子指歸》)這些在經驗世界裏是説得通的,就天子而言,確實不能輕移玉趾,以自己萬乘之軀去冒天下之大不韙。《吕氏春秋·君守》:"天之大静,既静而又寧,可以爲天下正。"這個説法點明了上文沉静所指。人君在戰場上的作爲只是説明守静的重要,指出瞬息萬變的戰局在沉静的氣度面前會顯現澄朗的天空。但如果理解僅止於此的話,那是不夠的。老子所論中心在守静,而且它是對具體之物的超越。本篇的開頭和結尾纔是重心所在。"重爲輕根,精爲趮君"與"輕則失本,趮則失君"首尾呼應,中間的談兵論戰只不過是舉例而已。老子所説持重守静,即是沉静。這是一種至境,這樣的人悠然而灑脱,思維的空間展拓得十分廣闊。沉静又是一種内涵,與生命的高質量連在一起。沉静作爲精神的最佳狀態,具有必然的大氣。它成爲觀照人生的睿智和曠達。從古至今,歷來的哲人對沉静有着多重的描寫。但本質的沉静只是一顆平常心。這顆平常心是對塵世繁華的超脱。蘇軾云:"静故了群動。"它把自我定位概括爲從自然的對立物的羈絆中超脱。這樣的人，他的内心深沉敏鋭，自由善良。思緒如行雲流水，自然流暢，但又不少高遠深刻，見人未見。這樣的沉静就達到了莊子的“天地與我並生，而萬物與我爲一”的哲學境界。在盧梭《漫步遐想録》中，他的回憶正可見他與老子相通的内心。

如果湖面平静，就一直划到湖心，仰面躺在船中，雙眼仰望長空，隨風飄蕩，有時一連飄上幾個小時，沉浸在没有明確固定目標的雜亂而甘美的遐想之中。在我心目中，這樣的遐想比我從所謂的人生樂趣中得到的甜蜜不知要好上幾百倍。（65 頁）

有時坐在最宜人，最僻静的地點盡情遐想，有時坐在平臺或土丘上縱目四望，欣賞比埃納湖和周圍岸邊美妙迷人的景色。湖的一邊近處是起伏的山崗，另一邊展爲豐沃的原野，一直可以望到天際蔚藍的群山。（66 頁）

暮色蒼茫時分，我從島的高處下來，高高興興地坐到湖邊灘上隱蔽的地方；波濤聲和水面的漣漪使我耳目一新，驅走了我心中任何其他的激蕩，使我的心浸沉在甘美的遐想之中，就這樣，夜幕時常就在不知不覺中垂降了。湖水動蕩不定，濤聲不已，有時訇的一聲，不斷震撼我的雙耳和兩眼，跟我的遐想在努力平息的澎湃心潮相互應答，使我無比歡欣地感到自我的存在，而無須費神去多加思索。我不時念及世間萬事的變化無常，水面正提供着這樣一種形象，但這樣的思想不但模糊淡薄，而且倏忽即逝，而輕輕撫慰着我的平穩寧静的思緒馬上就使這些微弱的印象化爲烏有，無須我心中有何活動，就足以使我流

> 連忘返，以至回歸時還不得不作一番努力，纔依依不舍地踏上歸途。（66 頁）
>
> 而我的心所懷念的幸福並不是一些轉瞬即逝的片刻，而是一種單純而恒久的境界，它本身並没有什麽强烈刺激的東西，但它持續越久，魅力越增，終於導人於至高無上的幸福之境。（67 頁）

這一切，如果没有沉静是做不到的。盧梭的心已與幽静的湖水，悠然的鄉村融爲一體了。他使人懂得了什麽是寵辱皆忘，什麽是不以物喜，不以己悲。在世界萬物中，只有人的思維是獨立存在的，所以必須自己好好地把握。陶淵明就明白心爲形役的痛苦。所以沉静必然回歸自然，讓自己的心只認同於自然，自然帶來的寧静。但在喧鬧的人間，作爲社會的一員，要如此沉静，談何容易。盧梭由於對當時社會的失望，只能在自然所帶來的沉静中體味自由平等的境界。一個人，在一生中，總是一大堆痛苦，纔换來片刻的寧静。無論是成功者還是失敗者，帝王或者平民，都是這樣。“采菊東籬下，悠然見南山”，這是一種境界，不是隨便所能做到的。絶巧棄利，認同自然，然後纔是自然的回報。正如魯迅所説，人有一個大缺點，就是會肚子餓。事實上這一點纔是基點，没有這一點，一切免談。社會的進步，物質的豐厚，環境的保護，正是爲了讓能得到寧静生活的人不斷增多。民主社會的努力，正是從盧梭的内心得到映照而來的。讀懂老子，也會使人們知道追索心的寧静的重要，認同自然。追索奮鬥之後的寧静，讓所有的人得到温飽後的寧静，這纔是認同自然的要義，人生的重心，只有這樣，方能不負平生，做一個自然的人。

七十一

善行者无達迹[1]，善言者无瑕適[2]，善數[3]者不用梼笐[4]，善閉者无關籥[5]而不可啓也，善結者无纆約[6]而不可解也。是以耶人恒善悇[7]人而无棄人[8]，物无棄財[9]，是胃曳明[10]。故善人，善人之師[11]；不善人，善人之資[12]也。不貴亓師，不愛亓資，雖知乎[13]大迷[14]。是胃眇要[15]。

［校注］

［1］“達迹”，甲本作“勶迹”，王弼本作“轍迹”。《釋名·釋言語》：“達，徹也。”朱駿聲通訓：“徹，通也。字亦作轍。《小爾雅·廣詁》：徹，達也。叚借爲勶。”徹、轍、勶通。達，轍也。春秋時貴族巡行乘馬駕車，行於土路之上。車迹曰轍，馬蹄印痕曰迹。轍迹乃兩種印痕。《莊子·胠篋》：“足迹接乎諸侯之境，車軌結乎千里之外。”此正“達迹”之謂也。

［2］瑕適，《廣韻》：“瑕，玉病也。”《詩·豳風·狼跋》：“德音不瑕。”毛傳：“瑕，過也。”孔穎達疏：“瑕者，玉之病。玉之有瑕，猶人之有過，故以瑕爲過。”《荀子·法行》：“瑕適並見，情也。”王念孫《讀書雜志》：“適，讀爲謫，謫亦瑕也。”王引之《經義述聞·春秋名字解詁》上：“衛公子瑕，字子適”條云：“玉有疵謂之瑕謫也。謫與適通。”瑕

適，猶言過失，用語失當。

［3］數，計算。《説文》："數，計也。"桂馥義證："計也者，本書筭，計曆數者。算數也。"

［4］"梼笁"，甲本作"檮箖"。王弼本作"籌策"。帛書整理者云：箖、策音近通假。箖，從竹，析聲。析，從木，從斤，義爲破木。戰國文字"箖"或從片，此更省去斤旁，遂成笁。梼笁，即籌策之假借。《玉篇》："籌，筭也。"徐鍇繫傳："籌，人以之算數也。"籌乃古代算籌，計算工具。其形制爲一根根之小棒，扁方形截面。制作材料有竹、木、骨、銅等。一九七一年陝西千陽縣出土西漢時骨質算籌數十枚，爲考古中首次發現之算籌實物。算籌不僅能計數，亦能用於運算。策亦爲古代用於計算的小籌。

［5］關籥，《説文》："關，以木横持門户也。"《墨子・備城門》："五十步一方，方尚必爲關籥守之。"岑仲勉注："備守城者入息之所，故加以鎖鑰。方尚猶云房上。"《孝經・五刑》："五刑之屬三千。"鄭玄注："壞人垣墻，開人關籥者臏。"《國語・楚語》下："爲之關籥蕃籬而遠備閑之，猶恐其至也。"籥爲開鎖之鑰匙，於鎖之用，不離籥之使用。古文中關籥即鎖匙，其義爲關鎖而非開啓。

［6］纆約，《説文》："纆，索也。"段注："《易》：'易用徽纆'所謂黑索拘攣罪人也。今字從墨。"約，《左傳・哀》十一年："人尋約，吴髮短。"杜預注："約，繩也。"纆約，束縛之繩子。纆約即纆索。

老子所云"善行者无達迹，善言者无瑕適，善數者不用梼笁，善閉者无關籥而不可啓也，善結者无纆約而不可解也"。此數事並不在經驗之範圍内，老子所言，猶《文子・上德》："視於无有，則得所見。聽於无聲，則得所聞。"皆爲超驗之談，關乎哲學之玄想，非當以具體經驗事物求之。若欲遍求實例，膠柱鼓瑟，失之誕矣。

［7］怣，《字彙》："怣，音救，義同。"

［8］棄人，因罪而不再任用之人。《管子・問》："問國之棄人，何

族之子弟也。"尹知章注:"棄人謂有過不齒,投之四裔者也。""是以耶人恒善怵人而无棄人",《淮南子·主術訓》:"是故有一形者處一位,有一能者服一事。力勝其任,則舉之者不重也;能稱其事,則爲之者不難也。毋小大修短,各得其宜,則天下一齊,無以相過也。聖人兼而用之,故無棄才。"無棄才,猶無棄人也。

[9]"物无棄財",甲本同。王弼本作:"常善救物,故無棄物。"救物而無棄物,甚不辭。不如"物无棄財"之簡當。物即是財,棄物乃棄財也。財,用也。《吕氏春秋·異用》:"文王得朽骨以喻其意,故聖人於物也無不材。""物无棄財",《淮南子·主術訓》:"是故賢主之用人也,猶巧工之制木也。大者以爲舟航柱梁,小者以爲楫楔,修者以爲欘榱,短者以爲朱儒枅櫨。無小大脩短,各得其所宜,規矩方圓,各有所施。天下之物,莫凶於雞毒,然而良醫橐而藏之,有所用也。是林莽之材,猶無可棄者,而況人乎?"老子"物无棄財"所言,實乃取喻而强調於人,故再致意焉。

[10]"曳",甲本作"怈",王弼本作"襲"。《説文》:"怈,習也。"曳乃怈之省寫。襲、習古通。《文選·王褒賦》:"超騰踰曳。"李善注:"曳,亦踰也。"有超邁義。習有數飛之義,亦可視作超邁。明,鑒察是非,懂得自己。曳明,猶言睿智。

[11]"善人之師",甲本同,王弼本作"不善人之師"。《禮記·王制》:"師也者,教之以事而歸諸道者也。"《韓非子·喻老》:"文王舉太公於渭濱者,貴之也;而資費仲玉版者,是愛之也。故曰:不貴其師,不愛其資,雖智大迷,是謂要眇。"太公是周文王之師,所以"貴師"是指善人之師,並非是不善人之師。王弼本作"不善人之師"義不可通。益證帛書本之佳處。

[12]資,借鑑之依據。僞言劣行之人,正是衆人之鑑戒。李霖云:"無不善,則不知善之爲善。故不善人善人之資。"(《道德真經取善集》)

［13］乎，而。《古書虚字集釋》卷四："乎，猶而也。"《説苑·敬慎》："樹欲静乎風不定。"《韓詩外傳》卷九："樹欲静而風不止。""雖知乎大迷"，即"雖知而大迷"。

［14］大迷，執迷不悟。王弼注："雖有其智，自任其智，不因物於其道，必失。故曰：雖智大迷。"

［15］"眇要"，甲本同。王弼本作"要妙"，義同。又與"幼眇"、"要眇"、"幽妙"、"杳眇"等通。《漢書·元帝紀》："窮極幼眇。"顔師古注："幼眇讀曰要妙。"黄生《字詁義府合按》："《中山王傳》：'每聞幼眇之音。'《老子》：'是謂要妙。'《上林賦》：'俛杳眇而無見。'《漢書》借用幼眇。若《老子》之要眇，則又借作深微之義。自漢以來，又借爲美好之稱，因改其字從女作妙，其實古無此字。《老子》之'妙'，必後人所改也。"帛書本爲"眇"，不作"妙"，古寫猶存，是知帛書文本之可貴。《楚辭·遠遊》："質銷鑠以汋約，神要眇以淫放。"洪興祖補注："眇與妙同。要眇，精微貌。"《淮南子·本經訓》："以窮要妙之望。"高誘注："要妙，深遠貌。"以上所舉皆"要"字在前。老子帛書作"眇要"。眇要與要眇，字序雖不同，其義無别。猶後世之"月亮"與"亮月"無别一樣。眇要，深遠精微。

［義述］

老子曰："善行者无達迹，善言者无瑕適，善數者不用檮筞，善閉者无關籥而不可啓也，善結者无纆約而不可解也。"老子所言這五項都是違背常識經驗的，也就是説在生活中是不現實的，這個不現實正是哲學的現實。葉秀山云："哲學考慮的是超出通常經驗之上的，哲學的思想是不受經驗限制的，哲學考慮的是自由。"(《哲學要義》16 頁)王弼在注本篇的前半部分這樣説："因物自然，不設不施，故不用關楗，繩約而不可開解也。此五者皆言不造不施，因物之性，不以形制物也。聖人不立形名以檢於物，不造進向以殊棄不肖，輔萬物之自然而不爲始，故曰無棄人也。”王弼確能從老子哲學的角度去進行正確解説。本篇所言即是老子所主張的自然。後世不少注家所言，往往見不及此。往往只從經驗的角度去坐實，這其實是想用常識去取代哲學的超驗。老子這裏的論述是不能從常識的角度去理解的。無論怎樣的能言巧説，在生活中尋找似是而非的例子去應對説明，都是不符合老子的原意的。

> 依附於經驗的常識，總是面向有限的經驗，並以有限性的表象思維去看待經驗所無法達到的無限，因而無法達到超驗的無限性；與此相反，超越經驗的哲學理性，總是面向無限的超驗存在，並以超驗的無限性去看待有限的經驗，因而在有限與無限的對立統一中形成辯證的哲學智慧。（孫正聿《哲學通論》77 頁）

老子所要説的是自然，人不能違背自然。自然是超驗的本體。《莊子·駢拇》：“且夫構繩規距而正者，是削其性者也。待繩約膠漆而固者，是侵其德者也。呴俞仁義，以慰天下之心者，此失其常然也。天下有常然，常然者，曲者不爲鉤，直者不以繩，圓者不以規，方者不以矩，附離不以膠漆，約束不以纆索。故天下誘然皆生，而不知其所以生。同焉皆得，而不知其所以得。”郭象注：“夫物有常然，任而不助，則泯然自得而不自覺也。”成玄英疏：“夫天下萬物，各有常分。至如蓬曲麻直，首圓足方也。水則冬凝而夏釋，魚則春聚而秋散，斯出自天然，非假諸物，豈有鉤繩規矩膠漆纆索之可加乎？在形既然，於性亦爾。”老子所説“善行”、“善言”、“善數”、“善閉”、“善結”云云，實是順其自然之謂，非真有至巧之技，奇迹之現也。一切都是自然而然，包括人類社會亦是如此。所説五事隱喻超越經驗的無限，是老子哲學所推崇的不在時空中的自然。這個自然，正是本體的别稱。

棄人是指放逐。在原始時代的最高懲罰是驅逐出部落。這裏老子所説的“耶人恒善悇人而无棄人，物无棄財，是胃曳明”，不但是從治國角度而言的，也是從哲學的角度而言的。吴澄云：“聖人之救人救物，以不救爲救，亦若上文所譬，以不爲其事爲然也。”哲學所追索的是“尋取最高原因的基本原理”（亞里士多德《形而上學》56 頁）。在這裏，老子哲學就已經從尋求現實的因果關係而轉向探尋世界現象的因果的邏輯關係，從而把世界的統一性視爲超越經驗而爲思維所把握的本體。老子所説的“恒善悇人而无棄人，物无棄財”正是從本體的角度而言。在這裏，形而上者謂之道，形而下者謂之器。此亦是無爲而無不爲的精妙所在，是非凡的智慧。聖人救人，本質上面對的是全人類，故無棄人。以往大哲的探究，他們的學説，哪個不是這樣？無論善與不善，皆可爲師，爲資。不懂得這些，“雖知乎大迷”。懂得這些，正是深遠精微之所在。范應元云：“故善人之道，如陽和陶物，公而無私，薰然融怡，使人自得之也。一旦洞悟則默契玄同之真，了無遺愛之迹，此自古至今，不傳之傳也。是道也，及其至也，雖智者亦有所不曉，此乃謂道之要妙也。”

七十二

知亓雄，守亓雌，爲天下雞[1]。爲天下雞，恒德[2]不离[3]，恒德不离，復[歸於嬰兒。知[4]]亓白，守亓辱[5]，爲天下浴。爲天下浴，恒德乃足，恒德乃足，復歸於楃[6]。知亓白，守亓黑，爲天下式[7]。爲天下式，恒德不貣[8]，恒德不貣，復歸於无極[9]。楃散[10]則爲器[11]，耶人用則爲官長[12]，夫大制[13]无割[14]。

[校注]

[1] 知，實現，掌握。下同。雞，通奚，罪人。《淮南子·主術訓》："天下之物莫凶於雞毒。"王念孫云："奚毒一作雞毒。"想爾本、敦煌丁本作"爲天下奚"。羅振玉《增訂殷墟書契考釋》："《説文解字》：'奚，大腹也。'予意罪隸爲奚之本誼，故從手持索以拘罪人。其從女者與從大同，《周官》有女奚，猶奴之從女矣。"《周禮·天官·序官》："奚三百人。"鄭玄注："古者從坐，男女没入縣官爲奴，其少才知以爲奚。"後世於奴僕有"奚奴"之稱。知亓雄，守亓雌，爲天下雞，猶言實現雄强而持守雌位，甘居天下極低之下乘。

[2] 恒德，應有之德，包括知雄守雌。下文之"恒德"亦包括其後

之知白守辱，知白守黑。

［3］本篇句子多用頂真重複句法，語氣强化。王弼本“常德不離”、“常德不忒”、“常德乃足”等皆止一句，已爲傳寫之人删去，語氣轉弱，詞義亦不順。

恒德不离，繁體字中“離”爲通行寫法，帛書此處寫作“离”。《説文》段注：“离、離古通用。”《莊子·馬蹄》：“同乎无知，其德不離。”郭象注：“知則離道以善也。欲則離性以飾也。”不離，不失常性。

［4］“歸於嬰兒知”五字據傅奕本補。嬰兒，王弼注：“嬰兒不用智而合自然之智。”

［5］本篇有兩個“白”字，含義不同。乙本“知亓白，守亓辱”，“知亓白，守亓黑”中白字清清楚楚毫無疑問。而甲本之“白”，原迹照片作“⊟”，有人即指此字爲“日”，其穿鑿附會，指鹿爲馬，甚不可取。老子帛書甲本乃篆書抄本。篆書之“日”字寫法，中一横必須懸空。甲骨文作⊖（前四·二九五），金文《史頌簋》作⊖，金文《且日戈》作⊖，《石鼓》作⊖，秦《嶧山碑》作⊖。據此⊟不是篆書中的“日”。在老子帛書甲本的原迹照片上距“⊟”字數行之處，有《老子·七十》中文句“君子冬日行”。其中“日”字，赫然寫着⊖，中間一横懸空。這出現在同一片絹帛上的⊟與⊖分别甚明，是不應搞錯的。這些都是古文字的起碼常識。再看篆書“白”字的寫法。甲骨文書作θ（佚四二七），金文《伯盂》作θ，金文《格伯簋》作⊟，侯馬盟書作θ。據此甲本之“⊟”應是“白”字。馬王堆帛書整理者之釋正作“白”，是完全正確的。白通伯，亦通霸。《金文編》：“盂鼎，θ，孳乳爲伯。”郭沫若《金文叢攷》：“此實拇指之象形……拇爲將指，在手足俱居首位，故白引伸爲伯仲之伯，又引伸爲王伯之伯。”無論爲君長之“白”（伯），還是顔色之“白”，它都處在一個强勢的地位。白色之白見本篇注［7］。《廣雅·釋詁》一：“伯，君也。”王念孫疏證：“《爾雅》：王、公、侯，君也。公、侯而下，則爲伯、子、男及卿大夫之有地者。”伯義爲一方之長，而先秦

時伯多書作白。《白虎通德論·爵》："伯者白也，子者孳也。孳孳無已也。"伯也常在霸的義項上使用，諸侯盟主被稱爲伯，諸侯之長也。《史記·齊太公世家》："天子使晋稱伯。"張守節正義："伯讀霸。"《荀子·儒效》："用萬乘之國，則舉措而定，一朝而伯。"楊倞注："伯讀爲霸，言一朝而霸也。"辱，《説文》："辱，恥也。"《易·繫辭》上："樞機之發，榮辱之主也。"辱義亦解爲過失。《左傳·定》三年："唐侯曰：寡人之過也，二三子無辱。皆賞之。""知亓白，守亓辱"者，知强守弱之謂。言雖强盛如霸，亦不忘守弱忍讓，關注過失，小心翼翼，虛懷若谷也。

［6］浴，山谷。樸，《説文》："樸，木素也。"段注："素，猶質也。以木爲質，未雕飾，如瓦器之坯然。"《書·梓材》："既勤樸斲。"馬融注："樸，未成器也。"《論衡·量知》："無刀斧之斷者謂之樸。"樸爲未經加工之木料，尚保持其自然狀態或原始面貌之事物亦謂之樸。樸之概念爲老子所常用，如本篇"樸散則爲器"。《六十三》："見素抱樸。"《八十一》："吾將闐之以无名之樸。""復歸於樸"言返回渾成天然。

［7］白，這是本篇第二次出現之"白"字。它與黑相對，故應爲白色之白。該義也起源於很古的時代。商承祚《〈説文〉中之古文考》："甲骨文、金文、鉢文皆從日鋭頂，象日始出地面，光閃耀如尖鋭，天色已白，故曰白也。"白即太陽之升，標志着陽和之氣沛乎大地。故白乃爲陽爲雄，黑乃爲陰爲雌。知白守黑亦猶知强守柔。式，法度，規範。《楚辭·天問》："天式從横，陽離爰死。"王逸章句："式，法也。言天法有善陰陽之道。"爲天下式，猶言順天下陰陽之變化。

［8］"貸"甲本作"貣"。貸，《六書故》："貸，差也。與忒通。"朱駿聲通訓："貸，叚借爲忒。"《禮記·月令》："宿離不貸，毋失經紀。"陳澔集説："貸與忒同。"陸德明釋文："貸，他得反。"鄭玄注："不貸，不得過差也。"貣，《集韻》："貸，或作貣。"貸、貣、忒通，音脱。錢大昕云："《説文》：忲，失常也。忒，更也。兩字皆他得反，差貸字本當从

心作忒,《經典》借用從貝之貸,仍讀如忒。"(《十駕齋養新録》卷二)不貸,即不忒,無所錯失也。王弼本、河上本皆作"常德不忒"。言知强盛而守柔弱,順陰陽變化於天下,磅礴罔測,並無過誤。

[9] 无極,宇宙萬物本源的另一個説法。"无極"乃無形無象,無聲無臭,無始無終,渾沌未分之初始。周敦頤所謂造化之樞紐也。

"知亓白,守亓黑,爲天下式。爲天下式,恒德不貸,恒德不貸,復歸於无極。"此數句傳世本接於"復歸於嬰兒"句之後。此乃後人惑於"復歸於樸"與"樸散則成器"相接成文而將上述文字移前。帛書文本的出現,否定了傳世本的語序。堅持傳世本語序者於是造作上述老文爲竄入之文字。此種無根游談,反致顛倒淆亂,無助於對老子的理解。老子帛書及西漢竹簡之出土,足證古本如此。帛書本"爲天下雞","爲天下浴","爲天下式",層層推進。"復歸於嬰兒","復歸於樸","復歸於无極",語序井然,自有其内在邏輯。最後之"樸散則爲器,耶人用則爲官長,夫大制无割",非指部分,乃籠罩全篇而言。《莊子·天下》:"知其雄,守其雌,爲天下谿。知其白,守其辱,爲天下谷。"所引即出於《老子》本篇之前半,雖未全引,然而語序與帛書文本一致,此乃有力之證據。後人據淆亂之文,解不能通,不識老子文義,於是妄疑有衍文竄入。先秦文字,同義重復者盡多,乃修辭之法,亦見於《詩》三百篇,豈皆是衍文乎?微老子帛書,此疑案不可解矣。而改字作解者,其心中實有揮之不去之俗本之陋也。

[10] 散,《集韻》:"散,分也。隸作散。"散,金文古寫猶存。加工自然之物,必然使所成之物從自然狀態下分離出來,分離即是散。徐大椿《道德經注》:"樸者,不彫不琢,無一物之形,而具萬物之質。散者,離其本身,加以造作之工。一有造作,則隨人所爲而成一器,此物不能爲彼物,而太樸漓矣。"《淮南子·本經訓》:"今背其本而求其末,釋其要而索之於詳,未可與言至也。天地之大,可以矩表識也;星月之行,可以曆推得也;雷震之聲,可以鼓鐘寫也;風雨之變,

可以音律知也;是故大可覩者,可得而量也;明可見者,可得而蔽也;聲可聞者,可得而調也;色可察者,可得而別也。夫至大天地,弗能含也;至微神明,弗能領也。及至建律曆,別五色,異清濁,味甘苦,則樸散而爲器矣。"形而下者爲之器,一落人爲,即失自然。樸,自然也。

［11］器,《易·繫辭》上:"形乃謂之器。"原始土木,經加工成爲各種器物,乃離開了原來的自然狀態,亦即失去天真自然。成器即是離樸,成器必然離樸。

［12］官長,《易·繫辭》下:"百官以治,萬民以察。"《周禮·天官·大宰》:"乃施則於都鄙而建其長。"鄭玄注:"長謂公卿大夫王子弟食采邑者。"

進入文明社會,混沌淳樸的社會不復存在,社會出現對立,聖人官長之設,正乃用以爲治所致。有如"樸散則爲器",自然之物變爲人工之器;"耶人用則爲官長",自然之人變爲社會之官民。

［13］大制,《説文》:"制,裁也。一曰止也。㓷,古文制如此。"朱駿聲通訓:"以刀斷木,从未,猶从木也。木老而堅,中材用,故从未。古文从彡,象斫木紋。淮南主術:猶巧工之制木也。"引伸爲斫木之刀。大制猶大刀,利器。

［14］无割,《爾雅·釋言》:"割,裂也。"邢昺疏:"割,謂以刀裂之也。""无割",感覺不到刀鋒。《莊子·養生主》:"良庖歲更刀,割也;族庖月更刀,折也。今臣之刀十九年矣,所解數千牛矣,而刀刃若新發於硎。而刀刃者无厚,以无厚入有閒,恢恢乎其於遊刃必有餘地矣,是以十九年而刀刃若新發於硎。"此正可作"无割"之談。"大制无割",可理解爲像道這樣含詠萬物的利器是感覺不到它的刀鋒的。

［義述］

本篇所講的内容對墨子有一定的影響。"爲天下雞(奚)"

言爲天下之奴僕。知白守辱,知白守黑,亦有自甘柔弱之義。《莊子·天下》:"墨子稱道曰:'昔者禹之湮洪水,決江河而通四夷九洲也,名山三百,支川三千,小者无數。禹親自操橐耜而九雜天下之川,腓无胈,脛无毛,沐甚雨,櫛疾風,置萬國。禹,大聖也,而形勞天下也如此。'使後世之墨者多以裘褐爲衣,以跂蹻爲服,日夜不休,以自苦爲極,曰'不能如此,非禹之道也,不足爲墨'。"江瑔《讀子卮言》云:墨子不姓墨。墨乃古五刑之一。《書》、《周禮》、《漢書》諸書注疏多以墨爲黥刑,墨家所爲,確如刑徒。鄭玄《周禮》注:"今之奴婢,即古之罪人也。"《左傳》:"欒郤胥原孤續慶伯降在皂隸。"即爲奴婢罪犯本爲一體之證。《孟子·盡心》上:"墨子兼愛,摩頂放踵利天下爲之。"趙岐注:"摩突其頂。"《荀子·非相》:"孫叔敖突禿。"楊倞注:"突謂短髮可凌突人者。"焦循《孟子正義》:謂突禿聲轉,突即是禿。摩頂即是禿頂,頭頂無髮者。春秋時,家奴皆髡鉗而禿。《漢書》:當黥者髡鉗爲城旦舂。孫臏,黥布皆以刑得名,故墨子亦以刑稱之。墨者,奴隸之稱。禽滑厘事墨子三年,"手足胼胝,面目黧黑,役身給使,不敢問欲"。墨子摩頂放踵之説正與老子"爲天下雞(奚)"之旨同。知雌守柔而願爲天下之奚奴,故曰守其辱,守其黑。墨子乃承老子之意而發揚之。

通觀全篇所言,由雞(奚)而嬰兒,由浴(谷)而樸,由式而无極。其核心即是對自然的認同。從"復歸於樸","復歸於无極"。"樸"和"无極"有着邏輯上的聯繫。"樸"即是萬物所以成的原始質料。"无極"即無限。"樸"和"无極"它們是同一的,同是道範疇的延伸,本體的效應。古希臘米利多學派的阿那克西愛德認爲"個體和種類,不住地變遷着,但它們所從出的質料,即所謂的無限,却不能毀滅,它不能被毀滅,因它不是被創造的，它包涵一切，産生一切，並治理一切。它是最高的神，在它自身裏面，有一種永久的活力”（艾爾弗雷德·韋伯《西洋哲學史》12 頁）。老子所論在根本上與這裏的引述有着某種相似之處。因爲他們尋找的同樣是力圖擺脱實際的，實用的關係的那樣一種獨立的知識體系。自然的原則是老子哲學的出發點。由於人類的進步即是人工之物不斷增多，所以人的進步不僅意味着自然之物不斷地爲人所改變，而且也改變着人自身，使人從自然異化。在早期的東西方哲學裏，古希臘哲學家在論及自然時所探討的主題爲本源，也被稱爲始基。這個“本源”在希臘文中的本義是“執政官”的意思。這與人類古時人王初期階段有關，因爲在那時的人的觀念中，認爲人王也能像其管轄和主宰臣民那樣去主宰和影響自然。古希臘的民主制度，公民選舉執政官，造就了人的自覺意識。從中發展了古希臘哲學中的自由意志思想。在中國老子的思想中，雖也有人王影響主宰自然的思想觀念，但是早在西周初年，確立了天命的觀念，作爲具有氏族貴族背景的統治者，都是天的意志的體現。這樣造成了老子哲學把聖人等同於自然，執政者的出現乃是天命所在的結果，在中國古代由於天命所體現的是自然的意志，民衆對於執政者的服從，等同於對自然的服從。這樣否定了人對自然的獨立，也就否定了人的生存動力。人只能把自己融入自然。人的生存動力被動地來自於自然，它缺乏個性的自主追求，没有自主追求的思想就只能以自然爲自己的歸宿。道即是自然。自然從不創造，聖人也從不創造，萬物化生，生而不有，爲而不持。無爲而無不爲。自然界雖有生殖，但生殖僅僅是復製，復製不是創造。正因爲自然不創造，所以能夠長久。人最接近自然的狀態在於初生的嬰兒。

萬物最接近自然的狀態在於渾樸草昧自在之時。而自然的法度即是“式”,那就是宇宙的本源,也就是“无極”。老子就是通過這樣的推進,説明自然爲最高原則。這種哲學的規範,很容易使君主與自然産生觀念上的重合。這爲韓非子製造專制的理論提供了基礎。對自然皈依的心理,也爲專制制度下的臣民作了必要的思想鋪墊。

本篇的叙述,文句廻環,層層遞進,由淺而深,用以説明道即自然及其廣大萬能,具有很强的邏輯性,而這種邏輯性是王弼本的文句所不具備的。人的趨道狀態及其德的表現經過分析:能爲天下之奴僕,他的德僅爲一般,只能有如嬰兒狀態的天真無知。能爲如天下之山谷,空曠博大,他的德會是充裕的,能有如回歸自然,自然而然。到爲天下式時,他的德會是無物可以相易,無物可以相比,可皈依自然之萬能和無限。物質世界的發展,越初始越低級;而精神世界的發展則相反,越探取本源,就越超然在上。在這裏可以看到“最高、最廣義的‘天人合一’,就是主體融入客體,或者客體融入主體,堅持根本同一,泯除一切顯著差别,從而達到個人與宇宙不二的狀態”(金岳霖《道,自然與人》54 頁)。老子對此加以總結:自然狀態的結束意味人工之物的産生;原始社會的結束則建立起有官長的社會。這兩件事涵蓋了整個世界。而自然——道,這個看不見的利器,它的作用却是永恒的啊。

七十三

將[1]欲取[天下而爲[2]之，吾見[3]亓弗[4]]得已夫[5]。天下，神器[6]也，非可爲者也[7]。爲之者敗之，執之者失之[8]。物或行或隋[9]，或熱[或吹[10]，或彊]或磑[11]，或陪[12]或墮[13]。是以耶人去甚[14]去大[15]去諸[16]。

[校注]

[1] 將，《經傳釋詞補》："將，或爲發語。"用在句首，上無所承，作發語詞，有音無義。

[2] 爲，《小爾雅·廣詁》："爲，治也。"《國語·周語》上："爲民者宣之使言。"爲，得天下而治之。

[3] 見，《淮南子·脩務訓》："今使六子者易事，而明弗能見者何?"高誘注："見猶知也。"《孫臏兵法·八陣》："見勝而戰，弗見而諍，此王者之將也。"見猶知道，預料。

[4] "天下而爲之吾見亓弗"九字據甲本補。

[5] 弗得已夫，夫，《詞詮》卷一："夫，語末助詞，表感歎。"《禮記·檀弓》上："爾責於人，終無已夫。"弗得已夫，猶言：做不到吧。《荀子·正論》："天下者，至大也，非聖人莫之能有也。"《國語·周語》下："天地所胙，小而後國。"韋昭注："胙，福也。天之所福，小則

得國，大得天下也。”明言得天下者，天命所賜，非人力主觀之所能也。天下神器之得，猶象罔之得玄珠也。象罔，無心也。

［6］神器，重器，大器，九鼎之類，象徵國家政權。《荀子·王霸》：“國者，天下之大器也，重任也。”《漢書·敘傳》上：“世俗見高祖興於布衣，不達其故，以爲適遭暴亂，得奮其劍，遊説之士至比天下逐鹿，幸捷而得之，不知神器有命，不可以智力求也。”《文選·左思〈魏都賦〉》：“劉宗委馭，巽其神器。”吕延濟注：“神器，帝位。”《續資治通鑑》卷一六三：真德秀言：“太后親舉神器以授陛下，同聽萬機。”

［7］非可爲者也，《廣雅·釋詁》：“取，爲也。”《荀子·王霸》：“將以爲樂，乃得憂焉；將以爲安，乃得危焉；將以爲福，乃得死亡焉；豈不哀哉。”言天下神器有命，非可謀取者。《淮南子·原道訓》：“是故天下之事，不可爲也，因其自然而推之。萬物之變，不可究也，秉其要歸之趣。”

［8］執之者失之，執，佔有。從氏族酋長的角度看，對天下“爲之”、“取之”都是不可能的。《文子·道德》：“文子問曰：古之王者，以道莅天下，爲之柰何？老子曰：執一无爲，因天地與之變化。天下，大器也，不可執也，不可爲也；爲者敗之，執者失之。執一者，見小也，見小故能成其大也。无爲者，守静也，守静能爲天下正。”據《文子》，老子帛書本脱“不可執也”四字，否則此處“執之者失之”上無所承。甲本及王弼等本“不可執也”四字亦皆無。

［9］隋，即隨，跟從。行在前，隨在後。

［10］或熱或吹，熱，甲本作“炅”，互通。吹，急吐氣使物冷却，吹而生寒，與熱相對成文。

［11］或彊或硂，彊即强。硂，擊石至碎，引伸爲脆弱，與彊相對成文。

［12］陪，《説文》：“陪，重土也。”朱駿聲通訓：“陪，重阜也，所謂再成丘也。”陪乃堆土之義，古代宫闕城墻皆夯土築成，引伸爲造就。

［13］墮,《字彙》:"墮,俗作隳。"《左傳·僖》三十三年:"墮軍實而長寇讎,亡無日矣。"杜預注:"墮,毁也。"墮義與陪義相反。一造就,一毁壞。言相同的形式具有相反的内容。此處文字,甲本作"物或行或隨,或炅或□□□□□□或壞或撱"。王弼本作:"故物或行或隨,或歔或吹,或强或羸,或挫或隳。"河上本作:"故物或行或隨,或呴或吹,或强或羸,或載或隳。"傅奕本作:"凡物或行或隨,或噤或吹,或彊或剉,或培或墮。"文字雖有異同,其義相近。傅奕本與帛書乙本較爲接近。帛書乙本"或熱"至"或硃"之間漏抄四字,據補"或吹或彊"四字。

［14］甚,《説文》:"甚,尤安樂也。"朱駿聲通訓:"甘者飲食,匹者男女,人之大欲存焉,故訓安樂之尤。"

［15］大,即太。江沅《説文釋例》:"古只作大,不作太。《易》之大極,《春秋》之大子,大上,《尚書》之大誓,大王王季,《史》、《漢》之大上皇,大后,後人皆讀爲太。或徑改本書,作太及泰。"太,極端尊隆。

［16］諸,王弼本作"奢"。《山海經·海外東經》有天神名"奢比",《淮南子·墬形訓》:"諸比,涼風之所生也。"可見諸、奢古通。《左傳·隱》三年:"驕、奢、淫、泆,所自邪也。"孔穎達疏:"奢,謂夸矜僭上。"甚、大、諸三字皆有過分之義,然又各有特點。

吴澄云:"凡過盛必衰,衰則亡之漸也。惟不使過盛,則可以不衰,而又何有於亡。甚也,奢也,泰也,極盛之時也。去甚者欲其常如微之時,去奢者欲其常如儉之時,去泰者欲其常如約之時,能不過盛,則可以使天下之不亡矣。"真所謂持滿之戒,老氏所慎也。

［義述］

本篇的思想,它的内在邏輯與《老子·五十一》是相同的。錢鍾書云:"曰'天地不仁',明事之實然,格物之理也。曰'聖人不仁’,示人所宜然,治心之教也。前者百世之公言,後者一家之私説。至於人與天地合德而成聖,則事願或相違,心力每不副,仰高鑽堅,畫虎刻鵠,宜然者又未必果然。”(《管錐編》422 頁)正如天無長久之心而有長久之實,後其身者纔能身先。對神器大寶,也應既無弋獲之心,而又有佔據之實。除了用天命來解釋,没有更合適的途徑。因爲無人知道天命所在,唯一能做的只能是對德的守望,所以就要“去甚去大去諸”。但這只能是已高據於尊位,神器在手的人的説法。普列漢諾夫云:

> 朗松説道,“所有一切向人類意志提出最大要求的學説,都在原則上認定意志没有力量,這些學説否認自由而使世界服從宿命論”。朗松以爲凡屬否認所謂意志自由的觀點都會走到宿命論,這是不正確的;然而這並没有妨碍他看出一件極其值得注意的歷史事實;其實歷史告訴我們,甚至宿命論也不僅不總是妨碍堅毅的實際行動,而且相反,在某些時代,宿命論還是這種行動的一種心理上的必要基礎。(《論個人在歷史上的作用問題》3 頁)

在中國古代宿命論常是勝利者獲取統治權的合法依據;對失敗者而言,只能是無可奈何的安慰劑。老子云:“將欲取天下而爲之,吾見亓弗得已夫。天下,神器也,非可爲者也。爲之者敗之,執之者失之。”非可爲者即是一種宿命論,亦即是西周以來的天命論。群雄逐鹿,機會均等,不同的是個人素質,機遇環境。一般的歷史條件,遠比個人的意志爲强大。成功者所處的時代的一般性質對於成功者而言是經驗上既定的必然性。神器的弋獲,是諸多因素,其中包括個人因素,共同作用下的歷史的偶然和幸運。"偶然性是一種相對的東西,它只會在各個必然過程的交叉點上出現。"(普列漢諾夫《論個人在歷史上的作用問題》26 頁)所以神器的獲得在社會而言是一種必然,雖然對具體的個人而言帶有偶然成份。

> 每一個真正顯出了本領的傑出人物,即每一個成了社會力量的傑出人物,都是社會關係的產物。但既然如此,就不難了解,爲什麽傑出人物,正如我們所説過的,只能改變當時事變的個别外貌,却不能改變當時事變的一般趨勢。他們自己只是由於這種趨勢纔出現的;没有這種趨勢,他們永遠也跨不過由可能進到現實的門檻。(普列漢諾夫《論個人在歷史上的作用問題》33 頁)

這也如《文子·道德》所言:"故帝者天下之適也,王者天下之往也。天下不適不往,不可謂帝王。"在對本篇的解釋中,既能看到其天命思想,又能説出其内邏輯的是魏源:

> 神器者,天命人心,去就靡常,不可人力争,故神之也。行者不期物之隨,而或自隨之,是不爲者未嘗不得。呴(帛書乙本作熱)本期物之受,或反不受而吹之,是爲者反未必得也。或强以自固,而有時自羸。或載(帛書乙本作陪)之甚安,而不意忽隳,是執之者未必不失也。是以聖人之待物,則去其已甚而不敢過求。持己,則去其奢泰而不敢過望,是以争競與盛滿之患不生於心,未嘗謀物而物自歸之,未嘗留物而物自不去也。(《老子本義》)

"物或行或隋,或熱或吹,或彊或碰,或陪或墮。"這段話所説事物的不確定性,亦即是神器的不確定性。世上之事,盡有同一件事可以有相反的屬性。如奔跑,可以是逃亡,也可以是追趕。鼓風,可以是助燃,也可是滅火。搬運泥土,可以是堆積,也可以是挖掘。如此等等。這樣説來,實現得到的手段,也會成爲喪失的原因。考察歷史上,鞏固統治的手段,也會是亡國的緣由。老子在這裹指出了統治者必須注意之點:即膺負天命和無爲而治是保有神器的雙重條件。天命的基礎是無爲,這個無爲是哲學意義上的,有所爲有所不爲,不是無所作爲。它的内容是必須在服從歷史理性的前提下的自然行爲。就歷史理性而言,他應該没有自己的意志,他只是一個順從的不自覺的工具。繼承老子思想的孔子對膺受天命和無爲而治是認同的。西漢武帝時代,在獨尊儒術的社會背景下,天命思想很順利地發展爲君權神授。無爲而治則披上了仁政的外衣。自此兩千年來,響徹雲霄的政治理念即是君權神授下的仁政。歷代統治者標榜愛民如子,父母官之名馳騁天下。中國老百姓似乎很幸福。在現代的思想啓蒙中,可以運用康德哲學對以往的習見加以審視。康德説:"一個建立在對人民——就好比父親對子女般——關愛的原則上的政府,稱爲家長式政權。這種政府視臣民如同未成年子女一般。由於未成年子女尚無法辨别何者對他們有益,何者對他們有害,因此臣民就被迫相信統治者的善意,依照統治者所做的判斷,來決定其追求幸福的方式。這種家長式政權乃是吾人所可能想像得到最專制的政府。因爲,這麽一來,臣民的所有自由被剥奪得一乾二净。他們也因此喪失了一切權利。"(引自《論俗語:這在理論上可能是對的,但在實踐上却不適用》,見《朱高正講康德》8頁)猶

《莊子·徐无鬼》所云："愛民，害民之始也。"老子的原思，孔子的傳承，這個出色的治國方略，它所具有的封建專制的核心理論，即便"去甚去大去諸"，也只是一種僞裝，是掩蓋不了它的專制的本質的。但必須明白，這一切在歷史的理性中，統治者僅不過是理性目標的工具而已。

七十四

以道佐人主[1]，不以兵[2]强於天下。亓[事好還[3]，師[4]之所處[5]，荆[6]]棘生之[7]。善者[8]果[9]而已矣，毋以取强[10]焉[11]。果而毋驕[12]，果而勿[13]矜[14]，果[而勿[15]]伐，果而毋得已[16]居[17]，是胃果而[不[18]]强。物壯而老，胃之不道，不道蚤已。[19]

[校注]

[1] 道，以道佐人主，這裏的道另有含義。它是指治國的方法。《荀子・議兵》："禮者，治辨之極也，强國之本也，威行之道也，功名之總也。王公由之所以得天下也，不由所以隕社稷也。故堅甲利兵不足以爲勝，高城深池不足以爲固，嚴令繁刑不足以爲威，由其道則行，不由其道則廢。"王先謙集解："道即禮也。"《孟子・公孫丑》下："域民不以封疆之界，固國不以山谿之險，威天下不以兵革之利。得道者多助，失道者寡助。寡助之至，親戚畔之。多助之至，天下順之。"

人主，即國君。言以道輔助國君，行於天下，而非持兵革之强以凌於天下。

[2] 兵，軍隊。《左傳・隱》四年："夫兵，猶火也，弗戢將自焚

也。”《莊子·列禦寇》:“兵,恃之則亡。”王先謙集解:“雖有兵,不可恃。”銀雀山漢墓竹簡《孫臏兵法·見威王》:“孫子見威王:夫兵者,非士恒埶也,此先王之傅道也。戰勝,則所以在亡國而繼絶世也;戰不勝,則所以削地而危社稷也。是故兵者不可不察。然夫樂兵者亡,而利勝者辱。兵非所樂也,而勝非所利也,事備而後動。”注:埶,勢也。在,存也。

［3］好還,易得還報。《國語·越語》下:“夫勇者,逆德也。兵者,凶器也。争者,事之末也。陰謀逆德,好用凶器,始於人者,人之所卒也。”韋昭注:“始以伐人,人終害之。”高延第《老子證義》云:“其事好還,即善游者溺,善騎者墮,各以其好反自爲禍也。古者兵出於農,征伐動則稼穡荒,稼穡荒則饑饉至,相因之理也。”

［4］師,《左傳·隱》十年:“取三師焉。”杜預注:“師者,軍旅之通稱。”

［5］“處”,甲本作“居”。徐鍇繫傳:“《詩》曰‘爰居爰處’,以爲居者定居,處者暫止而已。”引伸爲軍旅留駐之地。

［6］“事好還師之所處荆”八字據傅奕本補。

［7］王弼本、河上本、傅奕本於“荆棘生之”後有“大軍之後,必有凶年”八字。帛書甲,乙本皆無。在老子帛書出土之前,勞健《老子古本考》:“王弼注止云‘賊害人民,殘荒田畝,故曰荆棘生焉’,亦似本無其語。”成玄英於此兩句亦無疏。凶年云云系注文羼入。今帛書本出,益證其説。

戰争破壞生産,使勞動力喪失,産生災荒。《墨子·耕柱》:“今大國之攻小國也,攻者,農夫不得耕,婦人不得織,以守爲事。攻人者,亦農夫不得耕,婦人不得織,以攻爲事。”《淮南子·本經訓》:“故兵者所以討暴,非所以爲暴也。”

［8］善者,《國語·晋語》四:“善,德之建也。”猶言做得好的。

［9］果,《左傳·宣》二年:“戎,昭果毅以聽之之謂禮。殺敵爲

果,致果爲毅。”杜預注:“聽謂常存於耳,著於心,想聞其政令。”孔疏:“致此果敢乃名爲毅,言能彊毅以立功。”《大戴禮記·四代》:“無廢甲胄之戎昭果毅以聽。”《國語·晋語》六:“其身果而辭順。順無不行,果無不徹。”韋昭注:“果,謂敢行其志。順者,人從之,故無不行。果者,志不疑,故無不徹。徹,達也。”這些解釋説明果有兩層含義:兵用爲果,既行其志,又不逞强。王弼注:“果猶濟也,言善用師者趣以濟難而已矣,不以兵力取强於天下也。”

[10] 强,銀雀山漢墓竹簡《孫臏兵法·客主人分》:“甲堅兵利不得以爲强。”言不以武力駕凌天下,逞强爲志,善者果而已矣。

[11] “善者果而已矣,毋以取强焉。”本句王弼本作:“善有果而已,不敢以取强。”甚不通順,傅奕本及河上本與帛書本差近之。

[12] 驕,《漢書·魏相傳》:“恃國家之大,矜民人之衆,欲見威於敵者,謂之驕兵,兵驕者滅。”

[13] 勿,與上文“毋”都是表達否定的意願的,義爲“不要”。這種用法早見於甲骨文。裘錫圭云:“‘毋’在古書裏的用法跟‘勿’相近。在卜辭裏,一般‘毋’字的用法也接近於‘勿’,例如:‘貞:王聽□,毋告。’‘貞:王于甲午告。’(《殷墟文字乙編》5317)‘丙申卜,□貞:翌丁酉其又于中丁。’‘貞:毋又。’(《殷墟書契續編》1·12·4)‘庚午卜,王曰貞:翌辛未其田,往來無災,不遘□。兹用。’‘庚午卜,王曰貞:毋田。’(《戰後京津新獲甲骨集》3454)向先王禱告不禱告,舉行不舉行‘又’祭,去不去田獵,都是要不要這樣做的問題。這類卜辭的‘毋’都可以用‘勿’或‘弜’代替。”(《古代文史研究新探》161頁)老子諄諄告誡人們不要驕、不要矜、不要伐、不要過分。

通檢老子帛書甲、乙本全書,凡用“毋”處,傳世本皆已改爲“無”,並連屬之詞亦被改。“毋已”改“無以”,“毋以”改“不敢以”,“毋得已居”改“不得已”。凡用“弗”處,亦絶大多數改爲“不”。“弗居”改爲“不處”,“弗矜”改爲“不自矜”。上古時的“弗”,“毋”至後世已與“不”混用無别。“弗”,“毋”的用法之古老,在上古時,它們與“不”是有區别的,“弗”,“毋”的感情色彩更濃一點。即此一點亦可證明《老子》之古老,這是從帛書文本完全可以確定的。

［14］矜,妄自尊大。《莊子·漁父》:“人同於己則可,不同於己,雖善不善,謂之矜。”

［15］“而勿”二字據傅奕本補。

［16］毋得已,《廣韻》:“已,甚也。”不要太過分。《漢書·刑法志》:“凡兵,所以存亡繼絶,救亂除害也。”正是體現了老子“善者果而已矣,毋叺取强焉。”也是這裏毋驕,勿矜,勿伐,毋得已的具體内容。

［17］居,語氣詞。《詞詮》卷四:“居,語末助詞,與乎同。”“果而毋得已居”即“果而毋得已乎”。

《左傳·宣》十二年:“其爲先君宫,告成事而已,武非吾功也。”楊伯峻注:“爲先君宫,爲此遷主作宫於此祀之。告成事,告戰勝也。言此勝戰不足以爲武功也。”老子本篇的戰争觀亦是如此。即僅限於戰場的勝利,這個勝利偏重於禮制的堅持,對戰争的物質利益是放在第二位的,更不以滅國佔地爲目的。

［18］“不”字系乙本抄寫者漏抄,據甲本補。

［19］“物壯而老,胃之不道,不道蚤已。”亦見於《老子·十八》。“物壯而老”作“物壯則老”。范應元云:“凡物之壯者必老,惟道則無壯無老,苟不體道而久,恃兵爲壯,得無老乎。知壯極則老,能早止兵,則庶幾於道矣。”

［義述］

本篇老子所言關於戰争的思想,實是周禮下的戰争遊戲規則的表述。自齊桓公借尊王攘夷的名義稱霸以來,周禮制約下的戰争理念漸漸被破壞。周禮明確保護小國,不能隨便滅屬於華夏族的國家。宋襄公在泓之戰中因堅持周禮於戰場上,結果落敗。然而宋襄公的做法在當時是被贊揚的。《公羊·僖》二十二年:"宋公與楚人期戰於泓之陽。楚人濟泓而來,有司復曰:'請迨其未畢濟而擊之。'宋公曰:'不可,吾聞之也,君子不厄人,吾雖喪國之餘,寡人不忍行也。'既濟,未畢陳,有司復曰:'請迨其未畢陳而擊之。'宋公曰:'不可,吾聞之也,君子不鼓不成列。'已陳,然後襄公鼓之,宋師大敗。故君子大其不鼓不成列,臨大事而不忘大禮,有君而無臣,以爲雖文王之戰,亦不過此也。"《淮南子·泰族訓》:"泓之戰,軍敗君獲,而《春秋》大之,取其不鼓不成列也。"春秋社會的禮崩樂壞,是有一個漸進過程的。周禮在人們觀念中的消褪,也是如此。戰争中的禮,即是共同的行爲規範和理念約束。戰争中崇尚的理念是武德,"夫武,禁暴,戢兵,保大,定功,安民,和衆,豐財者也"(《左傳·宣》十二年)。這個理念中包含有周禮的積極部分,表現出注重人性的精神。例如:不擒二毛。即有白頭髮的士兵不捉爲俘虜。兩國交兵,不斬來使。不輕易殺戮已俘的敵國國君和士兵。戰争的發動與否首先考慮以德爲先。在尚德的規範下,盡量避免用武力解决争端。遇到敵國國君去世,立即罷兵,不乘人之危。所謂"聞喪而還,禮也"。戰争貫徹敬天保民的人文精神,不得已而用武,一旦達到目的,即行解甲休兵,與民休養生息。春秋時的戰争中違反周禮的理性精神的行爲,在當時的記載中多有譴責。老子形諸文字的戰争觀也是對周禮的守望。當時的情況是,滅國之事多有發生,復國之事也不是没有。即使到了戰國時孟子還堅持周禮的戰争觀,他要求已控制燕國的齊宣王"速出令,反其旄倪,止其重器,謀於燕衆,置君而後去之"(《孟子·梁惠王》

下)。在大國的干涉下,齊國只得退兵,讓燕復國。老子的主張自有其現實意義。所以老子説戰争應該適可而止,果而已矣。在戰争中無論何等勝利,哪怕已佔領敵國全境,也終須退出,按周禮保存對方的社稷宗廟,也就是存國爲上。吴越之争,吴國在全勝的情況下没有滅掉越國,正是與這種戰争遊戲規則的理念有關。但這時畢竟已到了春秋末期,僅二十餘年後,這個存國的理念就在吴地被顛覆了。老子説:"善者果而已矣,毋以取强焉。"後來孔子發出了"興滅國,繼絶世,舉逸民,天下之民歸心焉"(《論語·堯曰》)的呼聲。兩者其實是相通的。老子並没有否定戰争,只是對戰争這把雙刃劍的負面效應强調了一下。春秋時,有識見的統治者都認爲應謹慎對待戰争。《左傳·隱》四年:"夫兵,猶火也。弗戢,將自焚也。"這個古訓遠在老子之前。老子從哲學的高度指出,武勝到達頂點的時候,正是事情走向反面的時候。如果能把握好戰勝的度,是符合周禮的。隨着周禮漸漸退出,到戰國時周禮的戰争遊戲規則已被顛覆。争城奪地,殺人盈野,已是常事。終於所有的國家通過戰争這條路走到了自己的盡頭。老子正是從哲學的高度,預見了這一切。

今之論者談老子本篇時説:"人類最愚昧最殘酷的行爲,莫過於表現在戰争的事件上。"(陳鼓應《老子註譯及評介》190頁)這種無原則地否定戰争的看法,其實與老子的本義有着相當的距離。《吕氏春秋·蕩兵》:"夫有饐死者,欲禁天下之食,悖。有以乘舟死者,欲禁天下之船,悖。有以用兵喪其國者,欲偃天下之兵,悖。夫兵不可偃也,譬之若水火然,善用之則爲福,不能用之則爲禍。若用藥者然,得良藥則活人,得惡藥則殺人。義兵之爲天下良藥也亦大矣。"《大戴禮記·用兵》:

"公曰:用兵者,其由不祥乎?子曰:胡爲其不祥也。聖人之用兵也,以禁殘止暴於天下也。及後世貪者之用兵也,以刈百姓,危國家也。"《説苑·指武》:"夫兵不可玩,玩則無威,兵不可廢,廢則召寇。故明王之制也,上不玩兵,下不廢武。《易》曰:存不忘亡,是以身安而國家可保也。"黑格爾《法哲學原理》:"戰爭不可視爲絶對的惡。戰爭中亦有一道德成份。戰爭的深遠意義,在於足以保持國家的倫理健康,而掃除個人的自私目的。一如流水可以不腐,戰爭亦可以防止老沉滯於平安無事的民族趨於腐敗。"(轉引自賀麟《文化與人生》187頁)

> 古人有言:"天生五材,民並用之,廢一不可,誰能去兵?"鞭扑不可弛於家,刑罰不可廢於國,征伐不可偃於天下。用之有本末,行之有逆順耳。孔子曰:"工欲善其事,必先利其器。"文德者,帝王之利器;威武者,文德之輔助也。夫文之所加者深,則武之所服者大;德之所施者博,則威之所制者廣。三代之盛,至於刑錯兵寢者,其本末有序,帝王之極功也。(《漢書·刑法志》)

立國不能沒有武力,戰爭也不以人的意志爲轉移。徐梵澄云:"自古立國,誰能去兵?養兵備寇,焉能無武?而兵連禍結,世所明見者也。然則如之何?老氏於此曰:'果而已矣。'意謂得果則已,善休善止。"(《老子臆解》44頁)王弼云:"吾不以師道爲尚,不得已而用,何矜驕之有也。言用兵雖趣功濟難,然時故不得已當復用者,但當以除暴亂,不遂用果以爲强也。"

本篇之旨,除指出武勝的有限性之外,還指出武力之强大,戰勝而定功,應即到此爲止。它只是事物過程中的一個階段。勝利和强大不會凝固，而是繼續處在變化的長河中。“亓事好還”依然值得關注。所以老子提出一個根本性的洞見：“物壯而老，胃之不道，不道蚤已。”世上任何事物，包括人在内，都是這樣。整個人生也僅不過是一段連續的時間；國家朝代，也以時間來加以區分。在時間的片段中，從幼小走向强盛，從强盛走向衰落，從衰落走向死亡。衰落的推遲，意味着死亡的推遲，而這個推遲是自我否定的結果。老子從哲學的高度總結出“物壯而老，胃之不道，不道蚤已”，它已越過了國家之治，戰勝之利，人生之得，而是揭示了辯證思想。“人間的一切都處在不斷的流動之中。没有一樣東西保持恒常的，確定的形式，而我們的感受既跟外界事物相關，必然也隨之流動變化。”（盧梭《漫步遐想録》67 頁）在流動的世界裏物壯而老，老而謝世，那是非常自然的。只着眼於戰争，那就没有讀懂老子。王力云：“老子以非戰爲要義。其不得已而戰，戰而勝，乃餘義耳。世人不知戒争，而獨昧昧然强擇其戰勝之術；棄其要義，寶其餘義，誠所謂買櫝還珠者已。”（《老子研究》94 頁）在本篇中，非戰也不是老子的“要義”，仍是餘義。真正的要義是事物按照本身的邏輯向前發展，强大不會是目的，也不會永久。王力忽略了“物壯而老，胃之不道，不道蚤已”。看來他手中握着的是一只同樣精美的盒子。從維護禮制的角度出發，在普通常見事物中看到它的深層次的内涵，這就是對常識經驗的超越，這就是哲學，這就是老子的穿透力。

七十五

夫兵[1]者，不祥之器也。物或亞[之，故有欲者[2]弗居。君[3]]子居則貴左[4]，用兵則貴右[5]，故兵者非君子之器[6]。兵者不祥[之[7]]器也，不得已而用之[8]。銛憹[9]爲上，勿美也[10]。若美之，是樂殺人也。夫樂殺人，不可以得志[11]於天下矣。是以吉事[12][上左[13]，喪事上右[14]]，是以偏將軍居左，而上將軍[15]居右，言以喪禮居之也。殺[人衆，以悲依[16]]立[17][之，戰[18]]朕[19]而以喪禮[20]處之。

[校注]

[1]"兵"，傳世本作"美兵"或"佳兵"。無論是"美"或"佳"皆是衍文。王念孫《老子雜志》認爲："佳"，古文作"隹"，即"唯"。以首句爲"夫佳(唯)兵者"。盧文弨《老子音義考證》反對這個說法：《老子》之文，凡用"夫唯"的地方，它的語氣不像這裏。如果說"佳"就是"唯"，那麼全《老子》文中爲什麼九處地方用"夫唯"而僅這一個地方却用這個古文"隹"呢？他們討論所用的文本爲傳世本，盧說行而王說不立，久爭不決。帛書本出，甲、乙本皆作"夫兵者"，困擾多年之衍文，終於剔除有據了。可見老子帛書一字之殊，固宜珍若璆琳也。

本篇的“夫兵者,不祥之器也”和“兵者不祥之器也”兩句,分屬兩個層次。其中“兵”字的含義並不相同。“夫兵者”的“兵”指刑戮。“兵者”的“兵”,指征伐。古代刑戮和征伐作爲兵的含義是同時存在的。錢鍾書云:

> “故教笞不可廢於家,刑罰不可捐於國,誅伐不可偃於天下”;《考證》謂語本《吕氏春秋·蕩兵》篇。按兵與刑乃一事之内外異用,其爲暴力則同。故《商君書·修權》篇曰:“刑者,武也。”又《畫策》篇曰:“内行刀鋸,外用甲兵。”《荀子·正論》篇以“武王伐有商誅紂”爲“刑罰”之例。“刑罰”之施於天下者,即“誅伐”也;“誅伐”之施於家、國者,即“刑罰”也。《國語·魯語》臧文仲曰:“大刑用甲兵,其次用斧鉞;中刑用刀鋸,其次用鑽笮;薄刑用鞭扑。故大者陳之原野,小者致之市朝”;《晋語》六范文子曰:“君人者,刑其民成,而後振武於外。今吾司寇之刀鋸日弊而斧鉞不行,内猶有不刑,而況外乎?夫戰,刑也;細無怨而大不過,而後可以武刑外之不服者。”《尉繚子·天官》篇曰:“刑以伐之。”兵之與刑,二而一也。(《管錐編》285頁)

春秋之世,兵刑不分,統言爲兵,故《老子》所言之兵,一可義於刑戮,一可義於征伐。兵之含有兩義,長期流行。《漢書·刑法志》仍是兵刑混言不分。本篇所言,於古人固無待説明。秦漢以降,兵刑之義日益異途,後人不知,妄以今義忖度古義,以此讀古書,難免惑矣。好事者更淆亂句讀,莠言晦義。

[2] 物或亞之,物,指人,貶稱。《左傳·昭》二十八年:“且三代之亡,共子之廢,皆是物也。……夫有尤物,足以移人,苟非德義,則必有禍。”杜預注:“夏以妺喜,殷以妲己,周以褒姒,三代所由亡也。共子,晋申生,以驪姬廢。”亞,厭惡。物或亞之,猶言有人厭惡。這

個有人即是有欲者。有欲者乃有自由意志，不安於自己命運地位之人，易罹刑戮。刑戮即是“兵”，對有欲者實是不祥之器，所以要避免而弗居。

［3］“之故有欲者弗居君”八字據甲本補。王弼本“欲”作“道”。帛書本《老子·六十六》“故有欲者弗居”與此句同。

［4］居則貴左，居，平時日常生活。貴，遵從。春秋時貴族日常生活中以左爲上。無論賓主席位，馬車乘坐，器物執着，都是這樣。《禮記·曲禮》下：“執主器，操幣、圭、璧，則尚左手。”孫希旦集解：“愚謂尚左者，謂以左手爲尊也。《少儀》云：‘笏，書、脩、苞苴、弓、茵、席、枕、几、潁、杖、琴、瑟、戈有刃者，櫝、筴、籥，其執之皆尚左手。’上篇言執弓遺人之法，右手執簫，左手承弣，此執弓尚左手之法也，則其餘可推矣。蓋凡物之有上下者，則以左手執其上端，右手執其下端，如弓之左執弣，右執簫；冠之右執項，左執前；衣之左執領，右執要，是也。其無上下者，則但以左手所執之處爲尊。”乘車時，“車上貴左”、“左尊，故昂；右卑，故垂也。”飲食之時，執爵皆以左手。綜上所言，君子平時生活遵從尚左的習俗，亦正是老子貴柔處静主張的體現。

［5］用兵則貴右，用兵，動用刑罰。《儀禮·覲禮》：“乃右肉袒於廟門之東。”侯氏向天子請罪之禮。鄭玄注：“右肉袒者，刑宜施於右也。凡以禮事者左袒入。”江永《鄉黨圖考》云：《左傳》鄭伯肉袒牽羊謝罪，此處鄭伯乃右肉袒，謂刑宜於右也。《左傳·宣》十八年：“既復命，袒，括髮，即位哭，三踊而出。”楊伯峻注：“古代之袒，無論吉凶，皆袒左，解去左邊外衣，露出内衣。唯受刑則右肉袒。”

［6］故有欲者，指有自由意志之人，此種人不合君子之道，易罹刑戮，故君子遠之。君子非有欲者，故刑戮對君子是不適合的。“故兵者非君子之器”。以上爲本篇第一層意思，講明刑戮與君子的關係。

［7］“之”字據甲本補。

［8］“故兵者非君子之器。兵者不祥之器也，不得已而用之。”帛書甲本於“君子之器”後多一“也”字，餘同。王弼本作：“兵者不祥之器，非君子之器，不得已而用之。”比較之下，但見王弼本句序已亂。本篇有二個層次，“故兵者非君子之器”爲第一層次之最後一句。“兵者不祥之器也，不得已而用之”爲第二層次之首句。王道，紀昀，劉師培，馬叙倫諸前修皆論此篇有錯簡，其實是傳世本句序淆亂不通，又未得帛書校讀，以致諸人解而仍不通。從帛書看，原本句順義暢，並無錯簡之虞。這裏充分體現了帛書的善本價值。

兵者不祥之器也，不得已而用之。《莊子·列禦寇》：“聖人以必不必，故无兵；衆人以不必必之，故多兵。順於兵，故行有求。兵，恃之則亡。”王先謙集解：“理雖必然，猶不必之，斯至順矣，兵其安有？以理之不必然者，而各必其所偏見，則乖争生矣。徇於兵争，故動則求濟所欲。雖有兵，不可恃。”《吕氏春秋·論威》：“凡兵，天下之凶器也。”

［9］銛憹，《廣雅·釋詁》二：“銛，利也。”《正字通》：“銛，刃利也。”“憹”，甲本作“襲”。憹、襲、龍古通。龍指龍淵，利劍。銛憹猶言鋭利之兵器。

［10］勿美也，美，褒揚。言兵器雖越鋒利越好，但不能稱美褒揚它。《淮南子·主術訓》：“兵莫憯於志，而莫邪爲下。”高誘注：“憯猶利也，以智意精誠伐人爲利。老子曰：重積德則無不克。故以莫邪爲下也。”莫邪，名劍也。

［11］得志，言遂其所欲。《孟子·梁惠王》上：“今夫天下之人牧，未有不嗜殺人者也。如有不嗜殺人者，則天下之民皆引領而望之矣。誠如是也，民歸之，由水之就下，沛然誰能御之。”《墨子·兼愛》中：“今若夫攻城野戰，殺身爲名，此天下百姓之所皆難也。”《莊子·徐无鬼》：“夫殺人之士民，兼人之土地，以養吾私與吾神者，其

戰不知孰善,勝之惡乎在。君若勿已矣,修胸中之誠,以應天地之情而勿攖。夫民死已脱矣,君將惡乎用夫偃兵哉。"亦是老子此意。

[12] 吉事,春秋時祭、祀、冠、婚、娶稱爲吉事。

[13] 上左,尊左。吉事上左含有守雌持静之義。

[14] "上左喪事上右"六字據甲本補。上右,尊右,喪事爲葬,服,練,祥也。《禮記·雜記》上:"喪冠條屬,以別吉凶。三年之練冠,亦條屬,右縫。"孫希旦集解:"右縫者,以纓之上端縫屬於武之右邊也。其屬之以下端向上,而結於武之左邊以固冠也。"集解又云:如果是吉冠,即不是喪事時,那就"其纓左右各一而交結於頤下"。用兵以右爲上,含有逞强有爲之義。

凌廷堪《禮經釋例》卷八:

> 凡凶事交相右,吉事交相左。
>
> 廷堪案:《既夕禮》:啓殯,祝降,與夏祝交於階下。注:祝降者,祝徹宿奠降也。與夏祝交,事相接也。吉事交相左,凶事交相右。疏云:周祝降階時,當近東;夏祝升階,當近西;是交相右也。考凶事交相右者,此經是也。吉事交相左者,如鄉射、大射、耦降,與升射者相左交於階前,三耦拾取矢、退,與進者相左;二次射,司馬命去侯畢,降,司射與司馬交於階前;飲不勝者,降,與升飲者相左交於階前。三次射,司馬命去侯畢,降,司射與司馬交於階前。燕禮,大射,二人媵爵於公,序進酌散,交於楹北,皆是也。(《叢書集成初編》1017 册 227 頁)

《禮經釋例》所概括的"凡凶事交相右,吉事交相左"是綜合了《儀禮》一書的各項禮制記載而得出的。《儀禮》乃先秦禮制的彙編。證明了老子所言正是春秋社會的禮制風俗。《禮記·檀弓》上:

孔子與門人立，拱手而尚右，二三子亦皆尚右。孔子曰："二三子之嗜學也，我則有姊之喪故也。"二三子皆尚左。

鄭玄注："喪尚右，右，陰也。吉尚左，左，陽也。"這是喪事上右的生動例子。《賈子·容經篇》："拜以磬折之容，吉事上左，凶事上右。"注："上左、上右者，拱手時左手在上或右手在上也。"老子僅是以當時隨處可見的習俗證明了自己的論點。他的書是何等地有着深刻的春秋時代禮制的印記啊。

［15］上將軍，古天子將兵稱上將軍。居右，陳景元《纂微篇》："左爲陽主生，故居常則尚左，吉也。右爲陰主死，故喪禮尚右，凶也。夫上將軍專殺則處右，偏將軍不專殺故處左，言用兵之道同於喪禮尚右，今上將軍居右者，是以喪禮置之爾。"《左傳》於用兵置將多有尚右之記載：

《桓》五年："王爲中軍，虢公林父將右軍，蔡人、衛人屬焉；周公黑肩將左軍，陳人屬。"

《桓》五年："曼伯爲右拒，祭仲足爲左拒。"

《昭》二十三年："吴爲三軍以繫於後，中軍從王，光帥右，掩餘帥左。"

《禮記·曲禮》上陳澔集説："乘車君皆在左。若兵戎革路則君在中。"用兵時君在中，與居常之左相較則右移也。以上與軍旅有關的記載皆先右後左，即是上右。將軍之名，所起頗古。《左傳·昭》二十八年："豈將軍食之而有不足？"《國語·晋語》四："鄭人以詹伯爲將軍。"《墨子·非攻》中："昔者晋 有六將軍。"孫詒讓閒詁："六將軍，即六卿爲軍將者也。春秋時通稱軍將爲將軍。"謂將軍之名起於戰國乃信口臆説，借此而否定《老子》及人爲春秋時期之著者及書，更是胡説。

先秦時軍隊安營列陣，先封土立壇，軍社設於右，遷主設於左，進行祭祀。祖主陽，陽主生；社主陰，陰主殺。所以大司馬巡陣督戰，凡服從軍令，勇猛上前，建立戰功者，賞於祖；凡違犯軍令，敗亡奔命，怕死不前者，戮於社。以示親祖嚴社之意。軍社在右，即行凶事之地，兵事尚右之例也。高延第《老子證義》云："上將居右，以其專殺。古者遣將，設明衣，鑿凶門而出，以示必死，故預以喪禮自處。"

[16] "人衆叺悲依"五字據甲本補。悲依，依，即哀。老子帛書甲、乙本，哀皆寫作依。見《老子・三十四》注。《周禮》卷三十四孫詒讓正義："以凶禮哀邦國之憂。"

[17] 立，莅本字，莅臨。

[18] "之戰"二字據甲本補。

[19] "朕"，甲本作"勝"，音義同。

[20] 喪禮，《周禮・春官・大宗伯》："以喪禮哀死亡。"《禮記・檀弓》下："喪禮，哀戚之至也。"《荀子・禮論》："喪禮者，以生者飾死者也，大象其生以送其死。故如死如生，如亡如存，終始一也。"在戰勝的情況下，所能有的不是勝利的喜悦，而是對被殺死的敵人和犧牲的自己的士兵的哀悼，舉行告慰亡靈的儀式。這是戰争後必須做的。

以上爲第二層意思，言君子如何對待征伐。君子得志於天下，非以殺戮爲能事，且應遵守古老的禮制及習俗。

[義述]

春秋時上左、上右，視事而定，先秦文獻多有記載。《禮記・少儀》："其執之，皆尚左手。"《儀禮・士相見禮》："士相見之禮摯，冬用雉，夏用腒，左頭捧之。"敬奉雞、魚之類，將頭朝向左邊。《禮記·曲禮》上:“執禽者左首。”鄭玄注:“左首尊。”孔穎達疏:“禽,鳥也。左,陽也。首,亦陽也。左首,謂横捧之也。”這僅指日常生活而言,指吉事而言,並非事事上左。《禮記·曲禮》下:“居喪之禮,升降不由阼階。”居喪爲凶禮,所以不從左面的阼階出入。戰争時國君或統帥居中而坐,與平時相比,相對爲靠右。這些就是兵事上右。古人的社會活動,特别是與禮制有關的活動分别確定以左或以右爲上。所謂“爲上”,其實是時間上的次序,空間上的位置問題。《汲冢周書·武順解》:“天道尚右,日月西移;地道尚左,水道中(東)流;人道尚中,耳目役心。”(四部叢刊影印明嘉靖癸卯刊本《汲冢周書》卷三)“吉禮左還,順地以利本;武禮右還,順天以利兵;將居中軍,順人以利陣。”(同上)古人認爲左東右西,日月西墜,當然屬右;水道東流,無疑屬左。吉禮以左爲上,故順地以利本;武禮是凶禮,以右爲上,故而順天以利兵。這些完全符合古人習慣。從《汲冢周書》看,上左,上右的習俗起源甚早。先秦時上左,上右作爲禮制的重要組成部分記録在《周禮》、《禮記》、《儀禮》、《左傳》、《國語》、《詩》、《書》等書中。古籍所言,皆是左右之分工,是特定前提下的次序。它具有很强的儀式規範意識。古人對待具體的事例,遵循一定的規則,這是從生産勞動中形成的原始慣例演變而來的,帶有宗教色彩的一種習俗。在這件事以左爲上,在另一件事以右爲上。日常生活以左爲上,征伐刑戮以右爲上。很難用左尊右卑或右尊左卑來一概論之。十分明確,上左與上右同時存在,上左與上右相互應對,隱含着相互依存和對立的含意,共同組成完整的禮制。亦即是説,面對主要的社會行爲,上左上右的對立是樸素辯證思想的反映。講究上左,也就必然會講究上右,否則就會無意義。有的老子研究者喜歡引用清代崔述的話來説解老子。而崔述本身的學術視角是有嚴重缺陷的,他的考信,多爲武斷不學之談。就上左上右而言,他的《豐鎬考信别録》卷三是這樣説的:

> 隋唐以來,世皆以左爲上,或謂古人亦上左者。或又因《檀弓》文"孔子有姊之喪,拱而尚右,二三子皆尚左",遂謂古人吉事以左爲上,凶事以右爲上者。余考之《春秋傳》,皆上右者,惟楚人上左耳。桓王之伐鄭也,虢公林父將右軍,周公黑肩將左軍;鄭曼伯爲右拒,祭仲足爲左拒;皆先書右而後書左。其叙宋之六官,亦皆先右師,後左師。則是皆以右爲上也。即晋之三軍,亦上軍在右而下軍在左。何以知之?城濮之戰,胥臣以下軍之佐犯陳蔡而楚右師潰;狐毛狐偃以上軍夾攻子西而楚左師潰。邲之戰,工尹齊將右拒卒以逐下軍;潘黨率游闕四十乘從唐侯,以爲左拒,以從上軍。夫晋楚之師相向而戰,則楚之右,晋之左;楚之左,晋之右。而晋常以上軍當楚左,下軍當楚右,是上軍在右而下軍在左也。惟叙楚之軍帥皆先左而後右。故季梁曰:"楚人上左,君必左。"必言楚人上左者,明諸侯之國皆上右也。然右廣左廣,右盂左盂,右司馬左司馬,皆先右而後左,則是楚人且不盡上左矣。

這段考信錯誤很多,而且把先秦禮制攪得一團糟。崔述連春秋時凡軍中皆上右都不懂。他之所云"隋唐以來,世皆以左爲上,或謂古人亦上左者"這一句先就錯了。"隋唐以來"並未"皆以左爲上"。唐人詩文中謂降官、貶官皆冠以"左"字,如

“左遷”、“左除”、“左授”、“左黜”等等。唐以後“左”作爲貶義的用法繼續發展。元代科舉，所中舉人、進士都有兩榜。蒙古人，色目人爲一榜，稱右榜；漢人，南人爲一榜，稱左榜。明代口語中謂遷就爲“左湊”，見《醒世恒言》卷七。清代低微的職位被稱“左秩”。吴偉業《臨江參軍》：“贊畫樞曹郎，遷官得左秩。”類似的貶義詞語如“旁門左道”，謀劃不當稱“左計”等等，這些例子説明隋唐以來根本没有以“左”爲上之事。先秦文獻所記，日常生活，吉事以左爲上；兵事喪事以右爲上。並無絶對尊卑的含義。隋唐以來直至明清，“左”的詞義發展了。左與右兩個方位詞，不再與社會禮制的行爲意義相聯繫，同時其部分含義已抽象化。就“左”而言，增加了貶斥的情感色彩。於是出現了把“左”作爲貶義使用的詞語。這代表了社會在觀念上的價值取向。而“左”也不再與禮制有關，原來與方位有關的褒義不復存在。“左”如果在方位意義上使用，除了方位外不再有其他含義。崔述對這些全不懂，隋唐以來云云，根本不符合歷史事實，是僞造的説法。他用這種僞造的説法去否定先秦禮制中“凡凶事交相右，吉事交相左”的事實。崔述看不懂《左傳》中上右的例子皆是春秋時兵事上的，胡説“明諸侯之國皆上右也”云云。崔述不學無術，滿腦子封建教條，看不懂古書，又硬要“考信”，只能以錯誤和僞造冒充，信口胡説，謬種流傳，流毒後人。崔述之流的陋劣之説本不足道。看懂老子的歷史語境，看懂古書的正確含意，那纔是重要的。可悲的是不辨良莠，囿於成説者，連古書也未看懂就引用了，當然不會正確。

在人類長期的生産勞動過程中，大多數人習慣使用右手。很自然地形成左手虚静，右手役使。對日益脱離勞動的氏族貴族來講,上左很是符合他們日漸增長的輕視勞動的潛意識的。當左手虛静醇化爲一種抽象的意識後,在日常生活中當然也就"居則貴左"了。但在戰争中就不同了。《管子·白心》:"左者出者也,右者入者也。出者而不傷人,入者自傷也。"尹知章注:"左爲陽,陽主生,故爲出也。右爲陰,陰主死,故爲入也。出者既主生,則不當傷人,違而傷人是還自傷。"郭沫若云:"古者操兵,左手執盾,右手執劍戟。故言左出右入,出者不傷人而入者自傷。出爲距,入爲納。'自傷'者謂傷人,人亦傷己,則與自傷無異。有以刃自戕者,其事更顯著。"(《管子集校》451頁)《禮記·曲禮》上:"獻民虜者操右袂。"孫希旦集解:"民虜,征伐所獲。獻之,以左手操囚之右袂,用右手防其心。"可見在戰争中右手主殺伐,它對保護自己的生命有着不可替代的位置。所以在武事,凶事就要上右了。這是實際需要決定的。可以看到,上左上右的觀念是導源於人類早期生存鬬争的活動的。

值得注意的是老子關於"殺人衆,以悲依立之,戰朕以喪禮處之"的記述。在原始民族中常有哀悼被自己殺死的敵人的習俗,這與老子所述是完全一致的。"當一位披瑪(Pime)族的戰士殺死一位Apache族的人後,他必須從事一種極嚴厲的凈化和贖罪儀式。在連續十六天的齋戒中,他被禁止接觸肉類或食鹽、凝視燃燒的火焰和與人説話。他獨自一個人居住在森林中,由一老婦人供給少量的食物並照顧他。他必須時常在河流中洗澡;同時,爲了表示他的哀悼,在他的頭上塗滿了灰泥。直等到第十七天的時候,族裏的人們纔爲他舉行一個隆重的凈化儀式,凈化他的人和武器。"(弗洛伊德《圖騰與禁忌》58頁)在南洋帝汶島,"每次出征獵取人頭,凱旋後都要祭奠那些人頭，以慰他們的鬼魂。如果不這樣祭奠，必有災禍。這種儀式，還包括一組音樂舞蹈，哀悼死者，祈求鬼魂原宥。”(弗雷澤《金枝》318 頁)“喬克圖人殺死一個敵人，取下其頭皮之後，便守哀一月，在此期間，不梳頭髮，如頭皮發癢，便用腕上佩帶的小木櫛搔搔。像這樣爲自己所殺的人哀悼的做法，在北美印第安人中是常見不鮮的。”(弗雷澤《金枝》322 頁)“悲依立之”、“喪禮處之”即是對被殺死敵人哀悼的禮儀。這説明了老子思想中，還存在有原始民族關於殺人者的禁忌。右手主殺伐，與已死的人的鬼魂相關，也就與悼念有關，爲了免除鬼魂的報復，所以凶禮要上右。“是其生人陽，鬼神陰，故尚右也。”(《儀禮・有司》賈疏)老子鄭重地把這些寫進關於戰争的内容裏。不但説明老子思想中有着非常古老的成分，也可據此知道關於上左上右習俗的産生，可以遠溯到人類蒙昧時代。《老子》一書不但有着春秋時代的烙印，也有原始習俗的遺痕。本篇説明老子是古禮的篤信者。他借以説明自己思想的事實皆源於當時禮制規範下的社會現實。後世時過境遷，古禮淪亡，妄以今意忖度古義，必然得不到正確的結論。

老子所以在本篇結尾强調“殺人衆，以悲依立之，戰朕而以喪禮處之”，正是對“兵者不祥之器也，不得已而用之”的呼應。借用遠古時代的風俗對老子時代的戰争注入理性的觀念，那就是“善者果而已矣，毋以取强焉”。用兵的負面效應是那麽嚴重，君子用兵一定是不得已。

七十六

道恒[1],无名。樸[2]唯[3]小而天下弗敢臣[4]。侯王[5]若能守之,萬物將自賓[6]。天地相合[7],以俞[8]甘洛[9],[民莫之[10]]令[11]而自均[12]焉。始制[13]有名[14],名亦既[15]有,夫[16]亦將知止,知止所以不殆。卑[17][道之[18]]在天下也,猷川浴之與江海也[19]。

[校注]

[1] 恒,永久,長存。

[2] 樸,自然和原始狀態,道的體現。老子所使用的哲學觀念。

[3] "唯",甲本同。王弼本作"雖"。王引之《經傳釋詞》卷八:"唯,《玉篇》:'雖,詞兩設也。'常語也,字或作唯。"《詞詮》卷八:"唯,與雖字用同。"《大戴禮記·虞戴德》:"君以聞之,唯丘無以更也。"《左傳·成》二年:"唯子,則又何求?"楊伯峻注:"此唯字用法同雖。"唯、雖,音義同。"唯"字在出土古書中甚多見,用作"雖"義,可見當時此用法甚流行。

[4] 臣,《説文》:"臣,牽也,事君也。象屈服之形。"此處作動詞,引伸爲役使。

[5] 侯王,春秋諸侯之别稱,侯王之稱遠在春秋之前。王國維

《古諸侯稱王説》:“世疑文王受命稱王,不知古諸侯於境内稱王,與稱君稱公無異。”

[6] 賓,《爾雅·釋詁》一:“賓,服也。”《説文》:“賓,所敬也。”郭璞注:“謂喜而服從。”猶言歸順。

[7] 天地相合,《莊子·達生》:“天地者,萬物之父母也。合則成體,散則成始。”《荀子·禮論》:“天地合而萬物生,陰陽接而變化起。”《易·泰》:“象曰,天地交而萬物通也;上下交而其志同也。”《易·姤》:“彖曰,天地相遇而品物咸章也。”《禮記·郊特牲》:“天地合,而后萬物興焉。夫昏禮,萬世之始也。”孫希旦集解:“孔氏曰:天氣下降,地氣上騰。天地合配,則萬物生焉。夫婦合配,則子姓生焉。”《吕氏春秋·有始》:“天地和合,生之大經也。”《史記·樂書》:“天地欣合,陰陽相得,煦嫗覆育萬物。”《禮記·哀公問》:“孔子曰,天地不合,萬物不生。”古人認爲天地間行雲布雨即是天地的交合,這樣纔能化育萬物。它是廣泛存在於先秦的一種初民原始的野蠻思想。

泰勒云:“人們還在很早的時候就常常想到,無所不覆的天和無所不生的地,這就像全世界的父親和母親一樣,而一切生物——人、動物和植物——就是他們的孩子。”(《原始文化》321 頁)在中國,這種觀念在當時不但十分流行,並且融入婚姻觀念中。“天地絪緼,萬物化醇;男女構精,萬物化生。”(《易·繫辭》下)成爲繁衍後代的象徵。《儀禮·聘禮》:“受享束帛加璧,受夫人之聘璋,享玄纁,束帛加琮,皆如初。”鄭玄注:“君享用璧,夫人用琮,天地配合之象也。”

[8] 俞,帛書整理者云:“俞,疑爲揄或輸。”俞爲輸、揄之省寫,俞、輸、揄通。《玉篇》:“輸,瀉也。”俞通踰、逾。亦可理解爲下輸。《郭店楚墓竹簡·老子》甲作“逾”。天地交合而甘霖下降,即由之輸送而來。

[9] 甘洛,甘露。洛乃露之異構。王弼本作“甘露”,郭店楚簡作

“甘零”，義同，甘美的雨露。《管子・小匡》：“時雨甘露不降，飄風暴雨數臻，五穀不蕃，六畜不育。”

［10］“民莫之”三字據甲本補。莫之，没有誰。

［11］令，《廣韻》：“令，律也，法也。”《説文》：“令，發號也。”

［12］均，《説文》：“均，平。”“民莫之令而自均焉”，猶言無須聽命於某種指令和約束，按照久遠以來的風俗和傳統，平均分配勞動成果，本來就是每個人自覺遵守的法則。

［13］制，設立。

［14］名，《論語・子路》：“子曰：必也正名乎。”馬融注：“正百事之名。”《荀子・正名》：“名定而實辨。”太古之時，民如野鹿，無所謂名分等級。自進入文明社會，確立了侯王們的名分，社會於是有了等級。

［15］亦既，亦，語助。王引之《經傳釋詞》卷三：“亦，有不承上文而但爲語助者。”《詩・召南・草蟲》：“亦既見止，亦既覯止，我心則降。”亦既，僅有既義，既，已也。“名亦既有”即“亦既有名”之倒裝，其意爲“既然有了名”。

［16］夫，《書・召詔》：“夫知保抱攜持厥婦子。”孔穎達疏：“夫猶人人，言天下盡然也。”《淮南子・本經訓》：“夫人相樂。”高誘注：“夫人，衆人也。”

［17］“卑”，甲本作“俾”。《集韻》：“卑，通作俾。”《爾雅・釋詁》下：“俾，從也。”王引之《經義述聞》：“俾者，從也，猶魯頌言‘至于海邦’，‘莫不率從’也。”

［18］“道之”二字據甲本補。

［19］“猷川浴之與江海也”，帛書乙本原迹照片“川”書作“小”。帛書乙本原迹照片“小國以下大國則取於大國”一句，“小”書作“川”，可見帛書乙本小、川之書寫互通不分，没有明確。此處之“小”應楷定爲“川”。猷，即猶。

高延第《老子證義》云:“道本無名,及化成萬物,乃始有名。功成名遂,各安於無事,故云知止。所謂功成不居,生而不有也。道常在己,天下歸之,猶百川之歸江海。”

[義述]

“道恒,无名。”王弼注:“道無形不繫,常不可名。”道不但不可知其名,而且它的形也是無從捉摸的。它不與任何一個“物”相連繫,只有“萬物”纔能體現道。從這一點説,道藴含在任何一個事物之内;同樣,道不可能在任何一事物上看到它的形象。樸是人工未施的自然狀態。“樸散則爲器”,器乃自然狀態的結束,人爲之物的開始。事實上,樸只是一種狀態,無所謂大小。老子説的“樸唯(雖)小”,這個“小”,僅是無的另一種説法。什麽叫“小”?在無比較的情況下,“小”是無意義的。小近於無,但它又不是無,狀態而已。樸這種狀態,可以看作最大程度上與“無形不繫”的道的靠近。王弼注:“夫智者,可以能臣也;勇者,可以武使也;巧者,可以事役也;力者,可以重任也。樸之爲物,憒然不偏,近於無有,故曰‘莫能臣’也。抱樸無爲,不以物累其真,不以欲害其神,則物自賓而道自得也。”樓宇烈云:“以上四句意爲,有所偏者,如有智、勇、巧、力者,均爲有所爲,所以皆可設法使之臣服,役使。唯有樸之爲物,不偏於一事而近於無有,所以‘莫能臣也’。”(《王弼集校釋》82 頁)在尋找世界本源時,最後確定了本源的無定形。而樸作爲本源也是無定形的。有形之物,皆能役使利用,而無定形之物,就没有這種可能。所以“樸唯小而天下弗敢臣”。

天地相合是自然的表現,甘露乃雨水,雨水降臨大地,是很均衡的。《莊子·至樂》:“天无爲以之清,地无爲以之寧,故兩无爲相合，萬物皆化。芒乎芴乎，而无從出乎。芴乎芒乎，而无有象乎。萬物職職，皆從无爲殖。故曰：天地无爲也，而无不爲也。”侯王守樸，即是守於自然，守於無爲，服從於自然的萬物，同樣會理性地運作，而整個社會也就自然而然貧富關係處於和諧狀態。在這裏，老子再次述説了無爲，均平的社會理想。並且指出，侯王只要持守自然，那個理想社會將自動地到來。但是無情的現實却並不是這樣。王弼注：“始制，謂樸散始爲官長之時也。始制官長，不可不立名分以定尊卑，故始制有名也。過此以往，將争錐刀之末，故曰‘名亦既有，夫亦將知止’也。遂任名以號物，則失治之母也，故‘知止所以不殆’也。”樓宇烈云：“如果竟自用名字來稱呼物，則物將離真、樸而陷於形器、名分，而失其無爲之治之本了。”(《王弼集校釋》83頁)侯王守樸的重要性，至是非常明確了。卑，即順從於道，猶川谷之奔江海。王弼本“卑”作“譬”，釋作“比如”。這樣最後兩句就講不通了，因爲失去了主旨之句。“卑”字於此篇解釋很重要。川谷之奔江海，非江海召之。不召不求而自歸者，順從道於天下，不令而自均，不求而自得。一言以蔽之，順其自然。

七十七

知人[1]者知也[2]；自知[3][者[4]]明[5]也。朕人者有力也；自朕[6]者强也。知足[7]者富也。强行者有志[8]也。不失亓所[9]者久[10]也。死而不忘[11]者壽[12]也。

[校注]

[1] 知人，《書·皋陶謨》："知人則哲。"《禮記·檀弓》下："晋人謂文子知人。"孫希旦集解："謂文子知人者，所論賢否得其當也。"《大戴禮記·衛將軍文子》："賢人無妄，知賢則難。故君子曰：智莫難於知人，此以難也。"故能知人者，智也。

[2] 范應元《老子道德經古本集註》云："古本每句下有'也'字，文意雍容，世本並無'也'字至'不失其所者久'。若無'也'字，則文意不足，今依古本。"王弼本、河上本每句下無"也"字，傅奕本有。由帛書乙本觀之，古本有"也"字，文意雍容充盈。由此可與西漢中後期竹簡本《老子》相比較。帛書本文字神完氣足，語意飽滿。而漢簡本時有聲促氣短之虞，蓋竹簡本將虚詞隨意删去。就本篇觀之，竹簡本本篇虚詞已删除不存。這一現象正可看作後世妄人亂删《老子》虚詞之始，根本不是"精煉"。虚詞"去之則言語不足，加之則章句獲全"（錢鍾書語）。

［3］自知,《易·繫辭》下:“履以和行,謙以制禮,復以自知。”孔穎達疏:“自知者,既能返復求身,則知得失也。”自知,自己懂得自己。古希臘刻在雅典德爾菲神廟石柱上的千古名言正是“認識你自己”。老子倡言“自知”正與之同誼。尼采詩云:“人生乃是一面鏡子,在鏡子裹認識自己。我要稱之爲頭等大事,哪怕最後就離開人世。”“自知”並不是皮相地了解自己。它是一種心靈自由的哲學境界。正如斯賓諾莎所説:“愚人在種種情況下單純爲外因所激動,從來没有享受過真正的靈魂的满足。他生活下去,似乎並不知道他自己,不知神,亦不知物。當他一停止被動時,他也就停止存在了。反之,凡是一個可以真正認作智者的人,他的靈魂是不受激動的,而且依某種永恒的必然性能自知其自身,能知神,也能知物,他決不會停止存在,而且永遠享受着真正的靈魂的满足。”(《倫理學》267 頁)人的靈魂的最高满足就在於自覺地思想自由。不能自知的人,總是缺乏哲學色彩。

［4］據本篇上下文句,“知”字後應有一“者”字。帛書乙本失抄,據上下文補。

［5］明,《玉篇》:“明,察也,審也。”王弼注:“知人者,智而已矣,未若自知者越智之上也。”《韓非子·喻老》:“知之難,不在見人,在自見。故曰,自見之謂明。”《吕氏春秋·自知》:“存亡安危,勿求於外,務在自知。……敗莫大於不自知。”

［6］朕人,勝人。自朕,自勝。《吕氏春秋·先己》:“故欲勝人者,必先自勝。”

［7］知足,《老子·九》:“禍莫大於不知足,咎莫憯於欲得。故知足之足,恒足矣。”《莊子·讓王》:“知足者,不以利自累也。”不超出本身需要與可能的欲望,即是知足。這樣的人小有所得,即不會覺得窮困和不足。《韓詩外傳》卷五:“貪物而不知止者,雖有天下,不富矣。”錢大昕云:“奢者富不足,儉者貧有餘。奢者心常貧,儉者心

常富。”(《十駕齋養新録》卷十八)。

［8］有志，王弼注：“勤能行之其志必獲，故曰强行者有志矣。”《後漢書・耿弇傳》：“有志者事竟成也。”

［9］亓所，其所，道的規範。

［10］久，馬其昶云：“《易》曰：‘艮其止，止其所也。’志於其死而不遷，則一念萬年，故曰久。”

［11］忘，即亡。《詩・大雅・假樂》：“不愆不忘，率由舊章。”《説苑・建本》作“不亡”。朱駿聲通訓：“亡，叚借爲忘。”《詩・邶風・緑衣》：“心之憂矣，曷維其亡。”鄭玄注：“亡之言忘也。”忘、亡古通用。不忘即不亡。《國語・周語》中：“令聞不忘。”韋昭注：“不忘言德及後代也。”“不忘”在先秦語境中多指對後代的庇廕。如“後世不忘”。德及後代猶云先祖如未亡時一樣能爲後人帶來福廕。《詩・大雅・既醉》：“君子萬年。”《國語・周語》下對之解釋：“萬年也者，令聞不忘之謂也。”因先人德澤惠及後人，故而長憶不忘也。

［12］壽，《説文》：“壽，久也。”王弼注：“身殁而道猶存。”《左傳・僖》三十二年：“死且不朽。”《國語・晋語》八：“魯先大夫臧文仲，其身殁矣，其言立於後世，此之謂死而不朽。”這些與“死而不忘者壽也”同義，爲春秋時慣用語。亦如孟德斯鳩所説：“能將自己的生命寄託在他人記憶中，生命就髣髴加長了一些。”(《波斯人信札》154 頁)

《淮南子・繆稱訓》：“天下有至貴而非勢位也，有至富而非金玉也，有至壽而非千歲也。原心反性則貴矣，適情知足則富矣，明死生之分則壽矣。”

［義述］

本篇共八句，前四句爲兩組，後四句各自講一個道理。兩組的前後兩句語意轉相遞進。後一句之文義，較上句更深入一層。自知重於知人，自勝重於勝人。這個自知、自勝，代表了一種追求，所以它是老子心目中的道德規範。他以人的自我爲定位，這是一種極可寶貴的自我意識。也是老子哲學中極爲重要的内容。自從人類的進化到達出現先驗邏輯，成爲具有理性的動物以後，人的精神就超越於一切物質之上，已從自在進入到自爲。正是這個意義上，老子哲學纔達到了"反躬於自身生命，其所務在深切心體"（梁漱溟語）的中國哲學的根本出發點。知人、勝人與自知、自勝，是完全不同的兩個層面。前者是動物層面上的，後者是人層面上的。前者是本能，而後者是意識。自知，自勝只是在擁有能動的精神時纔會發生。

> 康德衆口傳誦的名句："两樣東西，我對它們越是堅持不斷地思考，越是有更新更大的訝異和敬畏充滿了我的心靈，這就是在我頭上星斗森羅的天空和在我心中的道德規律。"（《實踐理性批判》，《康德全集》第 5 卷 127 頁）但兩者對我的作用却大不一樣。從前者來看，那數不清的世界把我當作一個動物，而消滅了我的重要性。這個動物被暫時賦予了生命，誰也不知道待到什麼時候，又把構成自身的質料歸還給所居住的行星，這行星不過是蒼茫宇宙的一粒灰塵。後者，却恰恰相反，它無限地提高了我作爲一個理智的東西的價值。道德規律向我展示一個獨立於動物性，以至獨立於整個感性世界的生活。道德規律向我昭示，人的存在使命決不受這個生命和條件的限制，它將伸向無限。有理性東西的一切行動都必須以道德規律爲基礎，正如全部現象都以自然爲基礎一樣。（苗力田《〈道德形而上學原理〉代序》16、17 頁）
>
> 但是人，作爲一個有理性的東西，他和自然物件不一

> 樣。自然物件的運動直接爲規律所規定。道德規律則不能直接規定人的行爲,它只有通過對規律意識、認識、表象、觀念纔規定他的行爲。康德非常强調這一差别,人之遵循道德規律是個有意識的過程,而只有有意識地遵循道德規律的行爲,纔具有道德價值,這也就是所謂"出於責任"。(苗力田《〈道德形而上學原理〉代序》17 頁)

正是從這樣的角度來理解,老子所説的"自知"、"自朕"纔有更高的意義。它在確立自己的道德層面時是貫穿於整個生命過程中的。離開道德規律越遠,距離動物本能就越近。當理智戰勝了人欲,也就是人性戰勝了獸性。因爲人又是生物體,所以時時會有獸性的衝動,這個無時不刻撞擊人們靈魂的衝動是正常的,自然的,是本我。然而作爲人,不可以放任它,必須用道德意識來約束它,確立人我。"誠身有道,不明乎善,不誠其身矣。是故誠者,天之道也。思誠者,人之道也。"(《孟子·離婁》上)獸性的衝動在動物是合理的,它符合自然。就人而言,他的任何行爲和生理訴求,都必須考評它是否合乎道德規律,經過學術和價值的雙重判斷,只有在與道德規律一致時,它纔能被稱爲合乎理性。當不一致時,必然要經過艱難的思考或外力的懲戒纔能克服它,完成道德規律所規定的責任。這時候,人們心身愉快,思想平和,享受到道德生活帶來的幸福。當然人們對於道德生活的渴求,正如與對物質生活的渴求一樣,是必須經過不斷努力纔能得到的。只有對心中的道德規律不斷地體認,並以此指導自己的行爲,纔能克服自身欲望産生的對道德規律的反抗。"自知"、"自朕"是道德思維構建的必須,也是内心道德規律形成的必經之路。這也正是老子所説“自知”、“自勝”遠高於“知人”、“勝人”的原因。

帕斯卡爾説：

> 人只不過是一根葦草，是自然界最脆弱的東西；但他是一根能思想的葦草。用不着整個宇宙都拿起武器來纔能毀滅他；一口氣，一滴水就足以致他死命了。然而，縱使宇宙毀滅了他，人却仍然要比致他於死命的東西更高貴得多；因爲他知道自己要死亡，以及宇宙對他所具有的優勢，而宇宙對此却是一無所知。因而，我們全部的尊嚴就在於思想。正是由於它而不是由於我們所無法填充的空間和時間，我們纔必須提高自己。因此，我們要努力好好地思想。這就是道德的原則。能思想的葦草——我應該追求自己的尊嚴，絶不是求之於空間，而是求之於自己思想的規定。我佔有多少土地都不會有用；由於空間，宇宙便囊括了我並吞没了我，有如一個質點。由於思想，我却囊括了宇宙。靈魂的非物質性——哲學家駕馭自己的感情，有什麼物質能做到這點呢？（《帕斯卡爾全集》第1卷《思想録》第六編）

正是在人自主思想的高度，老子的“自知”、“自勝”纔有了偉大的着落。

後半篇老子的“富”、“志”、“久”、“壽”這四個觀念應該從不同於常人的角度來理解。而這個新的理解正是基於人本身的角度，基於人與自然關係的角度。即從人的意識對不當欲望否定的角度。什麼是“富”？能滿足於眼前所得即是富。如果一個人常常着眼於“已得”，他必然會“知足”，當然也就“富”

了。如果總是着眼於“未得”那就永遠不會“知足”,距離“富”的感覺也就很遠了。什麽是“志”? 能持之以恒,也就是悠久的耐心和勞作。“志”是艱苦的勞動,哪怕不會實現的目標,也堅持去做,爲了自己的信念。什麽是“久”? 老子的説法是“不失其所”。始終堅持在道的規範内,牢牢把握住自己的定位,就是“久”。這個道的規範,就是對智慧的追求,對自我的不斷否定。這個久,没有時間的含義,只有情感的歸屬。什麽是“壽”? 活得很長被稱爲壽。然而老子不這樣認爲,“壽”不是以生命的長短來衡量的。老子的慨嘆正如歐里庇得斯的疑問:“我們活着的日子是生命? 還是我們稱爲死亡的時間是生命?”道元《正法眼藏》云:“活着,僅僅是生。死亡,而且只有直面死亡,纔能更好地生。”“死而不忘者壽也”,“死”是指人個體生命的結束。“不忘”是存在,“存在”保存在遺留的物質和精神中,即遺物、語言、藝術、文字等。特别是語言的記録,物質化了的語言——文字,即歷史的載記裏。只有作爲“存在”的“不忘”纔是長久的。這裏的長久亦即是“壽”。它不是指個體的生命,而是指個體生命的總和——社會。個體生命的死亡,永遠會依託着生命的長河——社會而長久。因爲這個“社會”的存在,曾有他的一分子。個體生命已消失的歷史上的人們,當觀察他們的個體“存在”,無不依托着總體而呈現。人類的一切被保存的物質存在,歸根到底是保存了人的存在。所以老子這裏的“死”和“壽”既有聯繫,又有區别。“死”屬於個人,“壽”屬於社會。屬於社會的,也包括了所有的個人。“不忘”即是“存在”。老子所述還只是着眼於人的死後,在現代哲學中,更着眼於對死亡的超越,重視人活着時對未來的把握。“這樣一個未來的世界包括了我們死後的世界。這個無、非存在提示着存在，而存在要比 Dasein 長、遠、久。Dasein 只有融入到未來去，我纔能説我真正存在，不是行尸走肉，我纔有哲學的覺悟和意識，纔意識到我的存在。我存在的意義在於未來。”（葉秀山《哲學要義》87 頁）《莊子・大宗師》：“故善吾生者，乃所以善吾死也。”從這個意義上，茨威格所説的“自願的死亡，那是最美的”，正可以屬於“死而不忘者壽也”的行列。

老子這四個觀念的共同點，就是不脱離人的意識和理性來思考，而決不爲庸碌之見所迷惑。老子重視内省體驗，表面上從儒家思想傳承而來的理學，其實在深層次上全從老子的哲學一路而來。

七十八

道[1],渢[2]呵,亓可左右也[3]。成功遂[事而[4]]弗名有也。萬物歸焉而弗爲主[5],則恒无欲也,可名於小[6]。萬物歸焉而弗爲主,可命於大[7]。是以耶人之能成大也。以亓不爲大也,故能成大[8]。

[校注]

[1]“道”,王弼本作“大道”。“道”而已矣,無須再益以“大”。王弼本“大”字實衍。

[2]“渢”,音凡。王弼本作“氾”,河上本作“汎”。錢大昕云:“《説文》無渢字,蓋即汎之異文。”(《二十二史考異》卷四)渢,即泛。猶言道之無所不在,廣泛而活動。

[3]王弼本此句之下有“萬物恃之而生而不辭”一句,帛書甲、乙本均無。亓可左右,王弼注:“言道泛濫,無所不適,可左右上下周旋,而用則無所不至也。”徐紹楨云:“汎兮若水之汎濫無涯也,道之大如此,故左之右之,無所不在也。”

[4]“事而”二字據甲本補。

[5]“萬物歸焉而弗爲主”,甲本同。王弼本作“衣養萬物而不爲主”;傅奕本作“衣被萬物而不爲主”;河上本作:“愛養萬物而不爲

主”。衣、愛古通。衣養即愛養。“衣被”之“被”乃不明衣養之意而改。《廣韻》:“主,掌也。”《孟子·萬章》上:“使之主事而事治,百姓安之。”“萬物歸焉而弗爲主”猶《老子·十四》:“道生之,畜之,長之,遂之,亭之,毒之,養之,復之。生而弗有,爲而弗寺,長而弗宰,是胃玄德。”“衣養”終不如“歸焉”之泯然無迹也。

[6] 可名於小,《説文》:“小,物之微也。”道生萬物而不加主宰。“則恒无欲也,可名於小”。“无欲”爲老子書中重要概念,幾與“无爲”相埒。萬物雖然歸依道,而把道不主宰萬物看作是“无欲”,那僅是道的“小”的方面。

[7] 可命於大,《廣雅·釋詁》三:“命,名也。”王念孫疏證:“命即名也。名,命古同聲同義。”“萬物歸焉而弗爲主”在這裏第二次出現,然而老子接着説“可命於大”。《老子·六十九》:“吾未知亓名也,字之曰道。吾强爲之名曰大。”“道大,天大,地大,王亦大。”萬物的歸依而弗爲主,是因爲道在時空之外,它是自然的别稱,世界的本源,從這一點看,當然可以稱之爲“大”。道渾樸隱約,故小;萬物所宗,故大。

[8] 故能成大,聖人之大,爲首領而已。以濡弱謙下爲德,故不爲大,天下莫能與爭,故獨能成其大。聖人與自然爲一體,亦即與道爲一體。在缺乏自由意志而只認同於自然的狀態下的哲學,對專制政治的形成,成爲最初的哲學規定。

[義述]

道無所不在。《莊子·知北遊》:“東郭子問於莊子曰:‘所謂道,惡乎在?’莊子曰:‘无所不在。’東郭子曰:‘期而後可。’曰:‘在螻蟻。’曰:‘何其下邪?’曰:‘在稊稗。’曰:‘何其愈下邪?’曰:‘在瓦甓。’曰:‘何其愈甚邪?’曰:‘在屎溺。’東郭子不應。莊子曰:‘夫子之問也,固不足質。正獲之問於監市之履狶也，每下愈況。汝唯莫必，无逃乎物。至道若是，大言亦然。'”莊子的話形容了道之無所不在。本篇文末："是㠯耶人之能大也，㠯亓不爲大也，故能成大。”聖人的思維依從於道，這就是他的潛質，潛質是不自覺的，無意識的，當他無思無爲之時，即是融入自然狀態之時。如果不是這樣，“夫故以無爲無思爲虚者，其意常不忘虚，是制於爲虚也。虚者，謂其意無所制也。今制於爲虚，是不虚也”(《韓非子・解老》)。一味地有意地追求“無爲無思”，本身就是有思有爲，是有欲的表現。從道到聖人，本篇的核心思想，聖人的概念是指最高統治者。先秦時代，周文王，武王，周公，無不被稱爲聖人。孔子被稱爲聖人的同時也按上了素王的頭銜。後世凡登上皇帝寶座的無不被稱爲聖上。可見不但在老子時代，直到後世。聖人與最高統治者之間是有着緊密的連繫的。聖人是自然本體在時空中的代表。作爲統治者的聖人，在不自覺的情況下成爲理性目標的工具，在這個意義上聖人的行事體現了道的原則，道即自然，自然無爲。聖人的行事方式必然會獲得自然與萬物之間關係的定位。道的原則爲無事無爲，無事無爲即不爲大，不爲大就能成大。這就是聖人與成大的内在邏輯。“不爲大”與“萬物歸焉而弗爲主”，亦即是無爲。無爲無思體現的是自然，是對人的主觀能動和人的自由意志的否定。雖然在原始社會中也表現出無思無爲的社會意識。這種對自然的膜拜很容易轉向對君主的膜拜。老子書中對遠古社會的執着，作爲一種理想楷模提到人們面前。徐梵澄云：

封建之制，一人爲君主而萬事取決焉，所謂“萬物歸焉”者。倘能不以君主而自尊大，所以自處者小，所謂“恒

> 无欲也”,亦自超然於得失之外,所謂“无爲”也。如是則歸之者必衆,歸之者愈衆,則其成就也愈大。在今世,理有同然。(《老子臆解》49 頁)

老子的這種思想,最後積澱爲社會的記憶。

> 社會記憶本身,我們會注意到,過去的形象一般會使現在的社會秩序合法化。這是一條暗示的規則:任何社會秩序下的參與者必須具有一個共同的記憶。(保羅·康納頓《社會如何記憶》3 頁)

社會的記憶,常常會以“傳統”的各種形式表現出來。古代社會的全套禮制和風俗,正是這種記憶的物質形態。社會的記憶所表現的思維方式,價值觀念,在社會的傳承中始終是可靠的基因。即使在冠以新牌號的各種新式思想中,這些基因仍然是隱含的。作爲一種全社會傳承的認同,它體現了民族的特質和性格。所以即使在社會劇變之時,暴力也斬不斷與“舊時代”的聯繫,割不斷“舊風俗”的傳承,因爲聖人本身就是這種“社會記憶”的載體。

七十九

執大象[1]，天下往[2]，往而不害[3]。安平[4]大[5]，樂與[餌[6]]，過[7]格[8]止[9]。故道之出言[10]也，曰，淡呵亓无味也[11]。視之不足見也；聽之不足聞也；用之[12]不可既也。

[校注]

[1] 大象，《易・繫辭》上："聖人有以見天下之頤，而擬諸形容，象其物宜，故謂之象。"大象無形無影，無所不在，含泳萬物之變化。乃道之體現。執大象，猶身持道之氣質。

[2] 往，《集韻》："往，歸向也。"因執大象，能體現道而天下皆歸往之。

[3] 害，通轄。《釋名・釋車》："轄，害也，車之禁害也。"《管子・幼官》："刑則交、寒、害、鈦。"戴望《管子校正》：害乃轄，"轄爲繫車軸之物，引伸之，因謂以鐵索拘罪人者亦謂之轄，其狀蓋如鋃鐺矣。"轄，引伸作統制。言天下歸往而不加統制。正是老子"萬物歸焉而弗爲主"之義。

[4] 安，即乃。平，寧静安舒。

[5] 大，通太，泰。祥和。王引之《經傳釋詞》卷二："老子曰：往

而不害，安平大，言往而不害，乃得平泰也。”

[6] “餌”字據甲本補。“安平大，樂與餌”，歸往於道而不受其統制，乃得安舒祥和，即“安亓居”之義；甘於所得之粗糲食物，即“實亓腹”之義。

[7] 過，《詩・召南・江有汜》：“子之歸，不我過。”朱熹注：“過，謂過我而與俱也。”過必莅臨，故有至義。

[8] 格，《爾雅・釋詁》：“格，至也。”此字乃極古之語詞，上古文獻《書》中使用廣泛，多爲至義。《書・堯典》：“格于上下。”孔傳：“格，至也。”《書・舜典》：“帝曰，格，汝舜。”孔傳：“格，來。”《書・大禹謨》：“七月，有苗格。”《書・益稷》：“格則承之庸之。”孔傳：“天下人能至於道，則承用之，任以官。”《書・湯誓》：“格，爾衆庶。”《書・盤庚》上：“格，汝衆。”《書・旅獒》：“不寶遠物，則遠人格。”孔傳：“不侵奪其利則來服矣。”《書・洛誥》：“王賓，殺禋，咸格，王入太室祼。”孔傳：“王賓異，周公殺牲，精意以享文武，皆至其廟親告也。太室清廟祼鬯告神。”所以舉這些例子，無非説明“格”字之用遠在三代，下及商周，皆爲“至”義。春秋以降，作“至”義使用就漸漸減少。此處老子文中格在“至”義上使用，包含了遠古的信息。

[9] 止，《字彙》：“止，至也。”《詩・魯頌・泮水》：“魯侯戾止，言觀其旂。”毛傳：“止，至也。”“過格止”三字義近。過，途經而至。格，到達而至。止，到而停留。程度小有差異，泛言樂從之衆很多。甲本此三字同。

[10] 出言，道本無言，且道不可聞，聞而非道。下文“淡呵，其无味也，視之不足見也，聽之不足聞也。”明言道不在時空中，不能對象化，所以雖云道之出言，因淡而猶不言也。

[11] 淡呵，亓无味也。《漢書・楊雄傳》下：“大味必淡，大音必稀。”淡即是無，故此句猶《二十六》之“味无未”，無爲之義。

[12] 用之，此處之“用”，非使用，乃作用。既，《廣雅・釋詁》

一："既，盡也。"道雖無味，又且不足視聽，但它的作用却是無窮盡的。

徐梵澄云："樂與餌，過格止，——喻也。言歸往者如趨也。事之相同也。然道淡而無味，非如餌也；亦不足聞，非如樂也。物之相異也。一喻而同異雙徵，此説理之至高境，文辭之至簡約者也。經典文之特色有在於是。"（《老子臆解》51頁）

［義述］

"執大象"，古人云："見乃謂之象。"唯恍唯忽之中，似有若無，此乃"大象"之形也。大象，道之體現。道之體現不等於道本身。它只是道作用的折射。本篇由兩個部分組成，前半部分所述乃無爲而治。執大象而身持道之氣質，天下歸往而不統轄，無爲而治的天下，平安太平，和煦温飽，民衆紛紛來集而止息於其治下。後半部分所要説的是道及無爲而治的哲學基礎。作爲哲學的規定，由無爲而治所能體味的道，那就是不可味，不可見，不可聞，不可盡。一句話，道不在時空中，不能聞見，然而又是永恒的。道的運化都是在時空中的人間。這就是道德體用之論。體用之間，各不相代。"形者神之質，神者形之用，是則形稱其質，神言其用，形之與神，不得相異也。""神之於質，猶利之於刃；形之於用，猶刃之於利。利之名非刃也，刃之名非利也。然而捨利無刃捨刃無利。未聞刃没而利存，豈容形亡而神在？"（范縝《神滅論》）"定是慧體，慧是定用。猶如燈光，有燈即光，無燈即暗。"（《六祖壇經·定慧品第四》）質神之間，定慧之間，即體用之間，亦德道之間也。道生德畜，老聃固已言之。道雖不主宰天下，而天下實歸往於道。道雖無形無名，然而無往不在。道之大象，乃"樂餌以止過客之旅亭也”(《管錐編》14頁)。如是老聃所稱無味、無見、無聞之道,其言實爲大象之用,宜其“不可既也”。本篇前半與後半正是體與用也。

八十

將欲[1]搶[2]之，必古[3]張[4]之；將欲弱之，必古强之；將欲去[5]之，必古與[6]之；將欲奪[7]之，必古予[8]［之[9]］；是胃微明[10]。柔弱朕强[11]，魚不可説[12]於淵，國[13]利器[14]不可以示人[15]。

［校注］

［1］將欲，語詞，無實義。表示自然發生之事，並無人爲意志因素。下同。

［2］搶，音搭，即翕。傳奕本，河上本作“翕”。《爾雅·釋詁》上：“翕，合也。”合者必先存在分的狀態。《荀子·議兵》：“代翕代張，代存代亡，相爲雌雄耳矣。”

［3］古，通故。《説文》：“古，故也。”金文《盂鼎》：“惟殷邊医田雩，殷正百辟率師于酒，古喪師已。”《石鼓文·而師》：“嗣王始振，古我來□。”郭沫若注：“古讀爲故。”《墨子·經》上：“故，所得而後成也。”孫詒讓閒詁：“此言故之爲辭，凡事因得此而成彼之謂。”古之爲故，有必然、一定之義。傳世本之“固”，當亦爲此義。有釋古、固爲姑且者，則老子自然無爲之義，翻爲陰謀賊害之言。非唯厚誣而失老旨，且前讀老文所得純然澹泊之學亦並失之矣。

［4］張，分開，張開。陸德明釋文："張，開也。"言合而收縮必先有擴而開張之舉。又言兵勝而展開爲張；兵敗而窮促爲翕，言張與翕，弱與强，互爲先决條件。

［5］去，離開。《説文》："去，人相違也。"段注："違，離也。"

［6］與，親近。《説文》："與，黨與也。"言違隔相離之事發生必先存在親近交往之事爲條件。

［7］奪，《説文》："奪，手持隹失之也。"隹爲鳥，鳥在手而逃逸，此奪之初義。段注："引申爲凡失去物之稱。"

［8］予，給與。《爾雅·釋詁》上："予，賜也。"郭璞注："賜予也。"邢昺疏："予者，授與也。"言失去之事發生，必先有得到纔可能。范應元云："爐之有鞴，方可冶煉。夫鞴之將欲翕也，必固張之。張之不固，則不能翕也。其次可以類推。天下之理，有張必有翕，有强必有弱，有興必有廢，有與必有取，此春生夏長，秋斂冬藏，造化消息，盈虚之運固然也。"

［9］"之"字據甲本補。

《韓非子·説林》上："《周書》曰：將欲敗之，必姑輔之；將欲取之，必姑予之。"《戰國策·魏策》一："《周書》曰：將欲敗之，必姑輔之；將欲取之，必姑予之。"上述兩先秦古籍所引《周書》之語，與老子本篇甚是相似。然而韓非子書及魏策所引《周書》之語，其使用場合是陰謀計算。引用之人借以成其説，故文字上也有所出入。老子之言，乃歷久相傳之古史遺文，不但不是老子的創造，更談不上是陰謀教唆。

［10］微明，《禮記·學記》："其言也約而達，微而臧。"孔穎達疏："微謂幽微。"明即是智。微明，精妙玄奥之智慧。王道云："將欲云者，將然之辭也；必固云者，已然之辭也。造化有消息盈虚之運，人事有吉凶倚伏之理，故物之將如彼者，必其已嘗如此者也。將然者雖未形，已然者則可見。能據其已然而逆睹其將然，則雖若幽隱，而

實至明白矣。故曰:是謂微明。"范應元云:"幾雖幽微,而事已顯明也。故曰是謂微明。"

［11］柔弱朕强,范應元云:"聖人見造化消息盈虛之運如此,乃知常勝之道是柔弱也,蓋物至於壯則老矣。"

［12］説,通脱,甲本作"脱"。《禮記·鄉飲酒義》:"説屨升坐。"《禮記·文王世子》:"武王不説冠帶而養。"陸德明釋文:"説亦作脱。"《左傳·定》四年:"初罪必盡説。"《易·蒙》:"利用刑人,用説桎梏。"焦循注:"説讀如脱去之脱。"説、脱同從兑聲,故通假,聲近義同。帛書古寫猶存。脱,離開。《吕氏春秋·先己》:"大水深淵成而魚鱉安矣。""魚不可説於淵",淵爲魚必須的生存環境。這一句的隱喻即是順從自然乃生存的必然。正如《詩》所云:"鳶飛戾天,魚躍于淵。"

［13］"國",甲本作"邦"。《韓非子·喻老》引作"邦之利器"。見《老子·十七》注。

［14］利器,刑賞兵柄之類,包括"聖人"所創設之制度,常以"利器"喻之。《韓非子·内儲説》上:"夫賞罰之道,利器也。若固握之,不可以示人。"

［15］示,通寘,即置。《詩·小雅·鹿鳴》:"人之好我,示我周行。"鄭玄注:"示,當作寘。"孔穎達疏:"《中庸》云:治國其如示諸掌。注云:示讀如寘之河干之寘。"示人,猶置於人前,爲人所掌控。

"魚不可説於淵,國利器不可以示人。"把這兩句放在一起解釋。前一句的隱喻含義更爲明顯。淵對於魚而言,它是不可須臾離之的生存環境。而"國利器"是國家的安全屏障,在某種意義上也是生存環境。淵水於魚,利器於國,猶理性於人,都是不可抗拒的命定。王弼注:"利器,利國之器也。唯因物之性,不假刑以理物。器不可覩,而物各得其所,則國之利器也。示人者,任刑也。刑以利國,則失矣。魚脱於淵,則必見失矣。利國之器而立刑以示人,亦必失也。"

莊子的說法是:"故曰:魚不可脫於淵,國之利器,不可以示人。彼聖人者,天下之利器也,非所以明天下也。"(《莊子・胠篋》)"非所以明天下"之治,就是崇尚自然。而自然之中包含着理性。《文子・自然》:"因民之欲,乘民之力,爲之去殘除害。夫同利者相死,同情者相成,同行者相助,循己而動。天下爲鬬。故善用兵者,用其自爲用;不能用兵者,用其爲己用。用其自爲用,天下莫不可用;用其爲己用,无一人之可用也。"順應自然即是順從理性,這樣與前半篇就有了邏輯上的呼應。

[義述]

事物的變化來自於自身,它的自我否定。可擒可張,可弱可强,可去可與,可奪可予,這種對立並不存在於事物外部。老子所言,乃從辯證角度對世界的描繪。類似的說法在古史遺文中不乏記載。《國語・晋語》四:"禮志有之曰:將有請於人,必先有入焉。欲人之愛己也,必先愛人。欲人之從己也,必先從之。無德於人,而求用於人,罪也。"這裏講的人的自身變化是外界變化的條件。這正是辯證的論述。

本篇"是胃微明"之前的四句話,這些相互對立變化的描述,它們不是具體的方法,而是一種原理。在人類社會特别是文明社會之中,社會的生存發展似乎是由掌握權力的統治者主宰着的。然而老子要讓人們懂得的,事情並不如表面上所表現的那樣,冥冥之中,似乎有某種力量主宰着社會發展的走向。每個事情的發生,榮辱之來,必象其德。似乎總是有着某種遠緣近因,體現的常常是天的意志。正如《老子・三十八》所說:"天之道,默然而善謀。"所以本篇老子所說並非陰謀家言,是很明白的。公諸天下的大白話,是不可能含有陰謀教唆的，僅僅是順其自然而已。何況此數語乃上古流行之諺語，並非老子所創。《列子·仲尼》："目將眇者，先睹秋毫；耳將聾者，先聞蚋飛；口將爽者，先辨淄澠；鼻將窒者，先覺焦朽；體將僵者，先亟犇疾；心將迷者，先識是非；故物不至者則不反。"所述與本篇爲同一道理，而非陰謀甚明，"物不至者則不反"，自然之理也。《吕氏春秋·行論》："詩曰：將欲毁之，必重累之；將欲踣之，必高舉之。其此之謂乎？"高誘注："詩，逸詩也。有道者能滿而不溢，高而不危，故曰其唯有道者乎。"於此可推見老子所言，乃事物發展之必然，它突出了相反而相成，相成而相反的辯證過程。持滿之戒，本爲老氏所重。高誘所注，是真正懂得逸詩本義的。

老子所講實乃天壤間自然之理，它不但不是人力所能左右，而是貫穿了歷史的辯證運動。與黑格爾所說的"理性的機巧"有着某種共通之處。賀麟説：

> 黑格爾認爲，理性是有力量的，也是有機巧的。理性的機巧表現於一種曲折的或矛盾進展的歷程裏。理性一方面讓事物遵循其自身的性格與傾向，讓它們互相影響，抵消，平衡，而自己並不干涉其行程，但正所以借此以達到理性自身的目的。黑格爾還進而指出，在這種意義下，天道或天意(divine providence)之於世界歷程，可以説是具有絶對的機巧。上帝或天(God)讓世人放任他們的情欲，圖謀他們的利益，爲所欲爲，但其結果不是完成他們自私的企圖，而是完成上帝的企圖。而上帝的企圖，大公無私，純出於理性，决然與人自私的企圖不同(參看黑格爾《小邏輯》第二〇九節)。黑格爾於他的《歷史哲學》中，

描寫理性憑借並揚棄情欲和暴君或英雄的野心以實現其自身的機巧道:"情欲的特殊利益的滿足是與普遍原則的發展不可分的。由於特殊的特定的利益與情欲的滿足及其否定,而普遍原則因而實現。個别情欲與個别情欲鬭爭,互有得失,互有損害。但普遍的理念並未牽連於其中而自冒危險。它(指理性,天,或普遍理念)高高乎在上,隱藏在後面,毫無動搖,毫無損傷。這可叫做理性的機巧。理性憑其機巧,使情欲爲它自己工作。而具有情欲的個人受處罰、受損害。理性所利用以完成其目的者爲現象存在。普遍理念以個體事物,個人情欲的犧牲受罰,爲實現其自身的代價。"理性的機巧表現在歷史上或人物方面,就是假個人的私心以濟天下的大公,假英雄的情欲以達到普遍理想的目的。(《文化與人生》267、268頁)

老子本篇所言,也是"天道"常常借助於人欲的成功來達到理性的目的。張之而擒,强之而弱,與之而去,予之而奪,把隱微的狀態變爲明顯的結果,以示歷史的公正。徐梵澄云:"天常逞暴君之心使百戰百克而後滅之。富淫人使積惡盈貫而後戮之。使廢國年穀數數豐熟而後亡之,使病者諸恙皆已然後死之。則又似此乃自然之常道。"(《老子臆解》52頁)歷史的辯證常常在人的欲望成就之際成爲天道實現理性目標的工具。

世界上大致有兩種人,一種人儘管有其輝煌的業績和顯赫的名聲,不幸却成爲歷史理性或天理實現自身目的假借手段或工具;另一種人儘管看起來並無其輝煌的業績和顯赫的名聲,但却是歷史理性或天理的直接支柱,

他們不是假借的工具，而是歷史理性或天理的把握者、保持者和拯救者。（洪漢鼎《斯賓諾莎哲學研究·自序》14頁）

這裏對“另一種”人的描述似乎太誇張了。其實後一種人與前一種並無不同，哪怕這“另一種”人上過祭台也没用。由人把握“歷史理性或天理”是不可能的，充其量他們所能達到的也僅是自己的行爲與理性的一致。换句話説他們也仍是歷史理性目標的工具，所不同的只是有無顯赫的頭銜而已。能自覺地把握天理，豈不成了與上帝平起平坐的“救世主”？世上的暴君正是在這一點上自認爲“天樞在握”，以“救世主”自居，逞其暴虐之心而肆行其惡，從而成爲歷史理性目標的工具，然而這是不自覺的。“理性的機巧”是黑格爾辯證法的重要内容，而老子這裏所述，也可看作是樸素辯證思想的一部分。而作爲一種哲理，它實在是不可能由人的意志去左右的，否則，就談不上“理性的機巧”。所以只能是一種人，並無二致。在理性的目標上，人不可能有自己的把握。

王夫之云：“秦以私天下之心而罷侯置守。而天假其私以行其大公，存乎神者之不測，有如是夫。”（《讀通鑒論》卷一）又云：“天欲開之，聖人成之；聖人不作，則假手時君及智力之士以啓其漸。以一時之利害言之，則病天下；通古今而計之，則利大而聖道以弘。天者，合往古來今而成純者也。”（《讀通鑒論》卷三）洪邁《容齋三筆》卷二劉項成敗：

漢高帝、項羽起兵之始，相與北面共事懷王。及入關破秦，子嬰出降，諸將或言誅秦王。高帝曰：“始懷王遣我，固以能寬容，且人已服降，殺之不祥。”乃以屬吏。至項羽則不然，既殺子嬰，屠咸陽，使人致命於懷王。王使如初約，先入關者王其地。羽乃曰：“懷王者，吾家武信君所立耳，非有功伐，何以得顓主約？今定天下，皆將相諸君與籍力也，懷王亡功，固當分其地而王之。”於是陽尊王爲義帝，卒至殺之。觀此二事，高帝既成功，猶敬佩王之戒，羽背主約，其末至於如此，成敗之端，不待智者而後知也。

項羽所做的都是爲了滿足自己一己之私，然而這一切却爲一個强盛的王朝的到來作了鋪墊，成了歷史理性目標的工具。這是一個很好的例子。假手於人，以成天道，這是在更高意義上的無爲。它不是權詐，而是人類社會發展的辯證。老子本篇所説正是如此。徐紹楨云：“知此乃可與言柔勝剛，弱勝强之道。人而失此道，猶魚之失水，猶以邦之利器授人，均不能保矣。此老子教人以造化陰陽消息之理，人事吉凶倚伏之常，剛柔强弱相勝之道，非導人以權謀術數之學也。後之讀書者不可誤會其意也。”（《道德經述義》）

這個“理性的機巧”，在近代更有思想家進一步加以闡述：“社會關係有它自己的邏輯，當人們還處於某種相互關係時，他們的感覺，思想和行爲也就一定是這樣，而不是那樣。一個社會活動家要想反對這種邏輯，也會是徒勞無益的，因爲事物的自然進程（也就是社會關係的這種邏輯）定會把他的一切努力化爲烏有的。”（普列漢諾夫《論個人在歷史上的作用問題》39 頁）社會理性始終把握着自己的方向。人類社會的每一進步，無不可看作理性的勝利。

八十一

道恒，无名[1]。侯王若能守之，萬物將自化[2]。化而欲作[3]，吾將[4]闐[5]之以无名之樸[6]。闐之以无名之樸，夫[7]將不辱[8]。不辱以情[9]，天地[10]將自正[11]。

《道》二千四百廿六[12]。

[校注]

[1] "道恒，无名"，甲本同，且同於《老子・七十六》篇之首句。王弼本、傅奕本、河上本作："道常無爲而無不爲。"《郭店楚墓竹簡・老子》甲作："衍(道)亘(恒)亡(无)爲也。"細繹文義，只有這句纔符合本篇通篇之邏輯。郭店楚簡的"衍"，《汗簡》和《古文四聲韻》云："衍"爲道之古文，出於《書》、古《老子》。"由此説明，古人流傳的《尚書》、《老子》等古文實有所本，當時人們確曾見過像郭店這樣的戰國簡帛書籍。"(李學勤《重寫學術史》138 頁)

"道恒无爲也。"老子所云"道法自然。"自然即無爲。《文子・道德》："无爲爲之。"徐靈府注："大道无心，任物自然，故曰无爲。"(四部叢刊三編鐵琴銅劍樓宋本《通玄真經》)"道恒无爲也，侯王若能守之，萬物將自化。"侯王所守無爲，萬物自化。無爲與自化之間有聯繫。後云："不辱以情，天地將自正。"静與正之間亦有聯繫。這個聯繫即是《六十九》之“人法地，地法天，天法道，道法自然”之謂。司馬遷云：“李耳無爲自化，清静自正。”(《史記・太史公自序》)正可説明。詳本篇義述。

[2] 化，《説文》：“化，教行也。”桂馥義證：“凡以道業誨人謂之教，躬行於上，風動於下，謂之化。”自化，自然形成風尚。

[3] 欲作，《説文》：“作，起也。”欲望興起，萬物化而人欲横流。

[4] 吾將，將，猶要。《詞詮》卷六：“《廣雅・釋詁》云：將，欲也。按即今語之打算。此種用法，含有意志作用。”《楚辭・卜居》：“君將何以教我？”

[5] 闐，朱駿聲通訓：“闐，从門，真聲，此字本訓當與填略同。”《廣韻》：“填，壓也，定也。”填，古之用爲後世之“鎮”義。《史記・秦始皇本紀》：“不爲置王，毋以填之。”《史記・吴王濞列傳》：“上患吴會稽輕悍，無壯王以填之。”司馬貞索隱：“填，音鎮。”《漢書・高帝紀》下：“填國家，撫百姓。”顔師古注：“填與鎮同。鎮，安也。”闐既本訓爲填，又通寘。闐、填、鎮、寘皆取真聲，義爲安定。

[6] 樸，保持自然狀態與原始面目之自在。然而“樸”不在時空之中，它是純概念。以回歸自然與原始來制約人們的貪欲，故曰以樸安定鎮撫萬物。無名之樸，即是萬能而不可戰勝的樸。它自然而然，没有絲毫人爲的因素，也不受人的意志的制約，對萬物並不發號施令，與自然相同。

[7] 夫，人們。

[8] 不辱，《説文》：“辱，恥也。失耕時，於封畺上戮之也。”引伸爲逸出常規，不辱者，行止有常也。由於無名之樸的鎮安，貪婪淫邪得到了有效的控制。“不辱”猶竹簡本之“知足”，亦與王弼本之“不欲”相通。

[9] “夫將不辱。不辱以情，”甲本同；河上本作：“亦將不欲。不欲以静。”王弼本，傳奕本略同。《郭店楚墓竹簡・老子》甲作：“夫亦

牆(將)智(知)足,智(知)足以束(静)。""以錆"猶"而静",猶"不辱而静"。《韓非子·喻老》:"天下有道無患則曰静。"

［10］"天地"郭店楚簡本作"萬物",王弼本作"天下"。天下僅指人類社會,十分狹隘。天地則指天地萬物人類生存之整個,竹簡本之萬物亦同此意。天地萬物乃自然之産物。本篇中之"吾",即是自然之代稱。自然乃老子哲學之核心。只有自然纔有可能對包括人類社會在内的天地萬物鎮之以無名之樸。樸是自然而然,非人力所能操控。俗本改爲"天下"二字之後,自然之哲學意蕴,翻爲人君南面之治術,完全顛覆了樸之所鎮的含義。天地自正,則"天下"亦"正"矣。

［11］將自正,《詞詮》卷六:"此條將字,則表屬於人事自然之結果,不由意志決定者。可以今語'會'字譯之。""天地將自正"即"天地會自正"。自正,自我調節而達到合理。

［12］乙本尾題"《道》二千四百廿六"。甲本無。這是《道》經部分的字數,而現在清點的字數是二千四百五十一字。本書《老子·四十四》尾題"《德》三千卌一"。而現在校正後的字數是三千零三十八字。兩項尾題數字相加共五千四百六十七字。兩項校正後的實際點數相加共五千四百八十九字,相差二十二字。由於老子帛書已殘損,現在校正後的字包括補上的字,但衍文不再計數。新統計的字數代表校正後文本的字數,可以看到與帛書本的字數是接近的。帛書《德》,《道》二部分所記字數當爲帛書所據之抄寫舊本所原有,非爲抄後之計數。

[義述]

老子書中"无爲"是他的主要哲學思想,也是他治國的主要政治思想。由於郭店楚墓竹簡《老子》的出土,使人們看到了本篇的更古更佳的文本。特別是本篇的首句"衍亘亡爲也"

(道恒无爲也)的發現,意義重大。而本篇作“道恒无名”與《七十六》篇首句相同。使得這兩篇相似的成分增多,影響了對它們的理解。現在從竹簡本則可以毫無困難地看到兩篇各自的個性。這對理解老子文義是有好處的。現以竹簡本的文句來加以分析。竹簡本原文:

> 衍(道)亘(恒)亡(无)爲也,侯王能守之,而萬勿(物)酒(將)自僞(化)。僞(化)而雒(欲)复(作),酒(將)貞(鎮)之以亡(无)名之數(樸)。夫亦酒(將)智(知)足,智(知)足以朿(静)。萬勿(物)酒(將)自定。

竹簡本本篇有着嚴密的内在邏輯。道——無爲——侯王守之——萬物自化——化而欲作——鎮之以樸——達到知足——知足而静——萬物自定。這與《老子·二十》所説“我无爲而民自化,我好觭而民自正”在邏輯上正相一致。按照《二十》老子語句的順序,“自化”之前是“无爲”;“好觭”之後是“自正”。所以這裏老子文句指明了本篇的首句應該是“无爲”。傳世本多作“道常無爲而無不爲”,河上本對這句的注:“道以無爲爲常也。”王弼的注:“順自然也。萬物無不由爲以治以成之也。”范應元注:“虛静恬淡無爲也。天地人物得之以運行生育者無不爲也。”每句都注的河上公本只注了“道常無爲”部分,後半句没注,很可注意。河上公注本産生於西漢。王弼注本産生於三國魏。范應元注本産生於南宋。王、范對後半句都注了,説明在西漢時,本篇首句還只是“道恒无爲也”,而西漢竹簡本《老子》正作“道恒無爲”。與郭店楚簡本《老子》一致。帛書本明顯是把“无爲”誤抄爲“无名”了。而且甲本也同樣抄錯了。從這裏可以看到第一句“道恒无爲也”在校勘上的意義是何等地重大。在道的運化下,萬物從自化到自定,完成了理想社會的哲學圖景。帛書本的篇序,本篇是最後的,帶有總結的意味。

老子帛書本篇文字,第一句“道恒无名”可用竹簡本“道恒无爲也”校正。除此之外,帛書本本篇的其餘部分仍遠勝歷世相傳之本。竹簡本是能夠校正帛書本的不足的,但傳世本就做不到,常常是帛書本糾正傳世本的錯誤。現存的各種老子文本源自唐代,那時離老子的時代已千年以上。在長達千年的傳承抄寫過程中,産生了種種錯誤。古人没有版本概念,對古書缺乏學術的尊重,讀不懂的地方,往往隨便更改其文字。這個陋習在今人身上也是嚴重的。加上傳抄誤寫,版刻誤植,以致乖舛日甚。這種改動,慢慢沉積到了不同的傳世本中。現代的某些校釋校注之本,在竹簡本、帛書本重現人間的時代,不識黄鐘而躭瓦缶,羅列衆本,比來比去,大嚼糟粕。這種不出前人窠臼的做法,其實是用連篇累牘的廢話爲傳世本的錯誤買單;這種由大量異文堆積起來的低層次比對和復述,加上没有什麽解釋,很難説有多少學術含量。正所謂:“陋物説事强作解,異文羅列亂如麻,了無詮釋成何注,近親繁殖亦有爸。”

老子帛書文本的出現,使人明白了傳世本文字的許多錯誤。綜覈全書,老子帛書文字,遠勝今天的各種傳世本。老子帛書乃善本中之善本,碻無可疑。這正是校注老子帛書得到的一個重要體會。

附　老子帛書今文本校本

老子帛書乙本原爲古文字文本。現轉寫爲通行的繁體字今文本。老子帛書乙本中少量的錯字、衍文、漏抄、誤書一并校正。

上篇

一

上德不德,是以有德。下德不失德,是以無德。上德無爲而無以爲也。上仁爲之而無以爲也。上義爲之而有以爲也。上禮爲之而莫之應也,則攘臂而乃之。故失道而後德,失德而後仁,失仁而後義,失義而後禮。夫禮者,忠信之薄也,而亂之首也。前識者,道之華也,而愚之首也。是以大丈夫居其厚而不居其薄。居其實而不居其華。故去彼而取此。

二

昔得一者。天得一以清,地得一以寧,神得一以靈,谷得一以盈,侯王得一以爲天下正。其至也,謂天無已清將恐裂,地無已寧將恐廢,神無已靈將恐歇,谷無已盈將恐竭,侯王無已貴以高將恐蹶。故必貴以賤爲本,必高矣而以下爲基。夫是以侯王自謂孤、寡、不穀,此其賤之本歟?非也。故至數輿無輿,是故不欲禄禄若玉,硌硌若石。

三

上士聞道,僅能行之;中士聞道,若存若亡;下士聞道,大笑之,弗笑不足以爲道。是以建言有之曰:明道如昧,進道如退,夷道如類。上德如谷,大白如辱,廣德如不足,建德如偷,質真如渝。大方無隅,大器免成,大音希聲,天象無形,道褒無名。夫唯道,善始且善成。

四

反也者,道之動也。弱也者,道之用也。天下之物生於有,有生於無。

五

道生一,一生二,二生三,三生萬物。萬物負陰而抱陽,沖氣以爲和。人之所惡,唯孤、寡、不穀,而王公以自名也。物或益之而損,損之而益。人之所教亦議而教人。彊梁者不得其死。吾將以爲學甫。

六

天下之至柔,馳騁乎天下之至堅。無有入於無間。吾是以知無爲之有益也。不言之教,無爲之益,天下希能及之矣。

七

名與身孰親?身與貨孰多?得與亡孰病?甚愛必大費,多藏必厚亡。故知足不辱,知止不殆,可以長久。

八

大成若缺,其用不敝。大盈若沖,其用不窮。大直如屈,大巧如拙,大赢如絀。躁勝寒,静勝熱,清静可以爲天下正。

九

天下有道,却走馬以糞。無道戎馬生於郊。罪莫大於可欲,禍莫大於不知足,咎莫憯於欲得。故知足之足,恒足矣。

十

不出於户,以知天下。不窺於牖,以知天道。其出彌遠者,其知彌尟。是以聖人,不行而知,不見而名,弗爲而成。

十一

爲學者日益,聞道者日損。損之又損,以至於無爲,無爲而無不爲。將欲取天下恒無事,及其有事也,又不足以取天下矣。

十二

聖人恒無心,以百姓之心爲心。善者善之,不善者亦善之,德善也。信者信之,不信者亦信之,德信也。聖人之在天下也,歙歙焉,爲天下渾心。百姓皆注其耳目焉。聖人皆孩之。

十三

出生入死。生之徒十有三,死之徒十有三,而民生生,動皆之死地之十有三。夫何故也? 以其生生。蓋聞善執生者,陵行不避兕虎,入軍不被兵革。兕無所揣其角,虎無所措其爪,兵無所容其刃,夫何故也? 以其無死地焉。

十四

道生之,德畜之,物形之,而器成之。是以萬物尊道而貴德,道之尊也,德之貴也,夫莫之爵也,而恒自然也。道生之、畜之、長之、遂之、亭之、毒之、養之、復之。生而弗有,爲而弗持,長而弗宰,是謂玄德。

十五

天下有始,以爲天下母。既得其母,以知其子。既得知其子,復守其母,没身不殆。塞其穴,閉其門,終身不勤;啟其穴,齊其事,終身不吉。見小曰明,守柔曰强,用其光,復歸其明,毋遺身殃,是謂襲常。

十六

使我介有知，行於大道，唯他是畏。大道甚夷，民甚好徑。朝甚除，田甚蕪，倉甚虛。服文采，帶利劍，厭食而齎財有餘，是謂盜杅。盜杅，非道也。

十七

善建者不拔，善抱者不脱，子孫以祭祀不絶。修之身，其德乃真；修之家，其德有餘；修之鄉，其德乃長；修之國，其德乃豐；修之天下，其德乃博。以身觀身，以家觀家，以鄉觀鄉，以國觀國，以天下觀天下。吾何以知天下之然哉，以此。

十八

含德之厚者，比於赤子。蜂癘虫蛇弗螫，攫鳥猛獸弗搏，骨筋弱柔而握固。未知牝牡之會而朘怒，精之至也。終日號而不嗄，和之至也。知和曰常，知常曰明，益生曰祥，心使氣曰强。物壯則老，謂之不道，不道早已。

十九

知者弗言，言者弗知。塞其穴，閉其門；和其光，同其塵；銼其鋭而解其紛，是謂玄同。故不可得而親也，亦不可得而疏；不可得而利，亦不可得而害；不可得而貴，亦不可得而賤。故爲天下貴。

二十

以正治國，以奇用兵，以無事取天下。吾何以知其然也哉？夫天下多忌諱，而民彌貧；民多利器，而國家兹昏。民多智慧，而奇物兹起。法物兹彰，而盜賊多有。是以聖人之言曰：我無爲而民自化，我好静而民自正，我無事而民自富，我欲不欲而民自樸。

二十一

其政閔閔，其民純純；其政察察，其邦缺缺。禍，福之所倚；福，禍之所伏。孰知其極？其無止也。正復爲奇，善復爲妖，人之迷也，其日固久矣。是以方而不割,廉而不刺,直而不紲,光而不耀。

二十二

治人事天,莫若嗇。夫唯嗇,是以早服,早服是謂重積德。重積德則無不克,無不克則莫知其極,莫知其極,可以有國,有國之母,可以長久。是謂深根固柢,長生久視之道也。

二十三

治大國,若烹小鮮。以道莅天下,其鬼不神。非其鬼不神也,其神不傷人也。非其神不傷人也,聖人亦弗傷也。夫兩不相傷,故德交歸焉。

二十四

大國者,下流也,天下之牝也。天下之交也,牝恒以静勝牡。爲其静也,故宜爲下也。故大國以下小國,則取小國。小國以下大國,則取於大國。故或下以取,或下而取。故大國者不過欲併畜人,小國不過欲入事人。夫皆得其欲,則大者宜爲下。

二十五

道者,萬物之奥也。善人之寶也;不善人之所保也。美言可以市,尊行可以賀人。人之不善,何棄之有? 故立天子,置三卿,雖有共之璧以先駟馬,不若坐而進此。古之所以貴爲此者,何也? 不謂求以得,有罪以免歟? 故爲天下貴。

二十六

爲無爲,事無事,味無味。大小多少,報怨以德。圖難乎其易也,爲大乎其細也。天下之難作於易,天下之大作於細。是以聖人終不爲大,故能成其大。夫輕諾必寡信,多易必多難。是以聖人猶難之,故終於無難。

二十七

其安也,易持也;其未兆也,易謀也;其脆也,易判也;其微也,易散也。爲之乎，其未有也；治之乎，其未亂也。合抱之木，作於毫末；九成之臺，作於蔂土；百仞之高，始於足下。爲之者敗之，執者失之，是以聖人無爲也，故無敗也；無執也，故無失也。民之從事也，恒於其成而敗之，故曰慎終若始，則無敗事矣。是以聖人，欲不欲，而不貴難得之貨；學不學，復衆人之所過，能輔萬物之自然而弗敢爲。

二十八

古之爲道者，非以明民也，將以愚之也。夫民之難治也，以其智也。故以智知國，國之賊也；以不智知國，國之德也。恒知此兩者，亦稽式也。恒知稽式，是謂玄德。玄德深矣，遠矣。與物返也，乃至大順。

二十九

江海所以能爲百谷王者，以其善下之也，是以能爲百谷王。是以聖人之欲上民也，必以其言下之；其欲先民也，必以其身後之。故居上而民弗重也，居前而民弗害也，天下皆樂推而弗厭也。不以其無争歟？故天下莫能與争。

三十

小國寡民，使有十百人器而勿用，使民重死而遠徙。有舟車無所乘之，有甲兵無所陳之。使民復結繩而用之。甘其食，美其服，樂其俗，安其居，鄰國相望，鷄犬之聲相聞，民至老死不相往來。

三十一

信言不美，美言不信。知者不博，博者不知。善者不多，多者不善。聖人無積，既以爲人，己愈有；既以予人矣，己愈多。故天之道利而不害，人之道爲而弗争。

三十二

天下皆謂我大，大而不宵。夫唯不宵，故能大。若宵，久矣其細也夫。我恒有三寶，持而寶之。一曰慈，二曰檢，三曰不敢爲天下先。夫慈,故能勇;檢,故能廣;不敢爲天下先,故能爲成器長。今捨其慈且勇,捨其檢且廣,捨其後且先,則死矣。夫慈,以戰則勝,以守則固,天將建之,如以慈垣之。

三十三

故善爲士者不武,善戰者不怒,善勝敵者弗與,善用人者爲之下,是謂不争之德。是謂用人,是謂配天,古之極也。

三十四

用兵有言曰,吾不敢爲主而爲客,不敢進寸而退尺。是謂行無行,攘無臂,執無兵,乃無敵。禍莫大於無敵,無敵近亡吾寶矣。故抗兵相若,而哀者勝矣。

三十五

吾言易知也,易行也。而天下莫之能知也,莫知能行也。夫言有宗,事有君。夫唯無知也,是以不我知。知我者稀,則我貴矣。是以聖人被褐而懷玉。

三十六

知不知,尚矣。不知知,病矣。是以聖人之不病也,以其病病也,是以不病。

三十七

民之不畏畏,則大畏將至矣。毋狎其所居,毋厭其所生。夫唯弗厭,是以不厭。是以聖人,自知而不自見也,自愛而不自貴也,故去彼而取此。

三十八

勇於敢則殺,勇於不敢則栝,此兩者或利或害。天之所惡,孰知其故。天之道,不戰而善勝,不言而善應,弗召而自來,默然而善謀,天網恢恢,疏而不失。

三十九

若民恒且不畏死,若何以殺懼之也?使民恒且畏死,而爲畸者,吾得而殺之,夫孰敢矣?若民恒且必畏死,則恒有司殺者。夫代司殺者殺,是代大匠斲。夫代大匠斲,則希不傷其手。

四十

人之饑也,以其取食跷之多,是以饑。百姓之不治也,以其上之有以爲也,是以不治。民之輕死也,以其求生之厚也,是以輕死。夫唯無以生爲者,是賢貴生。

四十一

人之生也柔弱,其死也䏂信堅强。萬物草木之生也柔椊,其死也枯槁。故曰,堅强死之徒也,柔弱生之徒也。是以兵强則不勝,木强則兢。故强大居下,柔弱居上。

四十二

天之道,猶張弓也。高者抑之,下者舉之;有餘者損之,不足者補之。故天之道損有餘而益不足。人之道損不足而奉有餘。夫孰能有餘而有以取奉於天者,唯有道者乎?是以聖人爲而弗有,成功而弗居也。若此其不欲見賢也。

四十三

天下莫柔弱於水,而攻堅强者莫之能先也,以其無以易之也。水之勝剛也,弱之勝强也,天下莫弗知也,而莫之能行也。是故聖人之言云,曰:受國之訽,是謂社稷之主;受國之不祥,是謂天下之王。正言若反。

四十四

和大怨,必有餘怨,焉可以爲善?是以聖人執右契而不以責於人。故有德司契,無德司徹。夫天道無親,恒與善人。

下篇

四十五

道,可道也,非恒道也。名,可名也,非恒名也。無,名萬物之始也；有，名萬物之母也。故恒無欲也，以觀其眇；恒有欲也，以觀其所徼。兩者同出，異名同謂。玄之又玄，衆眇之門。

四十六

天下皆知美之爲美，惡已。皆知善，斯不善矣。有無之相生也，難易之相成也，長短之相形也，高下之相盈也，音聲之相和也，先後之相隨，恒也。是以聖人居無爲之事，行不言之教。萬物措而弗始，爲而弗恃也，成功而弗居也。夫唯弗居，是以弗去。

四十七

不上賢，使民不争；不貴難得之貨，使民不爲盜；不見可欲，使民不亂。是以聖人之治也，虚其心，實其腹，弱其志，强其骨。恒使民無知無欲也，使夫知不敢、弗爲而已，則無不治矣。

四十八

道沖，而用之有弗盈也。淵呵，似萬物之宗。銼其鋭，解其紛，和其光，同其塵。湛呵，似或存。吾不知其誰之子也，象帝之先。

四十九

天地不仁，以萬物爲芻狗。聖人不仁，以百姓爲芻狗。天地之間，其猶橐籥歟？虚而不淈，動而愈出，多聞數窮，不若守於中。

五十

谷神不死，是謂玄牝。玄牝之門，是謂天地之根。綿綿呵其若存，用之不堇。

五十一

天長地久。天地之所以能長且久者，以其不自生也，故能長生。是以聖人退其身而身先，外其身而身存。不以其無私歟？故能成其私。

五十二

上善如水，水善利萬物而有争。居衆人之所惡，故幾於道矣。

居善地，心善淵，予善天，言善信，正善治，事善能，動善時。夫唯不争，故無尤。

五十三

持而盈之，不若其已。揣而抗之，不可長保也。金玉盈室，莫之能守也。貴富而驕，自遺咎也。功遂身退，天之道也。

五十四

戴營魄抱一，能毋離乎？摶氣至柔，能嬰兒乎？脩除玄監，能毋有疵乎？愛民栝國，能毋以知乎？天門啓闔，能爲雌乎？明白四達，能無爲乎？生之畜之，生而弗有，長而弗宰也，是謂玄德。

五十五

卅楅同一轂，當其無，有車之用也。燃埴而爲器，當其無，有埴器之用也。鑿户牖，當其無，有室之用也。故有之以爲利，無之以爲用。

五十六

五色使人目盲；馳騁田獵使人心發狂；難得之貨，使人之行仿；五味使人之口爽；五音使人之耳聾。是以聖人之治也，爲腹而不爲目，故去彼而取此。

五十七

寵辱若驚，貴大患若身。何謂寵辱若驚？寵之爲下也，得之若驚，失之若驚，是謂寵辱若驚。何謂貴大患若身？吾所以有大患者，爲吾有身也。及吾無身，有何患？故貴爲身於爲天下，若可以託天下矣；愛以身爲天下，安可以寄天下矣。

五十八

視之而弗見，命之曰微；聽之而弗聞，命之曰希；播之而弗得，命之曰夷。三者不可至計，故緒而爲一。一者，其上不謬，其下不忽；尋尋呵不可命也，復歸於無物。是謂無狀之狀，無物之象，是謂沕望。隨而不見其後,迎而不見其首。執今之道,以御今之有,以知古始,是謂道紀。

五十九

古之善爲道者,微眇玄達,深不可志。夫唯不可志,故强爲之容曰:豫呵其若冬涉水,猶呵其若畏四鄰,嚴呵其若客,涣呵其若凌釋,沌呵其若樸,湷呵其若濁,𣵿呵其若谷。濁而静之,徐清,安以動之,徐生。保此道者不欲盈,夫唯不欲盈,是以能敝而不成。

六十

至虚極也,守静督也。萬物旁作,吾以觀其復也。天物芸芸,各復歸於其根。歸根曰静,静是謂復命。復命常也,知常明也。不知常芒,芒作凶。知常容,容乃公,公乃王,王乃天,天乃道,道乃久。没身不殆。

六十一

太上,下知有之;其次親譽之;其次畏之;其下侮之。信不足,安有不信。猶呵,其貴言也,成功遂事而百姓謂我自然。

六十二

故大道廢,安有仁義。智慧出,安有大僞。六親不和,安有孝慈。國家昏亂,安有貞臣。

六十三

絶聖棄知而民利百倍。絶僞棄慮民復季子。絶巧棄利盗賊無有。此三言也,以爲文未足,故令之有所屬,見素抱樸,少私而寡欲。

六十四

絶學無憂。唯與呵,其相去幾何?美與惡,其相去何若?人之所畏,亦不可以不畏人。望呵,其未央哉,衆人熙熙,若饗於太牢而春登臺。我泊焉未兆,若嬰兒未孩。累呵,似無所歸。衆人皆有餘,而我獨遺。我愚人之心也,湷湷呵。鬻人昭昭,我獨若悶呵。鬻人察察,我獨惛惛呵。忽呵,其若海;望呵,若無所止。衆人皆有以,我獨頑以鄙。吾欲獨遺於人,而貴食母。

六十五

孔德之容,唯道是從。道之物,唯望唯忽,忽呵望呵,中有象呵;望呵忽呵,中有物呵。窈呵冥呵,其中有精呵。其精甚真,其中有信。自今及古,其名不去,以順衆甫。吾何以知衆甫之然也?以此。

六十六

炊者不立。自視者不章,自見者不明,自伐者無功,自矜者不長。其在道也,曰餘食贅形。物或惡之,故有欲者弗居。

六十七

曲則全,枉則正,洼則盈,敝則新,少則得,多則惑。是以聖人執一以爲天下牧。不自視,故章;不自見也,故明;不自伐,故有功;弗矜,故能長。夫唯不争,故莫能與之争。古之所謂曲全者,幾語哉,誠全歸之。

六十八

希言自然,飄風不終朝,暴雨不終日,孰爲此?天地而弗能久,又況於人乎?故從事而道者,同於道,德者同於德,失者同於失。同於德者,道亦德之。同於失者,道亦失之。

六十九

有物混成,先天地生,蕭呵寥呵,獨立而不改。可以爲天地母,吾未知其名也,字之曰道。吾强爲之名曰大。大曰逝,逝曰遠,遠曰反。道大,天大,地大,王亦大,域中有四大而王居一焉。人法地,地法天,天法道,道法自然。

七十

重爲輕根,静爲躁君。是以君子終日行,不遠其輜重。雖有環官,燕處則昭若,若何萬乘之王,而以身輕於天下。輕則失本,躁則失君。

七十一

善行者無轍迹，善言者無瑕適，善數者不用籌策，善閉者無關籥而不可啓也，善結者無纆約而不可解也。是以聖人恒善救人而無棄人，物無棄財，是謂曳明。故善人，善人之師；不善人，善人之資也。不貴其師，不愛其資，雖智乎大迷。是謂眇要。

七十二

知其雄，守其雌，爲天下奚。爲天下奚，恒德不離，恒德不離，復歸於嬰兒。知其白，守其辱，爲天下谷。爲天下谷，恒德乃足，恒德乃足，復歸於楃。知其白，守亓黑，爲天下式。爲天下式，恒德不忒，恒德不忒，復歸於無極。楃散則爲器，聖人用則爲官長，夫大制無割。

七十三

將欲取天下而爲之，吾見其弗得已夫。天下，神器也，非可爲者也。爲之者敗之，執之者失之。物或行或隨，或熱或吹，或彊或硂，或陪或墮。是以聖人去甚去泰去奢。

七十四

以道佐人主，不以兵强於天下。其事好還，師之所處，荆棘生之。善者果而已矣，毋以取强焉。果而毋驕，果而勿矜，果而勿伐，果而毋得已居，是謂果而不强。物壯而老，謂之不道，不道蚤已。

七十五

夫兵者，不祥之器也。物或惡之，故有欲者弗居。君子居則貴左，用兵則貴右，故兵者非君子之器也。兵者不祥之器也，不得已而用之。銛龍爲上，勿美也。若美之，是樂殺人也。夫樂殺人，不可以得志於天下矣。是以吉事上左，喪事上右，是以偏將軍居左，而上將軍居右，言以喪禮居之也。殺人衆，以悲哀莅之，戰勝而以喪禮處之。

七十六

道恒,無名。樸雖小而天下弗敢臣。侯王若能守之,萬物將自賓。天地相合,以兪甘露,民莫之令而自均焉。始制有名,名亦既有,夫亦將知止,知止所以不殆。卑道之在天下也,猶川谷之與江海也。

七十七

知人者智也;自知者明也。勝人者有力也;自勝者强也。知足者富也。强行者有志也。不失其所者久也。死而不忘者壽也。

七十八

道,泛呵,其可左右也。成功遂事而弗名有也。萬物歸焉而弗爲主,則恒無欲也,可名於小。萬物歸焉而弗爲主,可命於大。是以聖人之能成大也。以其不爲大也,故能成大。

七十九

執大象,天下往,往而不害。安平大,樂與餌,過格止。故道之出言也,曰,淡呵其無味也。視之不足見也;聽之不足聞也;用之不可既也。

八十

將欲翕之,必故張之;將欲弱之,必故强之;將欲去之,必故與之;將欲奪之,必故予之;是謂微明。柔弱勝强,魚不可説於淵,國利器不可以示人。

八十一

道恒無爲也,侯王若能守之,萬物將自化。化而欲作,吾將鎮之以無名之樸。鎮之以無名之樸,夫將不辱,不辱以静,天地將自正。

後 記

記得一九六一年中學畢業前夕到我的語文老師錢永之先生處玩。他是子泉先生的高足。談論間老師介紹二部古書,其一即是《老子》。後來讀了老子王弼注,不怎麽懂。爾後秦火遍地,讀《老》之心,幾與同焚。至八十年代重拾舊書,此時已有馬王堆之《老子帛書》。要弄清某一個問題,最好的辦法就是爲它寫一本書。正式動筆已是一九八八年。至二〇〇二年出版時已七易其稿,第七次修改是在學林出版社雷群明先生指導下完成的。就是這次修改定下了校注與義述兩部分架構。第四次易稿時,即以部分校注稿寄呈錢鍾書先生並請題署書名。我原請題寫的書名"帛書"二字在"老子"二字之前。先生親爲之改易爲"老子帛書校注"並毛筆題寫。先生真是大哲,極有遠見,使書名免除了溷聽之累。這是一九九三年一月之事。又過了九年書纔得以出版。二〇〇三年獲江蘇省哲學社會科學優秀成果三等奬。在出版後的這些年裏,繼作不輟,迭有修改,皆讀書之會心,愚者之千慮也。陳寅恪云:

夫聖人之言必有爲而發，若不取事實以證之，則成無的之矢矣。聖言簡奥，若不采意旨相同之語以著之，則爲不解之謎矣。既廣搜群籍，以參證聖言，其文之矛盾疑滯者，若不考訂解釋，折衷一是，則聖人之言行終不可明矣。（《金明館叢稿二編·楊樹達論語疏證序》262 頁）

夫解釋古書，其謹嚴方法，在不改原有之字，仍用習見之義。故解釋之愈簡易者，亦愈近真諦。並須旁採史實入情，以爲參證。不可僅於文句之間，反覆研求，遂謂已盡其涵義也。（《金明館叢稿二編·薊丘之植植於汶篁之最簡易解釋》299 頁）

一時代之學術，必有其新材料與新問題。取用此材料，以研求問題，則爲此時代學術之新潮流。治學之士，得預此潮流者，謂之預流。其未得預者，謂之未入流。此古今學術之通義，非彼閉門造車之徒，所能同喻者也。（《金明館叢稿二編·陳垣燉煌刧餘録序》266 頁）

回視本書之撰述，於前賢所示學問門徑，亦踵武學步，不敢稍懈。故於原書加以修改，校注部分作了增删改寫；義述部分除過半數已作重寫外，其餘亦都作了重要增補改寫。又兩易其稿，全書字數較原書約增十五萬字左右。新稿既成，蒙鳳凰出版社惠允用繁體字出版。此處有必要説一下古籍中的繁體字，因爲情況複雜。以往繁體字並未如簡體有過近代官方之規範。自古以來，書之流傳，皆由寫刻，異體俗寫，層出不窮。這種情況直到民國時盛行鉛印本後纔有所改觀。繁體字的使用漸漸有了規範。漢字在没有簡化之前，大多數今天使用的簡體字原本都存在於繁體字中，也有着確切的含義和用法。

所以簡體字和繁體字的關係絶不是完全對應關係。本書所用,即是目前仍在使用的繁體。本書引用先秦古籍,皆遵原書字體。如《書》、《詩》、《易》用"于"而不用"於",通行之古籍大多用"於"而極少用"于"。《左傳》則"於"、"于"皆用。《易》用"无"而不用"無",《莊子》則"无"、"無"皆用。道藏本老子書用"无"甚多。後之通行古書則基本上用"無"。《禮記・大學》有用"后"不用"後"之文句,與《老子帛書》同。《説文》一類書,有的用"从"不用"從",有的用"叚"不用"假"。《史記》中有"弃",《國語》中有"脉",皆同於今之簡化字,但這些都不是簡化字,而是正宗的古字。根據上述情況,本書引用先秦、秦漢古籍及《老子帛書》,皆以原書文字寫法爲準,並加引號。引號之外一依通行繁體爲準。所以在引用的古籍中會出現與今天簡化字相同的字,這是原本如此,並非校對不精之過。此類字極個别,望讀者明鑒,本書原有之引用書目删去,所引書名或作者皆隨文而見。《老子帛書》文本有少數衍文、漏抄、筆誤,今皆作了校正,因絹帛腐壞而失去之文字,引用郭店楚簡本、帛書甲本、傅奕本及王弼本補之。不在一般意義上看待帛書文本,而是作爲珍貴古本。這裹表現了校注者對老子帛書虔敬的尊崇和謹慎,使之保持古意古貌,可愛可誦,因爲只有原生態的文本纔最有利於研究。

《老子帛書》文本屬於古文字的書籍,在文字學的角度上,它不能與今天流傳的古籍等量齊觀。以《老子帛書》作爲校注對象,就有必要對古文字進行釋讀,本書通過訓詁來説明寫法有異的帛書古文字的含義。不是簡單地用今字一代了之,而是經過訓詁加以釋讀。否則,就稱不上帛書校注。《老子帛書》乙本已經是隸書了,與後來經過《説文》規範過的文字已十分接近，然而它是古文字，有着古文字的特點，不明白這點而隨意編派“錯字”之類的説法，很不嚴謹。在文本意義上講，出土的無論竹簡帛書，這些文本都屬於“古文”。東漢以後直到今天所流傳的紙質書籍文本，都是“今文”。這就是今天的“今古文”區别。

在本書中哲學也稱爲形而上學。“在近似於哲學的意義使用這個概念。在這個意義上，形而上學是一種追求和論證超驗的存在，即超越經驗的關於世界的統一性原理的理論。由於傳統的思辨哲學家都把哲學視爲超驗的世界統一性的理論，所以他們也在這個意義上把形而上學視爲哲學的同義詞或代名詞。”(孫正聿《哲學通論》65 頁)本書的“形而上學”皆只在哲學這個意義上使用。形而上學的另一個含義，本書不用。本書遵循從哲學角度加以詮説的原則，指出其内在邏輯。《老子》作爲嚴格意義上的哲學，這一點與西方古希臘哲學有着相通之處。

在黑格爾看來，孔子思想只不過是一種常識性的道德觀念。而與此成鮮明對比的是，他却把老子及創立的道家學説看成是一種真正的哲學。不僅如此，還特别地把老子思想同歐洲人老祖宗的哲學相比較，承認它們之間有着重要的共同之處。《老子》中説到了某種普遍的東西，也有點像我們在西方哲學開始時那樣的情形。(《哲學史講演録》卷一)顯然，黑格爾尊崇老子哲學如同古希臘哲學，把它們視爲人類哲學的淵源。(鄭湧《以海德格爾爲參照點看老莊》，見《道家文化研究》第二輯 154 頁)

隨着整個社會對西方哲學的深入了解，加上對中國先秦典籍的更精確的釋讀，對老子哲學的理解，會有更深廣的前景。本書所做的，還粗淺得很，充其量不過賣花擔頭看桃李，未至其境也。

作者撰成此書，始終懷有感恩之心。在這裏衷心感謝：爲本書題署書名的錢鍾書先生，爲本書作序的日本國大阪府立大學社會學教授大形先生。還要感謝上海古籍出版社編審汪賢度先生，原學林出版社社長雷群明先生，責編張建一先生，特約編輯劉善齡先生。感謝朋友姜銘先生。感謝無錫市圖書館歷史文獻中心王進雄先生。還要感謝鳳凰出版社總編姜小青先生，責編王劍先生。他們爲本書的出版都曾付出辛勤的勞動或給予指導和幫助。我受教良多，銘感於心。

徐志鈞

二〇一一年十月於無錫一枝書屋

重印後記

這次重印,所作修訂主要有以下兩方面:一、改正錯字和個别不當注釋。二、增補校注及義述。增補分兩種情況。一種是增加作者的論述,使之更爲精到。還有一種爲引證,對《老子》本義的闡發需要文獻的佐證,一些精彩材料的加入,使得結論更加有力。這次修訂有重要增補的有《引言》、《老子·六》、《十》、《十七》、《十八》、《三十》、《三十五》、《三十八》、《四十三》、《四十五》、《六十五》、《六十六》、《六十九》、《七十四》等。其他的小修改還不在其内。校注部分的增補,主要針對一些顯得單薄的注釋,補充了新材料,這樣更有利於讀者的理解。舉例而言,《六十五》中原文的“請”爲“精”的通假,原來的注釋雖也可以,但意猶未盡,未達到鐵證的地步。現補入了于省吾先生的周密的訓詁考證。“請”之爲“精”、“信”之爲“神”,這本是先秦古文常用的通假。由於時移世易,這個通假有被遺忘的危險,經于先生的抉發,重新得到確認。而帛書用法正是一個極好的書證。出土文獻與學者考論在研究《老子帛書》上得到了交相輝映。從這些看,再次修訂增補是必要的。

徐志鈞

二〇一六年三月二日